SULEIKA JAOUAD

Zwischen den Welten

SULEIKA JAOUAD

Zwischen den Welten

**Was mich die Begegnung mit dem Tod
über das Leben lehrte**

Aus dem Englischen von Elke Link

GOLDMANN

Die Originalausgabe erschien 2020 unter dem Titel
»Between Two Kingdoms: A Memoir of a Life Interrupted«
bei Random House, an imprint and division of
Penguin Random House LLC, New York.

Penguin Random House Verlagsgruppe FSC® N001967

1. Auflage
Deutsche Erstausgabe Oktober 2021
Copyright © 2021 by Wilhelm Goldmann Verlag, München,
in der Penguin Random House Verlagsgruppe GmbH,
Neumarkter Str. 28, 81673 München
Covergestaltung: UNO Werbeagentur GmbH, München,
in Anlehnung an die Gestaltung der Originalausgabe von
© Jo Anne Metsch und unter Verwendung eines Fotos
von Suleika Jaouad © Daniel Schechner
Redaktion: Antje Steinhäuser
DF | Herstellung: CF
Satz: Uhl + Massopust, Aalen
Druck und Bindung: CPI books GmbH, Leck
Printed in the Czech Republic
ISBN 978-3-442-31444-7
www.goldmann-verlag.de

Besuchen Sie den Goldmann Verlag im Netz

Für Melissa Carroll und Max Ritvo –
ohne die es dieses Buch nicht geben würde.
Und für alle anderen,
die den Fluss zu früh überquert haben.

Solang einer nicht gestorben ist,
so lange hat er's Leben.

– MIGUEL DE CERVANTES

INHALT

Teil Zwei

Vorbemerkung der Autorin

ALS GRUNDLAGE FÜR dieses Buch dienten mir meine Tagebücher, Krankenakten und Interviews, die ich mit vielen Menschen geführt habe, die in dieser Geschichte vorkommen, sowie meine eigenen Erinnerungen. Ich habe auch Auszüge aus Briefen eingefügt, die der Kürze halber teilweise leicht bearbeitet wurden.

Um die Anonymität bestimmter Personen zu wahren, habe ich Details, die Rückschlüsse auf die Identität zulassen, abgewandelt und die folgenden Namen geändert, hier in alphabetischer Reihenfolge: Dennis, Estelle, Jake, Joanie, Karen, Sean und Will.

Teil
Eins

1

DAS JUCKEN

ES BEGANN DAMIT, dass es mich juckte. Nicht im metaphorischen Sinne, als hätte es mich gejuckt, um die Welt zu reisen, oder wie in einer Quarterlife Crisis, sondern es juckte mich buchstäblich und körperlich. Es war ein Juckreiz, der einen rasend machte, der sich in die Haut krallte, der einen nachts wach hielt. In meinem letzten Jahr am College fing es an, zunächst an der Oberseite meiner Füße, dann wanderte er die Waden und Oberschenkel hoch. Ich bemühte mich, nicht zu kratzen, aber der Juckreiz war gnadenlos und überzog meine Hautoberfläche bald wie tausend unsichtbare Mückenstiche. Unwillkürlich wanderte meine Hand die Beine hinunter, und die Fingernägel furchten die Jeans, um mir Linderung zu verschaffen, bevor sie sich unter den Saum bohrten, um von da aus direkt ans Fleisch zu kommen. Es juckte mich während meines Teilzeitjobs im Filmlabor auf dem Campus. Es juckte mich unter dem großen Holzschreibtisch meiner Lesekabine in der Bibliothek. Es juckte mich, wenn ich mit Freunden in Kellerkneipen durch Bierpfützen tanzte. Es juckte mich, wenn ich schlief. Bald waren meine Beine überzogen von nässenden Schrunden, dickem Schorf und frischen Narben. Ich sah aus, als wäre ich mit Kratzdisteln verprügelt worden. Blutige Vorboten eines sich in mir aufbauenden Kampfes.

»Vielleicht haben Sie sich im Auslandsstudium einen Parasiten eingefangen«, meinte ein chinesischer Kräutermediziner und schickte mich mit übelriechenden Mittelchen und bitteren Tees nach Hause. Eine Schwester im medizinischen Zentrum des Colleges vermutete, es sei ein Ekzem, und empfahl mir eine Creme. Eine Allgemeinärztin mutmaßte, es sei stressbedingt, und gab mir Proben eines Beruhigungsmedikaments mit. Aber sicher schien es niemand zu wissen, und so versuchte ich, das Ganze nicht überzubewerten. Ich hoffte, es würde sich von selbst erledigen.

Jeden Morgen öffnete ich die Tür meines Zimmers im Wohnheim einen Spalt, warf einen Blick in den Gang und sprintete, in mein Handtuch gewickelt, in das gemeinsame Badezimmer, bevor jemand meine Beine sehen konnte. Ich wusch mich mit einem feuchten Waschlappen ab und sah zu, wie die scharlachroten Schlieren wirbelnd im Abfluss der Dusche verschwanden. Ich rieb mich mit Hamamelis-Elixieren aus der Apotheke ein und trank mit zugehaltener Nase die bitteren Tees. Als es draußen zu warm wurde, um jeden Tag Jeans zu tragen, investierte ich in blickdichte schwarze Strumpfhosen. Ich kaufte dunkle Bettwäsche, damit man die rostroten Flecken nicht sah. Und wenn ich Sex hatte, war das Licht aus.

Zu dem Juckreiz kam die Schläfrigkeit. Die Nickerchen dauerten zwei, dann vier, dann sechs Stunden. Keine noch so große Menge an Schlaf schien meinem Körper zu genügen. Ich nickte während Orchesterproben und Bewerbungsgesprächen ein, über Abgabeterminen und Abendessen, und wenn ich aufwachte, war ich nur noch erschöpfter. »Ich war in meinem ganzen Leben noch nie so müde«, gestand ich meinen Freundinnen eines Tages auf dem Weg ins Seminar. »Ich auch nicht, ich auch nicht«, jammerten sie mit mir. Alle waren müde. Im letzten Semester hatten wir mehr Sonnenaufgänge erlebt als jemals zuvor, das Ergebnis der vielen in der Bibliothek mit der Fertigstellung unserer Abschlussarbeiten verbrachten Stunden, gefolgt von feuchtfröhlichen Partys, die bis Tagesanbruch gefeiert wurden. Ich wohnte mitten auf dem Campus der Princeton University, im obersten Stockwerk eines neugotischen Gebäudes, das Türmchen und Fratzen ziehende Wasserspeier zierten. Am Ende einer langen Nacht versammelten sich meine Freunde auf einen letzten Absacker in meinem Zimmer. Mein Zimmer hatte große Fenster wie die einer Kirche. Wir saßen gerne auf den Fensterbänken und ließen die Beine über den Rand baumeln, um zuzusehen, wie betrunkene Feiernde nach Hause torkelten und die ersten bernsteinfarbenen Strahlen den gepflasterten Hof streiften. Der Abschluss war in Sichtweite, und wir waren fest entschlossen, diese letzten gemeinsamen Wochen auszukosten, bevor wir in alle Winde zerstreut wurden, auch wenn das bedeutete, an die Grenze der körperlichen Belastbarkeit zu gehen.

Trotzdem machte ich mir Sorgen, meine Müdigkeit könnte andere Gründe haben.

Wenn alle anderen weg waren und ich allein im Bett lag, spürte ich, wie unter meiner Haut ein Festmahl stattfand; etwas zog durch meine Arterien und nagte an meinem Verstand. Während meine Energie schwand und der Juckreiz schlimmer wurde, redete ich mir ein, der Parasit hätte gesteigerten Appetit. Aber in meinem tiefsten Inneren bezweifelte ich, dass es je einen Parasiten gegeben hatte. Ich fragte mich langsam, ob das eigentliche Problem nicht vielmehr ich selbst war.

In den darauffolgenden Monaten verlor ich völlig die Orientierung, drohte unterzugehen und griff nach jedem Strohhalm. Eine Weile gelang mir das. Ich machte das Examen und schloss mich danach dem Massenexodus meiner Kommilitoninnen und Kommilitonen nach New York City an. Auf dem Portal »Craigslist« fand ich ein Inserat für ein Zimmer in einem großen Loft über einem Laden für Künstlerbedarf an der Canal Street. Es war der Sommer 2010, und eine Hitzewelle hatte allen Sauerstoff aus der Stadt gesogen. Als ich aus der U-Bahn trat, schlug mir der Gestank von Müll ins Gesicht. Pendler und Horden von Touristen, die Fake-Designertaschen kaufen wollten, drängten sich auf den Gehsteigen. Die Wohnung lag im zweiten Stock ohne Aufzug, und als ich meinen Koffer vor die Eingangstür geschleppt hatte, war mein weißes Tanktop derart nass geschwitzt, dass es durchsichtig war. Ich stellte mich meinen neuen Mitbewohnern vor; es waren neun. Sie waren allesamt in ihren Zwanzigern und aufstrebende Irgendwas: drei Schauspieler, zwei Models, ein Koch, eine Schmuckdesignerin, eine Doktorandin und ein Finanzanalyst. Für achthundert Dollar im Monat bekam jeder von uns eine fensterlose Höhle, abgeteilt durch papierdünne Trockenbauwände, die ein Slumlord errichtet hatte, um möglichst viel Profit herauszuschlagen.

Ich hatte einen Sommerpraktikumsplatz am Center for Constitutional Rights ergattert, und als ich am ersten Tag dort erschien, empfand ich Ehrfurcht, im selben Raum zu stehen wie einige der mutigsten Bürgerrechtsanwälte des Landes. Die Arbeit fühlte sich wichtig an, aber es war ein unbezahltes Praktikum, und das Leben in New York City riss ein gewaltiges Loch in meinen Geldbeutel. Die zweitausend Dollar, die ich während des Studienjahrs gespart hatte, waren schnell verbraucht. Selbst mit meinen Abendjobs als Babysitterin und in Restaurants kam ich nur gerade so über die Runden.

Der Gedanke an meine Zukunft – immens und dennoch leer – erfüllte mich mit Schrecken. In den Momenten, in denen ich mir Träumereien erlaubte, begeisterte mich das aber auch. Es schien unendlich viele Möglichkeiten zu geben, was aus mir werden und wo ich landen könnte, wie eine Garnrolle, die sich viel weiter abspulte, als ich mit meinen Gedanken kam. Ich stellte mir eine Karriere als Auslandskorrespondentin in Nordafrika vor, wo mein Vater herkommt und wo ich als Kind kurze Zeit gelebt hatte. Ich spielte auch mit der Idee, Jura zu studieren, was ein klügerer Weg zu sein schien. Offen gesagt brauchte ich Geld. Ich hatte nur deshalb eine Ivy-League-Uni besuchen können, weil ich ein volles Stipendium bekommen hatte. Aber hier draußen, in der wahren Welt, hatte ich keine solchen Auffangnetze wie viele meiner Kommilitonen – Treuhandfonds, Familienbeziehungen, sechsstellig dotierte Jobs an der Wall Street.

Es war einfacher, sich wegen meiner unsicheren Zukunft zu sorgen, als einer anderen, noch beunruhigenderen Veränderung ins Auge zu sehen. Um gegen die Müdigkeit anzukämpfen, hatte ich während des letzten Semesters einen Energydrink nach dem anderen getrunken. Als die nicht mehr wirkten, gab mir ein Junge, mit dem ich kurze Zeit zusammen war, ein paar von seinen Adderall, um die Abschlussprüfungen zu überstehen. Aber bald waren auch die nicht mehr genug. Kokain gehörte in meinem Freundeskreis auf Partys dazu, und es waren immer Typen da, die hier und da umsonst eine Line anboten. Niemand zuckte auch nur mit der Wimper, als ich irgendwann mitmachte. Auch meine Mitbewohner im Loft in der Canal Street hatten sich als hartgesottene Partymacher entpuppt. Ich fing an, Aufputschmittel zu nehmen, so wie manche Leute sich noch einen Schuss Espresso in ihren Kaffee geben – ein Mittel zum Zweck, eine Möglichkeit, meine zunehmende Erschöpfung zu lindern. In mein Tagebuch schrieb ich: *Halt dich über Wasser.*

Am Ende des Sommers erkannte ich mich kaum mehr wieder. Das gedämpfte Schrillen meines Weckers zog sich wie ein stumpfes Messer durch einen traumlosen Schlaf. Jeden Morgen kämpfte ich mich aus dem Bett und stellte mich vor den Ganzkörperspiegel, um den Schaden zu begutachten. Meine Beine waren an immer neuen Stellen von Kratzern und trocknenden blutigen Rinnsalen bedeckt. Die Haare hingen mir in glanzlosen, zerzausten Wellen bis zur Taille, und ich war zu müde, sie zu bürsten. Sichelförmige Schatten unter großen, blutunterlaufenen Augen verwandelten sich in dunkle Monde. Zu ausgebrannt, um Sonnenlicht zu ertragen, erschien ich immer später bei meinem Praktikum, bis ich eines Tages überhaupt nicht mehr hinging.

Ich mochte den Menschen nicht, der ich wurde – eine Person, die sich kopfüber in jeden Tag stürzte, in ständiger Bewegung, aber ohne Gespür für eine Richtung; eine Person, die wie ein Privatdetektiv Nacht um Nacht Aussetzer rekonstruierte, eine Person, die ihren Verpflichtungen nicht nachkam, eine Person, die sich zu sehr schämte, um die Anrufe ihrer Eltern anzunehmen. *Das bin ich nicht,* dachte ich und starrte angewidert mein Spiegelbild an. Ich musste mich zusammenreißen. Ich musste einen Job finden, mit dem ich Geld verdiente. Ich brauchte etwas Abstand zu meinen Collegefreunden und den Mitbewohnern in der Canal Street. Ich musste zum Henker noch mal raus aus New York City, und zwar bald.

An einem Augustmorgen, ein paar Tage nachdem ich das Praktikum beendet hatte, stand ich früh auf, trug meinen Laptop zur Feuertreppe und ging Stellenanzeigen durch. Der Sommer war trocken gewesen, und die Sonne brannte herunter und bräunte meine Haut. An den Stellen an den Beinen, wo ich Narben vom Kratzen hatte, entstanden überall kleine weiße Pünktchen, wie Brailleschrift. Eine Suchanzeige für eine Rechtsanwaltsgehilfin in Paris fiel mir ins Auge, und aus einer Laune heraus beschloss ich, mich zu bewerben. Ich verbrachte den ganzen Tag mit der Formulierung meines Bewerbungsschreibens, in dem ich ausdrücklich darauf hinwies, dass Französisch meine Muttersprache sei und ich auch ein wenig Arabisch spräche, was mir hoffentlich einen kleinen Wettbewerbsvorteil verschaffen würde. Rechtsanwaltsgehilfin war nicht mein Traumjob – ich wusste nicht einmal genau, was diese Tätigkeit genau beinhaltete –, aber es schien mir etwas zu sein, was ein vernünftiger Mensch tun würde. Vor allem glaubte ich, ein Tapetenwechsel könnte mich vor meinem zunehmend kopflosen Lebenswandel bewahren. Ein Umzug nach Paris stand nicht auf meiner Wunschliste: Es war mein Fluchtplan.

Ein paar Tage, bevor ich die Stadt endgültig verließ, war ich auf meiner dritten Party an diesem Abend. Investmentbanker mit aufgestellten Kragen beugten sich schwitzend über raupendicke Kokslines und unterhielten sich angeregt über ihre Aktienbestände, Ferienhäuser in Montauk und so weiter. Es war fünf Uhr morgens, und das war nicht meine Szene. Ich wollte nach Hause.

Ich stand allein auf dem Gehsteig, eingehüllt in den blauen Rauch meiner Zigarette, und betrachtete den heller werdenden Nachthimmel. In dieser flüchtigen Stunde der Ruhe, nachdem die Müllwagen ihre Runden gedreht hatten und bevor die Cafés öffneten, schlief Manhattan. Ich wartete bereits zehn Minuten auf ein Taxi, als ein junger Mann, den ich von der Party wiedererkannte, zu mir schlenderte, um eine Zigarette zu schnorren. Es war meine letzte, aber ich gab sie ihm. Beim Anzünden hielt er schützend die Hand davor, die so groß war wie ein Baseballhandschuh. Lächelnd atmete er den Rauch aus. Wir beide traten verlegen von einem Fuß auf den anderen und warfen einander schüchtern kurze Blicke zu, bevor wir wieder die leere Straße entlangblickten.

»Wollen wir uns das teilen?«, fragte er. Ein einsames Taxi kam in unsere Richtung gefahren, und die Frage wirkte ziemlich harmlos, deshalb sagte ich ja, und wir stiegen ein. Erst nachdem ich dem Fahrer meine Adresse genannt hatte, fiel mir auf, dass der junge Mann mich gefragt hatte, ob wir uns das Taxi teilen wollten, bevor er überhaupt wusste, wo ich hinwollte.

Natürlich war mir klar, dass ich nicht mit fremden Männern ins Auto steigen sollte. Mein Vater, der in den Achtzigerjahren im East Village gewohnt hatte, als die Stadt noch vom Verbrechen regiert wurde, hätte das alles andere als gut gefunden. Aber der junge Mann hatte etwas Sicheres, Faszinierendes an sich. Seine struppigen und sonnengesträhnten Haare fielen ihm über die intelligenten blauen Augen. Der Körper schlank, das Kinn kantig, die Wangen mit Grübchen – er sah auffallend gut aus, hatte aber eine furchtbare

Haltung und bewegte sich so zaghaft, dass er sich seines Aussehens nicht bewusst zu sein schien.

»Du bist wahrscheinlich der größte Mensch, dem ich je begegnet bin.« Ich betrachtete ihn aus den Augenwinkeln. Mit seinen hoch aufragenden eins achtundneunzig saß er auf der Rückbank, die Knie gegen die Lehne des Fahrersitzes gedrückt.

»Das höre ich öfter«, antwortete er. Er sprach leise und strahlte trotz seiner Statur etwas Sanftes aus.

»Nett, dich kennenzulernen. Ich heiße …«

»Wir haben uns vorhin schon unterhalten, weißt du nicht mehr?«

Ich zuckte mit den Achseln, dann lächelte ich ihn entschuldigend an. »Es war eine lange Nacht.«

»Du weißt nicht mehr, dass du mir die Innenseite deines Augenlids zeigen wolltest? Oder wie du ›Mary had a little lamb‹ auf Latein vorgesungen hast?«, neckte er mich. »Und wie du dir Bleistiftspäne über den Kopf gestreut und immer wieder Cascarones! gesagt hast, ganz unheimlich? Das weißt du alles nicht mehr?«

»Ha, ha, ha. Sehr witzig.« Im Scherz boxte ich ihn in den Arm. In diesem Moment begriff ich, dass wir flirteten.

Er streckte den Arm aus, um mir die Hand zu schütteln. »Ich heiße Will.«

Wir unterhielten uns während der ganzen Fahrt ins Zentrum, und mit jedem Block wurde die Atmosphäre zwischen uns intensiver. Bei meiner Adresse angekommen, stiegen wir beide aus dem Taxi aus und stellten uns auf den Gehsteig: Ich überlegte, ob ich ihn nach oben einladen sollte, er war zu höflich, um zu fragen. Ich war zuvor noch nie mit einem Fremden ins Bett gegangen – trotz einiger fragwürdiger Entscheidungen blieb ich stets ein bisschen Romantikerin und notorische Monogamistin –, aber ich war in Versuchung. Ich überlegte. »Hunger?«, fragte Will.

»Und wie«, antwortete ich; erleichtert steuerte ich ihn weg von meinem Hauseingang. Wir gingen die Canal Street entlang, vorbei an den verrammelten Haarverlängerungs-Salons, an den gebratenen Enten, die in den Fenstern der Delis hingen, und an Obstverkäufern, die ihre Pappkartonstände aufbauten. Wir betraten das Café um die Ecke, die ersten Kunden des Tages.

Bei Bagels und Kaffee erzählte mir Will, wie er vor Kurzem aus China hergezogen war, wo er für eine Sportorganisation Programme für die örtliche Jugend geleitet hatte. Ich war beeindruckt, dass er Chinesisch sprach. Zurzeit hütete er das Haus seiner Pateneltern und gönnte sich ein paar Wochen, um zu überlegen, wie es weitergehen sollte. Er war gleichzeitig ernst und albern, auf eine nerdige, knochentrockene Art und Weise. Aber ich spürte, dass Will unter seiner unbekümmerten Fassade ein wenig verloren und ziemlich verletzlich war. Zwei Stunden später saßen wir immer noch da und redeten. Ich weiß noch, dass ich beim Gehen dachte: *Ich mag dich echt.* Mein zweiter Gedanke war: *Schade, dass ich jetzt auf einen anderen Kontinent ziehe.*

Nach dem Frühstück gingen Will und ich zurück zu meinem Haus und stiegen die Treppe zu meinem Zimmer hoch. Wir verbrachten den ganzen Tag im Bett, schliefen immer wieder kurz ein, schwatzten und alberten herum. Ich war Jungs gewöhnt, die aggressiv zudringlich waren, bewaffnet mit einem ganzen Arsenal schlüpfriger Anmachsprüche, aber Will schien es zu genügen, einfach nebeneinanderzuliegen. Als er nach mehreren Stunden immer noch nicht versucht hatte, mich zu küssen, rollte ich mich zu ihm hinüber und machte den ersten Schritt. Am Ende kam es zu dem One-Night-Stand – der dann zwei und schließlich drei Nächte dauerte. Mit ihm war alles anders: Ich ließ das Licht brennen. Ich hatte nicht das Bedürfnis, irgendetwas zu verstecken. Er war der Typ, der einen großzügiger auf die Teile von einem selbst blicken lässt, die einen mit Selbstverachtung erfüllen. Er war der Typ, den kennenzulernen ich mir unter anderen Umständen Zeit genommen hätte.

An meinem letzten Morgen in New York drang zitronenfarbenes Licht durch die Küche, während ich Kaffee machte. Das wütende Gezeter der Taxis und das Ächzen der Busse unten war kaum hörbar. Auf Zehenspitzen schlich ich mich ins Schlafzimmer, holte ein paar letzte Kleidungsstücke und schob sie in meinen Koffer. Als ich den Reißverschluss zuzog, blickte ich zu Wills schlaksiger Gestalt hinüber, die sich in die Bettlaken verwickelt hatte; sein Gesicht engelsgleich im Schlaf. Er gab ein so friedliches Bild ab, wie er da lag, dass ich ihn nicht wecken wollte. Eine Kindheit, in der ich ständig auf Achse war, hatte mich der Abschiede überdrüssig werden lassen. Beim Gehen legte ich ihm einen Zettel auf die Schuhe:

Danke für das unerwartete Vergnügen.
Inshallah, eines Tages werden sich unsere Wege wieder kreuzen.

2

MÉTRO, BOULOT, DODO

WÄHREND MANHATTAN DER Ort ist, an den Leute ziehen, um Karriere zu machen, ist Paris der Ort, an dem man Fantasien von einem anderen Leben ausleben möchte, und genau das hatte ich vor. Nachdem ich meinen klappernden, wuchtigen roten Koffer hinter mir her aus der *métro* und auf die Straßen des Marais gezogen hatte, blieb ich alle paar Meter stehen, um die Straßencafés, die Bäckereien und die mit Efeu berankten Fassaden meines neuen Viertels zu bestaunen. Ich hatte das Glück gehabt, über ein paar Ecken eine möblierte Einzimmerwohnung in einem Gebäude aus dem achtzehnten Jahrhundert in der Rue Dupetit-Thouars mieten zu können. Mit einem rumpelnden, schmiedeeisernen Lastenaufzug fuhr ich in den zweiten Stock hinauf. Als ich die Wohnungstür aufschloss, wollte ich vor Freude über den Kontrast zwischen der Canal Street und meiner neuen Bleibe am liebsten in die Luft springen. *Licht! Ruhe! Privatsphäre! Parkettböden! Eine übergroße rosa Badewanne in der Form einer Muschel!* Die Wohnung hatte zwar kaum vierzig Quadratmeter, aber mir kam sie vor wie ein Palast, und alles gehörte mir.

Ich verbrachte das Wochenende damit, mich einzurichten, auszupacken, ein Bankkonto zu eröffnen, neue Bettwäsche zu kaufen und die Küche zu schrubben. Am Montagmorgen fuhr ich mit der *métro* in die Anwaltskanzlei, die sich in einem eleganten Stadthaus am Parc Monceau im achten Arrondissement befand. Ein Geschwader von Anwaltsgehilfinnen begrüßte mich im Foyer und führte mich mit auf dem glänzenden Marmorfußboden klackernden Absätzen herum. Seit ich ein Teenager war, hatte ich alle möglichen Jobs gehabt – ich hatte Hunde ausgeführt, babygesittet, war persönliche Assistentin gewesen, Kontrabasslehrerin, Empfangsdame in einem Restaurant –, aber nun arbeitete ich zum ersten Mal in einem Unternehmen. Das Büro hatte sechs Meter hohe Decken mit kunstvollen Deckenleisten, an den Wänden hingen goldgerahmte Gemälde, und eine bogenförmige Prunktreppe führte weiter nach oben. Die Anwälte saßen an ihren Holzschreibtischen, in der einen Hand eine Zigarette, in der anderen einen Espresso. Ich fand das sehr französisch und sehr chic. Mittags ging eine Gruppe von uns zu einem ausgedehnten Lunch in ein Café um die Ecke. Wir bestellten Steaks und zwei Flaschen Wein, auf Rechnung der Kanzlei. Als ich zurückkehrte, bekam ich einen BlackBerry für Arbeitszwecke, und man zeigte mir den Schrank mit dem Büromaterial. Mit einem Stapel leuchtend gelber Anwaltsblocks und edlen Stiften ausgerüstet setzte ich mich an meinen Schreibtisch und fühlte mich sehr erwachsen, als ich mich zurücklehnte und mir eine Zigarette anzündete, während ich entzückt meine neue Umgebung betrachtete.

Statt die U-Bahn zu nehmen, beschloss ich, an meinem ersten Arbeitstag zu Fuß nach Hause zu gehen. In der Abenddämmerung hatten die schmalen, verwinkelten Gassen des Marais etwas Mittelalterliches. Nach und nach gingen die Straßenlaternen an, und beim Gehen malte ich mir aus, was für ein Mensch nun aus mir werden könnte. Weit weg waren die Freunde, die eigentlich gar nicht meine Freunde waren – Leute, die nichts als Unfug im Sinn hatten und Lust darauf, sich die Nächte um die Ohren zu schlagen. Selbst das Jucken schien nachgelassen zu haben. Nachdem nun ein ganzer Ozean zwischen mir und alledem lag, stellte ich mir vor, hier ruhige, einsame Wochenenden zu verbringen, an denen ich die Stadt erkundete, in den Tuilerien picknickte und in dem kleinen Café, das ich um die Ecke entdeckt hatte, ein gutes Buch las. Ich würde mir ein Fahrrad besorgen, mit einem Korb, den ich jeden Sonntag auf dem Markt an der Place de la République mit Lebensmitteln füllen würde. Ich würde roten Lippenstift auflegen und hohe Absätze tragen, wie die anderen Anwaltsgehilfinnen. Ich würde lernen, wie man das berühmte Couscous meiner Tante Fatima kochte und in meiner neuen Wohnung Gäste bewirten. Fest entschlossen, weniger Zeit damit zu verbringen, über die Dinge, die ich vorhatte, zu reden, und mehr Zeit damit, sie wirklich zu tun, wollte ich mich für einen der Literaturworkshops bei Shakespeare and Company einschreiben, dem berühmten Buchladen am Seineufer. Vielleicht würde ich mir sogar einen Hund zulegen, einen rundlichen King-Charles-Spaniel, den ich Chopin nennen würde.

Aber ich hatte keine Freizeit, und wenn ich es überhaupt mal an einem Sonntag auf den Markt schaffte, blieben die Einkäufe in meinem Kühlschrank liegen, bis sie schließlich von Schimmel überzogen waren. Stattdessen wurde ich in ein Leben gedrängt, das die Franzosen als »*métro, boulot, dodo*« (U-Bahn, Arbeit, Schlaf) bezeichnen. Am Ende meiner ersten Arbeitswoche stand für mich fest, dass ich nicht für eine Laufbahn im Rechtswesen geschaffen war. Kreatives Schreiben lag mir mehr als Tabellen, Birkenstocks waren mir lieber als Stöckelschuhe. Die Kanzlei war auf internationale Schiedsverfahren spezialisiert, was sich für mich zunächst interessant anhörte, aber wenn ich die Schriftsätze, die auf meinem Schreibtisch landeten, las, fand ich die juristische Fachsprache undurchdringlich, den Inhalt todlangweilig und mühsam. Die meisten Tage verbrachte ich im Keller des Büros, las Korrektur, druckte aus und sortierte Tausende von Dokumenten in säuberlich geordnete Hefter, damit die Anwälte seelenlosen Firmen dabei helfen konnten, noch reicher zu werden. Nachdem von mir erwartet wurde, rund um die Uhr erreichbar zu sein, schlief ich mit meinem Bürohandy auf dem Kissen und stellte mir den Wecker auf mitten in der Nacht, damit ich nachsehen konnte, ob dringende Mails gekommen waren. Oft kam ich überhaupt nicht aus dem Büro; wir Anwaltsgehilfinnen überboten uns darin, die Nächte durchzuarbeiten. Darüber hinaus hatte ich einen gruseligen Chef, der Damenschuhkataloge in seiner Schreibtischschublade versteckte und mit seinem Handy Fotos von meinen Füßen machte, wenn er glaubte, dass ich es nicht mitbekam. Nachdem ich wieder einmal eine Neunzig-Stunden-Woche hinter mich gebracht hatte, schaltete ich auf meine Art ab: Ich kaufte mir unterwegs ein *pain au chocolat* und ging tanzen. Am Ende einer langen Nacht schleppte ich denjenigen, mit dem ich gerade unterwegs war, in eine alte Pianobar namens Aux Trois Mailletz, wo wir falsch am Klavier sangen und Wein tranken, bis wir dunkelrote Lippen hatten.

Mein Leben in Paris war nicht so, wie ich es mir in meiner Fantasie vorgestellt hatte, aber ich entwickelte eine neue Version. Unerwartet begann eine Korrespondenz mit Will, die kurzen »Na, wie läuft's bei dir«-Textnachrichten wurden zu langen, witzigen E-Mail-Wechseln, gefolgt von dicken Umschlägen mit handgeschrieben Briefen und gedankenvoll kommentierten Artikeln aus dem *New Yorker*. Will schickte mir eine Postkarte von einer Hütte in den White Mountains in New Hampshire, wo er mit Freunden ein Wochenende verbracht hatte: *Kein Strom, ein Holzofen aus dem frühen zwanzigsten Jahrhundert, keine Geräusche außer Eulenrufen, dem Knistern des Feuers und dem Wind*, schrieb er. *Ich bekam Lust, eine Reise über die Landstraßen der* USA *zu machen. Hast du Lust auf einen Roadtrip?* Bei der Vorstellung, wie wir beide zusammen durch das Land fuhren, machte mein Herz einen kleinen Satz.

Ans Ende jedes Briefes schrieben wir immer dasselbe – *du musst nicht genauso lang antworten* –, aber unser Austausch wurde im Laufe der Wochen und Monate immer intensiver und häufiger. Ich las jeden seiner Briefe immer und immer wieder, als wären sie verschlüsselte Karten, die geheime Hinweise enthielten und Einblicke in das Wesen der Person gewährten, die den Stift geführt hatte. Ich erzählte Will von meinen Irrwegen seit dem Examen und von meinem neuen Leben im Ausland: *Ich habe meine ersten 36 Stunden in Paris in völliger Einsamkeit verbracht, mit ausgeschaltetem Laptop und Handy. Ich bin durch die ganze Stadt gelaufen, bis mir ein Absatz abgebrochen ist und ich mit dem Taxi nach Hause fahren musste.* Doch trotz meiner Bemühungen, ein asketischeres Leben zu führen, hatte ich neue Freunde gefunden: Lahora, eine verwitwete Yogini, Zack, ein alter Kommilitone aus dem College, der eine Ausbildung zum Pantomimen machte,

Badr, ein junger marokkanischer Geschäftsmann, der gerne tanzen ging, und David, ein älterer Expat, der sich kleidete wie ein internationaler Playboy und extravagante Partys schmiss. *Einsamkeit kann man keiner Seele aufzwingen, die fliegen muss,* antwortete Will. Wie konnte ich auf einen solchen Satz anders reagieren, als ins Schwärmen zu geraten?

Ich erzählte Will von meinem Traum, Journalistin zu werden, und schickte ihm einen Essay über den arabisch-israelischen Konflikt, an dem ich monatelang gearbeitet hatte. Was für ein Zufall, schrieb er; auch er habe journalistische Ambitionen. Er hatte vor Kurzem eine Stelle als wissenschaftliche Hilfskraft bei einem Professor angenommen und hoffte, Arbeit als Redakteur zu finden, und er schickte mir kluge Anmerkungen zur Überarbeitung meines Entwurfs. Trotz unserer gemeinsamen Zeit während meiner letzten Woche in New York kamen diese kleinen Gemeinsamkeiten überraschend, denn wir lernten uns eigentlich erst richtig durch das Briefeschreiben kennen. Unsere altmodische Korrespondenz stellte eine sicherere, ehrlichere Alternative zu den Katz-und-Maus-Spielen des Flirtens dar. Bald war ich so hingerissen von meinem neuen Brieffreund, dass ich nur noch an ihn dachte, nur noch von ihm träumte, nur noch von ihm sprach. Ich hoffte, der Mensch hinter dem Briefpapier wäre so wunderbar wie derjenige, den seine Tinte entstehen ließ.

Es war ein Nachmittag im Spätherbst, ein richtig mühsamer Tag im Büro. Ich diskutierte mit Kamilla, der Anwaltsgehilfin, mit der ich mir einen Schreibtisch teilte, ob ich Will einladen sollte, mich in Paris zu besuchen. Ich war mir nicht sicher, ob ich den romantischen Subtext unserer Briefe richtig interpretierte, aber ich fürchtete, wenn ich nicht bald die

Initiative ergreifen würde, würde sich unsere Korrespondenz verlieren. Im Lauf der nächsten Stunde verfasste ich mehrere unterschiedliche Entwürfe einer Mail an Will und versuchte, den richtigen Ton zu treffen, irgendwo zwischen ernsthafter Begeisterung und distanzierter Coolness. »*Allez ma chérie, courage*, wenn das so weitergeht, bleibst du noch die ganze Nacht hier«, sagte Kamilla und küsste mich auf die Wange, bevor sie ging.

Als ich schließlich mit einer Version zufrieden war, war es draußen dunkel und die Kanzlei beinahe leer. Ich zählte bis zehn und fühlte mich ziemlich kindisch, als ich mich nicht so recht traute, auf Senden zu drücken. Als ich schließlich allen Mut zusammennahm, empfand ich große Aufregung – die sofort von der gespannten Erwartung seiner Antwort abgelöst wurde. Die Zeit verstrich zäh. Ich rauchte eine halbe Schachtel Gauloises, surfte im Internet, ordnete meinen Schreibtisch neu. Um neun nahm ich schließlich die *métro* nach Hause. Ich checkte meine Mails. Immer noch nichts. Beunruhigt machte ich mir Nutella-Toast zum Abendessen. War ich zu weit vorgeprescht oder hatte die Stimmung doch missverstanden? Bevor ich ins Bett ging, wollte ich noch ein Bad nehmen, und wenn dann immer noch keine Antwort da war, wollte ich ihn mir aus dem Kopf schlagen.

Um Mitternacht sah ich ein letztes Mal nach. In meinem Posteingang befand sich eine Nachricht. Ich öffnete sie. Es war eine weitergeleitete Flugbestätigung. Ziel: Paris, Frankreich.

Weniger als einen Monat später kam Will an, gerade rechtzeitig zu Thanksgiving. Das Wochenende zuvor hatte ich mit hektischen Vorbereitungen verbracht. Ich schrubbte die

Badewanne, bis sie glänzte, wischte den Staub vom Boden und schleppte die Bettwäsche in den Waschsalon. Ich ging zum Marché des Enfants Rouges, holte dort einen Laib Brot und einen stinkenden Camembert, außerdem ein Glas Cornichons, Aufschnitt und einen Strauß getrockneten Lavendel. Auf dem Heimweg kaufte ich noch Wein und schlüpfte im letzten Moment in den Salon auf der anderen Straße, um mir einen dringend benötigten Haarschnitt verpassen zu lassen. Am Morgen von Wills Ankunft stand ich im Morgengrauen auf und zog mich ganze sechs Mal um, bevor ich mich für meine schmeichelhafteste Jeans entschied, einen schwarzen Rollkragenpullover und dazu meine goldenen Glückscreolen. Als ich zum Flughafen aufbrach, war ich beinahe eine Stunde zu spät.

Ein feuchter Wind wehte durch die Rue Dupetit Thouars, während die Absätze meiner Stiefel fest und schnell auf dem regennassen Gehsteig klackerten. Ich war schon fast bei der *métro*, als mein Telefon pingte. Es war eine Nachricht von Will. Er sei früher als geplant gelandet und mit dem Taxi direkt zu meiner Adresse gekommen. Jemand habe ihn ins Haus gelassen, er warte vor meiner Wohnungstür. Eilends drehte ich um zu meiner Wohnung, nahm zwei Stufen auf einmal und hielt am Treppenabsatz im ersten Stock an, um mich zu fassen. Mein Herz raste wie ein hochgedrehtes Metronom, meine Stirn war schweißnass, und ich keuchte. In den letzten Wochen war mir aufgefallen, dass ich schneller außer Atem geriet. Ich nahm mir vor, mich bei einem Fitnessstudio anzumelden. Ich strich mir die Haare aus dem Gesicht, atmete tief ein und bog um die Ecke.

»Hey, hey!«, rief Will, als er mich erblickte. Er stellte sich aufrecht hin und grinste strahlend. Wir zögerten einen Moment, bevor wir uns umarmten, und waren alle beide plötzlich zu schüchtern, um einen Kuss zu wagen, nicht einmal auf die Wange. In den Armen eines Mannes, der nicht ganz ein Fremder war, aber nicht viel mehr als das, hatte ich das erste Mal seit Monaten das Gefühl, auf festem Boden zu stehen.

»*Bienvenue*«, sagte ich, als wir uns voneinander lösten, und führte ihn hinein. Meine Einzimmerwohnung war winzig, und bis auf die Küche und das Bad bestand sie aus einem einzigen Mehrzweckraum. »Das ist das Schlafzimmer«, sagte ich und zeigte auf das Hochbett. »Mein Wohnzimmer.« Ich wies auf das leuchtend rote Sofa. »Und das da ist das Esszimmer.« Ich deutete auf den alten Überseekoffer, der mir gleichzeitig als Sofatisch, Schreibtisch und als Schrank diente. Es war die erste Wohnung, in der ich allein lebte, und auch wenn sie ein bisschen spartanisch war und ich immer noch keine Zeit gefunden hatte, Vorhänge zu kaufen, war ich stolz darauf. »*Et voilà!*«, sagte ich, als ich meine Führung beendete und dabei die großen Erkerfenster öffnete, um eine kleine Terrasse zum Vorschein zu bringen.

»Das Beste«, bestätigte Will.

Die Erinnerung an den Rest des Tages ist diffus und stellt sich bei mir nur in Schnappschüssen ein: das nervöse Plaudern im Wohnzimmer, während wir Kaffee tranken, der ausgiebige Spaziergang an der Seine, wo wir über den Anblick amerikanischer Auslandsstudenten lachten, die Baskenmützen trugen und ein fürchterliches Französisch sprachen. »*Denk* nicht mal dran, mich hier zu küssen«, warnte ich ihn, als wir den Pont des Arts überquerten, wo Liebespaare Vorhängeschlösser am Geländer der Brücke anbrachten. Er tat es erst später an diesem Abend, nachdem eine Flasche Rotwein uns etwas lockerer gemacht hatte.

Will folgte mir die Leiter hinauf zum Hochbett, ein billiges, klappriges Ding aus vier Holzpfosten und einer dünnen Sperrholzplatte, das der letzte Mieter etwas windig zusammengebaut hatte. Als wir nebeneinanderlagen, war das ein anderes Gefühl als in den drei Nächten, die wir in New York zusammen verbracht hatten. Eine zarte Verlegenheit erfüllte die Luft, als wir uns auszogen. Durch das Fenster fiel Mondlicht und ließ die Narben an meinen Beinen silbrig glänzen. Die Bettpfosten unter uns schwankten.

»Verdammt, IKEA«, sagte ich.

»Was ist, wenn das Bett zusammenbricht?« Will machte sich ernsthafte Sorgen.

»Stell dir vor, mein Dad liest morgen in der Zeitung: NACKTES AMERIKANISCHES PÄRCHEN TOT IN EINEM HAUFEN IKEA-TRÜMMER AUFGEFUNDEN.«

Will sprang die Leiter hinunter. »Moment, ich muss schnell etwas überprüfen.« Er sah nach, ob die Schrauben richtig befestigt waren und rüttelte und schüttelte das Gestell, während ich lachte. »Ein Erdbebentest!«

Am Ende seines zweiwöchigen Besuchs kehrte Will nach New York zurück, aber nur, um seine Sachen zu packen und seine Stelle zu kündigen. *Er zieht nach Paris, um mit mir zusammen zu sein* – schrieb ich immer wieder in mein Notizbuch, bis es sich echt anfühlte. Als ich auf dem Weg zur Arbeit in der *métro* saß, lag ein dümmliches Lächeln auf meinem Gesicht. *Freude ist ein unheimliches Gefühl, vertraue ihm nicht,* schrieb ich dazu. Denn unter der Freude braute sich ein Sturm zusammen, eine düstere Vorahnung, ein blutiges, lichtloses Grauen, das sich unter meiner Haut breitmachte.

3

EIERSCHALEN

SEITDEM ICH SIEBZEHN war, war ich nie länger als ein, zwei Monate Single gewesen. Darauf war ich nicht stolz, und ich hielt es auch nicht für gesund, aber so war es nun einmal. Auf dem College hatte ich den Großteil der Zeit eine ernsthafte Beziehung mit einem hochintelligenten britisch-chinesischen Studenten der Komparatistik. Er war mein erster richtiger Freund, führte mich in schicke Restaurants in der Stadt oder machte mit mir Urlaub am Waikiki Beach. Aber während die Semester verstrichen, wurde ich immer ruheloser und wünschte mir, ich hätte mehr Erfahrungen gesammelt, bevor ich ihn kennenlernte. Im Sommer vor dem Abschlussjahr endete diese Beziehung, weil ich eine leidenschaftliche Affäre mit einem jungen äthiopischen Filmemacher hatte. Danach kam ein Bostoner, den ich bei Forschungsarbeiten über die Winterferien in Kairo kennengelernt hatte; er hatte einen Hang zu Unfug im großen Stil und Aktivismus und war kurz vorher festgenommen worden, weil er eine zehn Meter lange Palästinenserfahne an der Seite einer Pyramide ausgerollt hatte. Als wir eine Woche später in einer Bar mit Blick auf das Rote Meer illegal hergestellten Whiskey tranken, rief er bei seinen Eltern an. »Das ist das Mädchen, das ich heiraten werde«, verkündete er und reichte mir das

Handy, bevor ich protestieren konnte. Nicht lange danach machte ich Schluss mit ihm. Um das Examen herum fing ich mit einem aufstrebenden mexikanisch-texanischen Drehbuchautor an. Wir waren zwei katastrophale Monate in New York zusammen, während ich ein Praktikum machte und er in einem trendigen Hotel downtown kellnerte. Wenn er betrunken war, wurde er fies, und er war meistens betrunken. Diese Beziehungen hatten alle nichts Beiläufiges an sich. Wenn ich mich in einer befand, befand ich mich voll und ganz darin und war erfüllt von der Vorstellung eines gemeinsamen Lebens. Aber selbst während der intensivsten Phasen war ich mir dessen bewusst, dass in der Ferne schwach ein Exit-Schild leuchtete. Ich war verliebt in die Vorstellung, verliebt zu sein. Man kann es auch anders ausdrücken: Ich war zu jung, zu impulsiv und ging zu leichtfertig mit den Gefühlen anderer Menschen um, war zu sehr mit mir selbst beschäftigt und darauf konzentriert, herauszufinden, was für mich als Nächstes kam, statt mich mit gegebenen Versprechen aufzuhalten.

Mit Will war das anders. Er unterschied sich von allen Männern, mit denen ich zuvor zusammen gewesen war. Er besaß eine skurrile Kombination von Charaktereigenschaften – er war gleichzeitig Sportler, Intellektueller und Klassenclown – und konnte genauso mühelos einen Basketball im Korb versenken wie Gedichtzeilen von W. B. Yeats rezitieren. Ich war verblüfft über seine Achtsamkeit und wie er immer darauf aus war, dass sich alle Anwesenden in einem Raum entspannt fühlten. Er war fünf Jahre älter als ich und hatte eine stille, bescheidene Klugheit und einen spielerischen Geist, der ihn gleichzeitig viel älter und viel jünger erscheinen ließ, als es seinem Alter gemäß war. In dem

Moment, als Will wieder auf der Schwelle meiner Pariser Wohnung stand, diesmal mit einem übergroßen Seesack, vollgestopft mit all seinen Habseligkeiten, verschwand das Exit-Schild. Ich war im Boot.

Will packte aus und stapelte seine Kleidung ordentlich zusammengelegt auf dem Bücherregal, das ich leergeräumt hatte, um Platz für seine Sachen zu schaffen. Er wühlte in dem Seesack, holte einen tragbaren Lautsprecher heraus und fragte, ob er Musik machen dürfe. Hip-Hop aus den Neunzigern wummerte durch das Apartment, immer wieder Warren G. Ich musste lachen, als er dazu rappte und über den Holzboden tanzte. Er nahm meine Hand und wirbelte mich durch die Küche, sodass wir beinahe eine Bratpfanne umstießen.

»Du bringst mich ganz durcheinander«, sagte ich und schlug mit einem Geschirrtuch nach ihm.

Ich machte einen Shepherd's Pie zum Mittagessen, denn ich wollte Will mit meiner Kochkunst beeindrucken. Hochkonzentriert schnitt ich Karotten, dünstete Schalotten an, briet Hackfleisch an und zerstampfte Kartoffeln. Bis auf Rühreier, einen gelegentlichen Teller Nudeln und mein Togo-Dinner bestehend aus Nutella-Toast war es das erste richtig selbst gekochte Gericht, an das ich mich je gewagt hatte. Am Vormittag hatte ich meine Mutter angerufen, um nach dem Rezept zu fragen. Die Küche hatte die Größe eines kleinen Besenschranks, und das ohne Fenster oder Ventilator, sodass keine frische Luft hereinkam und es drückend heiß war. Ich wischte mir die Stirn mit dem Geschirrtuch ab, aber es bildeten sich gleich wieder Schweißperlen, während ich die Zutaten in eine Auflaufform schichtete und ein wenig Käse darüberstreute, bevor ich die ganze Chose in den Ofen stellte. Bald duftete die Wohnung nach Butter und frischen Kräutern; zum ersten Mal roch es wie ein richtiges Zuhause.

Im anderen Zimmer deckte Will den Tisch auf dem Überseekoffer. Ich ging zu ihm und öffnete die Fenster, um ein wenig Luft hereinzulassen. Draußen hatte es angefangen zu schneien, und ein paar träge Flocken trieben ins Innere. Will trat zu mir ans Fenster, schlang die Arme um meine Taille und zog mich zu ihm. »Ab morgen suche ich mir Arbeit.« Er vergrub das Gesicht in meinen Haaren. »Und auch eine Sprachenschule, wo ich Unterricht nehmen kann, zumindest bis ich genug Französisch kann, um zu sagen: ›Ich hätte gerne drei Baguettes und eine Orangina, bitte.‹«

Wills Oberkörpermuskeln drückten straff und warm an meine Schulterblätter. Ich schloss die Augen, lehnte mich an ihn und versuchte, mich zu erinnern, wann ich zum letzten Mal so glücklich gewesen war. Ich wusste es nicht. »Bleib so«, sagte Will und wich zurück. Er nahm seine Kamera vom Bücherregal und machte eine Aufnahme von mir vor dem Fenster, die meine Silhouette vor dem Winterhimmel zeigte. Als er mir das Foto zeigte, war ich ganz erschrocken über mein Aussehen. Meine Haut war furchtbar bleich, beinahe durchsichtig. Meine Augenlider waren blaugrün, als wären alle Adern an die Oberfläche gekommen. Selbst meinen Lippen schien jegliche Lebenskraft zu fehlen.

»Wie Perlen, diese Farbe«, sagte Will wohlwollend und drückte einen Kuss darauf.

Zwei Wochen später wurde Will siebenundzwanzig. Um seinen Umzug und seinen Geburtstag zu feiern, nahm ich mir ein paar Tage frei und überraschte ihn mit einem Umschlag, der zwei Bahntickets nach Amsterdam enthielt. Es war Januar 2011, und als wir aus dem Bahnhof traten, atmeten wir in der strahlenden Morgenluft kleine Wölkchen. Wir wollten die Stadt zu Fuß erkunden. Auf dem Plan standen: ein Besuch im Anne-Frank-Haus, ein Zwischenstopp auf dem Markt, um Matjes zu probieren und eine Bootsfahrt durch die Kanäle. Aber wir kamen nicht weit. Nach etwa jedem Block musste ich stehen bleiben, ein tiefer Husten quälte meinen Körper, sodass mir schwindelig wurde und hinter meinen Schläfen Stimmgabeln zu schwingen schienen.

Ich war so schlapp, dass wir den größten Teil des Wochenendes in unserem schäbigen Zwei-Sterne-Hotel im Rotlichtbezirk verbrachten. Die Hotelbettwäsche hatte überall Brandflecken, ein schmutziges Fenster blickte auf einen Kanal hinaus, und das Scheppern einer immer wieder aussetzenden Heizung hallte durch die trostlosen Korridore. Aber wenn man verliebt ist, ist es völlig egal, wo man ist, alles fühlt sich an wie ein Abenteuer. Bei unserer Ankunft drehte ich mich zu ihm und sagte aufgeregt:»Das ist mein absolutes Lieblingshotel!«

Obwohl es mir nicht gut ging, war ich fest entschlossen, dass unsere erste gemeinsame Reise unvergesslich werden sollte. Und so stand ich am Nachmittag von Wills Geburtstag in einem Coffee-Shop im Souterrain und kaufte eine Dose Magic Mushrooms von einem schlaksigen weißen Jungen mit Dreadlocks.»Ach komm, sei nicht so spießig«, sagte ich zu Will, der noch nie zuvor welche ausprobiert hatte und Bedenken zu haben schien.»Na gut«, willigte er schließlich ein.»Wenn die Maya recht hatten, kommt dieses

Jahr sowieso das Ende der Menschheit. Machen wir es richtig.« Wir gingen ein paar Straßen weiter in ein äthiopisches Restaurant zum Abendessen, und als der Kellner nicht hinsah, streute ich eine Handvoll der Pilze über einen dicken Eintopf aus gewürzten Linsen. »Du bist verrückt, weißt du das?« Will schüttelte den Kopf, während er skeptisch die gestreckten Linsen mit einem Stück *injera* auftunkte.

Der Nebel hing tief über der Stadt, als wir uns nach dem Essen zum Hotel aufmachten. Wir trotteten durch die matschigen Straßen und über vereiste Brücken, wichen klingelnden Radfahrern aus, die an uns vorbeiflitzten. Im Rotlichtbezirk leuchteten Silhouetten hinter Fenstervorhängen. Eine Ampel wurde orange, rot, grün, dann explodierte sie in einem Regenbogen. Ich sah unser Hotel, dessen Neonschild flimmerte wie glühende Kohle. Wir gingen schneller, denn wir wollten in unserem Zimmer sein, bevor die Drogen die volle Wirkung entwickelten. Als wir da waren, hatten sich die Poren meiner Haut in kleine Schlote verwandelt, die Flammen ausspuckten. Ich riss mir die Kleider vom Leib und legte mich ausgestreckt auf die Matratze, um mich abzukühlen. Unterdessen fing Will an, mit Bettzeug und Kissen ein Fort zu bauen, sodass über dem Bett ein Zelt entstand. »Komm rein, das ist sehr *gezellig*«, sagte ich und klopfte auf den freien Platz neben mich. *Gezellig*, diesen unübersetzbaren niederländischen Ausdruck, der ungefähr so viel wie »gemütlich« bedeutet, hatten wir zu unserem neuen Lieblingswort erkoren. Will schlüpfte unter das Dach aus Laken und legte sich neben mich.

»Herrgott, du glühst ja«, sagte er, als er mir die Hand auf die Stirn legte.

In diesem Moment dachte ich, das bedeutete nur, dass die

Drogen wirkten, und zwar gut. Aber während der nächsten Stunden stieg mein Fieber immer höher, bis es sich anfühlte, als würde mein ganzer Körper in Flammen aufgehen. Ich fing an zu zittern. Schweiß sammelte sich in den Höhlungen meiner Schlüsselbeine, und ich weiß noch, dass ich mich zum ersten Mal in meinem Leben verletzlich fühlte. »Ich komme mir vor, als wäre ich aus Eierschalen«, sagte ich immer wieder zu ihm. »Bleiben wir einfach für immer hier, ja?«

Will machte sich zunehmend Sorgen und schlug vor, in die Notaufnahme zu fahren. »Ich will mich um dich kümmern«, sagte er.

»*Non merci*, ich bin zäh.« Ich präsentierte ihm meinen Bizeps.

»Wir können direkt mit dem Taxi hinfahren und sind in null Komma nichts wieder da.«

Ich weigerte mich und schüttelte ablehnend den Kopf, bis er aufgab. Ich wollte nicht zu den dämlichen Touristen gehören, die nach Amsterdam fuhren, ein paar Pilze einwarfen und im Krankenhaus landeten.

Am nächsten Nachmittag stiegen wir in einen Zug zurück nach Paris. Das Fieber und die Halluzinationen hatten sich verflüchtigt, nicht aber das Gefühl der Zerbrechlichkeit. Mit jedem Tag fühlte ich mich schwächer, weniger lebendig. Es kam mir vor, als würde jemand mein Innerstes ausradieren. Die Silhouette meines alten Ich war immer noch sichtbar, aber innerlich verwandelte ich mich in ein unleserliches Pergament.

4

FLUG DURCHS ALL, WEG VON DER ERDE

WIEDER IN PARIS angekommen, ging ich zum Arzt, aus dem
üblichen Grund, weshalb zweiundzwanzigjährige junge
Frauen zum Arzt gehen: Empfängnisverhütung. Das Ärz-
tezentrum war ein schäbiges Labyrinth mit abblättern-
den Wänden, überfüllten Wartezimmern und flackernden
Glühbirnen an den Decken. Die anderen Patientinnen, von
denen die meisten Immigrantinnen zu sein schienen, manche mit nordafrikanischen Wurzeln wie ich, unterhielten
sich in einer Mischung aus Arabisch und Französisch, während sie entweder versuchten, zappelnde Kleinkinder im
Zaum zu halten, oder in Zeitschriften blätterten. Als ich
mich umblickte, bekam ich plötzlich Heimweh. Der Übergang von meinem Kinderarzt mit den Lutschern in der
Tasche, der mich den größten Teil meines Lebens behandelt
hatte, zu dieser kalten, heruntergekommenen Großpraxis
war eine schrille Erinnerung daran, dass ich jetzt auf mich
allein gestellt war. Ich war kein Kind mehr, aber ich fühlte
mich noch nicht gerüstet für die fluoreszierende, bürokra-
tische Erwachsenenwelt.

Schließlich wurde mein Name aufgerufen. Eine Arzthel-
ferin krempelte den Ärmel meiner Bluse hoch und suchte
nach einer brauchbaren Vene. Solange ich denken konnte,

hatte ich Angst vor Spritzen gehabt. Ich wandte das Gesicht ab, fixierte den Boden und hielt den Atem an, als die Nadel die Haut durchbohrte. Aus den Augenwinkeln heraus sah ich einen purpurroten Strahl. Keine große Sache, sagte ich mir. Ich atmete aus, während sich das Röhrchen füllte. Fast fertig.

Etwa eine Stunde später wurde ich ins Sprechzimmer geführt, wo ein schnauzbärtiger Mann im Arztkittel hinter einem großen Holzschreibtisch saß. Ich nahm Platz. »Was führt Sie zu mir?«, fragte er mich auf Französisch.

»Ich würde gerne die Pille nehmen«, sagte ich.

»Das dürfte kein Problem darstellen.« Er warf einen Blick auf ein Blatt Papier und ging die Ergebnisse meines Bluttests durch. Mit einem leichten Stirnrunzeln hielt er inne. »Bevor wir die unterschiedlichen Möglichkeiten besprechen – fühlen Sie sich in letzter Zeit müde?«

Ich nickte eifrig.

»Ihr Blutbild zeigt, dass Sie an einer Anämie leiden – Sie haben zu wenige rote Blutkörperchen.« Ich musste beunruhigt ausgesehen haben. »Keine Sorge«, fügte er hinzu, »Anämie ist bei jungen Frauen recht häufig. Haben Sie starke Monatsblutungen?«

Ich zuckte die Achseln, da ich mir nicht sicher war, was genau »stark« bedeutete. »Wahrscheinlich schon.« Nach einem Jahrzehnt mit Krämpfen war für mich jede Menstruation eine zu viel.

»Dann könnte es daran liegen«, sagte der Arzt. »Ich verschreibe Ihnen die Pille und ein tägliches Eisenpräparat. Das sollte Ihnen bald mehr Energie verleihen.«

Auf der Heimfahrt mit der *métro* zählte ich die Haltestellen bis zur Rue Dupetit-Thouars, immer noch ganz benommen von der Tatsache, zu einem Mann und in eine Wohnung zu fahren, die beide mir gehörten. Mit von der Kälte geröteten Wangen platzte ich herein, umarmte Will und erzählte ihm von der Anämie und dem Eisenpräparat, während ich eine Flasche Wein öffnete. »Deshalb war ich ständig so verdammt *fatiguée.*« Ich war zuversichtlich gestimmt und lächelte ihn an. »Wie war dein Tag?«

»Mila hat geweint, weil sie sich den Ellbogen auf dem Karussell am Champ de Mars aufgeschürft hat, aber ich konnte sie beruhigen und alles war wieder gut. Ich würde also sagen, es war eine ziemlich *bonne journée.*« Will nahm Französischunterricht und arbeitete mittlerweile als »Manny« – eine männliche Nanny –, wie ich ihn zwar ausdrücklich nicht nennen durfte, es aber trotzdem tat, und zwar so oft wie möglich. Jeden Nachmittag, wenn ich in der Anwaltskanzlei war, holte er die vierjährige Mila vom Kindergarten ab und unternahm etwas mit ihr. Sie hatte Pausbäckchen und eine krause braune Lockenmähne. Am allerliebsten saß sie auf Wills Schultern, wo sie alles, was auf der Straße passierte, von oben betrachten konnte, während sie ein Croissant knabberte und allen, die ihr zuhörten, zurief: »Ich bin das größte Mädchen von ganz Paris!« Während Will von ihrem neuesten Abenteuer erzählte, zupfte ich ihm Croissantkrümel aus den Haaren.

Die Beschäftigung als Manny war nur als Übergangslösung geplant, nur bis Will in Paris Fuß gefasst hatte, und obwohl er sein amerikanisches Diplom damit nicht gerade nutzbringend verwendete, schien ihm das nichts auszumachen. Es war regelmäßiges Geld, das er unter der Hand bekam und wofür er kein Arbeitsvisum brauchte. Außerdem konnte man seine Nachmittage auch schlechter verbringen, als eine fremde Stadt mit einer vierjährigen Führerin zu erkunden. Ich hingegen war weniger optimistisch, was meinen Job betraf. Es fiel mir immer schwerer, den Arbeitstag durchzustehen. Der Juckreiz war schwächer geworden, seit ich nach Paris gezogen war, aber ich war so schlapp und erschöpft, dass ich bis zu acht Espressi am Tag trank. Ich machte mir langsam Sorgen, dass meine Erschöpfung andere Ursachen haben könnte. *Vielleicht bin ich einfach nicht für das richtige Leben geschaffen*, hatte ich in mein Tagebuch geschrieben. Aber der Arzt in der Gemeinschaftspraxis hatte eine andere Erklärung geliefert: Blutarmut, und das bedeutete, meine Abgeschlagenheit lag *in* mir, nicht *an* mir, und ich war dankbar für diese Unterscheidung.

Es wurde spät, und die Weinflasche stand nun leer auf dem Schrankkoffer. Ich erhob mich schwankend und verkündete, es sei längst an der Zeit, unsere Vorsätze, die wir uns ein paar Wochen zuvor an Silvester vorgenommen hatten, umzusetzen. Ich liebte das jährliche Ritual, eine Liste von Vorsätzen zu machen: Ich schrieb ständig Notizbücher voll mit To-do-Listen und Träumen. Alles, was wie ein Plan aussah, ganz egal, wie unsicher, glich die Unsicherheit und Unklarheit aus, die ich gegenüber der Zukunft empfand. Will war zwar kein großer Planer, aber er machte mit. Im kommenden Frühjahr, sagte er, wolle er sich an der Graduiertenschule bewerben, vielleicht am Sciences Po, dem Pariser Institut für politische Studien. Ich gelobte, mir einen neuen Job zu suchen, bei dem ich am Ende jedes Tages nicht völlig erledigt war und etwas anderes tun konnte, als Fotokopien zu machen oder meine Füße vor meinem Chef zu verstecken.

Während der nächsten zwei Monate versuchte ich, meine guten Vorsätze umzusetzen: Ich polierte meinen Lebenslauf auf, verschickte Bewerbungen und kontaktierte ehemalige Professoren und Betreuer. Meistens saß ich aber in dem trostlosen Wartezimmer der Gemeinschaftspraxis, wo ich ein halbes Dutzend Mal hinmusste, um mich wegen diverser Erkältungen, einer immer wiederkehrenden Bronchitis und Harnwegsinfektionen behandeln zu lassen. Jedes Mal wurde ich zu einem anderen Arzt geschickt. Jedes Mal erzählte ich meine Krankengeschichte von Neuem, und mit jedem Besuch wuchs die Liste meiner neuesten Leiden. Ich nahm die Eisenpräparate nach Anweisung, aber statt mich kräftiger zu fühlen, wurde ich immer ausgelaugter. In Anbetracht der wechselnden Ärzte fragte ich mich, wer eigentlich den Überblick über die ganzen Details behielt – wer auf mich achtgab, falls es überhaupt jemand tat.

Als ich eines Nachmittags wieder zu einer »Routine«-Blutuntersuchung dort war, stiegen mir Tränen in die Augen. »Was ist denn los?«, fragte die Schwester, die mir das Blut abnahm.

Ich war mir nicht mehr sicher.

Wenn man jeden Tag über viele Monate hinweg rund um die Uhr müde ist, dann merkt man nicht, dass man immer kränker wird. Als ich schließlich eine Überweisung zu einem Arzt im American Hospital of Paris bekam, war ich so schwach, dass ich es nur mit Mühe schaffte, die Leiter zu unserem Hochbett hinauf- oder hinunterzusteigen. An einem ungewöhnlich warmen Freitagnachmittag Ende März verließ ich die Wohnung, um zu einem Termin zu gehen. Eigentlich hätte die Fahrt mit der *métro* dreißig Minuten dauern sollen, aber ich brauchte Stunden und landete in einem Viertel von Paris, das ich nicht wiedererkannte. Ich lief im Kreis und suchte nach dem Krankenhaus, nur um irgendwann zu begreifen, dass ich an der falschen Haltestelle ausgestiegen war. Während ich auf den Bus wartete, der mich nach Neuilly-sur-Seine bringen sollte, eine Vorstadt im Westen von Paris, wo sich das Krankenhaus befand, wurde mir schwindelig. Um mich herum schimmerten prächtige Villen und teure Autos in der Sonne. Vögel flatterten zwischen den herzförmigen Blättern einer Linde hindurch. Eine Mutter ging Hand in Hand mit ihren zwei blonden Kindern die schattige Seite der Straße entlang. Mir drehte sich der Kopf. Ich sah Sternchen, und plötzlich wurden die Häuser, die Autos, die Vögel, die Mutter zu goldenen Punkten vor pechschwarzem Hintergrund. Eben stand ich noch da, und im nächsten Moment kippte ich zur Seite um und schlug mit dem Kopf auf dem Gehsteig auf.

»Ça va, Mademoiselle?«, fragte eine ältere Dame, als ich zu mir kam, die rissigen Lippen besorgt zusammengekniffen.

»Non«, antwortete ich und fing wieder an zu weinen. Ich konnte Will nicht erreichen, der mit Mila beim wöchentlichen Schwimmunterricht war, und meine Eltern waren viertausend Meilen weit weg. Ich flog durchs All, nahm immer mehr Tempo auf und wirbelte immer weiter weg von der Erde. Ich hatte mich noch nie so allein gefühlt.

Als ich schließlich im Krankenhaus ankam, dämmerte es bereits. Ein Mann, der sich als Dr. K. vorstellte, begutachtete mich kurz im Untersuchungszimmer und entschied sofort, mich ins Krankenhaus einzuweisen, um weitere Tests zu machen. »Vous n'avez vraiment pas bonne mine«, sagte er zu mir. (Übersetzt: Sie sehen scheiße aus.) Ein Pfleger schob mich in einem Rollstuhl in einen weißen Raum mit einem großen

Fenster. Die Sonne ging unter, und ich sah zu, wie dunkle violette Wolken über den Horizont zogen und mit Regen drohten. Zum letzten Mal war ich bei meiner Geburt im Krankenhaus gewesen.

Das American Hospital of Paris sah anders aus als jedes Krankenhaus in den Staaten, das ich je gesehen hatte. Mein Zimmer war luxuriös, größer als meine Einzimmerwohnung, und die weißen Wände waren in Sonnenlicht gebadet. Ich freute mich auf die Frühstückstabletts, die jeden Morgen ungefragt an mein Bett gestellt wurden und mich mit dem Duft eines buttrigen Croissants und eines Café au Lait weckten. Mit dem Frühstück kam eine tägliche Dosis Prednison, ein Allerweltssteroid, das mir aus Gründen verschrieben wurde, die unklar blieben, aber innerhalb von zweiundsiebzig Stunden fühlte ich mich damit munter genug, hinunter in den Hof des Krankenhauses zu gehen, wo ich mir nachmittags die Zeit damit vertrieb, in mein Notizbuch zu schreiben, Zigaretten von den anderen Patienten in Frotteebademänteln zu schnorren und mit glasigen Augen die Blumenbeete anzustarren. Wenn Will Mila abends ins Bett gebracht hatte, kam er zu mir ins Krankenhaus. Er brachte Scrabble mit, und wir blieben lange wach, unterhielten uns und spielten ein Spiel nach dem anderen. Eine Krankenschwester hatte ihm eine Besucherliege angeboten, damit er über Nacht bleiben konnte.

»Danke, dass du da bist«, murmelte ich erschöpft, wenn wir in unseren getrennten Betten einschliefen.

»Es macht mich zum allerglücklichsten Menschen, mit dir zusammen zu sein, für mich waren das die glücklichsten Monate meines Lebens«, sagte Will und ergriff meine

Hand. »Niemand ist wie du. Es gibt niemanden, der mich mehr dazu drängt zu leben – der mich mehr dazu bringt, *ich* sein zu wollen, als du. Dein Hunger danach, mehr zu wissen und dich besser zu kennen, bringt mich dazu, besser sein zu wollen. Was wir zusammen aufbauen, ist groß. Und bald bist du raus hier, und wir können mit unserem Leben weitermachen.«

Während meines einwöchigen Krankenhausaufenthalts machten die Ärzte alle nur denkbaren Tests, von HIV über Lupus bis hin zur Katzenkratzkrankheit. Alle negativ. Ich beantwortete unzählige Fragen: Nein, bisher keine Operationen oder Krankenhausaufenthalte, keine Vorerkrankungen, ein Großvater starb an Prostatakrebs, der andere an einem Herzinfarkt, aber abgesehen davon gab es keine Krankheiten in der Familiengeschichte,.und ja, wenn man Tanzen in Nachtclubs dazuzählte, dann machte ich regelmäßig Sport. Als Dr. K. sich meine roten Blutkörperchen unter dem Mikroskop ansah, stellte er fest, dass sie vergrößert waren, und deutete an, dass ich womöglich eine Knochenmarkbiopsie benötigen würde. »Wie viel Alkohol trinken Sie?«, fragte er mich eines Nachmittags, als er über meinem Bett stand. »Zu viel«, piepste ich. »Ich habe gerade den Abschluss am College gemacht.« Er machte sich auf einem Block Notizen, während er aus dem Zimmer ging. Letztlich befand er dann, eine Biopsie sei für jemanden in meinem Alter unnötig. Ich vertraute ihm. Immerhin sollen Jugend und Gesundheit Hand in Hand gehen.

»Sie brauchen Ruhe«, schloss Dr. K. »Ihre roten Blutkörperchen geben mir immer noch Rätsel auf, aber ich sehe keinen Grund zur Beunruhigung. Ich mache jetzt Urlaub, aber in zwei Wochen bin ich zurück, dann sehen wir, wie es

Ihnen geht.« Damit entließ er mich mit der Diagnose eines sogenannten »Burn-out-Syndroms« und schrieb mich einen ganzen Monat krank.

Auf der Heimfahrt aus dem Krankenhaus mit der *métro* schrieb ich in mein Notizbuch:

Wichtige medizinische Details – bitte merken:

1) Dr. K. trägt eine Prada-Brille.
2) Will und ich wurden beinahe von einer Krankenschwester beim Sex im Bad meines Zimmers erwischt.
3) Man kann Crème brûlée und Sekt aus der Krankenhauscafeteria direkt ins Zimmer bestellen.
4) Ich bin mir ziemlich sicher, dass das hier ein Country Club ist, der als Krankenhaus getarnt ist.
5) Was zum Henker ist ein »Burn-out-Syndrom«?

Zugegebenermaßen war ich ganz begeistert über die einmonatige Krankschreibung, aber aus dem Rest wurde ich nicht schlau. Ohne die tägliche Dosis Prednison ließ meine Energie bereits nach. Zusammengesunken in dem kalten Plastiksitz der *métro* sitzend und gegen den Schlaf ankämpfend, dämmerte mir, dass Dr. K. womöglich harte Arbeit und einen heftigen Lebenswandel für die einzigen Schuldigen hielt. Ich hatte nicht das Gefühl, dass er oder einer der anderen Ärzte, bei denen ich gewesen war, mich ernst nahmen. Aber ich kann auch nicht behaupten, dass ich selbst es tat. Ich machte den Mund nicht auf. Stattdessen tat ich die Zweifel ab, die sich in meinem Kopf im Kreis drehten. Immerhin hatten sie Medizin studiert, nicht ich.

Ein paar Tage nach meiner Heimkehr aus dem Krankenhaus erhielt ich nach dem Aufwachen die gute Nachricht, dass ich zu einem Bewerbungsgespräch eingeladen war. Ich hatte die letzten Wochen damit verbracht, Anfragen an alle möglichen Zeitungen und Zeitschriften zu verschicken, aber mit wenig Erfolg. Im Gegensatz zu anderen Berufen, in denen es eine klar vorgegebene Laufbahn, einen bestimmten Abschluss als Voraussetzung oder zu erklimmende Karriereleitern gibt, war die Welt des Journalismus für mich ebenso rätselhaft wie unzugänglich. Ich hatte keine Ahnung, wie ich einen Fuß in die Tür bekommen sollte. »Fangen Sie einfach an zu schreiben und schicken Sie Artikel in Redaktionen«, hatte mir jemand geraten, aber dafür blieb mir neben meiner täglichen Arbeit nicht viel Zeit. Und selbst wenn, ich kannte keine Redakteure, und wenn doch, ich hätte nicht das Selbstvertrauen gehabt, diesen Schritt zu gehen. Stattdessen hatte ich meinem alten Journalismusprofessor geschrieben, der vorschlug, ich solle mich an die *International Herald Tribune* wenden, die ihren Hauptsitz in Paris hatte, um mich nach Einstiegsmöglichkeiten zu erkundigen. Zu meiner Überraschung antworteten sie, sie hätten eine Stelle für einen »Stringer« frei, eine Art Informationsbeschaffer auf unterer Ebene, der den dienstälteren Redakteuren für Berichte über die Revolution zuarbeitete, die gerade in Tunesien ausgebrochen war – sie wurde später als Arabischer Frühling bezeichnet. Sie luden mich sofort zu einem Bewerbungsgespräch ein.

Am nächsten Tag zog ich ein schwarzes Businesskleid an, das ich secondhand gekauft hatte, band meine wirren Locken zu einem Zopf und machte mich auf den Weg. Als ich die Treppe zum Büro der *Tribune* hinaufstieg, spürte ich wieder die vertraute Benommenheit, und ich war etwas aus der Puste. Aber an diesem Tag gab es Wichtigeres. Das Klackern von Tastaturen erfüllte das Großraumbüro voller Aktenschränke und Schreibtische mit hohen Bücherstapeln, Computerbildschirmen und schmutzigen Kaffeetassen. Als ich die erfahrenen Journalisten und Journalistinnen betrachtete, die an ihren Schreibtischen saßen, machte ich mir keine Illusionen. Ich wusste, meine Chancen, den Job zu bekommen, waren gering, aber zum ersten Mal sah ich einen Weg zu einem Beruf, der mich faszinierte. Plötzlich wurde mir klar, dass ich mich, ohne es zu wissen, genau hierfür vorbereitet hatte. Im Studium hatte ich eine Menge Sprachkurse belegt – Arabisch, Französisch, Spanisch, Farsi –, um eines Tages einfacher in fernen Gegenden leben zu können. Den Sommer über hatte ich immer im Ausland studiert und geforscht, und das hatte mich von Addis Abeba über das marokkanische Atlasgebirge bis an die West Bank geführt. Und Tunesien war nicht nur ein Land, das ich kannte und liebte, es war meine Heimat: Mein Vater stammte von dort, meine ganzen Verwandten lebten noch da, und ich war stolze Inhaberin eines tunesischen Passes. All das kam in dem Bewerbungsgespräch zur Sprache, und die Redakteure, mit denen ich mich traf, wirkten hocherfreut. Genau wie ich. Als ich ging, dachte ich bei mir, dass ich mein gesamtes Erwachsenenleben auf just diesen Moment hingearbeitet hatte, dann lachte ich über mich: Ganze vier Jahre waren das.

Ich kehrte nie mehr in das Büro der *Tribune* zurück. Innerhalb einer Woche war ich wieder im Krankenhaus. Diesmal lag ich auf einer Trage in der Notaufnahme, die Augen leer und weiß vor Schmerz. Pochende wunde Stellen hatten sich im Inneren meines Mundes gebildet. Mein Teint war blaugrau, wie totes Fleisch. Will drückte meine Hand, als die diensthabende Ärztin sagte:»Ich will Sie nicht beunruhigen, aber da liegt eindeutig etwas im Argen. Die Anzahl ihrer roten Blutkörperchen ist deutlich gesunken.« Ich starrte sie an, ohne zu verstehen, was das bedeutete. »Wenn der Wert noch niedriger wird, dürfen Sie kein Flugzeug besteigen.« Sie legte mir sanft die Hand auf den Arm und sagte, sie hätte eine Tochter etwa in meinem Alter, und wenn sie meine Mutter wäre, würde sie wollen, dass ich mit dem nächsten Flieger nach Hause käme.

Es wurden alle Vorkehrungen getroffen, sodass ich am nächsten Morgen sofort zurück nach New York fliegen konnte. Ich bestand aber darauf, ein Rückflugticket nach Paris für zwei Wochen später zu kaufen. Ich musste glauben, dass es ein Hin- und Rückflug werden würde. Will hatte angeboten, mich zu begleiten, aber ich fand das nicht sinnvoll – er musste sich um Mila kümmern, und ich würde sowieso bald zurück sein. Als ich mich am Flughafen von ihm verabschiedete, sagte ich ihm, er solle sich keine Sorgen machen. Dann schob mich ein älterer Herr in marineblauer Uniform in einem Rollstuhl durch den Flughafen Charles de Gaulle. Ich bekam rote Ohren, als er mich an das vordere Ende der Schlangen vor der Security und in das Flugzeug schob, vorbei an den vielen Familien, die auf das Boarding warteten, und den Geschäftsreisenden mit ihren schicken ledernen Aktentaschen. Ich war mir sicher, die Ärztin in der Notaufnahme hatte überreagiert, als sie darauf bestand, ich bräuchte einen Rollstuhl. Ich weiß noch, dass ich fürchtete, man könne mich jeden Moment ausrufen, weil ich eine

Betrügerin war. Aber die Leute in der Priority Line, die mich ansahen, so sie mich überhaupt bemerkten, taten dies sichtlich voller Mitgefühl.

Das Flugzeug hob ab. Zusammengerollt wie ein Fötus lag ich quer über zwei freien Sitzen zitternd unter einer dünnen Decke. Mir wollte einfach nicht warm werden. Ich hatte Flugzeuge immer geliebt; wie unbedeutend man sich fühlt, wenn man in die Höhe steigt, die Erde, die immer kleiner und kleiner wird, bis sie unter den Wolken verschwindet, aber diesmal ließ ich die Fensterblende unten. Ich war zu müde, um irgendetwas zu tun – Filme anzusehen oder die Snacks zu essen, die mir die besorgte Stewardess immer wieder anbot. Aber obwohl ich so müde war, fiel es mir schwer einzuschlafen, denn meine Wangen waren geschwollen von den wunden Stellen. Die Ärztin in der Notaufnahme hatte mir Kodein für den Flug verschrieben, und ich schluckte zwei Tabletten in der Hoffnung auf Erlösung von den Schmerzen. Übelkeit überkam mich in Wellen, während ich wie ein schwankendes Schiff immer wieder das Bewusstsein verlor.

Ich träumte, das Flugzeug sei eine fliegende Besserungsanstalt, die über dem Atlantik hing, und ich würde bestraft für den ganzen Alkohol, die Zigaretten und all den Mistkram, den ich während des letzten Jahres in meinen Körper gepumpt hatte. Ich träumte, ich wäre beim Fünf-Jahres-Treffen meines Collegejahrgangs, und alle meine Freundinnen und Freunde stünden mit dem Rücken zu mir da, lachten und tränken Cocktails auf einem üppigen lindgrünen Rasen, hinter dem in der Ferne die Wohnheime aufragten, alles unter einer orangefarbenen Sonne brutzelnd. Ich rief ihnen etwas zu, aber als sie sich umwandten, sahen sie durch mich hindurch. In meiner Traumlogik ergab das

Sinn. *Vielleicht erkennen sie mich nicht wieder,* dachte ich. Seit dem Abschluss war ich gealtert – und zwar deutlich. Ich saß genau in dem Flughafenrollstuhl wie vorhin, bestand nur noch aus Haut und Knochen, und lediglich ein paar lange silbrige Haarsträhnen hingen von meinem fast kahlen Schädel. Meine Pupillen waren milchig trüb, mein Mund ein zahnloses, klaffendes Loch. Ich rief sie noch einmal. *Ich bin es,* schrie ich, *Suleika.* Aber diesmal wandte sich überhaupt niemand um.

Als ich das nächste Mal die Augen öffnete, spürte ich, wie die Räder des Flugzeugs auf die Landebahn aufsetzten. Ich war zu Hause.

5

IN DEN STAATEN

SEIT ICH SPRECHEN kann, nenne ich meine Eltern beim Vornamen. Das kam uns nie merkwürdig vor, bis uns eine verblüffte Lehrerin darauf hinwies.

Meine Mutter Anne, eine zierliche Frau mit eisblauen Augen und der schlanken, sehnigen Muskulatur einer Ballerina, stammt aus einem ländlichen Schweizer Dorf, eine Stunde von Genf entfernt. Sie wuchs auf in einem Steinhaus voller alter Bücher, Antiquitäten und einem Grammofon, auf dem immer klassische Musik gespielt wurde. Die Wohnzimmerfenster führten auf einen Marktplatz mit Blick auf eine mittelalterliche Burg und einen funkelnden See, an dem meine Mutter an den Wochenende ihre Runden schwamm und mit den Jungs aus der Nachbarschaft segelte. Sie war ein *garçon manqué*, ein Tomboy mit kurzen Haaren, die Nase immer in einem Roman. Ihr Vater Luc, ein Arzt und Umweltaktivist, war streng, geradezu militant, aber auch seiner Zeit voraus. Wegen des CO_2-Ausstoßes weigerte er sich, ein Auto anzuschaffen, und verbot die Verwendung von Plastik im Haus. Auf dem Dachboden hatte er eine Holzwerkstatt, in der er handgeschnitzte Spielsachen für Anne und ihre drei Geschwister herstellte. Ihre Mutter Mireille, eine Bibliothekarin, interessierte sich nicht für die Aktivitäten ihres

Mannes. Sie liebte schöne Dinge, besaß eine eindrucksvolle Sammlung von Kaschmirpullovern, einen weitläufigen Rosengarten, und sie war bekannt für ihre fantastische Schweizer Apfeltarte. Mireille sagte immer, es gebe eine richtige und eine falsche Art sich zu benehmen, und sie achtete bei ihren Kinder rigoros auf Benimmregeln.

Als Anne ein Teenager war, widersetzte sie sich den Einschränkungen durch ihre Eltern, und die abgeschiedene Atmosphäre des Dorfes wurde ihr zu eng.

Nachdem sie die Kunstakademie in Lausanne besucht hatte, bekam meine Mutter ein Stipendium für New York City, wo sie eine bekannte Malerin werden wollte. Sie mietete ein kleines Railroad Apartment an der Ecke Fourth Street und Avenue A im East Village. Es war mitten in den Achtzigern, und das Viertel bestand aus mit Graffiti besprühten Mietshäusern und heruntergekommenen Parzellen voller Bauschutt. Die Straßen sprühten vor Energie, und überall waren junge Schriftsteller und Musiker, die vor Kreativität und Ehrgeiz nur so strotzten. Etwas Ähnliches hatte sie noch nie zuvor gesehen.

Betriebsamkeit ist ein entscheidender Charakterzug unserer Familie. Meine Mutter hatte das Arbeitsethos eines Zugpferds und war von morgens bis abends zugange. Sie arbeitete als Anstreicherin und Rosenverkäuferin in Restaurants und Cafés. So kam sie über die Runden und verdiente genug, um die Wohnung zu mieten und obendrein ein Atelier, das sie mit zwei weiteren Künstlern teilte. Bald fand sie eine lukrativere Tätigkeit, um ihre Rechnungen zahlen zu können. Aus ihrer Wohnung heraus führte sie ein kleines Unternehmen.»International Language School, was kann ich für Sie tun?«, meldete sie sich am Telefon und tat so, als wäre sie eine Sekretärin. Die Schule, wenn man sie so nennen konnte, bestand aus meiner Mutter und ihren Freundinnen, einer Truppe, die aus ganz Europa gekommen war. Sie stellte sie an, um Geschäftsleuten und wohlhabenden Familien von Uptown Französisch-, Italienisch-, Deutsch- und Spanischunterricht zu geben. Letztlich sparte sie genügend, um eine kleine Anzahlung auf ihr Apartment zu leisten, das vierzigtausend Dollar kosten sollte, was damals ein Vermögen für sie bedeutete.

Nach fünf Jahren in New York erregte Anne mit ihrer Schlagfertigkeit, ihren kurz geschnittenen Haaren, der aristokratischen Nase und den eleganten Wangenknochen in einem Jazzclub downtown die Aufmerksamkeit meines Vaters Hédi. Es fiel Hédi nicht schwer, sie für sich zu gewinnen. Groß und goldbraun, mit schwarzen Locken und einer reizenden Lücke zwischen den beiden Vorderzähnen, war er gerade den New York City Marathon mitgelaufen und in der Form seines Lebens. Er wohnte ein paar Straßen weiter, an der Seventh Street zwischen Avenue B und C, so nahe, dass sie sich bald ständig trafen. Sie fanden sich über ihre gemeinsame *lingua franca*, ihr Nomadentum und ihre Liebe zum Kochen, für das Kino und die Kunst. Als Bohemiens hatten sie die gleichen Werte, sie gaben alles Geld, das sie hatten, für guten Wein, Theaterbesuche und Reisen aus, aber sie zankten sich auch oft, denn sie waren beide zu starrköpfig und eigenständig, als es zu ihrem Besten gewesen wäre. Für meine Mutter hatte ihre Malerei oberste Priorität, und sie hatte kein Interesse daran, nur die Ehefrau von irgendjemandem zu sein. Mein Vater zweifelte noch, ob er lieber in den Vereinigten Staaten bleiben oder in seine Heimat zurückkehren sollte, um sich dort niederzulassen und sich ein Leben aufzubauen. Nachdem sie zwei Jahre zusammen waren, wurde ich in Hédis Apartment am Tompkins Square Park gezeugt. Ich stellte mir vor, wie meine Mutter dachte: *ein Unfall*, und bereits um ihre Freiheit trauerte, während sie auf das Teststäbchen pinkelte. (Später sollte sie diese Vorstellung korrigieren: *eine Überraschung*, erzählte sie mir.)

Mit seinen vierzig Jahren war Hédi fast zehn Jahre älter als Anne. Er war Lehrer an der United Nations International School und arbeitete freiberuflich als Übersetzer für Französisch und Arabisch. Er war außer sich vor Freude über die Schwangerschaft, aber Anne fiel es nicht leicht, sich in der Rolle der Mutter zu sehen, und gegen die Ehe hatte sie Vorbehalte. Die meisten ihrer Freundinnen zu Hause in der Schweiz hatten Partner und Kinder, ohne verheiratet zu sein. Sie empfand die Ehe als erdrückend und altmodisch. Sie beharrte darauf, dass sie kein Papier bräuchten, um ihre Beziehung zu legitimieren. Ein paar Monate später überlegte sie es sich anders, aber nur, damit mein Vater die Nachricht von der Schwangerschaft wohlgemut seiner konservativen Mutter überbringen konnte. Sie heirateten standesamtlich. Ein Polaroid von diesem Tag zeigt sie in Downtown Manhattan auf den Stufen des Rathauses. In übergroßen Outfits strahlen sie sich an und halten dabei ihre Version eines Blumenstraußes in der Hand: zwei Zweige mit Blättern daran, die sie von einem kümmerlichen Stadtbaum abgerissen hatten.

Das alles weiß ich, weil meine Mutter und ich uns sehr nahestehen – es gibt nichts, worüber wir nicht miteinander reden könnten, und kein wichtiges Ereignis im Leben bleibt undiskutiert. Mit ihrem starken Akzent, den kurzen

Haaren, ihren unrasierten Achseln und den mit Farbe be-
kleckerten Overalls war sie anders als alle Mütter, die ich
kannte. Als ich mit dreizehn zum ersten Mal meine Periode
bekam, war sie die Erste, der ich das erzählte. Am nächsten
Tag überraschte sie mich am Mittag mit dem peinlichsten
Festmahl der Welt, bei dem sie emotionale Tischreden über
meine aufkeimende Weiblichkeit hielt, während mein Vater
und mein Bruder unbehaglich auf ihren Stühlen herum-
rutschten. Als Teenager erzählte ich ihr, dass ich vorhätte,
meine Jungfräulichkeit bis zur Ehe zu bewahren. »Sei nicht
dumm«, antwortete meine Mutter. »Du musst doch wissen,
was dir gefällt, bevor du dich für das ganze Leben bindest.«

In dieser frühen Zeit waren wir ständig auf Achse – vom
East Village zu den Adirondacks, gefolgt von Aufenthalten
in Frankreich, der Schweiz und Tunesien, aber wir kehrten
immer wieder in die Vereinigten Staaten zurück, wo mein
Vater eine unbefristete Stelle als Dozent am Skidmore College, einem kleinen Liberal Arts College in Saratoga Springs,
New York, bekommen hatte. Trotz ihrer anfänglichen Zweifel gefiel es Anne sehr gut, Mutter zu sein, und nach der Geburt meines Bruders beschloss sie, ihre Karriere hintanzu-
stellen und sich auf unsere Erziehung zu konzentrieren. Der
Kindererziehung näherte sie sich mit derselben Kreativität
und Begeisterung, die auch ihre stilisierten Gemälde von Insekten, Blumen und Bienenwaben durchdrangen – am Ende
sahen alle mehr oder weniger aus wie Vaginen. Während
der verschneiten Winter im Hinterland schnallte sie sich
ihre Langlaufski an, setzte ein umgedrehtes Baseballcap auf
und lief damit zu unserer Bushaltestelle ein paar Straßen
weiter, um uns abzuholen. Den Dachboden unseres Hauses
verwandelte sie in ein Atelier, wo sie Malunterricht gab und

wir unsere Nachmittage damit verbrachten, im Schneidersitz auf den breiten Holzdielen mit Gouache- und Wasser-
farben zu spielen. Sie erklärte uns den Pointillismus, zeigte
uns die Meisterwerke von Georges Seurat und ließ uns mit
in Farbe getauchten Wattestäbchen unsere eigenen getupf-
ten Landschaften malen.

Jeden Abend, bevor wir ins Bett gingen, las sie uns auf
Französisch Fabeln und Märchen vor. Wenn wir besonders
brav gewesen waren, massierte sie uns mit Mandelöl. »Was
sollen wir heute beackern?«, fragte sie, während sie unsere
Rücken bearbeitete, als würde sie steinige Erde durchpflü-
gen, und uns zum Kreischen brachte, indem sie die Haut
unterhalb der Schulterblätter zwickte, um »Samen zu pflanzen«. Sie hatte einen köstlichen, abgründigen Humor und
war berüchtigt für ihre Späße, mit denen sie manchmal
etwas zu weit ging. Am 1. April, dem Tag, den sie ganz besonders gerne beging, schickte sie meinem Bruder und mir
die »bittere Nachricht«, mein Vater sei arbeitslos geworden,
daher müssten wir sofort das Studium abbrechen und uns
eine Vollzeitstelle suchen. Das vergaß sie alles sofort wieder und ging ins Kino, während wir uns stundenlang grämp-
ten. Dieser Schalk, der ihr im Nacken saß, diese Dreistig-
keit machte ihre Gesellschaft so befreiend und bezaubernd;
es machte sie zugänglich, anders als die Erwachsenen, die
einen ständig an die eigene Unreife erinnerten. Nachdem
ich von zu Hause ausgezogen war, Examen gemacht hatte
und in einer anderen Zeitzone lebte, wurde das Telefon zu
unserer Nabelschnur. Wir sprachen jeden Tag, manchmal
sogar mehrmals.

Meine Beziehung zu Hédi war eine ganz andere Geschichte. Er war mir ein Rätsel. Er wuchs unter französi-

scher Kolonialherrschaft in Gabès auf, einer Stadt in Südosttunesien mit einer Oase an der Mittelmeerküste. Seine Eltern konnten beide weder lesen noch schreiben. Sein Vater Mahmoud arbeitete in der Poststelle im Rathaus. Er war liebevoll, aber streng und glaubte fest an das Motto »*qui aime bien, châtie bien*« – Wer mit der Rute spart, verzieht das Kind. Seine Mutter Sherifa war sanftmütig und selbstlos. Ein Berber-Tattoo zierte ihr Kinn, und ihre langen, mit Henna gefärbten Zöpfe trug sie unter einem Tuch verborgen. Mein Vater scherzte, dass Sherifa jedes Mal, wenn er von der Schule nach Hause kam, ein Baby geboren hatte. Die Familie lebte von der Hand in den Mund, und nur sieben ihrer dreizehn Kinder überlebten die von Krankheit und Entbehrung gezeichneten Nachkriegsjahre. Mein Vater, der Zweitälteste, war nicht der Fleißigste von allen, aber er war am findigsten und fest entschlossen, erfolgreich zu sein.

Nachdem er an der Universität Tunis seinen Abschluss gemacht hatte, ging er zum weiteren Studium nach London und dann nach Paris, bevor er in die Vereinigten Staaten auswanderte, wo er in Französischer Literatur promovierte.

Ich verehrte meinen Dozenten-Vater mit seinen schmucken weißen Leinenanzügen und Filzhüten, seinem ausnehmend guten Aussehen und der unglaublichen Sprachbegabung, aber ich hatte auch ein wenig Angst vor ihm. Er war ein Bonvivant, großzügig und mit einer charismatischen Ausstrahlung, aber wie sein eigener Vater war er aufbrausend und drohte häufig, die Beherrschung zu verlieren. Er erzog meinen kleinen Bruder Adam und mich genau so, wie er selbst erzogen worden war, eine harte, »Komplimente machen dich nur weich«-Elternschule. Für kindische Albernheiten hatte er keine Geduld. »Interessante

Menschen reden nicht über Klatsch und Tratsch oder unwichtige Ereignisse, sie reden über *Ideen*«, sagte er immer zu mir, wenn ich zu viel plapperte oder ihm anderweitig auf die Nerven ging.

Erst als ich die Highschool besuchte und mich ernsthafter mit dem Lernstoff beschäftigte, fanden mein Vater und ich eine gemeinsame Basis. Ich liebte es, in dem Sessel in seinem Büro zu sitzen und seine Bücher zu lesen. Er hatte eine raumhohe Bibliothek mit Hunderten von Klassikern, Lyrik, Romanen und literaturtheoretischen Bänden. Wenn ich ein Wort nicht verstand, schlug ich es in einem der Lexika im untersten Fach nach. Auf den letzten Seiten meines Tagebuchs führte ich eine Vokabelliste. Unter seiner Anleitung fing ich an, französische Originale zu lesen und entdeckte die Werke von Baudelaire, Flaubert, Camus, Sartre und Fanon. Als wir während meiner Kindheit in Tunesien gelebt hatten, hatte ich ein bisschen Arabisch gesprochen, aber seither hatte ich es fast völlig vergessen, und ich war entschlossen, die Muttersprache meines Vaters erneut zu lernen. Inspiriert von seinen eigenen akademischen Interessensgebieten hatte ich als Hauptfach Nahoststudien gewählt, mit Französisch und Gender Studies im Nebenfach. Ich hatte meinem Vater jede einzelne von mir geschriebene Arbeit geschickt, und er überarbeitete sie stundenlang mit dem Rotstift, schickte mir Änderungsvorschläge und Anregungen zur weiterführenden Lektüre. Für meine Abschlussarbeit war ich nach Tunesien gereist, um die Erfahrungen älterer Frauen wie meiner Großmutter aufzuzeichnen. Ich interviewte sie über den *Code du statut personnel*, eine Reihe progressiver postkolonialer Gesetze, die darauf abzielen, Gleichberechtigung von Männern und Frauen herzustel len. »*Je suis fier de toi*«, lobte mich mein Vater, als ich das Examen mit Bestnote machte und ein paar Auszeichnungen für meine Abschlussarbeit bekam. Das war ein seltener Ausdruck väterlichen Stolzes.

Zum Examen schenkten mir meine Eltern einen feuerwehrrot lackierten Koffer, ein großes, kastenförmiges Ding mit sanft gleitenden Rollen, das sie bei T.J. Maxx im Ausverkauf erstanden hatten. Er erwies sich später in diesem Sommer als sehr praktisch, als ich den Job in Paris bekam. Ich erinnerte mich, wie optimistisch meine Eltern wirkten, als sie mir eine gute Reise wünschten. »*Ton premier boulot! Ça va être super!*«, sagten sie beim Abschied am Flughafen. Sie bestanden darauf, noch ein letztes Foto von mir mit dem Koffer am Bordstein zu machen, und ich drehte meine stark mit Kajal umrahmten Augen zum Himmel und warf ihnen ein halbherziges Lächeln zu, bevor ich ins Terminal rannte. Ich war so beschäftigt damit, was vor mir lag, dass ich beinahe vergaß, mich umzuwenden und ihnen noch ein letztes Mal zuzuwinken. Keiner von uns konnte ahnen, dass ich sieben Monate später wieder zurück sein würde. Doch diesmal würde niemand Fotos machen oder über meine Zukunftspläne sprechen.

Am Flughafen half mir eine Begleitperson, meinen Koffer zu holen, und stellte dann meinen Rollstuhl in der Ankunftshalle des John F. Kennedy International Airport ab. »Kann ich Sie wirklich hierlassen, Miss?«

Ich nickte. Mein Vater kam wie üblich zu spät, um mich abzuholen. Pünktlichkeit gehörte noch nie zu den Stärken unserer Familie.

Während ich wartete, spuckten die Drehtüren einen

müden Reisenden nach dem anderen aus. Fast eine Stunde später entdeckte ich meinen Vater mit seinem schwarzen Filzhut, der schräg auf seinem kahlen Kopf saß. Er schlenderte durch die Menge. Mit seinen dunklen Augen unter dicken Wimpern wie die von einer Milchkuh suchte er den Raum nach jemandem ab, der seiner Tochter ähnelte. »Hédi«, rief ich und winkte mit beiden Armen, »Hédi, hier drüben!«

Ich sah zu, wie sich der Schock auf dem Gesicht meines Vaters abzeichnete, wie seine Gesichtszüge weich wurden, als er den Anblick meiner geschwollenen Wangen, meiner bläulichen Lippen und des Sweatshirts, das an meinem abgemagerten Körper hing, in sich aufnahm. Er bückte sich, um mich auf die Wange zu küssen. »Salut, ma belle. Désolé, auf der Autobahn gab es eine Umleitung«, sagte er. Mit einer Hand schob er meinen Rollstuhl, mit der anderen zog er meinen Koffer, und so rollten wir zu dem Parkplatz, wo der alte Minivan unserer Familie bereitstand. Ich kletterte auf den Rücksitz und legte mich hin, zu erschöpft, um während der dreieinhalbstündigen Fahrt nach Saratoga Springs viel zu reden.

Nach Hause zu kommen ist schon seltsam. Alles riecht genauso, sieht genauso aus, fühlt sich noch genauso an, aber du selbst bist anders geworden; der Kontrast zwischen der Person, die du beim Abschied warst, und der, die du jetzt bist, verstärkt sich vor dem Hintergrund früherer Lieblingsplätze. Als wir vor dem Haus vorfuhren, in dem meine Familie lebte, seit ich zwölf war, stand meine Mutter davor und machte sich im Garten zu schaffen. Sie öffnete die Tür des Vans und half mir auf die Füße. »Mon dieu«, sagte sie und

hielt sich die Hand vor den Mund, als sie mich genauer ansah. »Warum hast du mir nicht erzählt, dass es so schlimm
ist?«

»Ich versuche es gerade mit einem neuen ›Heroin-chic‹-
Look«, antwortete ich. Normalerweise konnte ich auf den
schrägen Humor meiner Mutter zählen, aber diesmal lachte
sie nicht.

»Das Schlimmste hast du noch nicht gesehen«, sagte mein
Vater. »Zeig ihr deinen Mund, Sus.«

Ich zog die Unterlippe herunter und zuckte zusammen,
als ich drei neue wunde Stellen vorzeigte, milchige Voll-
monde, rund und geschwollen, die während des Flugs aufgeblüht waren. Meine Eltern wechselten einen Blick, den ich
nicht deuten konnte.

Ich schlurfte ins Haus und stieg sofort die Treppe hinauf
in mein Zimmer. Erleichtert ließ ich die Schultern sinken,
als ich den vertrauten Geruch verstaubter Bücher einatmete
und das vergilbte Poster des legendären tunesischen Sän-
gers Ali Riahi an der Wand erblickte. Ich streckte mich auf
dem Bett aus, ein schwerer Schlaf drückte mich auf die Matratze. Die Stunden vergingen, und ich wachte vom Läuten
der Schweizer Kuhglocke auf, mit dem meine Mutter alle
nach unten zum Essen rief – ein Andenken an ihre Her-
kunft und steter Stein des Anstoßes für meinen Bruder und
für mich.

Ich stöpselte mir die Ohren zu und versuchte, wieder einzuschlafen. Als ich keine Antwort gab, kam mein Vater und
klopfte an die Tür.

»*Labess?*«, fragte er, tunesischer Slang für: »Was ist los?«.

»Ich hab keinen Hunger«, stöhnte ich und zog mir das
Kissen über den Kopf.

»Wir haben dich monatelang nicht gesehen. Setz dich wenigstens ein bisschen zu uns.«

»Ich bin zu müde«, sagte ich.

»Du hast stundenlang geschlafen. Streng dich mehr an. Wenn du erst aufgestanden bist, geht es dir besser. Komm, lass uns essen und dann um den Block gehen.«

»Hédi. *Bitte.*«

Nachdem mein Vater aufgegeben hatte und gegangen war, blieb ich eine Weile reglos liegen, eine Mischung aus schlechtem Gewissen und Zweifeln hinderte mich daran, wieder einzuschlafen. Ich wusste, dass etwas nicht stimmte, aber es gab immer noch Momente, in denen ich mich fragte, ob ich mir das nur alles einbildete – ob die Symptome echt waren oder nur in meinem Kopf existierten. Vielleicht musste ich mich wirklich nur mehr anstrengen.

Ich stand auf und schaffte es bis zu dem oberen Treppenabsatz. Die Stufen schienen mir endlos, als ich mich mit schweren, wie mit Zement gefüllten Gliedern nach unten schleppte. Als ich unten ankam, war ich so erschöpft, dass ich auf den Eichenholzboden sank und erst einmal wieder zu Kräften kommen wollte. Die Stimmen meiner Eltern drangen aus der Küche. Ich spitzte die Ohren, der alte Kindheitsinstinkt, heimlich einem Gespräch zu lauschen, war zu verlockend, um ihm zu widerstehen.

»Ich habe sie ein Rückflugticket nach Paris in zwei Wochen kaufen lassen, aber ich bezweifle, dass sie dann schon wieder gesund genug ist«, sagte meine Mutter. »So schnell geht das nicht.«

»Woran denkst du, wenn die du Symptome hörst: Entzündungen im Mundraum, Gewichtsverlust, häufige Infektionen und schlechte Blutwerte?«, fragte mein Vater.

Meine Mutter schwieg.

»AIDS«, sagte er, und er hörte sich an, als hätte er schon länger darüber nachgedacht. »Ich weiß, der Test war negativ, aber ich habe im Netz gelesen, dass es mehrere Monate dauern kann, bis das Virus sich zeigt. Hast du gesehen, wie viel sie und ihre Freunde bei der Examensfeier getrunken haben? Und das war noch vor unseren Augen. Wer weiß, wie sie unterwegs ist, wenn wir nicht da sind. Womöglich wechselt sie oft den Partner oder nimmt Drogen, wer weiß.«

Mein Gesicht war glühend heiß. Adrenalin schoss mir durch die Brust, und ich schleppte mich rasch wieder nach oben, wo ich mit Herzrasen und zitternden Händen die Tür zu meinem Zimmer zuschlug. Ich war wütend auf meinen Vater, weil er hinter meinem Rücken über meinen Gesundheitszustand und meinen Charakter spekulierte. Aber ich schämte mich auch zutiefst. Er hatte nicht ganz unrecht; mein Leben außerhalb von zu Hause hatte durchaus aus einigen der Dinge, die er befürchtete, bestanden. Aber am meisten erschütterte mich, dass mein Vater, der nach außen immer knallhart wirkte, sich anhörte, als hätte er Angst um mich. Es wurde schwieriger, den Satz zu glauben, den man mir seit meiner Kindheit immer wieder vorgesagt hatte: *Alles wird gut.*

6

DIE SPALTUNG

SEIT MEINER RÜCKKEHR nach Hause war eine Woche vergangen. Ich habe nur noch vage in Erinnerung, wie ich die Zeit verbrachte. Ich hatte eine Menge Arzttermine, ich schlief viel, und ich skypte mit Will. Widerstrebend ließ ich mich zu Spaziergängen um den Block mit meinen Eltern überreden. Was ich am deutlichsten in Erinnerung habe, ist die bange Stille, die sich über den Haushalt gesenkt hatte, die Sorge, die die Luft erfüllte, die zunehmende Angst und Frustration, die ich spürte, während ich auf Klarheit wartete.

Heute war Ostern, aber ich habe es allen verdorben, schrieb ich in mein Tagebuch. *Anne hat sechs Stunden damit zugebracht, eine fantastische Mahlzeit für Dad und mich zuzubereiten. Ich habe nicht nur nichts gegessen, sondern habe die beiden lediglich deprimiert angestarrt, zu mehr war ich nicht fähig. Am Mittwoch steht eine Knochenmarkbiopsie an, und mir graut davor.*

»Vorsorglich«, dieses Worte benutzte der Arzt, als er eine Biopsie vorschlug. Es war ein qualvoller, erniedrigender Eingriff, bei dem ich mich mit heruntergelassener Hose bäuchlings auf eine Untersuchungsliege legen musste. Der Arzt desinfizierte meinen unteren Rückenbereich mit Betadine, während er erklärte, dass der Beckenknochen, der viel

Knochenmark enthielt, die bevorzugte Stelle für die Biopsie sei. Er injizierte mir Lidocain ins Kreuz und stach die Nadel immer tiefer hinein, bis sie auf Knochen traf. Obwohl die oberen Hautschichten betäubt seien, würde es trotzdem wehtun, warnte mich der Arzt. Ich biss die Zähne zusammen, als er eine dünne Spritze in den Knochen schob und die Knochenmarkzellen mit scheußlichen, schmatzenden Geräuschen einsaugte. Dann kam eine viel größere Nadel – fünfundzwanzig Zentimeter glänzender rostfreier Stahl – mit einem Plastikgriff oben, mit der er tiefer ins Mark bohren wollte. Meine Knochen seien jung und kräftig, sagte der Arzt, während er einen Schuh auf den Untersuchungstisch setzte und sich ächzend in meinen Beckenknochen hineinbohrte. Als er ein kleines, festes Stück Mark entnahm, biss ich mich in die Innenseite meiner Wange und schmeckte Blut. Als der Eingriff vorbei war, saß ich benommen da, mit einem großen Verband über der Entnahmestelle und pochendem Rücken. Der Arzt beruhigte mich. Er rechne nicht damit, etwas Ungewöhnliches zu finden, aber in Anbetracht meines sich verschlechternden Zustands wolle er jede Vorsichtsmaßnahme ergreifen.

Eine Woche später, am 3. Mai 2011, erhielten wir eine Nachricht auf dem Anrufbeantworter. Die vorläufigen Ergebnisse der Biopsie seien da, und der Arzt wolle, dass wir so bald wie möglich vorbeikämen. Als meine Eltern und ich in der Ambulanz ankamen, waren die Angestellten und die anderen Patienten bereits nach Hause gegangen. Die offizielle Sprechzeit war schon vorbei und die Beleuchtung in der Praxis gedimmt, sodass Schatten auf die Zeitschriftenstapel und die erbsengrünen Wände fielen. Der Arzt kam zu uns ins Wartezimmer und setzte sich. Er kam gleich zur Sache. »Die Biopsie hat bestätigt, was ich vermutet hatte, ich hatte allerdings gehofft, das würde nicht der Fall sein. Sie haben eine sogenannte akute myeloische Leukämie.« Er sprach die Diagnose langsam aus, wie ein Fremdsprachentrainer, der uns eine neue Vokabel beibrachte.

Ich wusste nicht, was das bedeutete, aber mir war klar, dass es nicht gut war. Ich wandte den Blick von den erschütterten Gesichtern meiner Eltern ab. Ich saß wie erstarrt auf meinem Stuhl und wiederholte im Kopf die Diagnose immer wieder. *Leu-kee-miie. Leu-kee-miie. Leu-kee-miie.* Das hörte sich an wie eine exotische Blume, wunderschön und giftig.

»Das ist ein aggressiver Krebs, der das Blut und das Knochenmark angreift.« Die Schultern des Arztes hingen unter seinem Kittel ein wenig nach unten. »Wir müssen schnell handeln.«

Wie reagiert man mit zweiundzwanzig Jahren auf eine Krebsdiagnose?

Bricht man schluchzend zusammen?

Fällt man in Ohnmacht oder bekommt einen Schreikrampf?

In diesem Moment überkam mich ein unerwartetes und widersinniges Gefühl: Erleichterung. Nach den verwirrenden Monaten der Fehldiagnosen hatte ich endlich eine Erklärung für mein Jucken, für die wunden Stellen im Mund, für meinen Zusammenbruch. Ich war nun doch kein Hypochonder, der sich Symptome ausdachte. Meine Abgeschlagenheit war kein Hinweis darauf, dass ich zu viel gefeiert hätte oder in der echten Welt nicht zurechtkam, sondern etwas Konkretes, etwas Benennbares, das ich aussprechen konnte.

Alles, was der Arzt danach sagte – dass die Situation ernst war und ich sofort mit der Behandlung beginnen musste –, verklang zu einem fernen Summen. Stattdessen fühlte es sich an, als stünde er mit einem Skalpell über mir, um mein Leben durch die Diagnose zu spalten, um meine Psyche in zwei voneinander abgetrennte Identitäten zu teilen: Die eine Hälfte von mir, die im Don Juan, einer Bar in Paris, nach ein paar Tequila mit einem Mariachisänger tanzt, während meine Freunde pfeifen und Beifall klatschen, die andere Hälfte, die jeden Abend in einem sterilen Krankenhauszimmer weint, nachdem die Besucher nach Hause gegangen sind.

Die Diagnose hatte einen irreparablen Bruch bewirkt: mein Leben davor und mein Leben danach.

7

FALLOUT

IN UNSERER FAMILIE wird nicht vor anderen geweint. Als wir an jenem Abend nach Hause kamen, zog sich meine Mutter in ihr Atelier zurück und schloss die Tür hinter sich. Ich sperrte mich in mein Zimmer ein, rollte mich wie ein Embryo zusammen und zog mir die Decke über den Kopf. Mein Vater machte einen langen Spaziergang durch den Wald in der Nähe unseres Hauses und kehrte ein paar Stunden später mit blutunterlaufenen Augen zurück. Mein Bruder Adam, Student im dritten Jahr, absolvierte gerade ein Auslandsstudium in Argentinien, und meine Eltern und ich beschlossen, ihm die Nachricht von meiner Krankheit zu ersparen, bis wir mehr darüber wussten, was das alles bedeuten würde. Was meinen Freundeskreis betraf, so hatte niemand eine Ahnung, dass ich Beschwerden gehabt hatte oder dass ich wieder in den Vereinigten Staaten war; sie fragten mich immer noch auf Facebook, ob sie mich in Paris besuchen könnten.

Als ich auf dem Bett lag, verspürte ich plötzlich das Bedürfnis, jemandem die schreckliche Nachricht mitzuteilen. Wenn ich es laut aussprach, wurde es womöglich langsam zur Realität. Ich nahm den Hörer in die Hand und rief meinen Freund Jake an. Er gehörte zu den Ersten, die ich zu Beginn des Studiums kennengelernt hatte. Für mich gehörte er zu meinem engsten Freundeskreis. Ich wollte üben, bevor ich versuchen wollte, die richtigen Worte für Will zu finden, und ich vertraute darauf, dass Jake Verständnis haben würde – aber bis heute hat noch nie wieder jemand so schnell ein Gespräch beendet. Er entschuldigte sich, sagte, er würde gerne länger mit mir sprechen, habe aber etwas vor. Er versprach mir, später an diesem Abend anzurufen. Das tat er nicht. Ich sollte viele Wochen lang nichts von ihm hören. Das war der erste Hinweis darauf, dass Krebs unangenehm für die Leute in deinem Umfeld ist, und wenn sie nicht wissen, was sie sagen sollen, sagen sie oft gar nichts.

Bevor ich den verbliebenen Rest meines Mutes verlor, rief ich Will an. Unsere Beziehung befand sich noch in einem frühen Stadium. Was erwartete ich? Dass er alles stehen und liegen lassen und wieder umziehen würde – dass er hierher, nach Saratoga, kommen und bei mir und meinen Eltern wohnen würde, die er noch nicht einmal kennengelernt hatte? Während das Telefon klingelte, atmete ich ganz tief durch. »Die Ergebnisse der Biopsie sind da. Ich habe eine Krankheit, sie heißt akute myeloische Leukämie«, erklärte ich ihm heiser. »Ich habe keine Ahnung, was passieren wird. Mir ist klar, dass du das nicht gebucht hast.«

Dann erklärte ich das Wenige, was ich über meine Diagnose wusste, und dass ich nicht so bald nach Paris zurückkehren würde. In absehbarer Zeit würde mein altes Kinderzimmer mein Zuhause werden, bis ich ins Krankenhaus kam, um mit der Chemotherapie zu beginnen. Eine Sekunde verging, vielleicht zwei, aber die Stille kam mir vor wie eine Ewigkeit. Ich hörte Schritte und wie Schranktüren zugeschlagen wurden. In Paris war es Morgen, und ich stellte mir vor, wie er in unserer Wohnung herumging, mit noch strubbeligen Haaren und einer Tasse Kaffee in der Hand. »Ich nehme den ersten Flug nach New York«, sagte er. »Ich bin schon auf dem Weg zum Flughafen.« Erst in dem Moment brach ich in Tränen aus.

Krebs eignet sich hervorragend für Klatsch und Tratsch. Innerhalb von vierundzwanzig Stunden verbreitete sich die Nachricht von meiner Diagnose in unserer kleinen Stadt wie ein Lauffeuer im Wüstenbeifuß. Der Anrufbeantworter meiner Eltern blinkte rot: Speicher voll. Eine Nachbarin fragte, ob das Gerücht stimme und wenn ja, wie sie helfen könnten. Eine Freundin aus meiner Kindheit, die ich über zehn Jahre nicht gesehen hatte, bot an vorbeizukommen. Eine Kollegin meines Vaters wollte einen Topf Chili zum Abendessen vorbeibringen. Und ein Mann, den meine Familie den »Krebsguru« nennen sollte, bestätigte einen Termin, den wir ganz vergessen hatten.

Wir hatten den Termin ein paar Tage vor meiner Diagnose vereinbart, weil eine Bekannte aus dem Yogakurs meiner Mutter sagte, er könne medizinische Rätsel gut lösen. »Vielleicht hat er ein paar Nahrungsergänzungsmittel für dich, mit denen du dich ein bisschen besser fühlst«, sagte meine Mutter. Das klang vernünftig. Während unserer Kindheit hatte sie meinem Bruder und mir beigebracht, dass Fast Food, Limonade und zuckerhaltige Frühstückszerealien Gift waren. Das Reformhaus, die Akupunkturpraxis, der chinesische Kräuterarzt waren immer die erste Wahl – eine normale Arztpraxis die letzte Option. Als Kind fand ich die Besessenheit meiner Mutter in Gesundheitsdingen peinlich. (An Halloween war sie die Dame im Viertel, die ungeschälte Erdnüsse, Äpfel und Bleistifte verteilte statt Süßigkeiten.) Aber mit der Zeit übernahm ich ihre Hingabe an die alternative Medizin und alles Biologische, und letztlich lernte ich deren Wert zu schätzen.

Ein paar Stunden später saß ich neben meiner Mutter auf dem Beifahrersitz und ließ die prägenden Elemente meiner Kindheit vorbeiziehen ... die Hauptstraße im Zentrum von Saratoga, wo ich als Teenager für ein paar zerknüllte Dollarscheine Straßenmusik gemacht hatte, das Antiquariat, in dem ich meinen ersten Kuss bekam, die Grundschule, in die ich als ein Kindergartenkind kam, das kein Wort Englisch sprach. Wir fuhren weiter über zweispurige Landstraßen, bis wir eine Dreiviertelstunde später in einem kleinen, bewaldeten Trailerpark am Rand einer Stadt, von der ich noch nie gehört hatte, ankamen. Wir hielten vor einem extrabreiten Mobile Home und stiegen aus. Auf dem Rasen davor stand viel Gartendeko. Wir klopften an die Tür.

Es öffnete ein Mann mit gelblichen Haaren und mächtigem Bauch, der über seine Bluejeans quoll. Meine Mutter erzählte ihm sofort von der Diagnose, die ich erhalten hatte. Noch bevor ich mir die Jacke ausziehen konnte, umklammerte er meinen Arm mit seiner fleischigen Hand und beugte sich so nahe zu mir, dass ich seinen feuchten Atem auf der Wange spürte. »Bevor wir anfangen, möchte ich eines ganz klarstellen«, sagte er und blickte mir tief in die Pupillen. »Du wirst auf jeden Fall sterben, wenn du dich für irgendwelche traditionellen Chemotherapien entscheidest.«

Der Krebsguru erzählte, dass er einen Muskeltest durchführen würde, um sich ein klareres Bild zu machen. Dazu gehörte, dass er mir diverse Blumenextrakte auf die Zunge träufeln und dann meine Körperkraft ermitteln würde.

Während der nächsten Stunde stand ich wie eine Vogelscheuche im Wohnzimmer des Wohnwagens und wechselte verunsicherte Blicke mit meiner Mutter, während der Krebsguru meine ausgestreckten Arme nach unten drückte, mit Hunderten kleiner Glasfläschchen hantierte und Notizen auf ein Blatt Papier kritzelte. »Jetzt kannst du dich hinsetzen«, sagte er schließlich. Erschöpft ließ ich mich neben meine Mutter auf das Sofa sinken. Wir hofften beide, dass der Termin so bald wie möglich zu Ende sein würde. Aber der Krebsguru lief erst warm. »Ich habe eine gute und eine schlechte Nachricht«, sagte er zu meiner Mutter. »Die schlechte Nachricht ist, dass Ihre Tochter wirklich Leukämie hat.« Er sagte das ganz getragen, als hätte das zuvor in Frage gestanden. »Die gute Nachricht ist, dass ich sie heilen kann.«

Dann begann der Krebsguru zu predigen, stampfte zur Betonung fest mit den Füßen und fuhr mit den Händen durch die Luft wie ein Fernsehprediger auf Kokain. Während der nächsten anderthalb Stunden bombardierte er uns mit nicht enden wollenden Geschichten von Krebspatienten, die seinen Rat missachtet hätten und sich im Krankenhaus behandeln ließen. »Sie sind unter Qualen gestorben, ihr Tod wurde durch die Chemotherapie herbeigeführt! Soll es dir auch so ergehen? Wollt ihr das?«

Ich wünschte, ich könnte sagen, meine Mutter und ich wären dem Krebsguru ins Wort gefallen – wir hätten ihm gesagt, wo er sich seine Glasfläschchen mit dem Blumenextrakt hinstecken könne. Aber Todesangst kann die Sinne durcheinanderbringen und nimmt dir deine Kraft, Widerstand zu leisten. Während der Krebsguru uns weiter seine Theorien entgegenschleuderte, versanken meine Mutter und ich immer tiefer in die schmutzigen Paisleykissen auf dem Sofa. Erst als er uns in die winzige Küche vorne im Wohnwagen führte und mir mit ungewaschenen Händen Blut abnehmen wollte, schlug meine Mutter mit der Faust auf den Tisch und sagte mit zitternder Stimme: »Wir sollten jetzt wohl gehen.« Wir zogen unsere Jacken an und fuhren los, aber erst, nachdem er uns auf dem Weg nach draußen gedrängt hatte, Vitaminzusätze und mehrere Kanister Aloe-vera-Saft im Wert von zweihundert Dollar zu kaufen. Auf der Fahrt nach Hause schwiegen meine Mutter und ich verdutzt. »Ich kann es nicht fassen, dass ich dir das zugemutet habe«, sagte sie. »Ich komme mir vor wie die schlechteste Mutter der Welt. Es tut mir so wahnsinnig leid …«

Später sollte ich diesen Vorfall – wie so viele anderen auf der surrealen Reise im Kampf gegen den Krebs – als makabre Ironie betrachten. Aber in diesem Moment lastete ein Verantwortungsgefühl schwer auf mir. Die Diagnose war erst achtundvierzig Stunden her, aber sie hatte schon unser Leben auf den Kopf gestellt und uns durch eine Falltür in ein seltsames, verwirrendes Land hinabgerissen.

Bevor meine Mutter ausreden konnte, unterbrach ich sie. »Es ist meine Schuld. Wir sind doch überhaupt erst wegen mir in dieses Schlamassel hineingeraten.«

Zu Hause, geborgen in meinem Zimmer, verwandelte ich mich voll und ganz in eine investigative Journalistin. Nachdem ich zwanzig Minuten im Internet herumgeschnüffelt hatte, fand ich heraus, dass der Krebsguru gar kein ausgebildeter Kinesiologe war, wie er behauptet hatte, sondern ein Tierarzt. Zehn Jahre zuvor war er in einundsiebzig Fällen angeklagt worden, weil er unrechtmäßig als Arzt und

Zahnarzt praktiziert und dabei die falsche Spezies behandelt hatte: Menschen. Eine der Anklagen führte genau aus, wie er schmutzige Spritzen verwendet hatte, um Patienten Urin zu injizieren. Diese Anschuldigungen folgten auf eine frühere Ermittlung aus dem Jahr 1995, die ihn der unerlaubten Ausübung der medizinischen Tätigkeit für schuldig befand, nachdem er einer Patientin geraten hatte, jeden Tag elf Liter Wasser zu trinken und hundert Nahrungsergänzungsmittel zu sich zu nehmen, was dazu führte, dass die Frau schließlich ins Krankenhaus musste.

An diesem Punkt schwor ich mir, so viel wie möglich über meine Krankheit in Erfahrung zu bringen: Ich wollte mich in Fachzeitschriften vertiefen, eine Liste von Experten erstellen, die ich interviewen wollte, jede Ecke des Internets nach Informationen durchsuchen. Ich musste eine Möglichkeit finden, die Kontrolle darüber zu haben, was mit mir passierte, und ich fand, je mehr ich über meine Krankheit zusammentragen konnte, umso größer war meine Überlebenschancen. *Wissen ist doch schließlich Macht?* Aber als ich mich in den nächsten Stunden mit meiner neuen Krankheit beschäftigte, fühlte ich mich alles andere als gestärkt. Die Statistiken, die ich fand, ließen mir das Blut zu Eis gefrieren. Und es wurde noch frostiger, als ich erfuhr, dass nur einer von vier Patienten mit meinem Typ der Leukämie fünf Jahre nach der Diagnose überlebte. Ich fragte mich, ob meine Eltern das wussten. Und ich betete, dass dem nicht so war.

Achtundvierzig Stunden nach meiner Diagnose sah ich durch die Gardinen meines Zimmers, wie ein Auto über die Zufahrt vorfuhr, unter dessen Reifen der Kies knirschte.

Will war gekommen, direkt vom Flugzeug aus Paris. Auf dem Gehsteig blieb er kurz stehen, um den grünen, von Bäumen gesäumten Block und das weiße Haus im viktorianischen Stil mit den grünen Fensterläden auf sich wirken zu lassen, eingerahmt von Fliederbüschen, Narzissen und Tränenden Herzen. Kurz war ich mir nicht sicher, was mich nervöser machte: Will, der meine Eltern zum ersten Mal traf, oder die Chemo, mit der ich in ein paar Tagen anfangen sollte. In der Vergangenheit war mein Vater immer gnadenlos streng mit meinen Freunden umgegangen – oder vielmehr wäre es zutreffender zu sagen, dass er ihre Existenz kaum beachtet hatte. Diesmal aber war es anders. Als er Will zum ersten Mal sah, reichte er ihm die Hand und dankte ihm immer wieder für sein Kommen. »Ich bin sehr froh, dass du da bist«, sagte mein Vater.

Zum ersten Mal richteten meine Eltern nicht den Futon im Arbeitszimmer her, wenn ein Junge bei uns übernachtete. Wahrscheinlich hatten wir jetzt alle größere Probleme, als den äußeren Schein zu wahren. Es war feucht und heiß, als Will und ich an diesem Abend zu Bett gingen, und die Luft war schwer wie eine nasse Wolldecke. Wir zogen uns aus und schliefen in meinem Kinderzimmer mit seinen rosa Wänden und den Postern miteinander, darauf bedacht, meine Eltern im Nebenzimmer nicht zu wecken. Danach fing Will an zu weinen. »Uns steht eine Menge schlimmer Sachen bevor«, sagte er. »Wir müssen unsere Beziehung in eine Schachtel stecken und sie mit allem, was wir haben, beschützen.«

8

BESCHÄDIGTE WARE

MEINE MUTTER, EINE begabte klassische Pianistin, brachte mir
meine ersten Tonleitern bei und gab mir im Kindergarten-
alter Unterricht, aber erst in der vierten Klasse wählte ich
aktiv Musik für mich aus. Miss McNamara, die Musiklehre-
rin in der Lake Avenue Elementary School, stand mit einem
Dutzend aufgereihter Streichinstrumente vor der Klasse.
»Kommt nach vorne und sucht euch euer Instrument aus«,
lud sie uns ein. Die Vorstellung, dass ich mir selbst ein Instrument aus-
suchen durfte, war eine Offenbarung. Die Geigen und Celli
waren am begehrtesten, aber ich interessierte mich für das
große hölzerne Objekt am Ende der Reihe, das an der Ta-
fel lehnte. Den Kontrabass. Er war größer als ich – größer
als Richard Saxton, der größte Junge in meiner Klasse –
und darüber hinaus erzählte mir meine Lehrerin, dass ich
eines der wenigen Mädchen in ihrer Erinnerung sei, die
sich dafür interessierten. Ich fühlte mich seltsam hingezogen zu dem massigen Instrument, seinem wohlgeformten
hölzernen Torso und dem langen Hals, der sich himmel-
wärts zu einer Schnecke aufrollte. Ich zupfte an den Sai-
ten, dick wie Würmer, und ein tiefes, angenehmes Brum-
men von Tönen drang aus den ƒ-förmigen Löchern. Mit

meinem unaussprechlichen Namen und meinen Immigranteneltern hatte ich mich in der Schule immer ein bisschen als Außenseiterin gefühlt, und der Bass kam mir vor wie ein ganz eigener Sonderfall im Orchester. An diesem Nachmittag nahm ich das Instrument mit nach Hause und gab ihm einen Namen: Charlie Brown. Ich wollte Kontrabassspielerin werden. »Na gut«, sagte meine Mutter, »solang du versprichst, dass du weiterhin Klavierstunden nimmst.«

Mit sechzehn bekam ich ein Stipendium für das Pre-College-Programm der Juilliard School in New York City. Während der nächsten zwei Jahre stand ich jeden Samstag um vier Uhr morgens auf, und mein Vater fuhr mich die fünfundvierzig Minuten nach Albany, damit ich den Zug in die Stadt erwischte – eine dreistündige Fahrt mit dem Amtrak-Zug –, sodass ich es oft kaum pünktlich in den Musiktheoriekurs um neun Uhr schaffte. Nach einem langen Tag mit Orchesterproben, Meisterklassen und Vorspielen wuchtete ich meinen Bass in den M66-Bus und fuhr durch die Stadt in die Upper East Side, wo ich bei meiner Freundin Caroline und ihrer Familie übernachtete. Am nächsten Morgen fuhr ich dann wieder mit dem Zug nach Hause. Wo ich auch hinging, mein Bass kam mit. Er zog Blicke auf sich – und manchmal auch ungewollte Hilfsangebote von fremden Männern. Es war ein Stück Arbeit, ihn durch die U-Bahnen, Busse und über die Gehsteige von Manhattan zu ziehen – besonders für ein Teenagermädchen, das darauf bestand, unpraktische Schuhe anzuziehen –, aber das war es wert. Wenn ich irgendwo ankam, um zu spielen, hatte ich immer das Gefühl, ich hätte mich bereits aufgewärmt.

Sechs Jahre später, in den Tagen nach meiner Diagnose, machte ich dieselbe vierstündige Fahrt in die Stadt und übernachtete bei derselben Freundin wie als Teenager. Aber jetzt war ich auf dem Weg, mein neues Ärzteteam kennenzulernen. Der Arzt in Saratoga hatte gesagt, meine Leukämie sei zu weit fortgeschritten, um vor Ort behandelt zu werden, und ich müsse mich in einem der Krebszentren in Manhattan der Therapie unterziehen.

Carolines Vater hatte schon zwei Mal Krebs überlebt, und als er von meiner Erkrankung erfuhr, rief er sofort meine Eltern an, um seine Unterstützung anzubieten. Er verwies uns an einen der renommiertesten Onkologen der Stadt und bestand großzügigerweise darauf, dass wir so lange wie nötig ihre Wohnung nutzen sollten. Bald wurde mir bewusst, dass das ein außergewöhnliches Privileg war. Ohne die Krankenversicherung, die ich durch den Arbeitgeber meines Vaters hatte, die Berufsunfähigkeitsleistungen von meiner Stelle als Anwaltsgehilfin, dank derer wir die sich bereits anhäufenden Arztrechnungen zahlen konnten, und die Freunde, die uns ihre Wohnung und ihre Beziehungen anboten, wäre meine Familie mit dem finanziellen Ruin konfrontiert gewesen und ich mit dem sicheren Tod.

Alles in der Krebsstation des Mount Sinai war beige wie Babybrei: beige Teppiche, beige Wände, beige Vinylstühle. Viele der Patienten in dem vollen Wartezimmer waren kahl, manche saßen im Rollstuhl, andere schlurften mit Rollatoren herum. Meine Eltern und Will begleiteten mich zu diesem ersten Termin, und als wir uns setzten, stellte ich unwillkürlich fest, dass ich die mit einem Abstand von mehreren Jahrzehnten jüngste Patientin im Raum war. Neben der Empfangstheke stand eine nette Aufmerksamkeit, ein Gefrierschrank mit kostenlosem Eis, und ich nahm mir ein Erdbeereis am Stiel. Das Eis betäubte das halbe Dutzend wunder Stellen, die meine Mundschleimhaut plagten. In der Ecke des Wartezimmers flackerte ein lautlos gestellter Fernseher. Auf dem Bildschirm bemerkte ich ein bekanntes Gesicht, eine üppige Blondine, die zeigte, wie man einen Salat mit Wassermelonen und Feta, dekoriert mit ein paar Stielen Minze, zubereitete. Ich erkannte sie wieder. Sie war am College ein Jahr über mir gewesen, und nun moderierte sie offenbar eine Kochsendung im Vormittagsfernsehen. Ach, anscheinend war sie zudem schwanger – unter ihrer Schürze ragte ein runder Babybauch hervor. Wie seltsam, hier zu sein, in diesem deprimierenden Raum, dachte ich fassungslos, während meine Altersgenossen dort draußen unterwegs waren, in einen Beruf einstiegen, Babys bekamen, um die Welt reisten und die ganzen anderen Meilensteine des jungen Erwachsenenlebens passierten.

Nachdem wir beinahe zwei Stunden gewartet hatten, wurden wir in einen sterilen Raum gebracht, wo uns ein älterer Mann in einem weißen Arztkittel und einer blauen Seidenkrawatte begrüßte. »Ich bin Dr. Holland«, sagte der Mann mit einem breiten, warmen Lächeln. Er hatte ordentlich gekämmte weiße Haare, buschige Augenbrauen und eine markante Nase. Auch wenn seine Haltung altersbedingt etwas gebeugt war, strahlte er etwas Gebieterisches aus. »Regel Nummer eins: keine Hände schütteln, mit niemandem«, wies er mich streng an, sodass ich meinen ausgestreckten Arm wieder senkte. »Ihre niedrigen Blutwerte machen Sie extrem anfällig für Keime, und Sie müssen von jetzt an sehr vorsichtig sein.«

Dr. Holland war der leitende Onkologe des Mount Sinai Hospital. Er galt als Gründervater der Onkologie und war Wegbereiter lebensrettender Behandlungen für zahllose Krebspatienten. In den 1950er-Jahren, als er sein Medizinstudium beendete, galt Leukämie immer noch als Todesurteil. Er und seine Mitarbeiter waren von ihren Kollegen als »Forschungscowboys« bezeichnet worden, weil sie versuchten, die unheilbare Krankheit mit mehreren Chemotherapeutika gleichzeitig – statt aufeinanderfolgend – zu behandeln. Die klinische Studie zur Bekämpfung von Leukämie unter der Leitung von Dr. Holland hatte sich als erfolgreich erwiesen und war seither zur Standardbehandlung für Patienten wie mich geworden. Obwohl er schon Ende achtzig war, arbeitete er noch fünf Tage die Woche, sowohl mit Patienten als auch in der Forschung. Seinen Augen, die von dicken Brillengläsern mit Drahtgestell vergrößert wurden, entging nichts, als er mich und meine Begleiter musterte. »Sie sind wohl die Mutter und der Vater.« Er nickte zu meinen Eltern. »Und Sie?«, fragte er an Will gewandt.

»Ich bin ihr Freund«, antwortete Will.

»Sehr gut. Ich bin froh, Sie alle hier zu sehen«, sagte Dr. Holland. »Suleika wird Ihre Unterstützung brauchen, und zwar eine Menge davon. Und Sie werden sich gut um sich selbst kümmern müssen, damit sie für sie stark sein können.«

Im Lauf der nächsten halben Stunde bereitete uns Dr. Holland auf das vor, was nun kommen würde, während meine Mutter pflichtbewusst mitschrieb. Ich sollte am nächsten oder übernächsten Tag ins Krankenhaus und etwa drei Wochen dort bleiben, während ich einen aggressiven Chemotherapiezyklus durchmachte. Das Ziel war es, möglichst viele Leukämiezellen – oder »Blastenzellen«, wie sie in der medizinischen Fachsprache heißen – loszuwerden. Diese großen, unreifen, sich schnell vermehrenden Monster zeigten an, dass in meinem Knochenmark der Krebs wartete. Der Chemotherapieplan, auch bezeichnet als »sieben plus drei«, sah so aus, dass ich sieben Tage lang zwei hochwirksame intravenös verabreichte Mittel, Cytarabin und Daunorubicin, erhalten sollte. Diese ganzen neuen Begriffe überforderten mich, und ich wünschte mir unwillkürlich, ich hätte im Schulunterricht besser aufgepasst. »Wenn alles gut geht, sind Sie mir nichts, dir nichts wieder zu Hause, und wenn Sie sich erholt haben, können Sie den Rest des Sommers genießen«, sagte er optimistisch, während er doch gleichzeitig darauf achtete, keine Versprechungen zu machen.

Dr. Holland bat mich auf den Untersuchungstisch. Er blickte in meinen Mund, schnalzte mit der Zunge, als er die wunden Stellen sah, und wollte mir etwas Stärkeres gegen die Schmerzen verschreiben. Er hörte Herz und Lunge ab und tastete meinen eingefallenen Bauch ab. Mitten in der Untersuchung wurden wir von zwei Ärzten unterbrochen, einem Mann mittleren Alters mit grauem Schnurrbart und einer jungen Frau mit langen, baumelnden Smaragdohrringen. »Verzeihen Sie die Störung«, sagte einer der beiden. »Die restlichen Biopsieergebnisse sind gerade eingetroffen, und die müssten Sie sich bitte sofort ansehen.« Alle drei Ärzte hasteten aus dem Raum und ließen uns allein. Will, meine Eltern und ich saßen wortlos da und wechselten besorgte Blicke.

Dr. Hollands Mund war ein flacher, harter Bindestrich, als sie ein paar Minuten später wiederkamen. Er erklärte, weitere Testergebnisse hätten gezeigt, dass meine Leukämie weit komplizierter war, als man hätte vorhersehen können. Ich hatte eine seltene Erkrankung des Knochenmarks, ein myelodysplastisches Syndrom (MDS), auch als Präleukämie bezeichnet, die nicht diagnostiziert worden war. Ich litt wahrscheinlich schon lange daran, was den langsamen Anstieg von Symptomen erklärte, die im letzten Jahr aufgetreten waren – das Jucken, die Abgeschlagenheit, die Blutarmut, die Kurzatmigkeit und die häufigen Erkältungen –, bevor meine Krankheit akuter geworden und sich in eine ausgewachsene Leukämie verwandelt hatte. Normalerweise erkrankten Patienten, die älter als sechzig waren, am myelodysplastischen Syndrom, erklärte Dr. Holland. Die Ursache kannte man nicht, sie wurde aber mit der Belastung durch giftige Chemikalien wie Benzol, Pestizide und Schwermetalle, etwa Blei, in Verbindung gebracht.

»Ich habe dich als Baby immer ins Atelier mitgenommen und dich in ein Tuch vor die Brust gebunden, so habe ich dann gemalt.« Die Miene meiner Mutter war wie gelähmt vor Schuldgefühlen. »Kann es sein, dass die Farbdämpfe das verursacht haben?«

»Daran hat niemand Schuld«, sagte Dr. Holland sanft. »Manchmal passieren solche Sachen einfach, und wir wissen nicht, warum. Sie dürfen sich keine Vorwürfe machen.«

Bis zu diesem Punkt kam alles, was ich über Knochenmark wusste, aus der französischen Küche – *boeuf à la moelle*, ein raffiniertes Gericht, das gelegentlich mit getoastetem Baguette serviert wird. Dr. Holland erklärte, dass das Mark ein Organ im Innersten des Körpers sei, ein lebendes, schwammähnliches Gewebe, das in beinahe jedem Knochen enthalten ist. Bei einem gesunden Menschen sei das

Mark für die Bildung aller Blutkörperchen verantwortlich: die weißen Blutkörperchen, die Infektionen abwehren, die roten Blutkörperchen, die Sauerstoff zur Verfügung stellen, und die Blutplättchen, die Blutungen stillen. Bei einem Menschen, der am myelodysplastischen Syndrom leidet, wird dieser Prozess unterbrochen; statt sich normal zu entwickeln, sterben die Blutkörperchen im Knochenmark oder kurz nachdem sie in den Blutkreislauf gelangen. Selbst bei einer intensiven Chemotherapie würde es bei mir irgendwann zu einem sogenannten »Knochenmarkversagen« kommen. Noch mehr unheilvolle Begriffe, die ich nicht verstand, wurden ebenfalls erwähnt: »Multiple chromosomale Anomalien«, »Monosomie 7« und »schlechte Prognose«.

Das alles bedeutete, dass ich zusätzlich zur Chemo am Ende eine Knochenmarktransplantation benötigen würde. Das war ein gefährlicher, komplizierter Eingriff mit einer hohen Sterblichkeitsrate, aber Dr. Holland erklärte, das sei meine einzige Chance. Für eine Transplantation käme ich nur in Frage, wenn durch die Chemo der Anteil der leukämischen Blasten in meinem Knochenmark auf unter fünf Prozent gesenkt werden könnte – und natürlich, wenn ich einen geeigneten Spender fände. Ohne Spender wäre der Weg zu einer Heilung deutlich ungewisser, wenn nicht unmöglich. Einen passenden Spender zu finden, stellt für Minderheiten, die in den Knochenmarkregistern unterrepräsentiert sind, eine besondere Herausforderung dar. Als Amerikanerin der ersten Generation mit einem gemischt ethnischen Hintergrund befand ich mich in einer beängstigenden Lage. Eine eilige weltweite Suche nach einem schweizerisch-tunesischen Knochenmark-Match würde die Sache noch verzögern. Mein Bruder, der immer noch in Argentinien studierte, war meine größte Hoffnung. Er würde die Universität sofort verlassen und zurück nach New York fliegen müssen, um getestet zu werden. Aber Dr. Holland dämpfte ausdrücklich die Hoffnung. Zwar seien Geschwister die beste Chance, aber es gebe überhaupt nur in 25 Prozent der Fälle einen passenden Spender. Ich hatte angenommen, eine Diagnose bedeute ein Ende der monatelangen Unsicherheit. Ich irrte mich. Ich lernte: Die Medizin war in Fällen wie meinem eher eine Kunst als eine Wissenschaft.

Dr. Holland seufzte und sah plötzlich sehr müde aus. »Vor uns liegt ein langer und schwieriger Weg. Leukämie ist eine Krankheit für junge Ärzte, und ich werde Ihren Fall nicht allein behandeln können. Ich ziehe Dr. Navada und Dr. Silverman hinzu.« Er zeigte zu seinen Kollegen. »Wir arbeiten zusammen als Team, um sicherzustellen, dass Sie die bestmögliche Behandlung erhalten. Wir versprechen Ihnen, alles zu tun, was in unserer Macht steht, damit Sie es auf die andere Seite schaffen.«

Später in dieser Nacht lag ich schlaflos im Dunkeln. Es war drei Uhr morgens, und Will schnarchte leise neben mir. Ich klappte den Laptop auf und las über den Ablauf von Knochenmarktransplantationen und über die Chemotherapie, die ich in ein paar Tagen anfangen sollte. Bei der Liste der Nebenwirkungen entdeckte ich zwischen Erbrechen, Haarausfall, Herzschäden und Organversagen etwas, das mich mehr aus der Fassung brachte als alle schlechten Nachrichten, die ich bisher erhalten hatte: Die Krebsbehandlung, die mein Leben retten könnte, würde mich sehr wahrscheinlich unfruchtbar machen. Seit meiner Diagnose hatte ich Erleichterung, gefolgt von Schock, Verwirrung und Entsetzen empfunden. Und jetzt kam noch etwas ganz anderes hinzu: ein beklemmendes Gefühl des Ausgeschlossenseins.

Krebs ist ein Notfall, und Onkologen sind die First Responder: Sie sind dafür ausgebildet, ihn zu besiegen, und alles andere muss hintangestellt werden. Aber niemand aus meinem Ärzteteam hatte Unfruchtbarkeit als mögliche Nebenwirkung erwähnt, während der Behandlungsplan erstellt wurde. Erst nachdem ich bei meinem Termin am nächsten Tag ausdrücklich danach gefragt hatte, erklärten mir meine Onkologen, welche Alternativen ich hatte: Ich könnte mich Maßnahmen zum Fruchtbarkeitserhalt unterziehen und entweder meine Eizellen oder Embryonen einfrieren. Je nachdem, wo ich mich gerade in meinem Menstruationszyklus befand, konnte das mehrere Wochen dauern, und ich würde die Chemotherapie hinauszögern müssen, wovon sie nachdrücklich abrieten. Aber letztlich lag die Entscheidung bei mir.

Sosehr ich ihre Unterstützung auch würdigte, ich empfand es dennoch als eine Art frühen Vertrauensbruch in unserer Patient-Arzt-Beziehung, dass über so etwas so Wichtiges nicht gesprochen worden war. Die meisten Patientinnen mit meiner Form der Leukämie waren längst nicht mehr im gebärfähigen Alter. Mein Ärzteteam war zwar fest entschlossen, mein Leben zu retten, doch mir die Möglichkeit zu bewahren, irgendwann Mutter zu werden, schienen sie nicht auf dem Schirm gehabt zu haben. Für mich war das der erste Hinweis darauf, dass ich proaktiv sein und lernen musste, mich für mich selbst einzusetzen, ganz egal, wie hervorragend und einfühlsam meine Ärzte sein mochten.

Mit zweiundzwanzig hatte ich übers Kinderkriegen hauptsächlich insofern nachgedacht, als ich es vermeiden wollte, bevor ich dafür bereit war. Ich erinnerte mich an die wenigen Gelegenheiten im College, bei denen ich Grund hatte, einen Schwangerschaftstest zu kaufen, und enorm erleichtert war, als ich in meinem Zimmer im Wohnheim saß und nur der eine Strich, nicht zwei, auf dem Stäbchen erschien. Aber als ich jetzt darüber nachdachte, dass ich möglicherweise nie eigene Kinder bekommen konnte, schnürte sich mir vor Kummer die Kehle zu. Insgeheim hatte ich immer gedacht, wenn ich später einmal schwanger werden würde, dann würde es so passieren wie bei meiner Mutter: natürlich und ungeplant, aber eine willkommene Überraschung. Nun nicht mehr.

Nach dem Termin bei meinen Onkologen ging ich mit meiner Familie und Will in ein nahegelegenes Restaurant zum Mittagessen. Wo ich auch hinsah, auf den Gehsteigen wimmelte es von schwangeren Frauen, jungen Müttern, die Neugeborene in Kinderwagen herumschoben, und Kindern in Schuluniformen, die springend und singend auf dem Heimweg waren. Als ich ihnen zusah, überkam mich eine plötzliche Sehnsucht, ein tief verborgener Teil von mir bäumte sich auf. Ich war zwar immer noch gar nicht sicher, ob ich Kinder haben wollte, aber in diesem Moment wusste ich, dass ich alles in meiner Macht Stehende tun wollte, um mir diese Option für die Zukunft offenzuhalten.

Unser Minivan stand im Leerlauf an der Kreuzung 59th Street/York Avenue. Will tupfte mir den Bauch mit Alkohol ab, während er die Spritze ruhig hielt. Meine Eltern sahen vom Vordersitz aus zu und betrachteten still den jungen Mann, den sie seit kaum mehr als zwei Wochen kannten. Die Spritze enthielt Gonadotropin, ein Hormon, das die Produktion der Eizellen in den Eierstöcken anregt. Eine Krankenschwester im Kinderwunschzentrum hatte uns anhand eines fleischfarbenen Kissens gezeigt, wie man die Injektionen durchführte. Weil ich Angst vor Spritzen hatte, hatten entweder Will oder meine Mutter während der letzten zehn Tage geholfen, mir jeden Morgen und jeden Abend die Spritze zu verabreichen, hatten die Haut an meinem Bauch zusammengedrückt und die Ampullen mit dem Medikament injiziert. Am Ende unserer Fahrt von Saratoga nach Manhattan war nun Will an der Reihe.

Der Verkehr war völlig zusammengebrochen, und wir kamen zu spät zu meinem letzten Termin im Kinderwunschzentrum. Die Atmosphäre war angespannt. Sobald die Fruchtbarkeitsbehandlungen vorüber waren, würde ich ins Krankenhaus müssen, um mit der Chemo anzufangen, und mehrere Wochen nicht mehr nach Hause zurückkehren können. Am Abend zuvor saß ich bei meinen Eltern im Garten am Tisch, während mein Vater Calamari in einer scharfen Soße mit Harissa grillte, ein Lieblingsgericht aus seiner Kindheit. Meine Mutter zündete Kerzen an, und Will half dabei, den Tisch zu decken. Ich hätte meine letzten Tage in Freiheit genießen sollen, aber wegen des Fruchtbarkeitsmittels war ich aufgewühlt. Ich war schlecht gelaunt und fühlte mich aufgebläht, und der Bund meiner Jeans drückte gegen meinen lädierten Bauch. Über den Tisch hinweg sah ich Will an. Wir waren erst seit sechs Monaten zusammen, aber da saß er nun mit meinen Eltern und diskutierte die Vor- und Nachteile davon,

Embryonen einfrieren zu lassen statt nur meine Eizellen. Objektiv betrachtet war das in jedem Fall schwieriges Territorium.

»Ich setze mein Leben aufs Spiel, indem ich die Chemo hinauszögere«, sagte ich. »Ich habe mich auf dieses Fruchtbarkeitsdings eingelassen, deshalb finde ich, ich sollte den Weg mit den Embryonen einschlagen, das hat größere Aussichten auf Erfolg.«

»Aber um Embryonen zu produzieren, brauchst du ... *Sperma*«, sagte meine Mutter. Mit ihrem Schweizer Akzent klang das Wort merkwürdig.

»Ich dachte, ich könnte sie von einem Spender bekommen, also von einer Samenbank.«

»Ach ja?«, sagte sie. »Du würdest dann nicht unbedingt wissen, wer der Spender ist, wie er ist, wo er herkommt, die mögliche medizinische Vorgeschichte seiner Familie ...«

»Ich bin hier die beschädigte Ware«, schnauzte ich. Das klang barscher, als ich es beabsichtigt hatte, und meine Mutter sah aus, als würde sie gleich in Tränen ausbrechen. Mein Vater hielt den Blick starr auf den Tintenfisch gerichtet, die Unterhaltung hatte längst den Bereich verlassen, in dem er sich noch wohl fühlte.

Zu mir gewandt sagte Will: »Ich könnte dein Samenspender sein. Ich weiß, wie viel dir das bedeutet, aber die Entscheidung liegt natürlich bei dir.«

In diesem Augenblick liebte ich ihn inniger, als ich es jemals für möglich gehalten hätte. Ich liebte ihn, weil er in der schlimmsten Woche meines Lebens zu mir gekommen war. Ich liebte ihn, weil er sofort mit meinen Eltern zurechtgekommen war und uns alle immer zum Lachen bringen konnte, trotz der furchtbaren Umstände, in denen wir zu-

94

sammengekommen waren. Und ich liebte ihn, weil er bereit war, sich auf das schwierige Thema von Eizellen und Spermien und Embryonen, von meinen zukünftigen Kindern, vielleicht sogar *unseren* zukünftigen Kindern und wie sie auf die Welt gebracht werden konnten, einzulassen. Ich liebte ihn auch, weil er Manns genug war, über das alles vor meinem Vater zu sprechen, statt nach dem nächsten Fluchtweg zu suchen.

Die Wände in der Kinderwunschklinik waren nackt, bis auf ein Schild, auf dem stand: KEIN ZUTRITT FÜR KINDER. Mehrere Frauen, einige von ihnen allein, andere mit Partnern, saßen in Plüschsesseln und warteten darauf, dass die Dame im Arztkittel den nächsten Namen aufrief. Vermutlich zahlten die meisten Frauen den vollen Preis, um hier zu sein. Fruchtbarkeitserhaltende Maßnahmen konnten fünfundzwanzigtausend Dollar aufwärts kosten und wurden oft nicht von der Versicherung übernommen. In meinem Fall hatte mir mein Ärzteteam geholfen, über eine Organisation namens »Fertile Hope« eine Zuwendung zu bekommen, um so die Kosten abzudecken.

In den meisten Arztpraxen weiß man nicht, warum der oder die Fremde neben einem dort ist, aber hier befanden sich alle aus demselben Grund da.

Die Atmosphäre im Raum war angespannt. Niemand sagte etwas, aber alle schienen einander zu taxieren. Die meisten Frauen waren wohl Mitte dreißig, ein paar vielleicht in den Vierzigern. Je nachdem, wie sie gekleidet waren, schätzte ich, dass sie nach ihrem Termin wieder in die Arbeit zurückkehren mussten. So wie ich da saß, mit meinen Eltern und meinem Freund und in meinem Collegehoodie mit der Aufschrift »CLASS OF 2010«, kam ich mir komplett fehl am Platz vor.

Eine Schwester rief mich in das Untersuchungszimmer. Sie nahm mir Blut ab, um meinen Östrogenspiegel zu bestimmen, dann reichte sie mir einen Becher Apfelsaft. Ich zog mich aus und schlüpfte in ein Baumwollhemd. Ich legte mich auf den Untersuchungstisch. Die Papierunterlage unter mir warf Falten, als ich die Füße in die Metallsteigbügel setzte. Der Fruchtbarkeitsarzt, ein Mann mit gefärbten schwarzen Haaren, zog ein großes Gummikondom über eine transvaginale Ultraschallsonde. Ich zuckte zusammen, als ich hörte, wie das Gleitmittel auf die Spitze der Sonde gedrückt wurde, und schloss die Augen, als sie sich zwischen meine Beine schob. Der Arzt schaltete den Monitor ein, bis meine Follikel zu sehen waren, die mit Flüssigkeit gefüllten Bläschen, in denen die Eizellen heranreifen, ähnlich einer Bienenwabe. »Ich gratuliere, es sieht ganz so aus, als wären Sie reif für die Ernte«, sagte der Arzt und nickte zum Bildschirm hin. »Haben Sie sich schon entschieden, ob Sie Embryonen oder nur Eizellen einfrieren lassen wollen?«

»Im Moment glaube ich eher, Embryonen«, sagte ich. »Mein Freund Will hat sich als Samenspender angeboten.«

»Ich verstehe«, antwortete der Arzt ruhig. »In dem Fall wäre es wohl ganz gut, wenn Sie beide noch mit der Sozialarbeiterin sprechen, bevor Sie gehen, damit Sie die nötigen Unterlagen ausfüllen können.«

Meine Eizellen sollten am nächsten Tag chirurgisch entfernt werden. Ich würde eine Narkose bekommen, und der Eingriff, der schnell und so gut wie schmerzfrei verlaufen würde, wie mir der Arzt versicherte, würde nicht länger als eine halbe Stunde dauern. Die Eizellen würden dann in einer Petrischale mit Spermien befruchtet werden, damit Embryonen entstünden, die dann in einer Kryobank aufbewahrt werden würden.

Ein paar Minuten später rief die Sozialarbeiterin Will und mich in ihr Büro. Sie riet uns dringend von den Embryonen ab und zählte die unvorhersehbaren rechtlichen und emotionalen Hürden auf, die später einmal entstehen könnten: *Wie konnten wir planen, ein Kind zu bekommen, wenn wir doch erst seit so kurzer Zeit zusammen waren? Was wäre, wenn wir uns trennten? Und was würde passieren, wenn ich nicht überlebte – wem würden die Embryonen dann gehören?* Als ich versuchte, ein Gegenargument zu formulieren, fiel mir nichts ein. Will saß schweigend da und starrte mit gesenktem Kopf seine Schuhe an. Ich hatte die Entscheidung so lange wie möglich hinausgeschoben. Jetzt kam der Fruchtbarkeitsarzt wieder und erwartete meine Antwort, aber ich wurde von eigenen Fragen umgetrieben: *Wie sollte ich in so kurzer Zeit so eine Entscheidung treffen? Wie sollte ich mich zwischen der Hoffnung auf eine gemeinsame Zukunft und der unbestreitbaren Tatsache entscheiden, dass nichts garantiert war? Zwischen der Unbesonnenheit der neuen Liebe und der eisigen Stringenz der Logik?* Die Sekunden vergingen, und schließlich musste ich eine Antwort geben. Mit nicht geringem Widerwillen sagte ich dem Arzt, er solle nur die Eizellen einfrieren.

Das Timing, wie alles in den zurückliegenden Tagen, fühlte sich hoffnungslos verkehrt an. Soweit ich wusste, hatten die Frauen im Wartezimmer keinen Krebs, aber ich war mit ihnen verbunden. Meine Brüste waren wie ihre empfindlich und angeschwollen von den Hormonspritzen. Unsere Körper sandten uns Signale, sich für eine Schwangerschaft bereit zu machen, obwohl keine von uns sicher sein konnte, dass es je dazu kommen würde. Ich hatte zwar nicht vor, bald ein Kind zu bekommen, aber mir die Möglichkeit dafür zu bewahren, fühlte sich an wie meine einzige Rettungsleine angesichts einer ungewissen Zukunft.

9

BUBBLE GIRL

ES WAR EIN vollkommener Frühlingsmorgen in der Upper East Side von Manhattan, der Himmel leuchtete in einem frischen, kräftigen Blau. Wir parkten den Minivan und gingen zehn Blocks zum Mount Sinai Hospital zu Fuß, vorbei an der Parade livrierter Pförtner an der Fifth Avenue. Ich registrierte die dünnen Wolken, die wie Seidenpapier über uns schwebten. Ich registrierte den Farbenrausch des Central Park, die üppigen Grüntöne junger Blätter, die an den Bäumen sprossen, die fuchsienfarbenen Blütendolden der Azaleensträucher, die blassgelben Tulpen, die aus dem Boden schossen. Ich öffnete die Augen weiter, wollte alles in mich aufnehmen, in Erinnerung behalten, wie mir die Sonne auf die Haare schien und wie die Frühlingsluft mir in den Nacken blies.

Bei der Treppe am Haupteingang des Krankenhauses blieben meine Eltern noch kurz stehen, um mir eine silberne Kette mit einem Türkisanhänger zu überreichen. »Für jeden neuen Meilenstein, den du während deiner Behandlung erreichst, schenke ich dir einen Anhänger«, sagte meine Mutter. Mit dem Mund lächelte sie, aber ihre Augen überzog eine Traurigkeit, die ich noch nie gesehen hatte. Auch Will hatte ein Geschenk für mich. Er überreichte mir ein lila Moleskine-Notizbuch. Auf die Innenseite hatte er unter den »*In case of loss please return to*«-Hinweis meinen Kinderspitznamen »Susu« geschrieben und »Finderlohn: 1 Million Dollar«. Als wir die Glastüren öffneten und eintraten, atmete ich zum letzten Mal tief die frische Luft ein und behielt sie so lange wie möglich in der Lunge. Ich wusste, es würde lange dauern, bis ich wieder nach draußen durfte.

Man führte mich nach oben in die Onkologie in einen tristen Raum mit kahlen weißen Wänden und zwei Krankenhausbetten. Beide waren leer, daher wählte ich dasjenige, das am nächsten zum Fenster stand. Ich hängte mein Lieblingssommerkleid in den Wandschrank, wie eine Sportlerin, die ein Trikot aussortiert, und schlüpfte in ein hinten offenes Krankenhaushemd. Um mein rechtes Handgelenk kam ein elektronisches Armband, eine Vorsichtsmaßnahme für Patienten, die manchmal versuchten, das Krankenhaus zu verlassen, wenn sie bis zu den Ohren voller Schmerzmittel waren oder sich wegen ihrer Demenz verirrt hatten. Ich unterzeichnete so viele Formulare, dass ich den Überblick verlor, auch eines, mit dem ich meiner Mutter die Vorsorgevollmacht erteilte. Ich füllte auch eine Patientenverfügung aus. Dann wurde ich in die Chirurgie geschoben, wo man mir einen Port in die Brust implantierte, durch den die Chemo-Medikamente und intravenöse Flüssigkeiten verabreicht würden.

Als ich im Aufwachraum zu Bewusstsein kam, blickte ich auf meine blutige Brust hinunter. Aus einer Wunde unter dem Schlüsselbein ragte eine Plastikröhre mit drei heraushängenden Kanälen, wie die Tentakel eines abscheulichen Meeresgetiers. Der Anblick meines veränderten Körpers schockierte mich. Ich beugte mich über die Haltestangen der Trage und übergab mich. Bis zu diesem Moment war meine Krankheit, mit Ausnahme der wunden Stellen im Mund, so gut wie unsichtbar gewesen. Irgendwie wurde mir langsam klar, dass mein bisheriges Leben in Trümmern lag – der Mensch, der ich bisher gewesen war, begraben. Ich würde nie mehr dieselbe sein. Selbst mein Name war geändert worden, wenn auch unabsichtlich. Als ich zurück in die Onkologie geschoben wurde, fiel mir auf, dass auf dem Schild vor dem Krankenzimmer S. JAQUAD stand – das *o* war durch ein *q* ersetzt worden. Ich betrat Neuland. Und mit jedem Schritt fühlte ich mich weniger wie Suleika.

Zwei Krankenschwestern kamen in mein Zimmer und brachten Infusionsbeutel mit Medikamenten gegen Übelkeit und Chemotherapeutika, die im Lauf der nächsten Woche in meine Venen tröpfeln sollten. Die jüngere Schwester stellte sich als Younique vor. Sie war wohl etwa in meinem Alter, ihre kohlschwarzen geglätteten Haare waren zu einem praktischen Knoten im Nacken zusammengebunden. Ich bedachte sie mit dem misstrauischen Blick von jemandem, der gleich zulassen wird, von einer völlig Fremden vergiftet zu werden. »Vor dem Kleinen hier müssen Sie sich in Acht nehmen«, warnte mich Younique und zeigte auf den kleineren der beiden Beutel. Er enthielt eines der chemotherapeutischen Medikamente und hatte die Farbe von Früchtepunsch. »Manche bezeichnen ihn als den Roten Teufel, weil die Nebenwirkungen ziemlich fies sein können. Wenn Sie irgendwas brauchen, drücken Sie auf die Ruftaste.«

Will und meine Eltern setzten sich auf Klappstühle und betrachteten mich, bis sich das grellweiße Sonnenlicht vor dem Fenster in ein staubiges Orange verwandelte. Ich füllte die Stille mit blöden Witzen und einem kontinuierlichen Strom von Geschwätz. Von zu Hause hatte ich meine Pantoffeln und mein Lieblingsstofftier mitgebracht, außerdem einen Stapel Bücher, die ich während meines Krankenhausaufenthalts durchackern wollte. »Ich komme mir vor, als wäre ich am ersten Tag am College und gerade in ein Zimmer im Wohnheim eingezogen«, sagte ich begeistert, nahm mir *Krieg und Frieden* von Tolstoi und blätterte es durch. »Ich kann viel Lektüre nachholen. Vielleicht kann ich sogar etwas schreiben, während ich hier bin.«

Ich meinte das ernst – ich wollte mich weiterentwickeln, wollte etwas leisten. Seit meiner Diagnose war ich absurd aufgedreht, Adrenalin und Angst jagten meinen Körper hoch, ein verzweifelter Optimismus rann durch meine Adern. Meine tödliche Krankheit, die durch mein Blut und mein Knochenmark raste, die spartanische Trostlosigkeit dieses Krankenhauszimmers, die beängstigenden Nebenwirkungen der Chemo, die vor mir lag – ich war mir ganz sicher, dass mich nichts davon zerbrechen würde. Wenn überhaupt, dann würde mich diese Erfahrung stärker machen. Wer weiß? Vielleicht würde ich sogar zu den ehemaligen Krebspatienten gehören, die eine Forschungsstiftung gründen oder Ultramarathons laufen. Am allermeisten wollte ich aber die Sorgen, die die Gesichter meiner Eltern und von Will umwölkten, zerstreuen – und ich wollte sie davon überzeugen, dass ich klarkam. Sie lächelten mich schwach an und murmelten ermutigende Worte, während ich weiterplapperte.

Schließlich wurde der Himmel dunkel. »Fahrt nach Hause und ruht euch aus«, sagte ich zu meinen Eltern und Will, die in der Wohnung unseres Freundes, ein paar Straßen entfernt, wohnten. Sie sahen erschöpft aus, rührten sich aber nicht vom Fleck. Erst als ich darauf bestand, machten sie sich zum Gehen bereit. »Bist du wirklich sicher, dass du allein zurechtkommst?«, fragte meine Mutter und blieb in der Tür stehen. »Auf jeden Fall«, sagte ich fröhlich und winkte ihnen.

Erst nachdem sie gegangen waren, zerknitterte die tapfere Miene, die ich den ganzen Tag aufgesetzt hatte.

Onkologische Stationen sind vielleicht mehr als alle anderen Orte der Welt musiklos. Statt einer fließenden Melodie piepst es unablässig. Tagsüber herrscht in den Gängen eine ständige medizinische Ruf-und-Antwort-Schleife: Krankenschwestern schreien einander Dinge zu, Patienten rufen nach Morphium, manchmal brüllen sie danach, Krankenschwestern auf der Suche nach Ärzten, Besucher, die verzweifelt Schwestern suchen. Aber irgendwie sind diese Geräusche – so störend sie auch sein mögen, eine willkommene Ablenkung, eine Erinnerung daran, dass die »Maschine« Krankenhaus gut funktioniert. Die stillen Stunden nach Einbruch der Dunkelheit, die hohlen Klänge des schweigenden Leidens sind es, die am beängstigendsten sind.

Younique hatte mir vor dem Zubettgehen ein Schlafmittel gegeben. Innerhalb weniger Minuten fiel ich in einen tiefen Schlaf, der mich in ein Loch hineinzog, das dunkler war als die Nacht. Ich träumte von all den Kranken, die vor mir auf diesem Krankenhauskissen gelegen hatten, ihre ausgemergelten Gesichter blitzten immer wieder in meinem Schlaf auf. Erschöpft und desorientiert wachte ich gegen zwei Uhr morgens auf, ein Wimmern holte mich aus meinen Albträumen. Zuerst dachte ich, ich halluziniere womöglich, aber als ich das Licht einschaltete, stellte ich fest, dass ich eine Zimmergenossin hatte. In der Nacht war eine Frau in den Siebzigern gekommen. Die Augen hatte sie fest geschlossen, und ihr Mund war schmerzverzerrt, während sie durch ihre zersprungenen Lippen hindurch hastig atmete. Stöhnend warf sie sich in einem von Medikamenten herbeigeführten Dämmerschlaf hin und her. Die Anwesenheit dieser Fremden, die ganz von ihrem Schmerz eingenommen war, verschaffte mir einen kurzen Einblick, was vor mir lag. Ich schaltete das Licht aus und zog den dünnen grünen Vorhang zwischen unseren Betten zu. Ich wollte nicht noch mehr sehen. Ich schloss die Augen und versuchte, die Kraft und den Optimismus vom Vortag aufzubringen. Stattdessen empfand ich nur schreckliche Angst.

So leise ich konnte, nahm ich das Telefon zur Hand und wählte Wills Nummer. »Was ist los?«, fragte er. Er klang undeutlich und schläfrig. Ich wollte sprechen, brachte aber keinen Ton heraus. »Ich springe in ein Taxi, ich bin gleich da«, sagte er.

Eine halbe Stunde später erfüllte seine schlaksige Silhouette die Tür. Auf Zehenspitzen schlich er an meiner neuen Mitbewohnerin vorbei auf meine Seite des Zimmers und zwängte sich neben mich in mein Krankenhausbett, seine langen Beine ragten über den Rand. »Was passiert, wenn NBA-Spieler an Krebs erkranken? Müssen sie da eigens hergestellte, extralange Krankenbetten bestellen?«, flüsterte ich. »Gute Frage«, antwortete Will. »Lass uns einfach froh sein, dass du gut in das Bett passt.« Ich rutschte an das obere Ende der Matratze, sodass wir Stirn an Stirn lagen. Ich entspannte mich an Wills Körper, erschlaffte in seinen Armen, atmete seinen warmen, seifigen Geruch ein, wie ein Bündel Wäsche, das gerade aus dem Trockner kam.

Als ich am nächsten Morgen aufwachte, war meine Zimmergenossin in besserer Laune. »Yo, Park Avenue!«, rief sie, als ich zu dem gemeinsamen Bad lief, das auf ihrer Seite des Zimmers lag. Es war mein fünfter Gang an diesem Morgen – nach der Operation zur Ernte der Eizellen hatte ich eine schmerzhafte Harnwegsentzündung bekommen. »Hallo«, sagte ich gegen meinen Infusionsständer gelehnt. »Ich heiße Suleika, ich freue mich, Sie kennenzulernen.« »Estelle«, gab sie zurück und winkte mir vom Bett aus zu. »Es ist mir ein Vergnügen.«

»Warum nennen Sie mich Park Avenue?«

»Weil Sie so eine schicke Frisur haben.«

Verlegen hob ich die Hand an meinen frisch geschnittenen kinnlangen Bob, der meinen Kiefer umrahmte. Ein paar Tage, bevor ich ins Krankenhaus gekommen war, hatte ich eine Friseurin gebeten, meine taillenlange Mähne abzuschneiden. Ein vorauseilender Schlag gegen die Chemo, die bald alle meine Haare als Trophäe beanspruchen würde.

»So lang waren sie«, demonstrierte ich Estelle. »Eigentlich wollte ich mir den Kopf rasieren, bevor ich hierherkomme, aber meine Mutter meinte, sie wäre noch nicht bereit, mich so zu sehen. Deshalb dieser Kompromiss.« Die Friseurin hatte mir die abgeschnittenen Haare mitgegeben, einen langen kastanienbraunen Zopf. Ich hatte meine Mutter gebeten, ihn an die gemeinnützige Organisation *Locks of Love* zu spenden. Monate später sollte ich ihn in einem kleinen hölzernen Schmuckkästchen finden, das sie in ihrem Atelier versteckt hatte.

»Also, ich finde, Sie sehen wirklich hübsch aus, aber wenn Sie nichts dagegen haben, nenne ich Sie weiterhin Park Avenue«, sagte Estelle. »Mein Gehirn ist von der Chemo ziemlich mitgenommen, und Ihren anderen Namen kann ich mir ganz sicher nicht merken.«

Ich nickte lachend. »Was führt Sie denn hierher?« Ich wollte fragen, was sie für eine Art von Krebs hatte, aber ich war mir noch nicht sicher, wie die Verhaltensregeln der Patienten untereinander aussahen.

»Leberkrebs, Stadium 4. Und Sie? Eine junge Dame wie Sie sollte nicht hier sein. Sie sollten draußen mit Ihrem Freund unterwegs sein. Genau, glauben Sie bloß nicht, ich hätte Sie beide gestern Nacht nicht gehört!«

Ich errötete. »Leukämie, Stadium ... ich weiß es nicht. Ich habe die Ärzte noch nicht gefragt.«

»OP? Bestrahlungen? Chemo?«, sagte Estelle, als würden wir über die Geschmacksrichtungen italienischer Limonaden sprechen.

»Chemo, mein erster Zyklus. Ich soll ungefähr drei Wochen hierbleiben.«

»Holla, das ist aber lang. Spazieren Sie doch in der Abteilung herum und bewegen sich ein wenig, solange Sie es noch können.«

Auf Estelles Rat hin gewöhnte ich es mir an, die Augenblicke zu nutzen, in denen ich genügend Energie hatte, das Krankenhaus zu erkunden. Ich nutzte meinen Infusionsständer als improvisiertes Skateboard, zischte in der Onkologie herum, sprach mit den Schwestern und den anderen Patienten; innerhalb weniger Tage hatte ich schon eine Handvoll Freundschaften geschlossen. »Die Tween Queen der Onkologie«, krönte mich Will im Scherz. Ein Jahr zu alt für die Pädiatrie, aber Jahrzehnte jünger als die meisten anderen Patienten in der Erwachsenenonkologie: Ich fühlte mich fehl am Platz, versuchte aber, das Beste daraus zu machen.

Während einer dieser Skateboard-Ausflüge lernte ich Dennis kennen. Er war Anfang vierzig und schien nie Besuch zu bekommen. Nachdem uns auf unseren Tabletts immer wieder noch gefrorenes Essen serviert worden war – irgend so ein Genie vergaß, es in die Mikrowelle zu stecken – rief Dennis einen Hungerstreik aus und ging von Tür zu Tür, um die anderen Patienten zum Mitmachen zu bewegen. Ich fand den Aktivismus im Krankenhaus zwar total in Ordnung, aber ich machte mir auch Sorgen um seine Gesundheit. Nach ein, zwei Tagen bat ich Will, den schaumigsten Schokomilchshake für ihn mitzubringen, den die Upper East Side zu bieten hatte, und damit war der Hungerstreik sofort beendet.

Im Zimmer neben mir war eine Frau, die stets schlief. Immer wenn ich vorbeilief, sah ich kurz, wie sie zusammengerollt im Bett lag. Sie war so abgemagert, dass sie beinahe leichenhaft aussah, ihr Haut hatte einen wächsernen, gelblichen Ton. An den meisten Tagen kam ihre Tochter zu Besuch, die im Teenageralter war. Eines Nachmittags hörte ich dann einen tiefen, erstickten Schrei, einen animalischen Klagelaut, der die Mauer zwischen unseren Zimmern durchdrang. Ich kletterte aus dem Bett und sah von meiner Tür aus zu, wie die Schwestern die schluchzende Tochter durch den Korridor führten und sie trösteten. Kurz darauf wurde der leblose Körper der Mutter aus dem Zimmer geschoben, und ein Hauswart kam, um es zu reinigen. Am nächsten Mittag hatte ein anderer Patient ihren Platz eingenommen.

Mein neuer Nachbar kam aus Algerien. Er hieß Yehya und wurde wegen eines Lymphoms behandelt. Sein Bauch war aufgebläht, aus seinem Hals traten Lymphknoten hervor, groß wie überreife Pflaumen, und er hatte die dürrsten Beine, die ich je gesehen hatte. Wir freundeten uns schnell an und unterhielten uns in einer Mischung aus Französisch und Arabisch über unsere Vaterländer und unseren Glauben und darüber, was für ein Glück wir hatten, in Amerika erkrankt zu sein, wo wir Zugang zu einer solchen medizinischen Versorgung hatten. Es war Ramadan, und jeden Abend kam seine Frau mit einer riesigen Tupperschüssel mit *iftar* – das Mahl, das Muslime nach Sonnenuntergang zum Fastenbrechen zu sich nehmen –, aber er aß selten mehr als einen Bissen.

Eines Tages verlegten die Ärzte Yehya in ein Einzelzimmer ein paar Türen weiter, mit Blick auf den Central Park. Er weinte vor Dankbarkeit und fiel auf die Knie, um zu beten, stürzte aber versehentlich dabei und schlug mit dem Kopf auf den Linoleumboden. »Was ist passiert?«, riefen die Schwestern, als sie das Poltern hörten, eilten ins Zimmer und ließen ein CT von seinem Gehirn machen. Später gestand mir Yehya, dass er die Schwestern angelogen und ihnen vorgemacht hatte, er sei gestürzt. »Ich wollte nicht wirken wie irgend so ein muslimischer Fanatiker«, erklärte er mir. Eine Krankheit verkompliziert alles, sogar – vielleicht auch ganz besonders – das Beten.

Es war etwa eine Woche her, seit ich ins Krankenhaus gekommen war und mit der Chemotherapie begonnen hatte.

Ich fühlte mich relativ gut, sogar ganz fit im Vergleich zu den anderen Patienten auf meinem Stockwerk. Viele von ihnen waren bettlägerig oder konnten sich nur im Rollstuhl fortbewegen. Es wäre zwar übertrieben zu behaupten, ich *genoss* den Aufenthalt im Krankenhaus, aber ich war auch nicht besonders unglücklich. Wenn ich nicht mit den anderen Bewohnern der Abteilung zusammen war, spielten Will und ich in einer Tour Scrabble. Meine Eltern kamen jeden Tag zu Besuch und verwöhnten mich mit kleinen Geschenken und selbst gekochtem Essen. Und als sich meine Erkrankung herumsprach, kamen auch Freunde und Freundinnen mit Blumensträußen. Ich fühlte mich losgelöst – zum ersten Mal in meinem Leben erwartete niemand etwas von mir. Ich hatte die Freiheit, die Zeit so zu verbringen, wie ich wollte. Ich schrieb in mein Notizbuch und meldete mich für einen Handarbeitskurs an. Eine ehrenamtliche Helferin brachte mir das Stricken bei, und ich arbeitete an einem Schal, den ich Will schenken wollte.

Naiverweise, vielleicht war es auch etwas arrogant von mir, dachte ich mit der Zeit, dass mir die tückischsten Nebenwirkungen der Chemotherapie erspart worden waren. Bis auf die übliche Müdigkeit und die wunden Stellen im Mund ging es mir nicht anders als sonst. Jeden Morgen untersuchte ich meine Kopfhaut auf Anzeichen, dass mir die Haare ausfielen, aber sie waren dick und glänzend und steckten fest in ihren Follikeln. Ich dachte, ich gehörte vielleicht zu dem minimalen Prozentsatz von Patienten, denen während der Chemo nicht die Haare ausgingen, und ich bereute die jetzt voreilig scheinende Entscheidung, sie kurz zu schneiden. Ich erlaubte mir sogar die Fantasie, nach meiner Entlassung mit Will in eine Wohnung zu ziehen. Vielleicht würde es mir zum Ende des Sommers hin wieder gut genug gehen, um wieder arbeiten zu können.

Naivität hat nur eine begrenzte Haltbarkeitsdauer, und bei mir hielt sie sich nicht lange.

Nach etwa zehn Tagen wurde ich in ein Einzelzimmer verlegt – »Isolierung«, sagten die Ärzte – und durfte den Raum unter gar keinen Umständen verlassen. Ich hatte das vorher nicht gewusst. Ich war schockiert und auch ein bisschen sauer wegen der strengen Regeln, die für meine neue Unterkunft galten, aber auch froh, dass ich keine Mitbewohnerin mehr hatte. Beim Betreten meines Zimmers, dem ich den Namen »Bubble« gab, musste jeder Besucher eine vorgeschriebene Schutzausrüstung tragen – Gesichtsmaske, Handschuhe, OP-Kittel. Meine Blutwerte wurden durch die Chemo immer schlechter, die Hämoglobin- und Thrombozytenwerte sanken gefährlich ab. Die Tests ergaben, dass ich so gut wie keine Leukozyten hatte – *null*, sagte der Bereitschaftsarzt und formte mit den Fingern ein O, um das zu unterstreichen. Bald würde ich mit den Chemo-Infusionen fertig sein, und im Lauf der nächsten Woche würde sich mein Knochenmark, nun hoffentlich befreit von der Leukämie, regenerieren und langsam wieder Blutzellen bilden. Sobald ich keine Transfusionen mehr brauchte, um die Zahl der roten Blutkörperchen und Thrombozyten aufrechtzuerhalten, würde ich aus dem Krankenhaus entlassen werden und dürfte nach Hause zurückkehren. Aber bis dahin war mein Immunsystem quasi nicht existent, und der Arzt warnte mich, dass ein einzelner Keim oder ein Schnupfen mir den Rest geben könnten.

Etwa um dieselbe Zeit setzten die Nebenwirkungen der Chemo ein. Die Rachenschleimhaut begann sich abzulösen, eine schmerzhafte Begleiterscheinung der Chemo namens Mukositis, sodass ich unmöglich essen, trinken und mehr als ein Flüstern von mir geben konnte. »Bereit für die Party?«, scherzte Younique, als sie mich zum ersten Mal an eine Morphiuminfusion anschloss. Gesegnet seien die hervorragenden Schwestern mit einem ebenso hervorragenden Sinn für Humor: Sie machen alles besser. Aber selbst mit dem Morphium war der Schmerz zu stark, um irgendetwas zu schlucken. Zusätzlich zu den Einstichen und den blauen Flecken, die meine Arme jetzt bedeckten, waren meine Brust und mein Hals bald von winzigen lila Pünktchen, so groß wie Nadelstiche, überzogen. Ohne die Thrombozyten, der Bestandteil des Bluts, der eine wichtige Rolle bei der Blutgerinnung spielt, waren die Kapillargefäße, die der Haut am nächsten waren, geplatzt, und Blut drang an die Oberfläche. Ich vermied es, mich im Spiegel anzusehen.

Und dann war es schließlich so weit: Eines Morgens wachte ich auf und entdeckte lauter einzelne Haare auf meinem Kopfkissen. Mittags fiel mir das Haar in Büscheln aus, sodass ich lauter bleiche Flecken auf der Kopfhaut hatte. Zwanghaft fuhr ich mir mit den Fingern über den Schädel und legte nestähnliche kleine Häufchen auf den Nachttisch. Dass mir nun die Haare ausgingen, war eine Bestätigung dessen, was ich wusste, aber noch nicht im vollen Umfang hatte akzeptieren können, und ich kämpfte den Rest des Nachmittags mit den Tränen. Am Abend half mir Will dabei, den Rest mit den Händen zu entfernen; es war, als würde er Unkraut aus dem feuchten Erdboden ausreißen. Zur Schlafenszeit war ich vollkommen kahl.

Es war mehr als vier Wochen her, seit ich ins Krankenhaus gekommen war, und ich wartete darauf, dass sich meine Blutwerte nach der Chemo verbesserten, aber zu meiner Bestürzung tat sich da gar nichts. Die Ärzte beruhigten mich und sagten, das sei kein Grund zur Beunruhigung – zumindest noch nicht –, aber ich machte mir natürlich trotzdem Sorgen. Mein Körper war unterdessen voll und ganz abhängig von Transfusionen. Das Blut fremder Menschen strömte durch meine Adern, Beutel um Beutel, Tag um Tag. Manchmal malte ich mir aus, wer diese Spender sein könnten – eine Lehrerin, ein berühmter Schauspieler, eine Tarotkartenleserin? Ich konnte sie nicht wirklich heraufbeschwören, aber sie erhielten mich am Leben.

Es war zum Verrücktwerden, tagelang ohne Entlassungstermin in einem Zimmer eingeschlossen zu sein. Die Fenster gingen nicht auf. Die Neonröhren blendeten mich. Der Magen tat mir weh, der Kopf tat mir weh, Arme und Beine taten mir weh, alles tat mir weh, selbst das Atmen. Jedes Mal, wenn ich eine Spritze bekam oder mit einem Schwamm gewaschen wurde, wollte ich am liebsten den Infusionsständer gegen die Wand knallen. Als ich so viel abgenommen hatte, dass ich mein elektronisches Krankenhausarmband abziehen konnte, erging ich mich in Fluchtfantasien. Vom Fenster aus lockte mich der Central Park. Während eines Regenschauers überkam mich ein körperliches Verlangen, nach draußen zu gehen und mich in den Wolkenbruch zu stellen – und sei es nur eine Minute lang. Als meine Schmerzen eines Tages vorübergehend auf ein erträgliches Maß zurückgegangen waren, versteckte ich das elektronische Armband unter meinen Kissen, und als die Schwestern nicht hinsahen, schlich ich mich in den Korridor und verschwand samt meinem Infusionsständer im Aufzug. Ich schaffte es bis zur Cafeteria im Erdgeschoss. Dann erstarrte ich. Es war Mittagszeit. Um mich herum drängten sich die Menschen und stießen und streiften mich. Meine Angst wuchs, als ich an all die Keime in der Luft dachte. Ich bekam kaum mehr Luft. Was, wenn ich stürzte? Wenn ich in Ohnmacht fiel? Ein paar Minuten später war ich wieder in meinem Zimmer. *Piep, piep,* fiepte meine Infusionspumpe. Seltsamerweise fühlte ich mich wieder in Sicherheit.

Wenn jemand verstehen konnte, was ich durchlebte, dann waren es die anderen Patienten, aber ich durfte nicht mehr mit ihnen kommunizieren, weil das Kontaminationsrisiko zu hoch war. Mir fehlte der Umgang mit ihnen, und ich versuchte, über ihre Fortschritte auf dem Laufenden zu bleiben, indem die Schwestern Telefonkontakte ermöglichten. Estelle war entlassen worden und erholte sich zu Hause in Staten Island. Die letzten Scans von Dennis hatten ausgesehen wie die Milchstraße, in seiner Lunge hatten sich neue Tumore gebildet. Auch er würde irgendwann eine Knochenmarktransplantation brauchen. Und Yehya lief immer noch nachmittags an meinem Zimmer vorbei. Wenn gerade niemand hinsah, öffnete er die Tür einen Spalt, reckte den Daumen hoch und versicherte mich der Unterstützung Allahs.

Ich durfte zwar immer noch Besuch von draußen empfangen, aber selbst das war kompliziert geworden. Die Leute, mit denen ich am College Beer Pong gespielt hatte, hatten sich nicht gemeldet, und obwohl mich das nicht überraschte, kränkte mich ihr Schweigen dennoch. Stattdessen wollte ich mich auf diejenigen konzentrieren, die kamen – meine Freundin Mara, die mich fast jeden Tag besuchte, und eine Kohorte alter Freunde und Freundinnen aus der Kindheit, Klassenkameraden und Kolleginnen, die mir Geschenke brachten. In den Tagen, nachdem ich die Diagnose erhalten hatte, war mir ihre Gesellschaft sehr willkommen, ich sehnte mich sogar danach. Aber mit der Zeit konnte ich die mitleidigen Blicke nicht mehr ertragen, und auch nicht die Positivitätspusher, die mich mit ihren Genesungskarten und ihren ermüdenden Refrains von »Viel Kraft« und »Kämpfe weiter« aufzuheitern versuchten. Mit der Zeit ärgerte ich mich ob der belanglosen Klagen über einen anstrengenden Tag im Büro oder eine gebrochene Zehe, die bedeutete, dass jemand ein paar Wochen nicht ins Fitnessstudio gehen konnte, und es fiel mir schwer, mich nicht ausgeschlossen zu fühlen, wenn meine Freundinnen mir von Konzerten oder einer Party erzählten, die sie gemeinsam besucht hatten.

Schlimmer waren die Katastrophentouristen: Leute, die ich nicht gut kannte, die aber unerwartet aus der Versenkung auftauchten und auf einmal in der Tür meines Krankenhauszimmers standen, mit dem unbedingten Willen zu helfen oder den medizinischen Rummel, zu dem mein Leben geworden war, mit eigenen Augen zu sehen. Mit Tränen in den Augen starrten sie meinen kahlen Kopf an, und plötzlich musste ich sie trösten. Oder sie bombardierten mich unaufgefordert mit medizinischen Ratschlägen und erzählten mir von einem tollen Arzt, den sie kannten, oder von der Freundin einer Freundin, die ihre eigene Krebserkrankung mit Sachen wie ätherischen Ölen, Aprikosenkernen, Kaffeeeinläufen oder einer Saftkur geheilt hatte. Die meisten meinten es gut, das wusste ich, und bemühten sich nach Kräften, also lächelte und nickte ich, aber innerlich kochte ich. Je kränker ich wurde, desto weniger kamen –

und wenn sie kamen, stellte ich mich immer öfter schlafend.

Ich war nicht völlig allein, trotz meiner Bemühungen, mich von der Welt zurückzuziehen. Fast jeden Tag kam Dr. Holland während seiner Mittagspause bei mir vorbei. Er war liebenswürdig zu den Schwestern und dem Krankenhauspersonal. Im Gegensatz zu manchen anderen Fachärzten, die barsch und herablassend sein konnten, nahm er sich am Krankenbett Zeit und behandelte mich immer mit Würde. Er achtete darauf, dass ich mich immer zuerst wie ein Mensch fühlte und erst in zweiter Linie als Patientin. Nach der Untersuchung setzte er sich in den Lehnstuhl neben dem Bett, und wir unterhielten uns über alles Mögliche, von Politik über Kunstgeschichte bis zu unseren Lieblingsbüchern.

Will war immer noch arbeitslos und wohnte quasi in meinem Krankenzimmer. Jede Nacht schlief er neben mir auf einer zu kurzen Besucherpritsche. Meine Eltern übernahmen die Tagesschicht, setzten sich abwechselnd zu mir ans Bett und verwöhnten mich mit meinen ganzen Lieblingssnacks, um mich zum Essen zu bewegen. Seit meiner Aufnahme im Krankenhaus war ich von einer gesunden Size Zero zu Double Zero abgemagert – die Kleidergröße, die ich in der sechsten Klasse hatte –, aber das Schlucken tat mir oft einfach zu weh, gar nicht zu reden davon, eine Gabel Pilzrisotto herunterzuwürgen.

Ich versuchte, etwas munterer zu werden, wenn sie bei mir waren, aber es fiel mir schwer, länger als ein paar Minuten am Stück wach zu bleiben. Meine Mutter kaufte ein Poster von einem Vermeer-Gemälde und hängte es an die Wand neben meinem Bett. Es zeigte eine junge Frau, die in einem abgedunkelten Zimmer Laute spielt, das Gesicht dem Fenster zugewandt, und mit nachdenklicher Miene nach draußen blickt. »Sie erinnert mich an dich«, sagte meine Mutter.

Mir war klar, wie glücklich ich mich schätzen konnte, von so viel Liebe umgeben zu sein – viele Patienten in der Abteilung bekamen überhaupt nie Besuch –, aber selbst mit meinen Eltern und Will an meiner Seite fühlte ich mich schmerzhaft isoliert. Meine Euphorie nach der Diagnose und meine ganzen hochfliegenden Pläne hatten sich längst verflüchtigt. Ich hatte nicht mehr die Energie, ein Tagebuch zu führen. Meine Stricknadeln und der halb fertige Schal verstaubten. Ich las weder *Krieg und Frieden* noch irgendeines der anderen Bücher auf meinem Nachttisch. Mir war langweilig, geradezu sterbenslangweilig, aber ich war zu erschöpft, um etwas dagegen zu tun.

Nach mehr als fünf Wochen im Krankenhaus erschien eines Nachmittags ein Ärzteteam mit babyblauen Gesichtsmasken. Sie ragten über meinem Krankenbett auf und blickten auf mich herab. Augen und Krawatten. Und weiße Laborkittel. »Ich fürchte, wir haben schlechte Nachrichten«, sagte ein maskierter Mund. »Als Sie ins Krankenhaus kamen, hatten Sie dreißig Prozent Blasten in Ihrem Knochenmark. Die letzte Biopsie hat ergeben, dass sich die Anzahl der Blasten mehr als verdoppelt hat, auf etwa siebzig Prozent.«

»Können Sie noch mal kommen, wenn meine Mama da ist?«, flüsterte ich. Plötzlich fühlte ich mich wie ein Kind.

Später, als meine Eltern dabei waren, erklärte mein Ärzteteam, dass ich auf ein Knochenmarkversagen zusteuere und die Standardbehandlungen bei mir nicht funktionierten. Mein Vater sah aus wie vom Blitz getroffen. Meine Mutter schien kurz vor dem Zusammenbruch zu stehen, aber als sie merkte, dass ich sie ansah, hielt sie rasch die Tränen zurück und zwang sich zu einer stoischeren Miene. Die Ärzte empfahlen mir, an einer experimentellen klinischen Studie in der Phase II teilzunehmen. Das bedeutete, es war noch nicht bekannt, ob die neue Kombination von Chemotherapeutika sicher und wirksam war, ganz zu schweigen davon, ob sie besser war als der derzeitige Behandlungsstandard. Zu einem Zeitpunkt, an dem bereits alles so unsicher schien, wollte ich keine experimentelle Studie. Ich wollte harte Fakten, Statistiken und den Beweis, dass meine Behandlungen den Schaden wert waren, den sie meiner geistigen und körperlichen Gesundheit zufügten und im Leben meiner Liebsten anrichteten. Sosehr ich wissenschaftliche Forschung unterstützte, ich wollte kein Versuchskaninchen sein. Ich wollte ein Heilmittel.

»Hätte ich nicht vielleicht mehr davon, wenn ich die Zeit mit euch verbringe oder auf einer tropischen Insel Pot rauche oder was auch immer man tun soll, wenn man stirbt?«, fragte ich meine Eltern. Niemand wusste, was er sagen sollte. Auch die Ärzte hatten keine Antworten für mich, aber sie bestanden weiterhin darauf, dass die Studie meine beste Chance darstellte, und je länger ich wartete, umso weniger Optionen blieben mir dann vielleicht noch. Schließlich erklärte ich mich einverstanden.

Am vierten Juli, dem Tag vor meinem dreiundzwanzigsten Geburtstag, bekam ich eine Sondererlaubnis, die Bubble ein paar Minuten zu verlassen. Mit Ausnahme meines abgebrochenen Fluchtversuchs war dies das erste Mal seit fast sechs Wochen, dass ich mein Krankenzimmer verließ.

Man munkelte, man könne vom hinteren Ende des Korridors aus, bei den Aufzügen, das Feuerwerk sehen. Nachdem ich den obligatorischen Schutzanzug angelegt hatte, gingen Will und ich durch den Gang, den Infusionsständer hinter uns herziehend. Bei Yehyas Zimmer machten wir Halt, um zu sehen, ob er mitkommen wollte. Er war zu erschöpft, um das Bett zu verlassen, aber auf dem Nachttisch hatte er Geschenke für mich liegen – ein rosa Freundschaftsband und eine kleine Holzplakette mit der Aufschrift: ICH BIN EIN GROSSER FAN VON DIR! in leuchtenden Farben. Er hatte seine Frau gebeten, die Sachen im Geschenkeladen des Krankenhauses zu besorgen. Will half mir, das Armband anzulegen und trug die Plakette. Danach holten wir Dennis ab und gingen zu dritt an der Schwesternstation vorbei und aus der Abteilung hinaus.

Als wir ankamen, hatte sich schon eine Gruppe von Patienten am Ende des Korridors versammelt und blickte aus den Fenstern. Durch die dicken Scheiben konnten wir nur verschwommen etwas erkennen, wie Goldfische, die aus einem schmutzigen Aquarium blicken. Aber wenn man den Körper nach links drehte und den Hals nach rechts reckte, erhaschte man kurze Blicke auf das Feuerwerk in der Ferne. Es war rot und blau und golden, die Raketen explodierten hoch am Himmel und verteilten Farbe über den Wolkenkratzern, aber das Schauspiel war Meilen entfernt, und hinter unserer Schallschutzmauer konnten wir die Explosionen nicht hören. Das Feuerwerk, die Stadt, die Bewohner – die Welt –, alles schien so weit entfernt wie der Mond. Unterdessen war der Alarm des Infusionsgeräts eines alten Mannes losgegangen und wollte nicht aufhören, sodass die Stimmung allgemein gereizt war.

»Entschuldigt meine Ausdrucksweise«, sagte ich und wandte mich zu Will und Dennis, »aber das ist die deprimierendste Scheiße, die ich je gesehen habe.« Meine Schultern bebten. Zuerst dachte ich, mir würden die Tränen kommen, aber dann brach ich in Gelächter aus. Urplötzlich lachten alle. Gekicher, schallendes Lachen und ein Meer von Tränen angesichts der Absurdität des Ganzen.

10

FERMATE

NACH FAST ZWEI Monaten in der Bubble schickten mich die Ärzte für ein paar Wochen nach Hause, um Kräfte zu sammeln, bevor ich an der Studie teilnahm. Die Zahl der Blasten war immer noch erschreckend – sie war so hoch, dass ich mit den neuen Chemomedikamenten sofort angefangen hätte, wäre ich nicht so schwach gewesen. Aber das Risiko, dass mich die Medikamente umbrachten, wog stärker als die Möglichkeit, dass sich die Blasten weiter in meinem Knochenmark und Blut vermehrten. Und so kehrte ich kränker, als ich es ohne jegliche Behandlung jemals gewesen war, nach Saratoga zurück.

Wenn ich hinaus auf die Veranda trat, genoss ich die Bewegung meiner Beine, das Ein- und Ausatmen, die Sonne auf der Haut. Als hätte ich eine lange Haftstrafe abgesessen, bestaunte ich alles: einen leichten Regen, der mein Gesicht benetzte, die Glühwürmchen, die bei der Dämmerung im Garten aufleuchteten, den rauchigen Duft gegrillter Rippchen, der aus dem Garten unseres Nachbarn über die Hecke zwischen den Häusern aufstieg.

Ich versuchte, das Beste aus meiner neu entdeckten Freiheit zu machen. Immer wenn es mir gut genug ging, half mir Will in den Minivan, hüllte mich in Decken ein, und wir machten lange Fahrten über Land. Wenn ich genügend Kraft hatte, gingen wir spazieren. Das Zentrum von Saratoga war acht Minuten zu Fuß vom Haus entfernt, zwanzig, wenn man Leukämie hat. Das jährliche Pferderennen, das jeden Sommer Wettfreunde, Touristen und Leute mit großen Hüten anzog, war in vollem Gange. An jeder Ecke spielten Straßenmusiker. Auf der Hauptstraße, dem Broadway, drängten sich lärmende Harley-Fahrer, die ihre Motorräder in langen Reihen an der Straße geparkt hatten, und unverbesserliche Glücksspieler, die der Rennbahn Kneipen vorzogen, in denen sie die Rennen auf dem Fernseher verfolgen konnten.

Im Freien zu sein war eine willkommene Abwechslung nach der Bubble, aber ich merkte bald, dass ich mit meinem kahlen Vollmondschädel, den wimpernlosen Augen, den verschwindenden Augenbrauen und der Maske überall angestarrt wurde. Auf der Krebsstation sah ich aus wie alle anderen. Jetzt fiel ich auf, wo ich auch hinging. Der Krebs sprach für mich, bevor ich das erste Wort äußern konnte, und in allen Räumen, die ich betrat, wurde es still. Es gab auch Vorteile: Ich bekam in diesem Sommer viel Kaffee und Eis umsonst, die Kassiererinnen sagten mit feuchten Augen: »Gute Besserung, Kleines. Das hier geht aufs Haus.« Aber manchmal kam ich mir auch vor wie ein Monster. Als ich eines Nachmittags aus der Toilette der öffentlichen Bibliothek trat, zeigte ein kleines Mädchen auf mich und fing an zu schreien.

Meistens ging es mir nicht gut genug, um nach draußen zu gehen. Eine erdrückende Erschöpfung fesselte mich an das alte Ledersofa im Wohnzimmer, und Will leistete mir Gesellschaft. Er hatte ein Talent dafür, meine schlechten Tage umzuwandeln. »Kinotag«, verkündete er dann, als hätten wir uns bewusst dafür entschieden, die Tagesstunden im Inneren zu verbringen. »Deine Kenntnisse der amerikanischen Popkultur haben ein großes schwarzes Loch, deshalb habe ich uns einen Lehrplan zusammengestellt. Heute gehen wir die späten Achtziger an. Wir beginnen mit *Ferris macht blau, The Breakfast Club* und *Der Prinz aus Zamunda.* Dann machen wir Mittagspause.«

Das Leben einer Betreuungsperson wird letztlich gesteuert vom Zyklus des Verfalls und der Ansprüche des Körpers eines anderen Menschen. Will war mit einem Enthusiasmus und einer Hingabe in diese Rolle geschlüpft, die alle beeindruckte. Jeden Morgen half er meiner Mutter, selbst gemachten Reisbrei zuzubereiten, das einzige Essen, das ich vertrug, und dazu Verbenentee mit frischen Minzezweigen gegen die Übelkeit. Dann brachte er mir alles auf einer Servierplatte hinauf in mein Zimmer, damit ich im Bett essen konnte. Er half meinen Eltern im Haushalt und spielte nachmittags Basketball mit meinem Bruder, der den Sommer über nach Hause gekommen war. Er bestückte meine Tablettenbox, wechselte den Verband über meinem Katheter und begleitete mich zu jedem einzelnen Arzttermin. Will beklagte sich nie, selbst wenn es bedeutete, dass er deshalb Strandpartys mit Freunden verpasste. Er versicherte mir immer wieder, dass er nirgendwo lieber sei als bei mir. Ich denke gerne, dass ich die Geduld und die Selbstlosigkeit aufgebracht hätte, ihn genauso zu umsorgen wie er mich, wenn die Situation umgekehrt gewesen wäre, aber irgendwie bezweifelte ich das.

Wills Eltern besuchten uns in diesem Sommer. Sie kamen den weiten Weg aus Kalifornien, um uns ihre Unterstützung zu zeigen. Ich kannte sie noch nicht und fragte mich, was sie wohl denken würden, wenn sie mich in Fleisch und Blut sahen, ganz fahl und grau, mit Schläuchen, die aus der Brust ragten. Ich fürchtete, irgendwie würden sie sich eine andere Lebensgefährtin für ihren einzigen Sohn wünschen. Jemanden wie Wills Ex mit ihrem seidigen blonden Haarschopf, einer Festanstellung als Journalistin bei einer angesehenen Zeitschrift und funktionierenden Eierstöcken – jemand mit einer Perspektive statt einer Prognose.

Falls seine Eltern so dachten, zeigten sie es nicht. Sie hielten vor dem Haus, stiegen unter fröhlichem Gelächter aus und umarmten alle. Nach wenigen Minuten nahm mich sein Vater Sean, ein groß gewachsener Ire mit weißem Schnurrbart und funkelnden blauen Augen, zur Seite. »Mein Sohn ist ein besserer Mensch, seit er dich kennengelernt hat«, sagte er. »Ich möchte dir dafür danken, was auch immer du mit ihm gemacht hast.« Seine Mutter Karen, ein strahlend blonder Hippie, trug Leinenkleider und bunten Perlenschmuck. Sie besaß wie ihr Sohn die Begabung, dass sich alle in ihrem Umfeld wohl fühlten. Sie versicherte mir immer wieder, wie schön und kühn ich mit meinem kahlen Kopf aussähe. »Wenn es dir wieder besser geht, solltest du die Haare immer kurz tragen«, sagte sie.

Unsere Familien verbrachten das Wochenende damit, gemeinsam Saratoga zu erkunden. Wir spazierten durch den Rosengarten von Yaddo, einer berühmten Künstlerkolonie am Stadtrand. Wir besuchten die Rennbahn und setzten immer zwei Dollar auf die Pferde mit den besten Namen. (Irgendwie verloren wir jedes Mal.) Abends tafelten wir im Garten unter dem von Wein umrankten Gitter im Garten, das meine Mutter mit Lichterketten und Papierlaternen geschmückt hatte. Unsere Eltern verstanden sich so gut, dass es schwer war, während des Essens zu Wort zu kommen. Sean war Journalist und Dokumentarfilmemacher und hatte über den Irakkrieg berichtet. Er diskutierte mit meinem Vater über die Nahostpolitik, während unsere Mütter über die Liebe zur Kunst zusammenfanden. Will und ich zwinkerten uns über den Tisch hinweg verstohlen zu, während unsere Eltern weiterplauderten.

Am letzten Tag ihres Besuchs gingen wir gemeinsam zum Markt in der Stadt. Die Sonne brannte auf meinen breitkrempigen blauen Strohhut. Mühsam versuchte ich Schritt zu halten, während sie von Stand zu Stand gingen und selbst gemachte Blaubeermarmelade, Oliven und Käse probierten. Ich entschuldigte mich und setzte mich an einen Picknicktisch im Schatten eines Baumes. Vom Kratzen einer Geige und dem Geschrei von Kindern, die auf dem Rasen Fangen spielten, wurde mir schwindelig. Ich fächerte mir mit dem Hut Luft zu und wünschte mir, ich könnte mich in die Ruhe und Kühle meines Bettes beamen.

Als es Zeit für den Heimweg wurde, lief ich ein Stück hinterher, um mir mein Hinken nicht anmerken zu lassen. Ich wollte das ansonsten perfekte Wochenende nicht ruinieren, aber als wir zu Hause waren, zitterte ich am ganzen Körper, und mein Sommerkleid war schweißnass. Ich umarmte Wills Eltern zum Abschied und versprach, sie in Kalifornien zu besuchen, sobald es mir gut genug ging, dann verschwand ich im Haus.

»Wie geht es dir?«, fragten meine Eltern, nachdem ich mich mehrere Stunden lang nicht vom Sofa wegbewegt hatte.

»Alles gut«, insistierte ich mit zusammengebissenen Zähnen. Ein dumpfer Schmerz pochte zwischen meinen Beinen wie ein Herzschlag. Es war mir zu peinlich zu erklären, wo es mir wehtat – meiner Mutter, meinem altmodischen, Fliege tragenden männlichen Arzt – oder überhaupt sonst irgendjemandem zu sagen: *Mir tut mein Dingsda weh*, oder irgendeine andere anatomisch vage Beschreibung zu verwenden. Ich hoffte, die Schmerzen würden von selbst wieder aufhören. Aber ein paar Tage später konnte ich überhaupt nicht mehr laufen. Als sich Will und meine Familie zum Abendessen setzten, blieb ich zähneklappernd auf dem Sofa liegen. Meine Mutter maß Fieber. Das Thermometer zeigte 38,3. »Das reicht, wir fahren ins Krankenhaus«, entschied sie.

Meine Mutter saß am Steuer. Will setzte sich neben mich auf den Rücksitz und hielt meinen Kopf auf seinem Schoß, während wir die schwarze Autobahn entlangrasten. Etwa jede halbe Stunde maß Will meine Körpertemperatur, die weiter anstieg. Meine Mutter trat aufs Gas, die Stirn vor Sorge angespannt. Als wir drei Stunden später die Tappan Zee Bridge erreichten, die über den Fluss nach Manhattan führte, fuhr sie zwanzig Meilen schneller, als erlaubt war, und ich hatte vierzig Grad Fieber.

Es war ein Sonntagabend in der Notaufnahme des Mount Sinai. Im Wartebereich drängten sich die Menschen, Leute holten sich etwas aus den Automaten, manche waren fast auf ihren Plastiksitzen eingeschlafen, andere hielten blutverschmierte Gliedmaßen in Mullverbänden, Mütter wiegten jammernde Babys, Diabetiker humpelten auf geschwollenen Füßen. Alle warteten darauf, dass die Torwächter – die Aufnahmeschwestern oder Arzthelferinnen – ihren Namen aufriefen. Eine Triage, also der Prozess, bei dem medizinische Fachkräfte bestimmen, wer zuerst versorgt wird, kann Impulse auslösen, das Recht des Stärkeren durchzusetzen. Jeder hat das Gefühl, sein eigener Notfall sollte am dringendsten behandelt werden. Und wenn die eigenen Beschwerden, gar nicht zu reden von den Beschwerden des eigenen Kindes, hinter denen anderer eingeordnet werden, versetzt einen das schnell in Panik. Überfüllte Notaufnahmen bringen nicht das Beste im Menschen zum Vorschein.

»Meine Tochter leidet an Leukämie und hat hohes Fieber«, fauchte meine sonst so reizende Mutter eine Dreiviertelstunde nach unserer Ankunft die Frau am Empfang an. »Sie ist stark immungeschwächt, und wenn Sie sie noch länger warten lassen, klebt Blut an Ihren Händen.« Ihre Drohung funktionierte. Einen kurzen Augenblick fühlten wir uns siegreich, als eine Schwester uns abholte. Aber auf der anderen Seite der Edelstahlschwingtüren der Notaufnahme war das Chaos noch größer. Auf jedem Quadratzentimeter des Bodens standen Krankentragen. Patienten weinten und stöhnten, manche riefen wimmernd um Hilfe. Eine Frau im Rollstuhl mit wildem, unstetem Blick schimpfte ins Leere und behauptete, sie sei von ihren Kolleginnen vergiftet worden.

Man konnte nirgendwo hingehen, und es gab kaum genug Platz für Will und meine Mutter, sich irgendwo hinzustellen. Ich weiß noch, wie ich Will ansah und mir dachte, wie überfordert er aussah. Meine Mutter musste dasselbe gedacht haben und schlug ihm vor, eine Pause einzulegen, wenn er eine bräuchte. »Ja, es ist wohl nicht sehr sinnvoll, wenn wir alle drei hier sind«, sagte Will. »Ich gehe mit einem Freund was trinken.« Ein paar Minuten später war er weg.

Ich wurde in ein Bett gelegt, eine Armeslänge entfernt von einem jungen Mann mit verfilzten Dreadlocks. Er lag reglos mit geschlossenen Augen da, seine schmutzige Kleidung bildete einen krassen Gegensatz zu dem Spannbetttuch der Krankentrage. Ein Arzt zog schnell den Vorhang zwischen uns zu, um Privatsphäre zu schaffen, aber ich verstand trotzdem jedes Wort ihrer Unterhaltung. In den nächsten Minuten erfuhr ich, dass der junge Mann an AIDS erkrankt war und einen Hämoglobinwert von 3 hatte.

»Wollen Sie eine Bluttransfusion?«, fragte der Arzt.

»Nein«, murmelte der junge Mann.

»Aber Ihnen ist klar, dass Sie dann sterben, ja?«

»Okay.«

Nicht viel später kam eine Krankenhausmitarbeiterin und verteilte Sandwiches an die Patienten. Der junge Mann war zu schwach, um sein Sandwich zu halten. Es fiel auf den Linoleumboden, sodass Salatblätter und bleicher Aufschnitt zwischen unseren Betten verstreut lagen. »Ist er in Ordnung? Ihm muss doch jemand helfen«, rief ich zu meiner Mutter gewandt. Das ist das Letzte, woran ich mich erinnerte, bevor ich plötzlich die Augen verdrehte.

Die nächsten zwölf Stunden waren eine Abfolge von Fieberohnmachten, unterbrochen von kurz aufleuchtendem Neonlicht.

Bild eins: Ich wachte auf, ein Ärztetrio blickte mir mit Taschenlampen zwischen die Beine. Ich errötete vor Scham. Ich wollte die Knie zusammendrücken, aber eine Hand, die in einem Handschuh steckte, zwang sie auseinander. »Ein kleiner Riss an der inneren Schamlippe«, sagte eine Stimme hinter einer Maske. »Eine Infektion, womöglich eine Sepsis«, sagte eine andere. »Kann ich mal sehen?«, bat eine dritte. Die Haut um den Riss sei abgestorben, sagten sie.

Bild zwei: »Wo bin ich?«, fragte ich panisch. Die stählerne Öffnung eines Fahrstuhles klaffte gähnend auf. Vor uns lag eine Etage des Krankenhauses, die ich nicht wiedererkannte. Ich wurde in einen kleinen, stickigen weißen Kubus mit trüben orangefarbenen Deckenlampen geschoben. Eine Schwester erklärte, ich sei in der Geriatrie. Das Krankenhaus sei voll belegt, und ich würde die Nacht hier verbringen müssen, bis in der Onkologie ein Bett frei würde. Ich fand das urkomisch – ja, mein Körper fühlte sich wirklich so an, als würde er statt dreiundzwanzig gleich achtzig werden –, aber ich hatte nicht die Energie zu erklären, weshalb ich kicherte, als hätte jemand einen ganz besonders guten Witz erzählt.

Bild drei: *Mir ist so kalt, mir ist so kalt, mir ist so kalt,* wiederholte ich zu meiner Mutter gewandt, aber mit jeder Decke, die sie über mich schichtete, wurde mir noch kälter. Nichts konnte mich wärmen. Meine Zähne klapperten heftig, und ich zitterte unkontrollierbar. »Könnte bitte ein Arzt kommen?«, rief jemand. Später erfuhr ich, dass ich eine sogenannte »febrile Neutropenie«, kurz FN, hatte. Das bedeutete, ich hatte kaum mehr Zellen im Körper, die für mich gegen die Infektion ankämpften.

Bild vier: Mein Fieber stieg und stieg, bis das Thermometer 41 anzeigte. Als ich versuchte zu sprechen, kamen nur verstümmelte, fremde Laute heraus. Mein Körper wurde immer wieder von Krämpfen geschüttelt, zitterte, und ich machte ins Bett. Will stand in der Tür, gerade als eine Schwester versuchte, mir eine Bettpfanne zwischen die nackten Schenkel zu zwängen. »Sag ihm, er soll draußen warten«, bat ich meine Mutter mit plötzlich zusammenhängenden Worten und hielt mir die Hände vors Gesicht.

Bild fünf: Mein stets lächelnder Onkologe Dr. Holland lächelte diesmal nicht, als er kam. »Rufen Sie Ihren Mann an und sagen Sie ihm, er soll ins Krankenhaus kommen«, hörte ich ihn zu meiner Mutter sagen. Es war mitten in der Nacht, mein Vater war zu Hause in Saratoga, dreieinhalb Stunden mit dem Auto entfernt. »Kann das nicht bis morgen warten?«, fragte meine Mutter. »Ich will ihm keine Angst machen.« Dr. Holland legte ihr die Hand auf die Schulter und blickte ihr in die Augen. »Anne. Rufen Sie Ihren Mann an. Das kann so oder so ausgehen.«

Als ich am nächsten Tag zu mir kam, blickte ich mich wild im Zimmer um, um herauszufinden, wo ich war und was geschehen war. Meine Eltern saßen neben meinem Bett und sahen mehrere Jahrzehnte älter aus. Eine Schwester beugte sich über mich und reichte mir einen Pappbecher mit einer Oxycodon. Innerhalb von Minuten übergab ich mich in das Plastikbecken neben dem Krankenbett. Die Medikamente und die Tatsache, dass ich am Leben war, überrollten mich wie ein Güterzug, und meine Erleichterung verwandelte sich in Euphorie.

Die Zimmer in der Geriatrie waren größer und hübscher als die in der Onkologie. Mir gefiel es hier, bis auf die Schwester mit den wasserstoffblonden Haaren, die zu viel redete. »Ich habe früher in der Onkologie gearbeitet«, sagte sie, während sie mir die silberne Spitze eines Thermometers unter die Zunge schob. »Ich erinnere mich an ein nettes Mädchen namens Joanie. Sie war ein süßes Ding, etwa in Ihrem Alter. Jedes Mal, wenn sie mit einer neuen Infektion kam, wollte ich am liebsten weinen. Es war unglaublich traurig, als sie starb. Allein Sie anzusehen, macht mich traurig, denn ich muss an Joanie denken. Deshalb arbeite ich jetzt hier in der Geriatrie.«

Die Krankheit hatte mich gelehrt, Worte und Gedanken zu trennen. Ich dachte: *Bitte seien Sie still, sehen Sie denn nicht, dass wir sowieso schon große Angst haben.* Laut sagte ich: »Joanie hatte Glück, Sie als Schwester zu haben.«

An diesem Abend kam Will, um meine Eltern abzulösen. Er streckte sich unbeholfen in dem Ruhesessel neben meinem Bett aus und deckte sich mit einer dünnen Baumwolldecke zu. Auf der geriatrischen Station gab es keine Besucherpritschen. Wie in so vielen anderen Nächten würde er heute die Bequemlichkeit der Nähe opfern.

»Ich finde, wir sollten heiraten«, sagte ich aus dem Nichts. Das Oxy machte meine Zunge ein wenig zu locker. Ich fürchtete, wenn wir warteten, würden wir nie mehr die Gelegenheit dazu bekommen.

»Ich bin dabei«, antwortete Will, ohne zu zögern.

Wir blieben bis spätnachts wach und arbeiteten aufgeregt alles aus, die Einladungsliste und welche meiner Musikerfreunde ich bitten würde aufzutreten. Ich rief meine engsten Freundinnen aus dem College an, Lizzie und Mara, die sofort dabei waren und ihre Hilfe anboten. Lizzie und ihre Mutter würden mit Will die Ringe im Diamond District kaufen, Mara bot an, dass die Zeremonie im Haus ihrer Familie abgehalten werden könne. Es würde eine kleine Hochzeit sein, eine schlichte herbstliche Feier im Garten, mit einer Handvoll unserer engsten Freunde und Familie. Es sei denn, es kamen noch mehr notfallmäßige Krankenhausaufenthalte dazwischen, wollten wir die Hochzeit bald stattfinden lassen – idealerweise in den nächsten paar Wochen.

Einige Tage später wurde ein Zimmer in der Onkologie frei, und ich wurde nach oben verlegt. Noch vor drei Monaten war mir die onkologische Station vorgekommen wie ein fremdes Land; jetzt fühlte ich mich komischerweise zu Hause inmitten des Chors piepsender Infusionsmonitore und der kahlköpfigen Patienten. Als ich Younique sah, begrüßten wir uns wie Freundinnen, die sich nach einer langen Zeit der Trennung wiedertrafen. »Ja, hallo, Miss Suleika! Ich habe schon gehört, dass Sie zurück sind. Wie geht es Ihnen und Ihrem feinen Mann?«

»Wir wollen heiraten«, platzte ich heraus.

Ich fragte, wie es meinen Freunden auf der Etage ergangen war. Younique setzte sich auf die Kante meines Bettes und strich sanft eine Decke über mir glatt. Yehya war nicht mehr da. »Nein, er ist nicht zurück nach Algerien«, korrigierte sie mich. Er war in dem Raum mit dem schönen Parkblick gestorben, seine Frau war an seiner Seite. Und Dennis hatte Fortschritte in Richtung Transplantation gemacht, bis eines Nachmittags seine Organe in schneller Folge versagten. Die Ärzte taten, was sie konnten, aber sie schafften es nicht, ihn zu reanimieren. Niemand erhob Anspruch auf seinen Leichnam.

Younique rieb mir den Rücken, während ich versuchte, diese Neuigkeiten zu verarbeiten. Ich konnte nur denken: *Ich bin die Nächste.*

11

FESTGEFAHREN

ICH FÜHRE SCHON immer Tagebuch. Im Bücherregal in meinem Kinderzimmer stehen Dutzende bunter Notizbücher, und jedes enthält Ausführungen eines neuen Kapitels in meinem Leben. Die Einträge in dicken, geschwungenen Federstrichen lesen sich wie Unterhaltungen mit mir selbst: Fiebertraumvisionen von meiner Zukunft, Lügen über nächtliche Abenteuer, die ich nie erlebt, mir aber gewünscht habe, kaum verschleierte autobiographische Kurzgeschichten, getrieben von ehrgeizigen Protagonistinnen, schlechte Gedichte und Listen, immer wieder Listen – von Dos, Don'ts und Träumen. Mit zwölf führte ich andere Selbstgespräche als mit sechzehn oder mit zwanzig. Aber alle hatten eines gemeinsam: Sie orientierten sich in die Zukunft.

Jetzt, wo es um Leben und Tod ging, war eine der schönsten Beschäftigungen in jungen Jahren – nämlich sich seine Zukunft auszumalen – zu einer beklemmenden Übung geworden. Die Zukunft hatte einst unendlich viele Möglichkeiten enthalten. Jetzt war sie in Finsternis gehüllt, ein dunkler Raum, der nur mit der Aussicht auf noch giftigere Behandlungen und unheimliche Unbekannten gefüllt war. Die Gedanken an die Vergangenheit weckten eine Wehmut, in der ich lieber nicht verweilen wollte, eine schmerzhafte

Erinnerung an alles, was ich verloren hatte und weiter verlieren sollte: meine Freunde, meine Jugend, meine Fruchtbarkeit, meine Haare, die »Meilensteinkette«, die meine Eltern mir am ersten Tag der Chemo geschenkt hatten und die irgendwo auf der Fahrt zwischen dem Krankenhaus und zu Hause verloren gegangen war, mein Denken, da mich die Chemo vernebelte und langsam machte, mein Vertrauen darauf, dass ich es jemals bis zur Transplantation schaffen würde.

Mit einer lebensbedrohlichen Krankheit zu leben verwandelte mich im Reich der Zeit in eine Staatsbürgerin zweiter Klasse. Meine Tage verstrichen als langsamer Notfall, mein Leben schrumpfte auf vier weiße Wände, ein Krankenbett und Neonleuchten, mein Körper war durchbohrt von Schläuchen und Drähten, die mich an diverse Monitore und meinen Infusionsständer banden. Die Welt vor meinem Fenster schien sich immer weiter zu entfernen, mein Gesichtsfeld reduzierte sich auf einen kleinen Punkt. Die Zeit war ein Wartezimmer – Warten auf Ärzte, Warten auf Bluttransfusionen und Testergebnisse, warten auf bessere Tage. Ich versuchte, mich auf die Kostbarkeit der Gegenwart zu konzentrieren: die Augenblicke, in denen es mir gut genug ging, um mit meinen Eltern durch die onkologische Abteilung zu laufen, den Klang von Wills Stimme, wenn er mir jeden Abend vor dem Zubettgehen vorlas, die Wochenenden, wenn mein Bruder aus dem College kam, um mich zu besuchen – wir waren alle zusammen, solange es noch möglich war. Aber sosehr ich mich auch bemühte, ich empfand doch eine aufkeimende Trauer und Schuld, wenn ich unvermeidlicherweise daran denken musste, wie es Will und meiner Familie wohl ergehen würde, wenn ich nicht überlebte.

Die Infektion hatte mich zwei Wochen zurückgeworfen, aber die klinische Studie sollte sofort beginnen, sobald meine Ärzte mich für kräftig genug hielten. Ich war eine von hundertfünfunddreißig Patienten und Patientinnen in den USA, die daran teilnahmen. Die ersten neun Tage jedes Monats bekam ich eine Kombination aus zwei starken Chemomedikamenten, Azacitidin und Vorinostat, und dann hatte ich etwa zwei Wochen, um mich zu erholen, bevor ich mit dem nächsten Zyklus begann. Die Studie würde ambulant durchgeführt werden, das bedeutete, wenn ich nicht wegen Arztterminen oder Krankenhausaufenthalten aufgrund von Komplikationen in der Stadt war, würde ich zu Hause in Saratoga wohnen können. Die ganze Prozedur sollte sechs Monate dauern – wenn alles so lief wie geplant.

Als sich die Blätter des alten Ahornbaums im Garten meiner Eltern zu einem leuchtenden, verbrannten Orange färbten, überschattete eine Unruhe meine langen, hermetischen Tage mit Will. Seit meiner Diagnose war er mein ständiger Begleiter gewesen, und er hatte auch vor, das während der klinischen Studie zu bleiben. Ich war egoistisch und mochte es, so viel Zeit mit ihm verbringen zu können. Obwohl ich bettlägerig, kahl sowie gelegentlich inkontinent war und bei meinen Eltern wohnte, gab mir allein die Tatsache, einen Freund zu haben, ein Gefühl der Normalität, das Gefühl noch jung zu sein, begehrt, sogar schön. Aber irgendwie war mir doch klar, dass die Situation nicht aufrechtzuerhalten war. Das Reich der Kranken war kein Ort, um rund um die Uhr dort zu leben; ich hätte das meinem ärgsten Feind nicht gewünscht. Wenn unsere Beziehung andauern sollte, würde ich Will ermutigen müssen, sein Leben wieder zu leben.

»Wir suchen dir eine Arbeit«, sagte ich eines Nachmittags sanft zu ihm. Wir hatten gerade die fünfte Partie Scrabble hintereinander gespielt.

Er seufzte. »Ich weiß, ich weiß, ich habe auch schon daran gedacht. Ich könnte gerade ein bisschen Geld brauchen. Aber ich möchte nicht, dass du das Gefühl hast, ich lasse dich allein.«

»Mir wird es erst mal nicht besser gehen, zumindest nicht bald«, sagte ich. Er stimmte mir darin zu, dass er sein Leben nicht auf unbestimmte Zeit zurückstellen konnte.

Zuerst suchte Will in der Nähe meines Elternhauses Arbeit, aber abgesehen von Stellen als Barkeeper oder Kellner im Zentrum von Saratoga gab es nicht viel Auswahl. Wir vergrößerten den Radius. Als ich eine Ausschreibung für die Stelle eines Redaktionsassistenten bei einer großen Nachrichtenagentur in Manhattan entdeckte, drängte ich Will, sich zu bewerben. Er zögerte. Saratoga war dreieinhalb Stunden mit dem Auto entfernt – zu weit, um jeden Tag zu pendeln. Wenn er die Stelle bekam, würde das bedeuten, dass wir während der Arbeitswoche getrennt wären. Als Will seine Bedenken wegen der Entfernung äußerte, insbesondere weil die Studie bevorstand und mein Gesundheitszustand so schlecht war, tat ich sie ab. Ich wollte, dass er glücklich war, aber irgendwie lebte ich auch stellvertretend durch ihn. In einer alternativen Realität, in der mein Körper nicht versuchte, mich zu zerstören, hätte ich selbst diese Stelle liebend gerne gehabt. Also bemühte ich mich nach Kräften, ihm zu helfen – ich überarbeitete sein Motivationsschreiben, übte mit ihm das Bewerbungsgespräch und fand für unter der Woche eine Übernachtungsmöglichkeit für ihn, in der Wohnung einer Freundin, sollte er die Stelle bekommen. Als das Telefon klingelte und er die Nachricht bekam, er hätte den Posten, umarmte ich ihn mit all der Kraft, die noch in meinen zarten Vogelknochen vorhanden war. »Bald wendet sich alles für uns zum Besseren«, sagte ich, und das meinte ich ernst.

Kurz darauf, an einem frischen Herbstmorgen, machten wir uns auf zum Bahnhof von Saratoga, wo Will den Ethan Allen Express bestieg, um seine erste Arbeitswoche zu beginnen. Als er sich zu mir umwandte, strahlte ich ihn an und winkte enthusiastisch, bis sich die Türen schlossen. Ich blieb am Bahnsteig stehen und sah zu, wie die Räder über die Schienen ratterten, hörte das Pfeifen des Zugs, während er um die Kurve fuhr und schließlich verschwand. Ich war allein. Meine Begeisterung schwand und wich der Trübsal.

Zu Hause bei meinen Eltern stieg ich die Treppe zu meinem Zimmer hinauf, schloss die Tür ab und legte mich mit dem Gesicht nach unten flach auf das Bett. Reglos blieb ich eine Weile dort liegen und hielt die Luft an. Dann heulte ich laut in mein Kissen – ein tiefes, die Adern zum Platzen bringendes Geheul der Frustration und des Neids, gerichtet an Will, an meine Freunde, an alle anderen, die dort draußen waren und Jobs anfingen, Reisen unternahmen, Neues entdeckten – allesamt unbelastet von einer Krankheit. Dass alle anderen ihr Leben begannen, während meines vorbei war, bevor es überhaupt angefangen hatte, kam mir unsagbar unfair vor. Als mir die Luft ausging und mir die Lunge brannte, stand ich auf, ging durch das Zimmer zu meinem kleinen Holzschreibtisch, der vor die Fenster geschoben worden war, und schlug mein Tagebuch auf.

Die Welt bewegt sich vorwärts, und ich stecke fest, schrieb ich.

Nachdem Will nun während der Woche weg war, war es verlockend, mich in Selbstmitleid zu suhlen, deshalb wollte ich mir lieber eine produktive Beschäftigung suchen. Zuerst beschloss ich, mich zu einem Kurs für Kreatives Schreiben am Skidmore College anzumelden, das in unserer Straße lag. Mein Vater unterrichtete dort am Lehrstuhl für Französisch, mein Bruder beendete gerade sein Abschlussjahr. Aber ich schaffte es nur bis zum ersten Tag des Kurses. Mittlerweile war die klinische Studie angelaufen, und ich kam innerhalb von zwei Wochen mit einer weiteren febrilen Neutropenie ins Krankenhaus. Die Entzündungen in meinem Mund vermehrten sich und wurden so schmerzhaft, dass mir mein Ärzteteam bei meiner Entlassung ein Fentanyl-Pflaster verschrieb, ein Opioid, das hundert Mal stärker wirkt als Morphium.

Ich verbrachte meine Tage im Bett, halb aufrecht auf Kissen gestützt. Bis der Krebs mich belagerte, war ich immer stolz auf meinen Ehrgeiz gewesen. Zeugnisse meiner Leistungen in der Vergangenheit, die in meinem Kinderzimmer standen – Schleifen, Trophäen, Auszeichnungen und Urkunden –, verspotteten mich jetzt. Ich wollte mir unbedingt eine Beschäftigung suchen, und so beschloss ich, für die Graduate Record Examination (GRE) zu lernen, um mich für einen Promotionsstudiengang bewerben zu können. Die nächsten Wochen verbrachte ich damit, meine Algebrakenntnisse aufzufrischen, Testprüfungen zu schreiben und nach PhD-Programmen in den Studiengängen Internationale Beziehungen und Orientalistik zu suchen. Bevor ich mich für die Prüfung anmelden konnte, kam ich wieder ins Krankenhaus – diesmal wegen einer von dem Port in meiner Brust verursachten Infektion. Er wurde operativ entfernt und durch einen neuen ersetzt. Kaum war ich wieder zu Hause, meldete ich mich für den Test später in dieser Woche an, bevor eine weitere Komplikation den Plan zunichtemachen konnte.

Am Morgen des Prüfungstags bereitete mir meine Mutter ein besonderes Frühstück als »Gehirnnahrung« zu: Rührei, dazu gedünsteten Grünkohl sowie Porridge mit gemahlenen Hanfsamen und Blaubeeren. Ich bemühte mich, wenigstens ein paar Bissen herunterzubekommen, obwohl ich keinen Appetit hatte. Auf der Fahrt ins Prüfungszentrum in Albany schlief ich auf dem Rücksitz, um Energie zu sparen. Bei unser Ankunft informierte uns eine mürrische Frau am Empfang, dass ich während der Prüfung die Strickmütze nicht tragen dürfe, die meinen kahlen Schädel bedeckte. Meine Mutter erklärte, dass ich gerade eine Chemotherapie mache, aber die Rezeptionistin ließ sich nicht beirren. »So lauten die Regeln.«

Ich fröstelte in dem temperierten Raum, mein kahler Schädel glänzte unter den hellen Lampen, aber ich war fest entschlossen, den verdammten Test zu Ende zu schreiben. Ich brauchte die ganzen drei Stunden und fünfundvierzig Minuten, um fertig zu werden. Am Ende war ich im Delirium, die Augenlider fielen vor Erschöpfung zu und meine Zähne klapperten, aber ich hatte es geschafft. Ein paar Wochen später bekam ich die Ergebnisse. Sie waren mittelmäßig, aber ich ließ mich nicht abschrecken. Während des nächsten Monats stürzte ich mich in die Bewerbungen für eine Handvoll Promotionsstudiengänge im ganzen Land, erbat Empfehlungsschreiben von meinen früheren Professoren, verfasste die für die Zulassung nötigen Essays und füllte Stipendienanträge aus. Als ich bei den Bewerbungsformularen schließlich auf Senden drückte, wartete ich auf ein Triumphgefühl, aber in meinem tiefsten Inneren wusste ich, dass meine Bemühungen umsonst gewesen waren. Selbst wenn ich für ein Doktorandenstudium angenommen würde, wäre ich einfach nicht gesund genug, um es anzutreten.

Danach hörte ich auf, Tagebuch zu schreiben. Ich fand mich damit ab, dass ich momentan nur eine einzige Sorge hatte: Es musste weitergehen. Die klinische Studie belastete meinen Körper schwerer, als zu erwarten war. Die Medikamente waren derart toxisch, dass ich am Ende jedes Zyklus eiligst in die Notaufnahme gebracht wurde und mehrere Wochen im Krankenhaus verbringen musste, wo ich wieder febrile Neutropenien und andere lebensbedrohliche Komplikationen von der Kolitis bis zur Sepsis bewältigen musste. In meinem Mund hatten sich so viele Bläschen gebildet, das ich trotz des Fentanyl-Pflasters und einem Cocktail aus zusätzlichen Medikamenten permanent Schmerzen hatte. Ich hatte immer eine Flasche flüssiges Morphium auf meinem Nachttisch stehen, und wenn ich wieder einmal mitten in der Nacht vor Schmerzen aufwachte, nippte ich ein paar Mal daran, bis ich erneut einschlafen konnte. Langsam fragte ich mich, ob die Nebenwirkungen der klinischen Studie und die Schmerzmittel mich umbrachten, bevor die Leukämie es tat. Oft überlegte ich, die Studie einfach abzubrechen. Hätten Will und meine Eltern mich nicht so eindringlich gebeten, es nicht zu tun, ich hätte es wohl gemacht.

Während meiner vielen Krankenhausaufenthalte in diesem Herbst erzählte ich meinem Ärzteteam von meinen Hochzeitsplänen. Ich rechnete damit, dass sie sich über die gute Nachricht freuen würden, aber sie reagierten eher besorgt als mit Feierstimmung. Innerhalb einer Stunde stand eine Sozialarbeiterin in der Tür meines Krankenhauszimmers und bat darum, meine Eltern und mich sprechen zu dürfen. »Unser Ziel ist es, eine Knochenmarktransplantation für Sie zu bekommen«, sagte sie. »Ihnen ist sicher bewusst, dass das ein teurer Eingriff ist – eine Transplantation kann mehr als eine Million Dollar kosten. Glücklicherweise sind Sie über Ihren Vater krankenversichert, und diese Versicherung trägt den Großteil der Kosten, aber wenn Sie heiraten, könnte es sein, dass sie diesen Versicherungsschutz verlieren. Wir sind der Meinung, das ist das Risiko nicht wert. Zumindest nicht, bis Sie aus dem Gröbsten heraus sind.«

Ich funkelte die Sozialarbeiterin böse an. Sie war jung und hübsch und hatte schöne erdbeerblonde Haare, die ihr über die Schultern fielen. An einem ihrer schlanken, manikürten Finger trug sie einen dicken Diamantverlobungsring. Mir war klar, sie war nur die Überbringerin der Nachricht, und ich wusste auch, dass sie recht hatte, trotzdem hasste ich sie unwillkürlich dafür. Die Hochzeit wurde verschoben, so wie zahllose andere Pläne und Ziele und Projekte, die bis auf Weiteres ins Fegefeuer verbannt waren. Niemand erwähnte sie jemals wieder.

In mir fand eine Art Teilung statt: Da war einerseits die liebenswerte Patientin, jung und beherzt und fröhlich, die unerschrocken gegen ihre Krankheit ankämpfte, entschlossen, das Beste aus ihrer schrecklichen Situation zu machen, andererseits gab es diese neue Version von mir, die neidisch war und jähzornig, die sechzehn Stunden am Tag schlief und kaum je ihr Zimmer verließ. Sonntagabends, wenn Will seine Sachen packte, um Saratoga für die Arbeitswoche zu verlassen, wollte ich ein zufriedenes, ermunterndes Gesicht machen. Ich versuchte es. Aber während die Wochen vergingen und ich immer kränker wurde, fiel es mir immer schwerer. Es war ungerecht von mir, ihm zu verübeln, dass er wegging – nicht zuletzt, weil ich diejenige gewesen war, die ihn überredet hatte, die Stelle anzunehmen –, aber in mir baute sich eine Wut auf, wie ich sie noch nie erlebt hatte. Noch war sie weggeschlossen, aber sie drohte, alles um mich herum zu verzehren. Will, die Sozialarbeiterin, alle, die dort draußen an der Welt teilhatten – nicht sie waren die Feinde, die Krankheit war es. Ich wusste das, aber mit jedem Tag, mit jedem aufgeschobenen Traum wurde es schwieriger, diese Unterscheidung zu treffen.

12

DER KLINISCHE-STUDIE-BLUES

MEINE ELTERN WAREN sich sicher, dass ich in jenem Winter depressiv war. Mittlerweile drückte ich so oft wie nie den Knopf an meinem Infusionsständer, der mir Morphium direkt in die Adern injizierte. Ich freute mich auf das diesige chemische Zwielicht, eine willkommene Unterbrechung des unablässigen Geschnatters in meinem Kopf. Ich redete immer weniger und zog mich innerlich zurück. Aus Frustration und Wut schlug ich wild um mich, nur um mich dann noch weiter zurückzuziehen. *L'appel du vide* lockte mich; meine Stimmungen versanken in dunklen Furchen, und ich wusste nicht mehr, wie ich aus denen herauskommen sollte.

Wenn ich nicht schlief oder mir übel war von den Medikamenten der klinischen Studie, war ich dabei, den Weltrekord für die meisten hintereinander am Stück gesehenen Episoden von *Grey's Anatomy* aufzustellen. Wenn eine Folge zu Ende war, fing ich ohne zu überlegen die nächste an, auf der verzweifelten Suche nach Ablenkung von meinem sich rapide verschlechternden geistigen und körperlichen Zustand. Arztserien im Fernsehen hatten etwas seltsam Beruhigendes – aus grässlichen Wunden spritzte Theaterblut in Strömen, Patienten lagen mit Herzstillstand auf OP-Tischen, um dann von hinreißenden Ärztinnen gerettet zu werden, Flotten von Rettungswagen hielten mit quietschenden Reifen auf dem Krankenhausparkplatz, nur um eine weitere epische, stadtweite Tragödie einzuläuten. Wenn ich mein Hirn mit diesen Bildern überflutete, lenkte es mich von meinem eigenen medizinischen Drama ab. Außerdem bekam ich auf diese Weise eine spannende Geschichte und ein paar heiße Plot-Twists, die ich auf die Gruppen junger angehender Ärzte übertragen konnte, die durch die Gänge liefen. Eines Tages fragte ich im Krankenhaus eine der jungen Ärztinnen, ob ihr Leben dem der Ärzte in der Serie glich. »Hier sind alle deutlich weniger attraktiv«, meinte sie. »Aber wir haben genauso viel Sex.«

Wenn ich nicht gerade eine Folge von *Grey's Anatomy* nach der anderen anschaute, sah ich am liebsten den Film *Kein Mittel gegen Liebe*. Kate Hudson spielt darin eine freigeistige junge Frau, bei der Darmkrebs diagnostiziert wird – oder »Arschkrebs«, wie sie es nennt – und die sich in ihren gutaussehenden Onkologen verliebt. Achtung Spoiler: Am Ende stirbt sie, aber es gibt eine fröhliche Beerdigung mit rosa Schirmen, wehenden Bändern, Sekt und einer Brassband. Der Film ist nach allem, was man hört, auch von mir übrigens, ganz miserabel, aber es war eine der wenigen Darstellungen einer Krebserkrankung bei jungen Menschen, auf die ich gestoßen war, und ich fühlte mich etwas weniger ausgestoßen. Jedes Mal, wenn ich den Film sah – und ich schaute ihn mir Dutzende Male an –, weinte ich bitterlich, über Stunden. Das war eine Erleichterung, denn in letzter Zeit war es mir schwergefallen, überhaupt etwas zu empfinden. Es erlaubte mir, mich dem einen Thema zu stellen, über das meine Freunde und meine Familie nicht diskutieren wollten, auch wenn es alle im Kopf hatten: die Möglichkeit, dass ich sterben könnte, und zwar bald.

Angesichts all dessen überrascht es wenig, dass sich meine Eltern Sorgen machten – und dass sie dem auch Ausdruck verliehen. »Warum schließt du dich nicht einer Selbsthilfegruppe an oder meldest dich bei alten Freundinnen aus Saratoga?«, schlugen sie vor. »Mach mal eine Fernsehpause, geh ein bisschen aus dem Haus, tu was, was dir Spaß macht. Wäre das nicht schön?«

Ich hatte kein Interesse daran, mich einer Selbsthilfegruppe anzuschließen, aber ich bemühte mich, wieder Kontakt zu Freundinnen aus der Kindheit herzustellen, aus demselben Grund, aus dem ich es zuließ, immer wieder mit experimentellen pharmazeutischen Drogen vergiftet zu werden, deren Wirksamkeit und Sicherheit erst bewiesen werden mussten: Ich wollte nicht, dass meine Eltern sich noch mehr als sowieso schon sorgten. Ich meldete mich bei Molly, die ich seit dem Kindergarten kannte und die jetzt ein paar Orte weiter wohnte, wo sie in einer lokalen Imkerei arbeitete. Nach einem Telefonat verabredeten wir uns im Einkaufszentrum, dem einzigen Ort, an dem sich junge Leute in der Vorstadt, wo kaum etwas geboten war, treffen konnten. Als der Tag kam, zog ich eine zerknitterte Bluse und schwarze Jeans aus meinem Koffer, der immer noch unausgepackt seit Paris in der Ecke meines Zimmers stand. Die Kleidung hing an meinem abgemagerten Körper, aber ich hatte sonst nichts anzuziehen. Schon lange hatte ich meine normale Kleidung gegen die Patientenuniform eingetauscht: bequeme Sweatshirts, Bademäntel, Schlafanzüge und Hausschuhe. Meine Füße waren so schmal und knochig geworden, dass ich mir Stiefel von meiner Mutter ausleihen musste, die eine halbe Größe kleiner waren. Ich stülpte eine knallpinke Perücke über meinen kahlen Kopf und rückte sie vor dem Spiegel gerade. Als ich zum ersten Mal seit Monaten in mein Schminktäschchen blickte, überlegte ich, ob ich mir Augenbrauen malen sollte, aber da läutete meine Mutter energisch die Kuhglocke.

»Vergiss nicht, dass ich dir vorher noch deine Spritzen geben muss!«, rief sie vom Fuß der Treppe hoch.

Mein Körper spannte sich an, als sie mit zwei Spritzen in der Tür meines Zimmers erschien. Die Schwestern, die die Studie mitbetreuten, hatten ihr beigebracht, die Chemomedikamente zu spritzen. Das war zwar eine gute Idee gewesen, denn so konnte ich mehr Zeit zu Hause verbringen, bevor ich unvermeidlicherweise wieder wegen einer febrilen Neutropenie ins Krankenhaus eingeliefert werden musste. Aber bald schon hatte ich Angst vor diesem Ritual bekommen, der metallische Geschmack der Angst überzog meine Zunge beim Anblick der Spritzen. Ich wusste, wie glücklich ich mich schätzen konnte, eine Mutter zu haben, die so hingebungsvoll und aufopfernd für mich sorgte. Seit meiner Diagnose stand meine Pflege für sie im Mittelpunkt. Ich rief mir in Erinnerung, dass manche Menschen, wie zum Beispiel mein Freund Dennis, gar niemanden hatten, der sie versorgte. Aber in diesem Moment war es schwierig, meine Dankbarkeit zu zeigen.

Meine Mutter setzte sich auf den Bettrand und reinigte mit alkoholgetränkten Tüchern sanft meinen Oberarm in konzentrischen Kreisen. »Tut mir leid, tut mir leid, tut mir leid«, sagte sie schon im Vorfeld. Mit jedem Tag waren die Spritzen qualvoller geworden. Obwohl meine Mutter sorgfältig darauf achtete, die Arme abzuwechseln, ging am Ende jedes Zyklus die Haut um die Einstichstellen in Fetzen ab. Unter den Einstichstellen hatten sich steinharte zystische Knoten gebildet, bei der leichtesten Berührung schrie ich vor Schmerzen auf. Wenn meine Mutter die erste Nadel in den Muskel schob, verzog ich das Gesicht, dann schnappte ich nach Luft. Wenn sie dann mit der zweiten fertig war, konnte ich ihr nicht in die Augen sehen. Das logische Denken mahnt, dass man manchmal leiden muss, um sich dann besser zu fühlen. Aber der Körper hat seine eigene Erinnerung: Er weiß noch, wer ihm wehgetan hat. Auf einer irrationalen Ebene fühlte ich mich ungerecht behandelt von jenen, die mich in meinen Augen »vergiftet« hatten (Menschen in Arztkitteln, Leute, die mir Blut abnahmen, meine Mutter), und jenen, die mich ermutigten, positiv darüber zu denken (Freundinnen, Genesungskarten, die »Krebsbücher«-Abteilung in der Buchhandlung Barnes & Noble). Den Silberstreifen am Horizont suchen zu müssen, war offenbar Teil der Strafe.

Viel später zeigte mir meine Mutter ihr Tagebuch aus jenem Winter: *Ich rufe meine Freundin Catherine an, um den Tee morgen Vormittag bei ihr abzusagen. Ich möchte fragen: »Catherine, wie kann es sein, dass das mit uns geschieht, mit Suleika?« Stattdessen erzähle ich ihr irgendwas und frage sie nach ihrem Sohn und ihrem Mann. Dadurch fühle ich mich besser und gleichzeitig verletzt, denn ich muss eigentlich von Transfusionen und Müdigkeit und der Realität sprechen. Die Tränen sind in meinem Herzen, aber sie kommen nie heraus. Nur wenn Suleika nicht mit mir spricht, verliere ich meine ganze Kraft. Kommunikation, Liebe, Gelächter, ihre Anwesenheit – das macht das alles erträglich und ermöglicht es uns, weiterzumachen wie Odysseus.*

Wenn ich das damals gelesen hätte, hätte ich mich vielleicht anders verhalten – obwohl ich es bezweifle, ganz ehrlich. Leiden kann einen egoistisch machen, grausam. Wenn man auf einer Krankentrage liegt, kann man das Gefühl haben, es gäbe nichts als einen selbst und seine Wut, das Knistern des Papiers auf dem Untersuchungstisch unter geschundenen Gliedmaßen, das Schlagen des Herzens im Mund, wenn der Arzt mit den neuesten Biopsieergebnissen den Raum betritt. Aber wenn man Glück hat, ist man nicht allein, nicht der einzige Mensch in diesem Raum, der leidet, dessen Leben von der Krankheit unterbrochen wurde.

Meine Mutter ging gleich ins Bett, wie häufig nach dem Spritzen, und mein Vater fuhr mich ins Einkaufszentrum. Ich hatte nie den Führerschein gemacht, aber selbst wenn, hätte ich in meinem Zustand gar nicht ans Steuer gedurft. Eine Nebenwirkung der Krebsbehandlung und der ständigen Schmerzmittel war die Einschränkung der Fahrtüchtigkeit und der kognitiven Fähigkeiten; eine andere waren Helikoptereltern, die alles, was ich tat, beobachteten und ständig um mich herum waren, falls mein Körper beschließen sollte, die Reißleine zu ziehen.

»Ich kann auch schnell parken und dich nach drinnen begleiten«, schlug mein Vater vor, als er vor dem Eingang des Einkaufszentrums hielt.

»Ich krieg's schon hin, Pops«, antwortete ich und versuchte, meine Frustration zu verbergen. Ich hasste es, dass mich seit meiner Diagnose alle, ganz besonders meine Eltern, wie ein Baby behandelten.

Ich ging durch den Imbissbereich und hielt Ausschau nach Molly. Ich entdeckte sie nirgends und setzte mich vor den Burger King, wo ich versuchte, das Rumoren in meinem Magen zu beruhigen, indem ich tief atmete. Ich schrieb es der Nervosität zu. Molly und ich hatten uns zuletzt in der Junior High gesehen. Ein heißer Sommertag, inklusive einer Flasche Wodka, Tacos und mehrere Stunden Sonnenbaden, hatte damit geendet, dass Molly in hohem Bogen kotzte und ihre Mutter mich anschrie, ich sei ein »ganz schlechter Einfluss«. Danach durften wir uns nicht mehr treffen. Nach dem College war Molly wieder nach Hause zurückgezogen, um ihre Mutter zu pflegen, die an Alzheimer litt. Sobald Molly von meiner Diagnose erfahren hatte, schrieb sie mir einen herzlichen Brief und fragte, ob ich sie einmal sehen wolle. Ich war zunächst eher skeptisch, denn ich glaubte, sie hätte das Angebot sicher nicht aus Mitleid gemacht, aber während ich auf sie wartete, wurde mir klar, dass mir das mittlerweile egal war. Jetzt war ich draußen in der Welt und fand es spannend, unter der Woche einmal jemand anderen zu sehen als meine Eltern oder die Besetzung von »Grey's Anatomy«.

Schließlich kam Molly, eine halbe Stunde zu spät. Sie sah noch genauso aus wie früher, nur größer, mit wilden blonden Haaren, die ihr über den Rücken fielen, und schwarzen Springerstiefeln, die ihre sowieso schon langen Beine noch länger wirken ließen. Sie entschuldigte sich, weil sie mich hatte warten lassen, und erklärte: »Ich habe noch eine kurze Zwischenstation eingelegt. Ich dachte, das hilft dir vielleicht bei der Chemo.« Zwinkernd reichte sie mir einen kleinen Stoffbeutel, der nach Gras duftete.

Plaudernd gingen wir zum Kino und besorgten uns Karten für die nächste Vorstellung, dann machten wir es uns in den dick gepolsterten Sesseln bequem. Ich versuchte, mich auf den Film zu konzentrieren, aber bei dem Geruch von Popcorn und altem Schweiß grummelte es noch mehr bei mir im Magen. Gerade als ich spürte, wie die vertraute Panik meine Speiseröhre hinaufstieg, fiel es mir ein: In der Eile, mich fertig zu machen, hatte ich vergessen, vor der Chemo das Medikament gegen die Übelkeit einzunehmen. Von meinem Sitz aus sprintete ich Richtung Toiletten, schaffte es aber nur bis zu dem Mülleimer neben der Snacktheke. Ich würgte und würgte, während mein Körper sich heftig zusammenkrampfte. Eine Gruppe von Mädchen im Teenageralter, die in der Schlange standen, sah mich an. »Iiih«, sagte eine. »Die ist ja voll fertig«, kicherte eine andere. Ich ignorierte sie. Seit ich die Studie angefangen hatte, war es nicht das erste Mal, dass ich meinen Mageninhalt in aller Öffentlichkeit von mir gab, und es würde auch nicht das letzte Mal sein. Ich gewöhnte mich daran, meine Würde vor Fremden zu verlieren.

Danach kehrte ich zu meinem Platz zurück, als wäre nichts gewesen. Ich wollte noch nicht nach Hause, auch wenn ich mich zittrig fühlte und mir übel war. Nur einen einzigen Abend lang wollte ich so tun, als sei ich ein normaler junger Mensch, der normale Junge-Menschen-Dinge tut. Ich saß mit geschlossenen Augen da und versuchte, meinen Magen zu beruhigen, bis der Abspann über die Leinwand lief.

Nach dem Kino fuhr Molly mich heim. Als wir vor dem Haus hielten, war die Straße dunkel, bis auf ein bleiches Licht im Erdgeschoss, das die wandhohen roten Bücherregale im Arbeitszimmer beleuchtete. Mein Vater saß an seinem Schreibtisch, über einen Stapel Papiere gebeugt, und las etwas. *Wahrscheinlich irgendwas Medizinisches*, dachte ich. Mit der Versicherung zu verhandeln und medizinische Fachsprache zu entschlüsseln, war mittlerweile zu einem Vollzeitjob geworden.

»*Bonne nuit*«, sagte ich zu meinem Vater, als ich noch kurz bei ihm durch die Tür sah, bevor ich mich nach oben in mein Zimmer zurückzog.

»Wie war's?«

»Ganz toll«, sagte ich. Ich wollte ihn nicht mit der Wahrheit beunruhigen.

Mein Vater sah erschöpft aus. Er hatte dunkle Ringe unter den Augen, und sein Gesicht war fahl und an neuen Stellen schlaff. Ich verspürte den Impuls, ihn zu umarmen, ihm zu sagen, dass ich ihn lieb hatte, aber so war unser Verhältnis nicht.

»Molly hat mir das hier gegeben.« Ich ließ den Beutel mit dem Gras auf seinen Schreibtisch fallen. »Du siehst aus, als könntest du es mehr gebrauchen als ich.«

13

DAS HUNDERT-TAGE-PROJEKT

»SIE MÜSSEN SICH ein Hobby suchen, irgendetwas, das *innerhalb* der Möglichkeiten Ihrer körperlichen Beeinträchtigungen liegt«, sagte die Therapeutin, zu der ich seit Neuestem auf den Druck meiner Eltern hin gehen musste. Heute erscheint es mir offensichtlich, was sie sagte, aber damals kamen mir ihre Worte vor wie eine Offenbarung. Die Hochzeit, der Kurs für Kreatives Schreiben, der GRE-Test, die Bewerbungen für ein Promotionsstudium, der Besuch des Einkaufszentrums mit Molly – das alles waren Dinge, die im Kontext meines früheren Lebens sinnvoll gewesen wären. Ich musste etwas finden, das ich von zu Hause oder vom Krankenhausbett aus tun konnte. Ich musste nicht nur meine Einschränkungen anerkennen – die Erschöpfung und die Übelkeit, den *brain fog* und die ständigen Krankenhausaufenthalte –, sondern auch überlegen, wie ich trotz meiner Schmerzen etwas Sinnvolles machen konnte.

»Backen soll recht beruhigend sein«, schlug die Therapeutin vor. Ohne mich. Mir wurden häufig solche Vorschläge gemacht. Freiwillige im Krankenhaus boten diverse Aktivitäten an, um den Patienten den Tag zu verkürzen – Stricken, Perlenstickerei, das Erstellen von Zielcollagen oder Traumfängern. Freundinnen schickten mir Puzzles, Malbücher für

Erwachsene und Brettspiele. Aber irgendwie passte keine dieser Aktivitäten so recht zu mir. Ich bin *krank*, wollte ich sagen – nicht im Ruhestand oder im Kindergarten.

Doch am Ende willigte ich ein, etwas auszuprobieren, das wir das Hundert-Tage-Projekt nannten. Ich weiß nicht, wer darauf kam, aber die Idee war, dass meine Familie, Will und ich während der nächsten hundert Tage täglich ein paar Minuten auf ein kreatives Projekt verwenden sollten. Das Projekt sollte eine Möglichkeit darstellen, unser Leben rund um einen kleinen künstlerischen Akt herum zu organisieren; mit der Zeit wurde viel mehr daraus.

Wills Hundert-Tage-Projekt bestand darin, dass er mir täglich kleine Videobotschaften von draußen schickte, und zwar über alles Mögliche, vom Wetter bis zur Qualität der Pizza in der Krankenhauscafeteria. »Heute berichte ich live aus dem Central Park«, sagte er zum Beispiel. »Ich würde dir gerne meinen Lieblings-Hotdog-Verkäufer vorstellen. Rafiki, sag hallo zu Suleika.« Wenn ich mich einsam fühlte, sah ich mir die Videos immer wieder an. Manchmal machte ich mir Sorgen, dass die Distanz zwischen uns nicht mehr zu überbrücken war, aber die Videos halfen mir, mich mit ihm, mit der Welt vor meinem Fenster verbunden zu fühlen.

Meine Mutter wiederum beschloss, jeden Morgen eine kleine handgemachte Keramikkachel zu bemalen. Am Ende des Projekts fügte sie die Kacheln zu einem großen bunten Mosaik zusammen, das sie in meinem Zimmer an die Wand hängte. »Suleikas Schild«, nannte sie es und behauptete, es habe schützende Kräfte. Sie versuchte, ihren Schmerz in der Kunst zu verbergen, aber ich fragte mich, ob die Bilder, die meistens Vögel in Not darstellten – kopfüber fallend, die Schnäbel verzweifelt geöffnet –, nicht ihren eigenen Gemütszustand darstellten. *Le coeur qui saigne*, das blutende Herz, stand auf einer der Fliesen.

Das Projekt meines Vaters bestand darin, dass er hundertundeine Kindheitserinnerungen aufschrieb, ausdruckte und sie zu einem kleinen Büchlein band, das er mir an Weihnachten schenkte. Ich erhielt zum ersten Mal einen kleinen Einblick in seine Vergangenheit. Er schrieb von den jährlichen Frühjahrsausflügen seiner Familie zum Schrein des Schutzheiligen Sidi Gnaw, der in den Matmata-Höhlen in Tunesien lag. Er schrieb von meiner Ururgroßmutter Oumi 'Ouisha, der örtlichen Heilerin, die meinen Vater ausschickte, um Kräuter und Wüstenpflanzen zu sammeln, die sie unter ihrem Bett aufbewahrte, während sie ihren Patienten Beschwörungsformeln ins Ohr murmelte. Er schrieb von dem Schock, den er als Junge erlebte, als er zum ersten Mal den »französischen Strand« auf der anderen Seite der Stadt besuchte, wo die Expats in Bikinis und Speedos herumlagen. »Wenn unsere Frauen im Meer badeten, was einmal jährlich zu *Awossu* vorkam, wateten sie voll bekleidet im knietiefen Wasser. Wir nannten sie ›schwimmende Zelte‹.«

Ein Eintrag ging mir noch lange nach. Es war die Geschichte von Gmar, der kleineren Schwester meines Vaters, die »mit dem schönen Gesicht«. Ich hatte noch nie von ihr gehört – ich hatte noch nie gehört, dass jemand aus dem erweiterten Familienkreis überhaupt ihren Namen erwähnt hätte, der auf Arabisch »Mond« bedeutet. Als ich weiterlas, wurde mir klar, warum. Gmar hatte den größten Teil ihres kurzen Lebens im Bett verbracht, geschwächt von einer rätselhaften Krankheit, bis sie eines Tages »entschlief«, wie mein Vater es ausdrückte. Bei Gmars Tod war er vier Jahre alt, aber er hörte immer noch, wie das Wehklagen seiner Mutter durchs Haus hallte. Er hatte nie gewagt zu fragen, woran Gmar gelitten hatte, weil er keine schmerzhaften Erinnerungen wecken wollte. Soweit ich wusste, hatte es in der Familie meines Vaters keine Krebserkrankungen gegeben, aber als ich die Geschichte zu Ende las, fragte ich mich doch, ob Gmar und ich nicht an der gleichen Krankheit litten. Irgendwie war die Vorstellung, ich sei nicht die Einzige in der Familie, ein Trost.

Für mein eigenes Hundert-Tage-Projekt beschloss ich, wieder aufzugreifen, was mir in schweren Zeiten immer geholfen hatte: Ich führte Tagebuch. Ich nahm mir fest vor, jeden Tag etwas niederzuschreiben, ganz egal, wie krank oder erschöpft ich mich fühlte, selbst wenn es nicht mehr als nur ein Satz war.

Menschen verschlägt es oft die Sprache, wenn sie von einer Tragödie erfahren, aber mir verschlug es die Sprache nicht, nicht an diesem Tag und auch nicht am nächsten oder danach – die Wörter flossen aus mir heraus, erst zögerlich, dann ungestüm, mein Denken erwachte wie nach einem langen Schlaf, und die Gedanken purzelten schneller aus mir heraus, als mein Stift mitschreiben konnte. Das war anders als alles, was ich in der Vergangenheit geschrieben hatte. Nichts davon war in die Zukunft gerichtet. Jeder Satz gründete im Jetzt. Ich hatte mich mir immer als die Art von Schriftstellerin vorgestellt, die anderen dabei half, ihre Geschichten zu erzählen, aber ich wurde dann doch zusehends zur ersten Person hingezogen. Die Krankheit hatte meinen Blick nach innen gerichtet.

Als Patient wird man ständig gebeten, den Körper zu erforschen, über sich selbst zu berichten und die Ergebnisse zu schildern: *Wie fühlen Sie sich? Wie stark sind Ihre Schmerzen auf einer Skala von eins bis zehn? Haben Sie neue Symptome? Sind Sie bereit, nach Hause zu gehen?* Ich verstand jetzt, warum so viele Schriftsteller und Künstler aus einer Krankheit heraus ihre Erinnerungen aufschrieben. Das verschaffte einem eine gewissen Kontrolle, eine Möglichkeit, die Umstände unter eigenen Bedingungen, mit eigenen Worten umzuformen. »Das bietet Literatur – eine Sprache, die mächtig genug ist, um zu sagen, wie es ist«, schrieb Jeanette Winterson. »Sie ist kein Ort, um etwas zu verstecken. Sie ist ein Ort, um etwas zu finden.«

Natürlich gab es Tage, an denen ich zu müde war, um viel zu schreiben, aber das Notizbuch entfachte meine Liebe zu den Wörtern neu und inspirierte mich, wieder ernsthaft zu lesen. Meine Mutter hatte mir eine gebundene Ausgabe von Frida Kahlos Tagebuch geschenkt, und ich vertiefte mich darin. Es rührte mich sehr an, zu erfahren, dass Frida Kahlo sich etwa in dem Alter, in dem ich an der Leukämie erkrankt war, in Mexico City auf ihr Medizinstudium vorbereitete. Als sie eines Tages von der Schule nach Hause fuhr, stieß ihr Bus mit einer Straßenbahn zusammen. Dabei erlitt sie Brüche an Schlüsselbein, Rippen, Wirbelsäule, Ellbogen, Hüfte und Bein. Ihr rechter Fuß wurde zermalmt, ihre linke Schulter ausgekugelt. Die eiserne Haltestange der Straßenbahn durchbohrte sie, durchdrang ihre linke Hüfte und kam durch den Beckenboden wieder heraus. Diese Verletzungen fesselten sie monatelang ans Bett.

Vor dem Unfall hatte Kahlo davon geträumt, Ärztin zu werden. Danach musste sie diese Pläne aufgeben, aber in der langen Zeit, die sie während ihrer Genesung zu Hause verbringen musste, entdeckte sie eine neue Leidenschaft. »Vor 1926, als ich wegen eines Autounfalls das Bett nicht verlassen konnte, dachte ich nie daran zu malen«, sagte sie. »Mir war furchtbar langweilig, als ich eingegipst im Bett lag … und so beschloss ich, etwas zu tun. Ich [stibitzte] meinem Vater ein paar Ölfarben, und meine Mutter bestellte mir eine spezielle Staffelei, weil ich nicht aufrecht sitzen konnte, und so begann ich zu malen.«

Frida Kahlo verwandelte ihre Gefangenschaft in einen Ort, der vor Metaphorik und Bedeutung strotzte. Mit einer kleinen Tischstaffelei und einem Spiegel, den sie im Himmel ihres Bettes aufhängte, damit sie sich sehen konnte, begann sie die Selbstporträts zu malen, die sie zu einer der berühmtesten Künstlerinnen aller Zeiten machen sollten. Das Gipskorsett, das sie trug, um ihre verletzte Wirbelsäule zu stützen – der Körper selbst – diente Kahlo als erste Leinwand, eine Leinwand, zu der sie immer wieder zurückkehrte. Im Lauf ihres ganzen Lebens hatte sie Dutzende Korsette, Symbole der Qual und der Schönheit, der Gefangenschaft und der Inspiration, die die Entwicklung ihrer Existenz und ihrer Karriere definieren sollten. Sie verzierte jedes einzelne, bedeckte den Gips mit Stoffstücken und Bildern von Affen, bunt gefiederten Vögeln, Tigern und Straßenbahnen. Manchmal malte sie ihre Narben, gar ihre Tränen. »Ich male mich, weil ich so oft allein bin«, sagte sie. »Ich bin meine eigene Muse, ich bin das Motiv, das ich am besten kenne. Das Motiv, das ich besser kennenlernen will.«

Kahlos Operationen und Genesungsphasen, ihre Schwärmereien und ihre Leiden lebten nach ihrem Tod in ihren Bildern weiter. Irgendwann hatte sie einen fast schon mythischen Status als Schutzheilige der Sonderlinge und Leidenden. Hätten diese Meisterwerke überhaupt von jemandem gemalt werden können, der gesund war?, fragte ich mich. Hätten sie von jemandem geschaffen werden können, der nicht gezwungenermaßen mit der schrecklichen Fragilität des menschlichen Körpers konfrontiert war? Ich war mir nicht sicher.

Natürlich war ich keine Frida Kahlo, und so fiel es mir immer noch schwer, mir auszudenken, wie ich mich mit meinem eigenen Unglück kreativ beschäftigen konnte. Aber ihre Geschichte hatte etwas in mir angefacht. Ich begann damit, die lange Reihe von bettlägerigen Malern und Schriftstellern zu recherchieren, die ihr Leiden kreativ umwandelten: Henri Matisse hatte, während er sich von seinem Darmkrebs erholte, an dem Entwurf für die Rosenkranzkapelle in Vence gearbeitet. Er tat so, als wäre die Decke seiner Wohnung die Kapelle, und befestigte einen Pinsel an einem langen Stock, sodass er vom Bett aus arbeiten konnte. Marcel Proust musste wegen seines starken Asthmas und der Depressionen, die ihn seit seiner Kindheit plagten, liegen. Er schrieb sein siebenbändiges Werk *Auf der Suche nach der verlorenen Zeit* in einem schmalen Messingbett in seinem Schlafzimmer, das mit Kork tapeziert war, um ihn vor den Klängen der Außenwelt abzuschirmen. Roald Dahl glaubte, seine chronischen Schmerzen seien der kreative Auslöser für seine Karriere als Schriftsteller gewesen: »Ich hätte wohl keine einzige Zeile geschrieben oder die Fähigkeit dazu gehabt, hätte nicht eine kleine Tragödie mein Denken ein wenig aus der üblichen Spur gebracht«, schrieb er in einem Brief an einen Freund. In all diesen Fällen war es just die Tatsache, körperlich beeinträchtigt und vom sonstigen Leben abgeschottet zu sein, die die Fantasie anzuregen und die

Produktivität zu stärken schien. Wie Frida Kahlo schrieb: »Füße, wofür brauche ich euch, wenn ich Flügel zum Fliegen habe?«

Ich beschloss, mir mein Überleben als kreativen Akt neu zu denken. Wenn mir die von der Chemotherapie herrührenden Entzündungen im Mund das Sprechen zu sehr erschwerten, würde ich neue Wege finden, um zu kommunizieren. Solange ich ans Bett gefesselt war, würde meine Fantasie das Gefährt sein, das es mir erlaubte, über die Grenzen meines Zimmers hinaus zu reisen. Wenn mein Körper so erschöpft war, dass ich jeden Tag allenfalls drei Stunden funktionsfähig war, würde ich meine Prioritäten neu setzen und die Zeit, die ich hatte, bestmöglich nutzen.

Mit diesem Ziel vor Augen ordnete ich mein Zimmer neu an, sodass alles, was ich brauchte, in Reichweite war: ein kleiner Nachttisch mit Stiften, Notizbüchern und Papier, ein Bücherregal mit meinen Lieblingsromanen und Gedichtbänden, ein Holzbrett, das ich mir als Schreibtisch über die Knie legte. Wenn ich zu Hause war, schrieb ich, und ich schrieb an jedem Tag, den ich wieder im Krankenhaus verbrachte. Ich schrieb, bis die Wut und der Neid und der Schmerz ausgeblutet waren – bis ich das beständige Piepsen der Monitore, das Zischen der Beatmungsgeräte, die Alarmsignale, die permanent ertönten, nicht mehr hörte. Ich konnte unmöglich all die Orte vorhersehen, an die mich das Hundert-Tage-Projekt transportieren würde, aber im Moment wusste ich, dass ich anfing, meine Stärke zu finden.

14

IM TANGO ZUR TRANSPLANTATION

BEINAHE EIN JAHR zuvor, kurz nach meiner Diagnose, hatte ich meinen Bruder Adam per Skype angerufen, der damals in Argentinien studierte. Ich musste ihm sagen, dass bei mir gerade Leukämie diagnostiziert worden war und er – kein Druck – meine einzige Chance auf Heilung darstellte. Zuerst dachte er, ich spiele ihm einen üblen Streich.

»Das ist nicht lustig«, sagte er.

»Ich meine das ernst«, antwortete ich. »Ich wünschte, ich würde Spaß machen.«

Meine Eltern und ich hatten ihm kaum etwas über meine Krankheit erzählt, damit er sich nicht beunruhigte, und als ihm nach und nach klar wurde, dass das Ganze wirklich kein Scherz war, war er sehr bestürzt. Ohne eine Frage unterbrach er sein Auslandsstudium und bestieg ein paar Tage später ein Flugzeug nach New York, um die notwendigen Tests durchführen zu lassen.

Es erwies sich, dass Adam ein passendes Match war – ein perfektes Match, mit zehn von zehn Punkten auf der Spenderskala –, und wir feierten, überglücklich über diese gute Nachricht. Wir waren so guter Stimmung, dass wir den Umständen sogar ein wenig Spaß abgewinnen konnten. Kurz darauf gab mir mein Bruder einen neuen Spitznamen.

»Salut, Suleikämie«, sagte er jeden Morgen. Aber dann wurde uns allen so langsam die Realität bewusst – dass sich nämlich plötzlich jeder in unserer Familie auf meinen Bruder stützte. Adam beharrte darauf, dass er froh sei, irgendwie helfen zu können, aber er stand unter enormem Druck. Als die klinische Studie losging, war er im Abschlussjahr am College, und während seine Freunde Bewerbungen schrieben und die letzten Monate an der Hochschule auf Partys verbrachten, fuhr er vom Campus in die Stadt, weil er Termine bei meinem Transplantationsteam hatte. Darüber hinaus fürchteten meine Eltern, er könne etwas tun, das seine Gesundheit gefährdete, also drängten sie ihn, nicht zu trinken oder zu rauchen oder zu lange unterwegs zu sein. Eines Abends machte meine Mutter beim Essen einen Kommentar über seinen Zuckerkonsum, und Adam verlor die Geduld. »Was ist das denn hier? Eine beschissene Version von ›Beim Leben meiner Schwester‹?«, rief er, bevor er aus dem Zimmer stürmte. In den folgenden Monaten bemühte er sich, im Studium den Anschluss nicht zu verlieren und seine Seminare zu reduzieren. Er nahm Beruhigungsmittel, und wenn er an den Wochenenden nach Hause kam, hörte ich, wie er sich in seinem Zimmer nebenan hin und her wälzte.

All dies verstärkte die Schuldgefühle, die seit meiner Diagnose mein ständiger, heimlicher Begleiter waren. Ich fühlte mich schuldig wegen der finanziellen Belastung, die ich meiner Familie bescherte. Wegen der Stapel von Arztrechnungen und Zuzahlungen. Wegen des Verzichts auf das Einkommen. Als ich krank wurde, hatte meine Mutter die Malerei ausgesetzt und sich voll darauf konzentriert, mich zu pflegen. Mein Vater ließ wegen meiner medizinischen Notfälle oft Seminare ausfallen und fragte sich, ob er womöglich das nächste Semester freinehmen sollte. Ich fühlte mich schuldig, wenn ich mitten in der Nacht Fieber bekam, denn ich wusste, einer von ihnen würde mich die dreieinhalb Stunden in die Stadt fahren und über die Autobahn rasen müssen, um rechtzeitig die Notaufnahme zu erreichen. Ich fühlte mich schuldig, wenn mein Vater mit verquollenem Gesicht von seinen langen nachmittäglichen Waldspaziergängen nach Hause zurückkehrte. Ich fühlte mich schuldig, als Will eine Beförderung in der Arbeit ablehnte. Er behauptete, ich sei nicht der Grund, aber ich wusste es besser. Er strapazierte seine Chefin bereits über die Maßen, denn er bat immer darum, nicht vor Ort arbeiten zu müssen, damit er mir im Krankenhaus Gesellschaft leisten konnte. Er hatte vor Erschöpfung Ringe unter den Augen von all den Nächten, die er auf einer Liege verbrachte und in denen er nicht zur Ruhe kam, weil ständig Monitore piepsten. Ich fühlte mich schuldig wegen meines Bruders, der nicht viel über seine Gefühle sprach, der aber eines Abends meiner Mutter gegenüber gestand, er fühle sich als mein Spender verantwortlich für das Ergebnis meiner Knochenmarktransplantation. Ich fühlte mich schuldig wegen allem, was meine Krankheit meiner Familie angetan hatte, wegen des Schmerzes und des Stresses, den ich allen bereitete, wegen all des »Raums«, den mein Körper mit seinen Problemen einnahm. Es war unmöglich, sich nicht wie eine Last zu fühlen.

Nach jedem Zyklus der klinischen Studie führten die Ärzte eine Knochenmarkbiopsie durch. Auf der Suche nach lauernden leukämischen Blasten stanzten sie mir mit der Fünfundzwanzig-Zentimeter-Nadel eine neue Narbe ins Kreuz. Die Ergebnisse zeigten im Wesentlichen einen Fortschritt, wenn auch nur einen langsamen. »Nur noch ein paar Zyklen«, sagte Dr. Holland immer, wenn ein weiterer Behandlungszyklus beendet war. Über Monate ging das so, bis wir schließlich – unzählige Biopsien, beinahe tödlich verlaufende Komplikationen und monatelange Krankenhausaufenthalte später – eine magische Zahl erreichten. Während die klinische Studie zwar meine Leukämie nicht vollständig vernichtet hatte, war die Zahl der Blasten in meinem Knochenmark unter fünf Prozent gesunken, ein Niveau, das sicher genug war, um zur – wie wir alle hofften – letzten Phase überzugehen: der Transplantation.

Dr. Holland tat sein Möglichstes, um mich und meine Familie darauf vorzubereiten, was uns bevorstand. Er erklärte uns, dass ich etwa acht Wochen in der Transplantationsabteilung verbringen musste. Während der ersten Woche würde ich mich einer intensiven Chemotherapie unterziehen müssen, die mein Knochenmark und mein Immunsystem zerstörte, damit mein Körper das neue Knochenmark erhalten konnte. Die Übelkeit und das Erbrechen bei einer Chemotherapie kannte ich ja bereits, aber Dr. Holland warnte uns, dass die Behandlung deutlich aggressiver sein würde als alles, was ich bisher bekommen hatte. Mein Körper würde sich gegen Fieber und Mundschleimhautentzündungen wehren müssen, ohne dass mich weiße Blutkörperchen schützten. Sehr wahrscheinlich würde ich eine Magensonde brauchen, und ich würde rund um die Uhr intravenös Morphium bekommen.

In der Woche vor der Transplantation würde mein Bruder Mittel gespritzt bekommen, um die Produktion von Stammzellen zu erhöhen, primitive Knochenmarkzellen, die zu roten Blutkörperchen, weißen Blutkörperchen und Blutplättchen heranreifen. Achtundvierzig Stunden vor der Transplantation sollte mein Bruder dann ins Krankenhaus kommen, damit die Stammzellen gewonnen werden konnten. Etwa neun Stunden würde er in einem Krankenhauszimmer sitzen, eine Nadel im Arm, angehängt an eine Maschine, die die Stammzellen bei einer sogenannten Apherese aus seinem Blutplasma herausfilterte. Sobald eine genügende Menge Stammzellen in Infusionsbeuteln gesammelt worden waren, würden sie in den Zentralvenenkatheter in meiner Brust injiziert. Mein Schicksal hing an diesen Stammzellen, an ihrer Fähigkeit, sich durch mein Blut zu bewegen und den Weg in mein Knochenmark zu finden, wo sie hoffentlich wachsen und sich vermehren würden. Die zwei Wochen nach der Transplantation würden die schwierigsten werden, während wir darauf warteten, ob die Transplantation funktioniert hatte – ob sich die Stammzellen erfolgreich in meinem Knochenmark einnisteten. Angenommen, die Transplantation war erfolgreich, würden die Spenderzellen einfach mein Knochenmark auffüllen und ein neues Immunsystem herstellen. Sobald sich meine Blutwerte stabilisierten und ich keine Transfusionen mehr brauchte, würde ich entlassen werden. Ich würde mir eine Unterkunft in der Nähe des Krankenhauses suchen müssen, damit ich zu den täglichen Kontrolluntersuchungen gehen konnte. Die Erholungsphase würde mehrere Monate dauern, bis mein neues Immunsystem so stark war, dass ich ohne Schutzmaske und Handschuhe nach draußen gehen konnte.

Krebspatienten betrachten eine Knochenmarktransplantation als Wiedergeburt, als zweiten Geburtstag – aber nur, wenn sie funktioniert. Die Transplantation an sich ist gefährlich. Eine der größten potenziellen Gefahren ist die Graft-versus-Host-Reaktion (GvHR), die dann auftritt, wenn die Zellen des Spenders die des Empfängers als »fremd« erkennen. Immunzellen greifen erbarmungslos alles Fremde an – so beseitigt der Körper Infektionen –, aber im Fall einer GvHR wird der Patient das Ziel. Die ersten Symptome, die normalerweise innerhalb der ersten hundert Tage nach der Transplantation auftreten, können leicht sein, wie etwa ein Hautausschlag, aber sie können auch viel ernster ausfallen und die Lunge, die Leber, die Augen und den Magen-Darm-Trakt angreifen. Selbst wenn die Transplantation funktioniert hat – selbst wenn ich keine GvHR entwickelte –, wäre ich immer noch extrem anfällig für Infektionen und eine Fülle anderer Komplikationen wie Herzversagen oder Organschädigungen. Meine Ärzte teilten meinen Eltern und mir mit, dass meine Chance auf ein langfristiges Überleben bei etwa 35 Prozent lag. *Fünfunddreißig Prozent.* Als ich das hörte, rauschte und ratterte diese Zahl durch meine Knochen. Und selbst wenn ich »langfristig« überlebte, waren die möglichen Nebenwirkungen, und dazu gehörte paradoxerweise auch ein hohes Risiko, in der Zukunft an anderen Krebsvarianten zu erkranken, ebenfalls erschreckend. Ich hatte das Gefühl, mit einer geladenen Waffe an der Schläfe herumzulaufen. Ein medizinisches russisches Roulette.

Vor meiner Diagnose hatte ich die Wendung »carpe diem« immer als Floskel empfunden, etwas, das man in rührseligen Filmen mit Robin Williams oder in Abschlussreden am College hörte. Als sich die Transplantation jetzt näherte, fühlte sich jeder Tag an wie ein Carpe-diem-Countdown. Ich verspürte das Bedürfnis, alles, was ich machte, auszukosten. Jeder Tag, jede Stunde war wertvoll und durfte nicht verschwendet werden. Die Zeit jagte mich wie Beute. Nicht nur ich empfand das so. Zum allerersten Mal ließ meine Mutter von einer professionellen Fotografin ein Familienfoto anfertigen. Will und meine engsten Freundinnen veranstalteten eine Party für mich, die zum Teil »Viel Glück« und zum Teil »Ade« bedeutete. Und mein Vater fing an, jeden Abend, bevor ich ins Bett ging, »je t'aime« zu sagen. Ich hatte mich immer innig von meinem Vater geliebt gefühlt, aber ich konnte mich nicht erinnern, dass er das schon jemals laut zu mir gesagt hätte.

Alle diese Gesten rührten mich, aber ich hatte auch ein bisschen Angst. Wenn du vom bevorstehenden Tod bedroht bist, gehen die Leute anders mit dir um: Ihr Blick bleibt auf dir ruhen, sie nehmen jeden Leberfleck wahr, spüren die Form deiner Lippen nach, halten die genaue Farbe deiner Augen fest, als wollten sie ein Porträt von dir malen, um es in der Galerie der Erinnerung aufzuhängen. Sie machen zig Fotos und Videos mit ihren Handys von dir, versuchen ein Standbild der Zeit zu machen, den Klang deines Lachens zu konservieren, bedeutungsvolle Momente unsterblich zu machen, die sie später in einer Speichercloud wieder besuchen können. Diese ganze Aufmerksamkeit kann dir das Gefühl vermitteln, es würde bereits eine Gedenkfeier für dich abgehalten, obwohl du noch am Leben bist.

Was mir mehr Angst machte als die Transplantation, mehr als die kräftezehrenden Nebenwirkungen, die sie begleiteten, mehr als die Möglichkeit des Todes selbst, war die Vorstellung, als traurige Geschichte über ungenutztes Potenzial in Erinnerung zu bleiben. Meine wichtigsten Leistungen als Erwachsene hatten darin bestanden, als Anwaltsgehilfin Kaffee zu holen und Fotokopien anzufertigen, und dass ich mich nach Kräften bemüht hatte, gegen eine Krankheit anzukämpfen, die ich überhaupt nie gewollt hatte. Ich hatte noch nichts erreicht, worauf ich stolz war. Ich hatte meine dreiundzwanzig Jahre auf diesem Planeten damit verbracht, mich auf ein Leben vorzubereiten: Nächte durchzubüffeln, damit ich die erforderlichen Noten für ein Stipendium an einem guten College bekam und eines Tages selbst meinen Beruf wählen konnte, kochen zu lernen, für Dinnerpartys, die ich eines Tages geben wollte, mein verdientes Geld zu sparen, um eine lange Reise irgendwohin machen zu können, über die ganzen Texte zu reden, die ich schreiben wollte, ohne jemals den Mut aufzubringen, irgendwelche Texte von mir in die Welt hinauszuschicken. Ich wusste, für die meisten dieser Dinge war es wahrscheinlich zu spät, aber ich war nun fest entschlossen, die Tage zu nutzen, die mir noch blieben. Im Angesicht meines möglichen Todes waren alle Ängste, uncool zu sein, von mir abgefallen, und ich fand es weder beschämend noch zu ernsthaft, wenn ich sagte, dass ich etwas bewirken wollte. Auf meine Art wollte ich etwas zur Welt beitragen, so klein es auch sein mochte. Mehr hinterlassen, als ich mitnahm.

Nachdem ich beinahe ein Jahr in Isolation verbracht hatte und nur zwischen dem Krankenhaus und dem Haus meiner Eltern in Saratoga hin- und hergefahren war, hatte ich es satt, mich zu verstecken. »Es ist immer dasjenige in uns, was unter Druck steht, besonders unter dem Druck der Verheimlichung – was dann in der Lyrik explodiert«, schrieb Adrienne Rich. Ich wollte verstehen, was mir zugestoßen war, wollte den Sinn dahinter mit meinen eigenen Mitteln verstehen können. Ich wollte das letzte Wort haben.

Also beschloss ich, einen Blog anzufangen.

Die Idee bestand darin, eine Plattform für eine Gruppe von Menschen einzurichten, die oft missverstanden oder übersehen wurden: junge Erwachsene, die an Krebs leiden. Ich wusste noch nicht, wie das genau aussehen würde, aber ich fing an, meine Zeit im Bett und im Krankenhaus zu dokumentieren. Ich bat eine Freundin aus der Highschool, Fotos zu machen; ich trieb eine billige Videokamera auf und verbrachte Stunden damit, kleine Videos zu drehen und zu schneiden; ich sah mir stundenlang Anleitungen auf You-Tube an und brachte mir bei, wie man eine einfache Website einrichtete. Zur Vorbereitung des großen Starts des Blogs entwarf ich erste Beiträge, die ich aus den Texten, die ich für mein Hundert-Tage-Projekt geschrieben hatte, aussuchte.

Ich nahm mich und meinen neuen Blog sehr ernst. »Ich habe eine Deadline«, erzählte ich den Schwestern, wenn sie zur Kontrolle kamen oder meine Medikamente einstellten. Natürlich hatte ich mir diese Deadlines ganz allein gesetzt, aber es fühlte sich so gut an, etwas zu tun zu haben – eine andere Bestimmung zu haben, als nur Patientin zu sein.

Als der Blog Anfang 2012 online ging, hatte ich keine hohen Erwartungen. Ich war mir ziemlich sicher, dass meine Leserschaft nur aus Will und meinen Eltern, womöglich noch meiner Großmutter, bestehen würde. Aber zu meiner Überraschung wurden meine ersten Posts geteilt, und zwar nicht nur von Verwandten, sondern auch von Freundinnen, Klassenkameraden und sogar meinem Journalistik-Dozenten am College, der mir schrieb, er sei beeindruckt und habe vor, sie einigen Kollegen zu schicken. Als ich am nächsten Morgen aufwachte, stellte ich fest, dass die *Huffington Post* auf ihrer Homepage über meinen ersten Blogeintrag mit dem Titel »Guten Tag, du hast Krebs« berichtet hatte. »Während ich mich gerade auf eine Knochenmarktransplantation vorbereite, habe ich herausgefunden, dass meine größte Herausforderung vielleicht keine körperliche ist«, hatte ich geschrieben. »Sie besteht darin, die Langeweile, Verzweiflung und Isolation auszuhalten, wenn man krank und für unbestimmte Zeit ans Bett gefesselt ist.« Innerhalb von Stunden hatte meine bescheidene Website Tausende von Klicks. Ich postete einen zweiten Beitrag, diesmal etwas augenzwinkernd: »10 Dinge, die man nicht zu einem Krebspatienten sagen sollte«, mit einem Knigge für Freundinnen und Freunde von Menschen, die eine lebensbedrohliche Krankheit haben. Bald bekam ich Post von Leuten, die weder verwandt noch bekannt mit mir waren – völlige Fremde von überall her.

Einer der ersten Briefe, die ich bekam, stammte von einem jungen Mann mit dem Spitznamen Lil' GQ. Er wollte mich wissen lassen, dass meine Geschichte, wie er es ausdrückte, *das Herz eines zum Tode Verurteilten* berührt habe. Aber der eigentliche Grund, weshalb er schreibe, sei, dass er auf eine gewisse Art meine Bedrängnis nachvollziehen könne. *Ich weiß, dass wir uns in unterschiedlichen Situationen befinden,* schrieb er in schnörkeliger Schreibschrift, *aber im Schatten von uns beiden lauert der Tod.* Lil' GQ war zwar nie krank gewesen, aber auch er steckte in einem Schwebezustand fest und wartete auf Nachricht über sein Schicksal.

Von meinem Krankenhausbett in New York City aus, in dem ich seinen Brief immer wieder las, war es unwirklich, sich Lil' GQ in seiner Zelle fünfzehnhundert Meilen entfernt in Texas vorzustellen. Ich wollte ihm so viele Fragen stellen, so vieles wissen. Ich fragte mich, ob er jemals seine Flucht geplant hatte, so wie ich. Ich wollte wissen, ob seine Angst vor der Hinrichtung dieselbe war wie meine Angst vor dem Tod. Oder ob es sich anders anfühlte, auf den Tod zu warten, wenn er nicht durch eine Krankheit herbeigeführt wurde, sondern durch uniformierte Wachleute, sanktioniert durch das Gesetz. Ich wollte Genaueres über Lil' GQs Vergangenheit wissen – und wie er in den Todestrakt gekommen war. Ich war neugierig, wie er seine Zeit verbrachte. Wie wacht man jeden Tag auf, wie lebt man weiter, wenn die Zukunft nur Ungewissheit verspricht, oder noch schlimmer, den sicheren Untergang?

Ich versuchte ein paarmal, ihm zu antworten, aber ich schaffte es nicht. Der Blog verzehrte die wenige Energie, die ich noch hatte. Ich war zu schwach, um an einem Schreibtisch zu sitzen, und schrieb vom Bett aus, auf einen Berg von Kissen gestützt. Die Chemo hatte meine Gedankengänge verklebt und sie langsam gemacht, und ich arbeitete mit Unterbrechungen, immer nur jeweils zehn angestrengte Minuten über den Tag verteilt. Als Energieschub schlürfte ich geeisten Cappuccino. Das sirupartige kalte Getränk kühlte meinen entzündeten Mund, und durch das Koffein konnte ich halbwegs klar denken. Wenn es mir zu schlecht ging, um zu tippen, diktierte ich Will, der am Fuß meines Bettes saß und auf meinem Laptop mitschrieb, während er mir Feedback gab und mich ermutigte. Es war mühsame, anstrengende, aber befriedigende Arbeit.

Zwei Wochen später, als ich auf eine letzte Biopsie vor der eigentlichen Transplantation wartete, kam eine E-Mail. Sie stammte von einer Redakteurin bei der *New York Times*, die meinen Blog gelesen hatte und anfragte, ob ich einen Essay für die Zeitung schreiben wolle. Bei der Vorstellung, als Verfasserin angegeben zu sein, verspürte ich einen Nervenkitzel. Plötzlich wollte ich in meinem Krankenhauszimmer herumhüpfen und Räder schlagen. Ich schickte ihr eine E-Mail mit meiner Telefonnummer, und zu meiner Überraschung rief mich die Redakteurin sofort an.

»Haben Sie Interesse?«, fragte die Redakteurin.

»Vielleicht«, bluffte ich.

Ich hatte zuvor noch nie etwas in einer richtigen Zeitung veröffentlicht. Ich hatte nie mit einer Redakteurin zusammengearbeitet. Aber ich *war* für den Kurs für Kreatives Schreiben im ersten Collegejahr abgelehnt worden, und außer in den beiden Journalismus-Seminaren, die ich als Wahlkurse belegt hatte, hatte ich das Schreiben nie richtig gelernt. Aber während der vielen Stunden, in denen ich mein Tagebuch schrieb und mir meinen Blog ausdachte, kam mir immer wieder ein Gedanke in den Sinn, und zwar immer nachdrücklicher, bis ich an nichts anderes mehr denken konnte. Ich wollte unbedingt eine Sprache für die rätselhaften Vorgänge in meinen Knochen finden, für die endlosen Monate im Bett, in denen ich in einen Zustand des einsamen Nachdenkens gezwungen wurde, für all die Demütigungen und Flirts mit dem Tod, für die Erfahrung, fortlaufend andere Patienten sterben zu sehen, wie auch Teile von mir. In Wahrheit hatte ich keine Ahnung, was ich tat, und ich wusste mit Sicherheit nicht, ob es mir gut genug ging, um das durchzuziehen. Aber ich wusste, dass ich fast nichts zu verlieren hatte. Der Krebs machte mich frech.

»Ich würde sehr gerne eine wöchentliche Kolumne über Krankheit in der Jugend schreiben«, sagte ich.

Der New York Times als Dreiundzwanzigjährige, die nie etwas veröffentlicht hatte, eine Kolumne anzubieten, war mehr als nur ein wenig vermessen. Natürlich wusste ich, dass ich meinem Körper Ruhe gönnen, mich auf die Transplantation vorbereiten und Zeit mit meiner Familie verbringen sollte, statt das bisschen Energie, das ich hatte, auf das Schreiben zu verwenden. Ich hätte mir erst einmal überlegen sollen, welche Auswirkungen es auf meine Gesundheit, meine Zukunft, meine Angehörigen haben könnte, wenn ich die schwierigsten Momente meines Lebens in Echtzeit mit der Leserschaft teilte. Aber stattdessen lief ich in meinem blauen Baumwollnachthemd in meinem Zimmer herum und legte der Redakteurin am Handy dar, dass ich vorhätte, alles, was seit meiner Diagnose mit mir passiert war, aufzuarbeiten und diese Erfahrungen in wöchentliche Lieferungen mit je tausend Wörtern zu übersetzen. Vielleicht könnte die Kolumne mit einer Videoserie ergänzt werden, schlug ich vor und erklärte, dass ich aus eigener Erfahrung wusste, wie schwer einem das Lesen fallen konnte, wenn man krank war, und dass das Projekt so inklusiv wie möglich sein sollte.

»Okay«, antwortete die Redakteurin. »Wir versuchen es ein paarmal mit der Kolumne und sehen, wie es läuft. Ich bringe Sie mit einer unserer Filmemacherinnen hier im Haus zusammen, dann können Sie mit ihr über eine mögliche Videoreihe sprechen. Geben Sie mir Bescheid, wenn Sie einen Entwurf für die erste Kolumne fertig haben.«

Ich beendete das Gespräch und brach in Tränen aus.

»Was ist denn los?«, fragte meine Mutter beunruhigt.

»Ich glaube, ich habe gerade einen Job bekommen.«

»Schreib«, heißt es bei Annie Dillard, »als würdest du sterben.« Wir alle sind todgeweihte Patienten auf dieser Erde – die Frage ist nicht »ob«, sondern »wann« der Tod im Handlungsstrang auftaucht. Mit meinem Transplantationstermin, der vor mir lag, klangen mir ihre Worte besonders deutlich im Ohr. Mein möglicher Tod überschattete jeden Atemzug, jeden Schritt, den ich tat, jetzt mehr denn je. Ich wurde von einer manischen Energie ergriffen. Einen Monat lang arbeitete ich rund um die Uhr, um dreizehn Kolumnen zu verfassen, bevor ich in die Transplantationsabteilung kam, angetrieben von dem Wissen, dass es lange dauern würde, bis es mir wieder gut genug ging, um zu schreiben oder herumzulaufen oder überhaupt wieder irgendetwas zu tun. Worüber würdest du schreiben, wenn du wüsstest, dass du bald stirbst? Im Bett, über meinen Laptop gebeugt, reiste ich dahin, wo in meinem Leben die Stille war. Ich schrieb über meine Unfruchtbarkeit und dass mich niemand davor gewarnt hatte. Ich schrieb über den Lernprozess beim Navigieren in unserem absurden Gesundheitssystem. Ich schrieb darüber, was es bedeutete, sich zu verlieben, während man krank wurde, und wie wir über das Sterben sprechen – oder nicht sprechen. Ich schrieb über Schuldgefühle. Ich schrieb auch ein Testament, für den Fall, dass ich auf der falschen Seite der Transplantationsquote landete. Bis heute war ich nie produktiver. Der Tod kann sehr motivieren.

Am 29. März 2012 sollten meine Kolumne und eine begleitende Videoserie namens »Life, Interrupted« zum ersten Mal erscheinen. Nur wenige Tage danach sollte ich die Knochenmarktransplantation bekommen. Das Zusammentreffen dieser bevorstehenden Meilensteine war schwindelerregend: ein Traum und ein Albtraum, die Tango tanzten.

15

AN DEN GEGENÜBERLIEGENDEN ENDEN EINES TELESKOPS

IN MEINER ERSTEN Nacht in der Knochenmarktransplantationsabteilung lag ich mit weit geöffneten Augen unter einem Kranz aus über mir hängenden Infusionsbeuteln in meinem Krankenhausbett. Die Angst war lebendig. Ich roch ihr feuchtes Fell im Zimmer und spürte ihren heißen Atem auf der Haut. Ich schlug die Decken zurück, stieg aus dem Bett und über das Gewirr von Schläuchen und Leitungen, die mich mit diversen Maschinen verbanden. Ich ließ mich auf Hände und Knie fallen, wie es mein verstorbener Freund Yehya getan hatte – ich passte auf, mir dabei den Kopf nicht anzustoßen, und drückte die Stirn auf das kühle Linoleum. Mit einem Vater, der als Moslem aufwuchs, und einer Mutter, die katholisch erzogen worden war, war ich mit einem Mischmasch von Glaubensrichtungen und Traditionen groß geworden. Wenn wir mit der Schweizer Seite unserer Familie zusammen waren, feierten wir Ostern und gingen zur Messe; wenn wir mit unserer tunesischen Familie zusammen waren, fasteten wir an Ramadan und schlachteten zum Zuckerfest ein Lamm. Und wenn wir in den Vereinigten Staaten waren, führten wir ein ziemlich profanes Dasein, mit Ausnahme von Weihnachten. Ich hatte mich zwar immer sehr für Religion interessiert, aber nie eine Religion wirklich ausgeübt. Ich wusste nicht wie oder zu wem man betete, aber eines stand für mich fest: Ich brauchte alle Hilfe, die ich bekommen konnte.

Wofür betete ich genau? Wie viele andere verzweifelte Menschen hatten just in diesem Krankenzimmer versucht, mit einer höheren Macht zu verhandeln? Mir wurde schwindelig, meine mageren Beine zitterten unter dem Gewicht meines Körpers. Ich richtete mich mühsam auf, nahm den Leuchtstift, den mir eine Freundin geschenkt hatte, und ging zur Wand. Ich hatte kein Gedicht, kein sprachgewaltiges Manifest weiterzugeben. Nur einen schlichten, animalischen Wunsch: *Lass mich leben*, kritzelte ich in winzigen Buchstaben – halb Gebet, halb flehentliche Bitte.

Die Intensität des Augenblicks wurde durch meine neue Umgebung noch verstärkt. Nachdem ich recherchiert hatte, welches die besten Transplantationsabteilungen waren, hatte ich entschieden, meine Behandlung vom Mount Sinai in das Memorial Sloan Kettering Cancer Center zu verlegen, das als bestes Transplantationszentrum der Stadt, wenn nicht des Landes galt. Ich haderte immer noch mit dieser Entscheidung. Sich für ein Knochenmarktransplantationszentrum zu entscheiden, das war ein wenig wie die Suche nach dem richtigen College – neben Hochglanzbroschüren und kurzen Vorstellungsterminen würde letztlich nur die Zukunft zeigen können, ob ich die richtige Entscheidung getroffen hatte. In der Transplantationsabteilung des Sloan Kettering mit all ihren piepsenden Monitoren, der futuristischen Ausrüstung und den unbekannten Gesichtern in OP-Kitteln und Masken hatte ich das Gefühl, ich hätte mich an Bord eines Raumschiffs von Außerirdischen begeben. Ich vermisste Dr. Holland und mein Ärzteteam – unsere Insiderwitze, ihre streberhafte Genialität und ihr glühendes Mitgefühl. Im Lauf des letzten Jahres waren meine Ärzte und Schwestern quasi Familienzuwachs für mich geworden. »Sie müssen mich unbedingt einmal besuchen, wenn es Ihnen besser geht«, hatte Younique zum Abschied gesagt.

Die letzte Woche war voller Abschiede gewesen. Ich verbrachte meine allerletzten Tage, bevor ich ins Transplantationszentrum kam, in Saratoga. Für den achtwöchigen Krankenhausaufenthalt hatte ich meinen roten Koffer gepackt und im letzten Moment noch Sleepy, den Plüschhund, den ich als Kind so geliebt hatte, dazugesteckt. Am Abend vor dem Aufbruch hatte ich nicht schlafen können, und so stand ich um fünf Uhr auf und lief im Haus herum. Ich warf einen letzten Blick in mein Kinderzimmer, verabschiedete mich von den rosa Wänden, den Bücherregalen und den alten Lieblingspostern. Ich strich über den hölzernen Hals meines Basses und verabschiedete mich auch von ihm. Ich verabschiedete mich von dem Esstisch, an dem unsere Familie im Lauf der Jahre unzählige Male zusammen gegessen hatte, und von den überfrorenen Blumenbeeten im Garten meiner Mutter. Will und meine Eltern kamen zum Frühstück herunter und luden unsere Taschen ins Auto. Traurigkeit überkam mich, als der Minivan losfuhr, und ich fragte mich, ob ich jemals wieder nach Hause zurückkehren würde. Für jemanden, der dem Tod ins Auge sieht, beginnt das Trauern in der Gegenwart, mit einem privaten, vorsorglichen Abschiednehmen, lange vor dem letzten Atemzug des Körpers.

In der Transplantationsabteilung war ich von Menschen umgeben, die sich in allererster Linie damit beschäftigten, was ich hatte – und nicht unbedingt damit, wer ich war. Ärzte und Schwestern mit Masken standen über meinem Krankenbett, blickten auf mich herab und sprachen über mich, als wäre ich nicht im Raum. Sie gaben der Patientin ein Krankenhaushemd. Die Patientin wurde angesprochen, angesehen, untersucht, abgetastet, und es wurde flüsternd über sie gesprochen. Sie hatten ein einziges Ziel – die Patientin zu heilen, damit sie wieder sie selbst werden konnte. Darin lag eine merkwürdige Ironie: Meine Diagnose war erst ein Jahr her, aber ich konnte mich kaum daran erinnern, wie es war, ich zu sein.

Im Lauf der nächsten Woche wurde mein Immunsystem mit zwanzig Infusionen einer hochdosierten Chemotherapie plattgemacht – mehr Chemosubstanzen, als ich im gesamten Jahr seit meiner Diagnose bekommen hatte. In dieser Zeit achtete ich in meinem Krankenzimmer auf Ordnung. Mir hatte es schon immer gefallen, zu sortieren und zu organisieren, aber meine Ordnungsliebe wurde beinahe zwanghaft, als ich meine Bücher, Tabletten und Wasserflaschen schnurgerade auf meinem Nachttisch ausrichtete. Ich weigerte mich, ein Krankenhaushemd anzuziehen, und trug stattdessen meinen eigenen Schlafanzug, Morgenmantel und Lammfellpantoffeln. Jeden Morgen zog ich nach dem Aufstehen vom Bett um auf das Klappsofa in meinem Krankenzimmer, das ich mit frischen Laken und Decken zurechtmachte. Von zu Hause hatte ich einen tragbaren Lautsprecher mitgebracht, und während ich meine Kolumnen für die *New York Times* überarbeitete und E-Mails beantwortete, übertönte ich die Krankenhausgeräusche mit

James Brown oder Bach. Ich arbeitete wie verrückt, denn ich wollte so viel wie möglich schaffen, bevor die Nebenwirkungen der Chemo stärker wurden. Das wurden sie zwangsläufig, und so hatte ich beim Tippen immer einen gelben Spuckeimer unter einem Arm.

Am Morgen der Transplantation – Tag null, wie es heißt – betraten meine Eltern und Will in gelben OP-Kitteln und blauen Masken mein Krankenzimmer, gefolgt von meinem Bruder. Er begrüßte mich mit dem üblichen »*Salut*, Suleukämie« und einem Faustcheck durch unsere Latexhandschuhe. Ich lachte, dann antwortete ich: »Das muss ich hoffentlich nie wieder hören.« Einige Minuten später kam ein halbes Dutzend Ärzte und Schwestern nacheinander in den Raum, und alle Leichtigkeit, die in der Luft gelegen hatte, löste sich auf.

In Anbetracht der ganzen Aufregung vorher war der eigentliche Eingriff irgendwie enttäuschend. Alle standen gravitätisch in zwei Reihen da, flankierten mein Bett wie ein Soldatenregiment und sahen zu, wie die Stammzellen meines Bruders aus einem aufgehängten Infusionsbeutel tropften. Ich war ganz ruhig, als die letzten Tropfen in meine Adern rannen, vielleicht weil ich gar nicht richtig da war. Ich schloss die Augen und stellte mir vor, wie ich auf der anderen Seite eines Ozeans, auf einem anderen Kontinent war, mit Will in einem Café in Paris saß, dann durch die Straßen von Tunis spazierte. Mein Körper war stark, meine Haare waren wieder lang.

Innerhalb von Minuten war es vorbei, und alle marschierten wieder aus dem Zimmer hinaus, damit ich mich ausruhen konnte.

Das Schlimmste, warnte mich mein Ärzteteam, seien die Tage und Wochen, die vor mir lagen, während ich darauf wartete, dass Adams Zellen in meinem Knochenmark anwuchsen. Ich wurde wieder »isoliert«. Die Vorsichtsmaßnahmen in der Transplantationsabteilung waren viel extremer als alles, was ich aus dem Mount Sinai kannte. Eine spezielle Lüftungsanlage in meinem Zimmer filterte alle Unreinheiten aus der Luft. Mein gesamtes Essen wurde bis zur Unkenntlichkeit erhitzt, um mögliche Keime abzutöten. Jeder, der mein Zimmer betrat, musste sich die Hände waschen und sich wie für einen Gefahrguttransport anziehen – Plastikhandschuhe, OP-Kittel, Gesichtsmaske und Überzieher über die Schuhe. Ein Kuss, ein Händeschütteln, frisches Obst und Gemüse, eine ganz normale Erkältung oder ein kleiner Schnitt – all das konnte mich umbringen, bis mein Immunsystem wieder arbeitete. Selbst Blumen waren verboten. Allerdings wirkte es irgendwie anmaßend, das Freunden und Verwandten gegenüber anzukündigen, und so sammelten sich gelieferte Blumensträuße ungeöffnet vor meiner Tür.

Das Ziel war es, Tag 100, oder den »Untersuchungstag« zu erreichen, der erste Bezugspunkt für die Bewertung der Fortschritte eines Patienten nach der Transplantation. Ich versuchte, von meinem Bett aus die Zeit im Blick zu behalten, wo ich die Tage und die Nächte in einem Fünfundvierzig-Grad-Winkel dalag, damit sich meine Lunge nicht mit Flüssigkeit füllte, aber die Stunden verschwammen trotzdem ineinander. Mein Infusionsgerät hing wie ein Dach über meinem Bett. Es enthielt meine tägliche Dosis an Flüssigkeiten, Immunsuppressiva, Medikamenten gegen die Übelkeit, drei unterschiedliche Antibiotika und versorgte mich rund um die Uhr mit Morphium. Aus dem Luftfilter an der Decke drang zischend kalte Luft, eine permanente, Angst einflößende Tonspur.

Ich verbrachte fast zwei Wochen auf diese Weise, ohne dass es größere Zwischenfälle gegeben hätte. In den frühen Morgenstunden von Tag 14 jedoch begann jemand zu schreien, ein tiefes, gleichmäßiges Wehklagen, so laut, dass ich davon aufwachte. Es war dunkel im Zimmer. Ein Alarmsignal war losgegangen. Schläuche waren um mich gewickelt wie Schlangen. Meine Brust war glitschig. Unter meinem Schlüsselbein spritzte etwas Nasses heraus und rann mir an den Seiten hinunter. Kurz darauf flog die Tür auf, und das Gesicht einer Schwester erschien über mir. Sie drückte mir die Schulter, und erst da begriff ich, dass der Schrei von mir kam. »Verdammte Scheiße«, fluchte sie unwillkürlich, als sie entsetzt auf mich herabblickte. Ich hatte einen Albtraum gehabt: Zig Insekten waren über mich gekrabbelt und hatten an mir genagt. Panisch hatte ich mir in meinem betäubten Zustand den Katheter aus der Brust gerissen.

Es gibt einen Wendepunkt, eine bestimmte Art von Klaustrophobie, die nur bei langen Krankenhausaufenthalten entsteht und die etwa in der zweiten Woche, in der man in ein Zimmer gesperrt ist, einsetzt. Die Zeit dehnt sich, der Raum zerfällt. Man starrt so viele Stunden lang die Decke an, dass man Formen und Muster erkennt, ganze Universen erscheinen in den Rissen und Ritzen im Rauputz. Die Wände um einen herum rücken näher. Wenn man vom Plätschern des Regens gegen das Fenster aus dem medikamentösen Nebel geweckt wird, sehnt man sich danach, so wie man sich noch nie nach etwas gesehnt hat – draußen zu sein, den Regen im Nacken zu spüren, den Kopf nach hinten kippen zu lassen und den Himmel auf der Zunge zu schmecken. Man versucht die Fenster aufzumachen, obwohl man ganz genau weiß, dass sie sich gar nicht öffnen lassen. Die Verzweiflung grenzt langsam an Wahnsinn.

Die meisten Menschen – außer sie sitzen im Gefängnis – wissen nicht, was es heißt, so zu leben, in einen kleinen weißen Raum eingesperrt zu sein, ohne zu wissen, wann man entlassen wird. Während ich in der Transplantations-abteilung war, musste ich oft an Lil' GQ denken, den Häftling, der in der Todeszelle saß und der mir vor ein paar Wochen geschrieben hatte. Ich fragte mich, wie er sich wohl die Zeit in Einzelhaft vertrieb. Ich fragte mich, wie – ob – er es geschafft hatte, bei Verstand zu bleiben. Zum Teil durch ihn inspiriert, verfasste ich eine Kolumne, in der ich über das reflektierte, was ich als meine »Krebshaft« bezeichnete:

Krebskranken begegnet der Wortschatz von Häftlingen plötzlich überall. Die Bewegungen werden überwacht. Entscheidungen über so grundlegende Dinge, wie was und wann man essen soll, erfordern eine Vorabgenehmigung von höherer Stelle. Gar nicht zu reden davon, dass sich eine Chemotherapie fast so anfühlt wie eine Todesstrafe. Die Mediziner spielen den Richter. Jeden Augenblick kann der Arzt ein Urteil verkünden: Bewährung, Hausarrest, Verlängerung der »Haft« und in manchen Fällen sogar die Todeszelle. Ich stand noch nie vor Gericht, aber ich kann mir vorstellen, dass einem das Adrenalin genauso durch die Adern schießt wie vor dem Moment, wenn ein Arzt einem die Biopsieergebnisse vorliest.

Lil' GQ war nicht der einzige Fremde, dessen Worte mir während der langen, rauschartigen Tage in der Transplantationsabteilung Gesellschaft leisteten. Jeden Morgen fand ich in meinem Posteingang zig Nachrichten von Leserinnern und Lesern von »Life, Interrupted«. Ich durfte zwar mein Krankenzimmer nicht verlassen, aber das Schreiben hatte mir ein Tor geschenkt, durch das ich quer durch Zeit, Raum und Kontinente reisen konnte.

Mir schrieben alle möglichen Menschen, von denen viele selbst krank gewesen waren. Mir schrieb Unique, ein Mädchen im Teenageralter aus Florida, das gegen Leberkrebs behandelt wurde. Ihre Mail bestand hauptsächlich aus Emojis. Mir schrieb Howard, ein pensionierter Kunsthistoriker aus Ohio, der den größten Teil seines Lebens mit einer rätselhaften chronischen Autoimmunerkrankung gelebt hatte. *Sie sind eine junge Frau, ich bin ein alter Mann. Sie blicken nach vorne, ich blicke zurück. Sehr wahrscheinlich besteht unsere einzige Gemeinsamkeit darin, dass wir dem Tod ins Auge blicken,* schrieb er. *Sinn findet man nicht im Bereich des Materiellen – in Abendessen, Jazz, Cocktails, Gesprächen oder Ähnlichem. Sinn ist das, was übrig bleibt, wenn alles andere wegfällt.* Mir schrieben viele, die keinen einzigen Tag in ihrem Leben krank gewesen waren, aber auf eine andere Art den Begriff des unterbrochenen Lebens nachvollziehen konnten. Von der Frau eines Senators im Mittleren Westen, die mit ihrer Unfruchtbarkeit rang. Von einem jungen Mann mit einer bipolaren Störung, der vor Kurzem obdachlos geworden war und nun in seinem Auto in Boston wohnte. Von Katherine, einer Highschoollehrerin in Kalifornien, die den Tod ihres Sohnes betrauerte.

In der Transplantationsabteilung hätte ich mich eigentlich einsamer denn je fühlen müssen, aber diese Fremden und ihre Geschichten wurden bald meine Kanäle zur Außenwelt. Ich genoss die Briefe, die ich bekam, auch wenn ich nur selten die Energie aufbrachte, sie zu beantworten. Wenn ich es tat, dann standen für mich an oberster Stelle die Antworten an junge Erwachsene mit Krebs – schließlich waren das meine Leute. Einer von ihnen war Johnny, ein neunzehnjähriger Junge aus Michigan, der ebenfalls im Sloan Kettering wegen Leukämie behandelt wurde. Er hatte meine Kolumne gelesen und mir eine Nachricht auf Twitter geschickt, und ich hatte sofort geantwortet. Ich hatte zum ersten Mal die Gelegenheit, mit einem jungen Menschen zu reden, der an derselben Krankheit wie ich litt. Wir beide waren »isoliert« untergebracht, abgesondert in unseren jeweiligen »Bubbles« auf unterschiedlichen Stockwerken desselben Krankenhauses, und wir durften uns nicht persönlich treffen. Stattdessen chatteten wir online. Unsere Gespräche drifteten vom Albernen zum Ernsten, oftmals innerhalb eines einzigen langen Satzes. Wir waren beide völlig zugedröhnt mit Morphium, sodass alle Erwartungen an Zeichensetzung oder Rechtschreibung oder Grammatik aufgehoben waren – eine Erleichterung.

JOHNNY: Was isst du am liebsten aus dem Angebot vom Krankenhaus?
ICH: Die QUESADILLAS.
JOHNNY: JA, hatte gestern eine Quesadilla – himmlisch.
ICH: Bist du auf Station?
JOHNNY: Bin gerade in die Kinderabteilung verlegt worden… Ich hab das Bett in der Mitte, und der andere muss an mir vorbei, wenn er aufs Klo muss, außerdem ist die Aussicht nicht so toll

JOHNNY: wie geht's dir nach der KMT [Knochenmark-
transplantation]
ICH: miese Laune & gereizt. die Schwestern kommen
jeden Tag um fünf Uhr früh, um mich zu wiegen.
JOHNNY: Ich kann es gar nicht erwarten, ohne Krebs zu
leben.
ICH: auch. weißt du einen Zauberspruch, damit das
alles schneller geht?

Ich litt mit Johnny. Unsere gemeinsame Erfahrung war bru-
tal, aber zwischen uns existierte eine seltsame Schönheit:
Wir, zwei völlig Fremde, streckten die Arme von unseren
Bildschirmen aus, um uns innig zu umarmen.

Fast drei Wochen nach meiner Transplantation – oder Tag
plus 20, wie die Ärzte und Schwestern ihn bezeichneten –
stand Will mit dem Rücken zu mir, sah aus dem Fenster
meines Krankenzimmers und beschrieb den morgendlichen Ausblick, während ich im Bett lag. Die Sonnenmus-
ter auf dem East River. Den Ausläufer einer Brücke, der
über schwarz gewordene Mietshäuser ragte. Gelbe Taxis, die durch die York Avenue ruckelten wie Monopoly-
Spielsteine. Winzige Arbeitsbienen in Anzügen, die unterwegs zur Arbeit waren. Ich hätte mich gerne neben ihn
gestellt, aber ich war zu müde, um aufzustehen und meinen Infusionsständer die anderthalb Meter bis zu ihm zu
ziehen. Ich wusste, dass er in ein paar Minuten unterwegs
zur Arbeit sein würde, aber wegen der Medikamente fielen
mir die Augen zu. Als ich wieder aufwachte, war er schon
weg.
Ein solcher Schlaf war eine Art Zuflucht, ein Betäuben

der Nebenwirkungen der Transplantation. Die wenigen Haare an meinem Körper, die während der klinischen Studie nachgewachsen waren, fielen wieder aus, und die Haut darunter war rau und seidig zugleich, fast wie bei einer Larve. Ich hatte abgenommen, und mein bereits abgemagerter Oberkörper schrumpfte noch mehr, aber meine Wangen waren rund und angeschwollen von den ganzen Steroiden und Flüssigkeiten, die in meinen Blutkreislauf gepumpt wurden. Krebspatienten bezeichneten dieses Stadium als *Mondgesicht*. An den falschen Stellen eingefallen und langgezogen, geplatzte Blutgefäße, die wie Wasserfarbe auf meiner Hautoberfläche aufblühten – ich fand mich abscheulich, mehr Ungeheuer als Mondgesicht.

Mein Immunsystem war vollkommen ausgelöscht. Ich wartete darauf, dass Adams gesunde Zellen anwuchsen, aber das dauerte länger als erwartet. Adam brachte gerade die letzten Wochen am College hinter sich, und er hätte sich eigentlich auf Prüfungen, Partys und die Abschlussfeier konzentrieren sollen. Aber wie meine Eltern und alle anderen, die in diese sterile Bubble kamen, verbarg er seine Sorgen hinter einer Maske.

Später an diesem Nachmittag weckten mich die Stimmen meiner Eltern. Als ich den Kopf drehte, um sie zu begrüßen, spürte ich, wie etwas in meinem Hals abriss und sich löste wie ein Klettverschluss. Ich beugte mich ruckartig vor, und mein Mund füllte sich mit Blut, während ich eine scheußliche Masse aus Gewebe in den Plastikeimer neben meinem Bett würgte.

»Was ist passiert?«, riefen meine Eltern entsetzt und holten die Schwester.

»Ihre Tochter hat gerade die Auskleidung ihrer Speiseröhre erbrochen«, erklärte die Schwester nüchtern und begutachtete die Schweinerei in aller Ruhe.

Die Chemo löste die Schleimhaut in meinem Mund, im Hals und im Magen-Darm-Trakt, sodass ich nicht mehr sprechen oder etwas anderes als Eisstückchen zu mir nehmen konnte. Stundenlang spuckte ich Fleischfetzen in den Eimer neben meinem Bett. Die Medikamente gegen Schmerzen und Übelkeit verschafften mir eine gewisse Erleichterung, aber wenn ich wach war, verbrachte ich viel Zeit damit, so zu tun, als wäre ich eine Statue, und versuchte, still zu sitzen, in der Hoffnung, das könnte meinen aufgewühlten Magen beruhigen. Als die Ärzte kamen und sich in einem schützenden Kreis aus gelben Kitteln um mein Bett stellten, schlossen sie mich an eine Ernährungssonde an, ein direkter Schlauch zu einem Beutel mit einer grünlich gelben Flüssigkeit, die aussah wie Mountain-Dew-Limonade.

An diesem Abend kehrte Will zurück. Er hatte ein Arbeitsessen ausfallen lassen, um etwas Zeit mit mir verbringen zu können. Ich wollte ihn fragen, wie sein Tag gewesen war. Hatte er etwas Interessantes gemacht? Hatte er die Mittagspause im Park verbracht? Gab es neuen Klatsch aus dem Büro? Aber wir wurden von der Schwester unterbrochen, die den Beutel mit Medikamenten austauschte. Bald würde ich wieder schläfrig werden. Will bot an, mir vorzulesen oder das Scrabble-Brett aufzubauen, selbst wenn ich nur ein paar Züge machen konnte. Ich wusste gar nicht mehr, wann wir zuletzt gespielt hatten.

Wills Terminplan war voll mit seiner Arbeit und den Stunden in Basketball- und Fußballteams, denen er sich in der Woche angeschlossen hatte, bevor ich in die Transplantationsabteilung gekommen war. An den meisten Abenden schlief ich schon tief und fest, wenn er ins Krankenhaus kam. Mir war klar, er brauchte ein Ventil, um mit unserer belastenden Situation klarzukommen – das brauchen alle Menschen, die jemanden pflegen –, aber ich verstand nicht, warum er plötzlich so viel zu tun hatte. Ich hatte immer mehr das Gefühl, wir würden uns von den gegenüberliegenden Enden eines Teleskops aus ansehen.

Meine Zähne klapperten, als Will eine Heizdecke über mich legte. Er goss mir etwas Wasser in einen Pappbecher. Ich befeuchtete die Zunge und spülte den Mund mit der kalten Flüssigkeit aus – eine kurze Erfrischung für meine geschwollenen Wangen –, bevor ich ausspuckte. Ich wollte nicht der Hand grollen, die den Wasserkrug hielt. Mein Körper war es, mit dem ich auf Kriegsfuß stand. Es gab so vieles, worüber wir reden mussten, aber mich überkam plötzlich eine tiefe Erschöpfung. Meine Lider wurden wieder schwer. Will setzte sich neben mein Bett. Als ich einschlummerte, hielten wir Händchen, mit blauen Latexhandschuhen.

16

DIE HOPE LODGE

ALS ICH IN einem Rollstuhl aus dem Krankenhaus auf die York Avenue hinausrollte, hob ich das Gesicht zur Sonne und ließ sie auf meine fahle Haut scheinen. Es war ein milder Nachmittag im Mai, aber ich war dick eingepackt in Wollmütze und Skianorak, und wie immer klapperten mir trotzdem die Zähne. Der Rollstuhl blockierte den vollen Gehsteig vor dem Haupteingang des Krankenhauses, während meine Mutter und Will ein Taxi anhielten. Fußgänger wichen aus, unfreiwillige Beobachter unserer kleinen Prozession. Meine Füße berührten kurz den Boden, als ich in das wartende Taxi einstieg.

Die Transplantation lag nun etwas mehr als einen Monat zurück. Die Ärzte hatten mir erklärt, mein Immunsystem sei quasi noch nicht wieder vorhanden, aber Tests hätten gezeigt, dass Adams Zellen nun endlich in meinem Knochenmark anwuchsen. Ich machte langsam Fortschritte: Seit ein paar Tagen brauchte ich keine Ernährungssonde mehr, sondern konnte ein, zwei Cracker bei mir behalten. Ich konnte umhergehen – zwar langsam, aber größtenteils ohne Hilfe –, und meine Blutwerte krochen in die richtige Richtung. Es würde noch mehrere Wochen dauern, bevor wir wussten, ob die Transplantation erfolgreich war – Tag

100 stand noch bevor –, aber unterdessen konzentrierte ich mich auf einen kleineren Sieg: die Entlassung.

Die Ärzte schickten mich in die Hope Lodge, eine Art Reha-Zentrum für Krebspatienten in Midtown Manhattan. Ich sollte während der nächsten drei Monate dort wohnen. Es war ein grauer Betonbau mit sechzig Zimmern und lag nicht weit von einem Jack's 99-Cent-Store und einen Block von der Penn Station entfernt. In absehbarer Zeit würde ich überall, wo ich hinging, Handschuhe und Maske tragen müssen. *Keine U-Bahnen, keine öffentlichen Plätze, keine Keime,* warnten die Ärzte. Auf dem Gehsteig herrschte viel Betrieb, als ich vom Taxi zum Eingang rollte. Ich zog mir die Gesichtsmaske fester um den Mund.

Ich war dankbar, dass es so etwas wie die Hope Lodge gab, und ich war dankbar für die Großzügigkiet der Fremden, die das Geld dafür aufgebracht hatten, aber in einer idealen Welt hätte ich überhaupt nicht dort leben müssen. In einer idealen Welt hätte ich meine eigene Wohnung gehabt. Ich wäre in die erste Wohnung meiner Mutter im East Village gezogen, die sie die ganzen Jahre über behalten und bis vor Kurzem an Langzeitmieter vermietet hatte. Aber mein Immunsystem war noch zu schwach, um dort mit Will und meiner Mutter zusammen zu wohnen. Bald nach meiner Transplantation war klar geworden, dass es ein Vollzeitjob war, jemanden zu pflegen, der gerade eine Transplantation hinter sich gebracht hatte. Meine Mutter und Will wollten das gemeinsam tun. Also beschlossen wir, dass ich in der Hope Lodge wohnen sollte und sie die Wohnung je nach Bedarf als eine Art Pflegestützpunkt nutzen konnten. In Anbetracht der Umstände war das der beste Plan, der uns einfiel.

Er wurde sofort zunichtegemacht, als wir in der Hope

Lodge ankamen. Wir wurden am Empfang begrüßt und bekamen einen Zimmerschlüssel sowie ein Paket mit Informationen. Dann wollten Will und meine Mutter mir in den Lift nach oben ins Zimmer folgen, doch die Rezeptionistin rief uns nach, dass immer nur eine Person einen Patienten in den Wohnbereich begleiten dürfe – ohne Ausnahme. Wir versuchten zu widersprechen und sagten, solche strengen Regeln würden den Erfordernissen und der Unwägbarkeit der Krankheit nicht gerecht werden. Aber Regeln waren Regeln. Es zeichnete sich ab, dass meine Hoffnung, wie Will und meine Mutter sich die Betreuung teilen würden – nämlich mit fließenden Übergängen und im Tandem, wie in einer Familie –, nicht möglich war. Es würde keine Spontaneität geben, keinen Raum, in dem die beiden mich gemeinsam oder auch sich gegenseitig unterstützen konnten. Ich würde mich ständig zwischen einem von beiden entscheiden müssen.

Ich war hin und her gerissen. Ich brauchte die Art von Hilfe, um die man nur seine Eltern bitten kann – aber ich hatte das Gefühl, Will und ich drifteten gerade auseinander, und ich wollte nicht von ihm getrennt sein. Seit dem Tag meiner Diagnose war es – abgesehen vom Tod – meine größte Angst gewesen, ihn zu verlieren, und jetzt, da ich kränker denn je war, schrie alles in mir danach, ihn festzuhalten. Also schlug ich vor, Will solle mit mir in der Hope Lodge wohnen und meine Mutter mich tagsüber besuchen, wenn er in der Arbeit war. Damals schien mir das ein guter Kompromiss zu sein.

Das Zimmer, das ich mit Will in der Hope Lodge bewohnte, war spartanisch eingerichtet – zwei Einzelbetten, Motelmöbel und ein bräunlicher Teppich, dazu kaum natürliches Licht. Im selben Gang gab es eine Gemeinschaftsküche, wo wir anderen Pflegenden und Patienten begegneten und Fragen beantworten mussten wie: »Kommst du gerade aus dem Krankenhaus?«, oder: »Was macht der Hirntumor?«. Die Atmosphäre im Gebäude war von Traurigkeit durchdrungen. Alle, die hier lebten, hatten woanders ein echtes Leben hinter sich gelassen.

Die Angestellten in der Hope Lodge taten ihr Bestes, um die Stimmung zu heben. Unten, im fünften Stock, gab es ein Wohnzimmer mit Kamin und einer großzügigen Außenterrasse, wo sich die Patienten hinsetzen und Besuch von Freunden und Familie empfangen konnten. In der Lounge wurden Kurse angeboten, zum Beispiel über Zen-Meditation oder Neutropenie-verträgliches Kochen, und mehrmals pro Woche gab es Sonderveranstaltungen – Konzerte, Comedy-Shows und Dinner, die von lokalen Restaurants gespendet wurden. Es gab sogar eine wöchentliche »Teatime«, die eine Schar Damen aus Manhattan ausrichtete. Jeden Mittwochnachmittag fielen sie in Chanel-Hosenanzügen in die Lounge ein und stöckelten auf ihren fünfzehn Zentimeter hohen Stilettos herum, während sie Platten mit Kuchen und Gebäck arrangierten. Diese Frauen hatten ganz sicher gute Absichten, aber ich hielt es nicht aus, wie sie in lauten, langsamen Sätzen zu uns Patienten sprachen: Ihre Stimmen trieften vor Herablassung, als wären wir nicht nur krank, sondern könnten auch kein Englisch. Die »Teatime« verschmähte ich bald. Ich wollte weder ihre Wohltätigkeit noch ihr Mitleid. Ich wollte nicht die gute Tat der Woche von irgendjemandem sein.

Mein Alltag nach der Transplantation bestand im Wesentlichen aus achtzehn Stunden Schlaf pro Tag. Wenn ich nicht schlief, lag ich mit geschlossenen Augen im Bett, zu erschöpft, um mich aufzusetzen, zu reden oder zu lesen. Seltsamerweise bildete *Fifty Shades of Grey* die einzige Ausnahme. Ich inhalierte die ganze Trilogie gewissermaßen an einem einzigen Wochenende. Es war so komplett jenseits und in jeglicher Beziehung so anders als meine Realität, dass es mir vorkam wie Science-Fiction. Es war auch das Einzige, was auf fesselnde und komische Weise furchtbar genug war, um mich von der überwältigenden Übelkeit abzulenken.

»Klassische Entweder-oder-Frage«, sagte ich eines Morgens zu Will. »Akute myelotische Leukämie oder *Fifty Shades* lesen?«

»Leukämie«, antwortete er, ohne zu zögern.

Wie jeden Morgen machte Will mir Frühstück, auch wenn ich kaum mehr als einen Bissen herunterbrachte. Dann übergab er mich meiner Mutter, bevor er zur Arbeit aufbrach. Der am meisten gefürchtete Teil meines Tages war die tägliche Reise von der Hope Lodge ins Krankenhaus, wo ich Bluttransfusionen, Hydrierung, Magnesium und andere Nährstoffe bekam, die durch die Chemo vernichtet worden waren. Mir war die ganze Zeit über so schlecht, dass ich selten die zwanzigminütige Taxifahrt durch Midtown überstand, ohne mich zu übergeben. Als ich mich einmal ganz besonders heftig auf dem Rücksitz erbrach, dachte der Taxifahrer, ich sei betrunken und warf meine Mutter und mich aus dem Taxi. Bevor ich es erklären konnte, hatte er uns am Randstein stehen gelassen und war davongefahren.

Keine Woche, nachdem ich in die Hope Lodge eingezogen war, bekam ich vom Radiosender NPR eine Einladung zu einem Interview über die Kolumne in *Talk of the Nation*. Es war ein großer Tag: mein erster richtiger Ausflug seit der Entlassung aus dem Krankenhaus. Nachdem ich meine Infusionen bekommen hatte, fuhren meine Mutter und ich mit dem Taxi in den Sender auf der anderen Seite des Bryant Park. Ich war zuvor noch nie interviewt worden, und ich war unglaublich aufgeregt.

Ich verstand immer noch nicht ganz, weshalb, aber seit die Kolumne erschien, bekam ich alle möglichen Interviewanfragen. Leser und Leserinnen hatten mich im Wartezimmer des Krankenhauses angesprochen, ein paar waren sogar auf den Gehsteigen von Manhattan auf mich zugekommen und hatten mir gesagt, wie gut ihnen die Kolumne gefiel und dass sie mir die Daumen drückten. Diese Aufmerksamkeit schmeichelte mir, und es war ziemlich überwältigend, aber manchmal war ich sogar ein bisschen verunsichert. Der Krebs hatte mich unabsichtlich zu einer Identifikationsfigur gemacht.

Nicht alle waren so begeistert wie ich. Die Kolumne hatte schnell zu Spannungen zwischen Will und mir geführt. Er fürchtete, durch sie würde meine Gesundheit belastet, und er beklagte sich, dass ich die wenige Energie, die ich hatte, in die Arbeit steckte. Er hatte nicht ganz unrecht: Ich spürte durchaus, wie ich mit meinem Ehrgeiz an meine körperlichen Grenzen stieß. Mein Gehirn, überschwemmt mit Toxinen von all den Medikamenten, die in meinen Kreislauf gepumpt wurden, fühlte sich kaputt an. Früher hatte ich mir Unmengen nutzloser Informationen in allen Einzelheiten merken können, von der Farbe der Bluse meiner Lehrerin am ersten Schultag in der dritten Klasse bis hin zu ganzen Passagen meiner Lieblingsbücher. Doch jetzt hatte ich Mühe, mich an die Namen meiner engsten Freunde oder gar meine eigene Handynummer zu erinnern. Vor der Transplantation war das Schreiben eine Zuflucht für mich gewesen, jetzt führte es häufig zu Frust und Tränen. Aber ich war fest entschlossen zu tun, was ich konnte, solange ich es noch konnte, selbst wenn das bedeutete, meinen Körper über die Grenzen des Vernünftigen hinaus zu fordern.

Am Abend vor dem Interview mit NPR hatte ich leichtes Fieber bekommen und lag die ganze Nacht zitternd unter der Bettdecke. Alle paar Minuten rasselte ein rauer Husten durch meine Lunge. Will und meine Mutter baten mich, den Termin zu verlegen, aber ich weigerte mich. Ich wusste nicht, wie oft ich noch solche Chancen haben oder ob ich gesund genug sein würde, um sie wahrzunehmen. Ich wollte das Interview machen, und nichts und niemand konnte mich davon abbringen.

Als ich schließlich bei NPR in der Aufnahmekabine saß und mit dem Soundcheck fertig war, war ich erschöpft. Mit unsicheren Händen trank ich Wasser aus einem Plastikbecher, und meine Stimme war ein schwaches, heiseres Flüstern. Ich bemühte mich, die Fragen des Moderators und der Anrufer zu beantworten, aber ich kann mich an keines meiner Worte erinnern. Ich weiß nur noch, dass ich die Taste vor mir drückte, auf der treffenderweise RÄUSPERN stand, um mein verschleimtes Husten stummzuschalten, wenn meine Lunge nach Luft rang. Ich muss die Taste an die fünfzig Mal gedrückt haben.

Am Ende des Interviews saß ich in mich zusammengesackt auf meinem Stuhl, erschöpft von der Anstrengung, sprechen und aufrecht sitzen zu müssen. Der Moderator hatte noch eine letzte Frage. »Wir haben nur noch ein paar Sekunden«, sagte er. »Besteht im Moment das Risiko, dass du das nicht überlebst?«

Das brachte mich komplett aus der Fassung. Ich hatte natürlich viel über den Tod nachgedacht, aber nun stellte mir zum ersten Mal jemand direkt diese Frage. Sie laut zu hören, im nationalen Radio, machte die Bedrohung durch den Tod viel bildlicher und greifbarer als jemals zuvor. Mir wurde klar, dass der Moderator, die Zuhörer, die Menschen, die meine Kolumne lasen – sie alle –, sich wahrscheinlich dieselbe Frage stellten: Würde ich überleben oder würde ich sterben? Mein Überleben war unbeabsichtigt zu einer spannenden Geschichte geworden; Fremde folgten ihr mit einer morbiden Neugier darauf, was die nächsten Wochen bringen mochten. Diese Vorstellung erschütterte mich. Ich wappnete mich, fest entschlossen, das Interview mit einer starken Aussage zu beenden, aber als ich sprach, klang meine Stimme ganz, ganz dünn. »Ich bin sehr zuversichtlich, was die Zukunft betrifft«, flüsterte ich, nicht sonderlich überzeugend.

Was auch immer sich in meiner Lunge an diesem Tag zusammenbraute, es griff rasch auf mein ganzes Immunsystem über. An diesem Wochenende, es war Muttertag, sah ich mir nicht wie geplant mit meiner Mutter nach dem Brunch in der Lounge der Hope Lodge einen Film an, sondern ich lag auf einer Trage in der Notaufnahme. Sie begleitete mich. Mein Blutdruck war im Keller, der Puls gefährlich hoch. Trotz meiner Proteste wiesen mich die Ärzte wieder ins Krankenhaus ein. »Ich habe es heraufbeschworen«, sagte ich zu meiner Mutter, als ich an meine letzten Worte in dem Radiointerview dachte. »Ich hätte sagen sollen, ich bin *verhalten* zuversichtlich, was die Zukunft betrifft.«

Bei der Geburt brauchen wir Pflege, und im Tod brauchen wir Pflege, aber mir fiel es schwer zu akzeptieren, wie hilflos ich geworden war. Zurück in der Hope Lodge, nach vernebelten Tagen im Krankenhaus, an denen es Spitz auf Knopf stand, war ich nach wie vor schwach und musste wie ein Kleinkind von Will und meiner Mutter versorgt werden. In den darauffolgenden Wochen wurde ich schwächer, und an Tag 70 brauchte ich bei den einfachsten Aufgaben wie duschen oder ein Sandwich zubereiten ihre Hilfe. Ich war zu schwach und mir war zu übel, um zu gehen, und so bewegte ich mich nur im Rollstuhl fort. Mitten in der Nacht wachte ich auf und spürte den unregelmäßigen Schlag meines Herzens in der Brust, verzögert und plötzlich wieder zu schnell. Es verunsicherte mich und machte mir meine eigene Verletzlichkeit nur allzu bewusst.

Um Tag 80 herum bekam ich dann einen dunklen Ausschlag auf der Stirn, und alle gerieten in Panik. Das war das erste Anzeichen einer GvHR, die potenziell tödliche Komplikation nach einer Transplantation, vor der ich gewarnt worden war. Meine Ärzte erhöhten die Dosis der Steroide und Medikamente gegen die Abstoßungsreaktion und überwachten mich genauestens. Sie hofften das Beste.

Meine Unabhängigkeit war nicht das Einzige, das mir entglitt. Seit ich in die Hope Lodge gezogen war, kam Will mit jedem Abend später aus der Arbeit. Er rief in letzter Minute an, um zu fragen, ob jemand die Abendschicht übernehmen könne, und wenn ich sagte, das könne kurzfristig schwierig sein, fragte er, warum wir nicht mehr Unterstützung hätten. Mir war klar, die Hope Lodge war nicht der spaßigste Aufenthaltsort, und mein Körper stellte strapazierende Ansprüche. Ich konnte ihm keine Energie schenken, und doch brauchte ich ihn mehr denn je. Wenn wir zusammen waren, saugte ich seine Liebe auf wie ein Schwamm, und ich sehnte mich nach Nähe. Wenn ich die wachsende Distanz ansprach, behauptete Will, ich bildete mir das alles nur ein. Trotzdem machte ich mir Sorgen.

Als ich eines Abends darauf wartete, dass Will aus der Arbeit kam, schickte er mir eine Textnachricht: *Ich gehe noch mit Freunden in der St Marks Place was trinken. Willst du mit?* Ich starrte mein Telefon an und wusste nicht, was ich antworten sollte. Vielleicht wollte er wirklich, dass ich dabei war, aber uns war beiden klar, dass ich viele Wochen, wahrscheinlich Monate davon entfernt war, dass es mir gut genug ging, um irgendwo in die Öffentlichkeit zu gehen. Geschweige denn in eine Bar an der St Marks, eine der schmutzigsten, vollsten Straßen in ganz Lower Manhattan. Während ich mir eine Antwort ausdachte, stiegen mir Tränen in die Augen. Ich grub mir die Nägel in die Handfläche und zwang mich, nicht zu weinen. *Tut mir leid, ich kann nicht. Aber ich glaube, das weißt du,* schrieb ich zurück. Meine Mutter schlüpfte in ihre Jacke und machte sich bereit zu gehen. Es war einer der seltenen Abend, an denen sie mit einer Freundin essen gehen wollte, und auch wenn ich wusste, dass sie nur zu gerne bei mir geblieben wäre, bat ich sie nicht darum.

Ich wartete auf Will, allein in meinem Einzelbett. Die Nacht senkte sich herab, tauchte den Raum in Dunkelheit, und draußen vor dem Fenster strahlten die Lichter der Großstadt. Während die Stunden vergingen, ballte sich eine kalte, tiefe Angst in meinem Bauch zusammen. Ich sollte eigentlich etwas essen, bevor ich die letzten Medikamente nahm, aber ich war zu schwach, um in die Gemeinschaftsküche im Gang zu laufen, und so schluckte ich die Handvoll Tabletten mit Wasser. Ein Amateurfehler. Als Will nach Hause kam, war es nach Mitternacht. Ich hing über einem Mülleimer, die Bettlaken voll Erbrochenem, der Pyjama schweißgetränkt. Er erstarrte am Fußende des Bettes, und ich sah ihm an, dass er ein schlechtes Gewissen hatte. Als er mich auf die Arme nahm und zur Dusche trug, fochten zwei konkurrierende Emotionen einen Kampf in meinem Herzen aus: *Ich hasse dich, ich brauche dich.*

Es war der Morgen von Tag 100. Ich saß in einer der blauen Plastiknischen in der Gemeinschaftsküche, während Will Frühstück machte. Um ihn zu besänftigen, schob ich einen Klumpen erstarrenden Haferbrei mit einem Löffel herum, aber in Gedanken war ich woanders. In ein paar Minuten würden wir zum Krankenhaus aufbrechen, um die Ergebnisse der diversen Tests und Biopsien zu bekommen, denen ich mich in der letzten Woche unterzogen hatte. Für mich gab es nur zwei Möglichkeiten: Die Ergebnisse würden entweder zeigen, dass die Transplantation funktioniert hatte und ich wieder gesund werden würde, oder die Transplantation hatte keinen Erfolg gehabt, und die Leukämie würde zurückkommen, diesmal mit der Aussicht auf den unmittelbar bevorstehenden Tod. Mir war nie eingefallen, dass es auch noch eine dritte Möglichkeit geben konnte.

Solange Will abspülte, scrollte ich zur Ablenkung nervös durch ungelesene E-Mails von Lesern. Eine erregte besonders meine Aufmerksamkeit. In der Betreffzeile stand:

Die Schwierigkeit des Übergangs zurück. Im Anhang war das Foto eines jungen Mannes, der mit nacktem Oberkörper in einem Krankenhauszimmer saß. Er hatte breite, muskulöse Schultern, seine rosigen Wangen glänzten geradezu radioaktiv. Wie ich hatte er einen glatten, kahlen Kopf, aber ich staunte, wie zuversichtlich er wirkte. Ich reichte Will mein Handy, um ihm das Bild zu zeigen. Will stieß einen Pfiff aus. »Verdammt. Der sieht ja fitter aus als ich. Wenn ich es nicht besser wüsste, würde ich mir Sorgen machen, dass du dir einen Krebsfreund gesucht hast, um mich zu ersetzen.«

Der junge Mann hieß Ned. Seine Mail begann mit einer Geschichte. Im Jahr 2010 war Ned mitten in seinem letzten Jahr am College gewesen und hatte zum Glück keine Ahnung gehabt, was ihn nach dem Abschluss erwartete. Er war damit beschäftigt, seine Abschlussarbeit zu schreiben, und hatte erst vor Kurzem eine Beziehung mit einem hübschen Mädchen begonnen. Gerade hatte er die Bewerbung für ein Fulbright-Stipendium für Italien abgeschickt, wo er nach dem Abschluss leben wollte. Als er in den Weihnachtsferien dann zu Hause in Boston war, zeigte eine CT-Aufnahme, dass seine Milz vergrößert war. Nach weiteren Tests bestätigten die Ärzte, dass er an Leukämie litt. Ned war nicht zum ersten Mal krank. Drei Jahre zuvor war Hodenkrebs bei ihm festgestellt worden, aber das erwähnte er nur am Rande. *»Krebs light«, ich brauchte nur eine Operation,* so drückte er es aus.

Diese Geschichte kannte ich gut. Es war meine Geschichte. Es war die Geschichte von zahllosen anderen jungen Krebspatienten, von denen ich seit dem Start der Kolumne gehört hatte, Geschichten, die mir Trost geschenkt und mir gezeigt hatten, wie viele von uns es dort draußen gab, eine unsichtbare Gemeinschaft, versteckt in Krankenhauszimmern, gefesselt an Infusionsständer. Aber dann lief Neds Geschichte in eine unerwartete Richtung. *Der Grund, weshalb ich dir schreibe, ist etwas, dass du schon bald durchmachen wirst – die Rückführung in die echte Welt, die »Normalität«,* schrieb er. *Mir fiel es ziemlich schwer, wieder aufzustehen.* Als ich das las, wurde mir klar, dass es in diesem Brief nicht darum ging, als junger Mensch an Krebs zu erkranken. Es ging darum, was passierte, sobald der Krebs weg war. Ein Leben nach dem Krebs konnte ich mir nicht vorstellen, zumindest noch nicht. Ich steckte immer noch in der Hope Lodge fest, ich brauchte immer noch einen Rollstuhl, um mich zu bewegen, ich war immer noch viel zu krank, um über etwas anderes als die ausstehenden Ergebnisse meiner Knochenmarkbiopsie nachzudenken – geschweige denn an ein Leben nach dem Krebs.

Ein paar Minuten später gingen Will und ich hinunter in die Eingangshalle der Hope Lodge. Meine Mutter erwartete uns dort, und wir gingen gemeinsam hinaus, riefen ein Taxi und stiegen ein. Ich hatte Plastiktüten mitgenommen, falls mir während der Fahrt schlecht werden würde, aber diesmal revoltierte mein Magen aus Nervosität, nicht wegen der Übelkeit. Im Krankenhaus angekommen, fuhren wir schweigend mit dem Aufzug hinauf in die Ambulanz der Knochenmarktransplantationsabteilung. Uns war zu bang ums Herz, um zu reden.

Ich wurde von der Sprechstundenhilfe aufgerufen, dann wurden wir in einen Raum im hinteren Teil der Klinik geführt. Ich hielt den Atem an, als mein medizinisches Team eintrat, ein Krankenpfleger gefolgt von meinem Transplantationsarzt, stämmig, mit Brille und einer stets ernsten

Miene, hinter der sich ein freundliches Wesen verbarg. »Die gute Nachricht ist, dass die letzte Biopsie keine Krebszellen in Ihrem Knochenmark zeigte«, sagte er. »Die Transplantation scheint zu funktionieren – zumindest fürs Erste –, aber es wird noch viele Monate und viele Tage der Diagnosestellung wie heute geben, bis wir es sicher wissen.«

»Und die schlechte Nachricht?«, fragte ich. Ich hoffte natürlich, es würde keine geben, aber an diesem Punkt wusste ich genug über die Art und Weise, wie Ärzte solche Gespräche führten, um zu vermuten, dass dem nicht so war.

»Nun, die schlechte Nachricht ist, dass Sie ein hohes Rückfallrisiko haben. Wegen der Chromosomenanomalien in Ihrem Knochenmark und weil wir die Leukämiezellen vor der Transplantation nicht vollständig zerstören konnten, ist es sehr wahrscheinlich, dass Ihre Erkrankung erneut auftritt. Ich möchte, dass Sie, sobald Sie kräftig genug sind, sofort eine experimentelle Erhaltungschemotherapie beginnen.«

Ich saß auf dem Untersuchungstisch und zog mir die Knie an die Brust. Ich war verzweifelt. Es war die Art von Verzweiflung, die sich anfühlte, als würde man ertrinken, Verzweiflung, die Stimmen leise und fern erscheinen ließ, als wäre man unter Wasser. Auszüge aus Neds Brief von diesem Morgen kamen mir in den Sinn. *Was sollte denn bloß so schwer daran sein, wieder zur Normalität zurückzukehren?*, dachte ich bitter. *Ich will nichts anderes als Normalität. Ich kann von Glück sagen, wenn ich jemals aus diesen Krankenzimmern herauskomme.* Mein Krebs war wie ein Hund, der einen Schrottplatz bewachte. Er war zwar fürs Erste im Zwinger eingesperrt, aber er war gefährlich und knurrte böse, drohte, sich unter dem Stacheldraht durchzugraben und auszubrechen. Ich würde bis zum Äußersten kämpfen müssen, damit dieser Hund nicht entkam. Ich würde weitere experimentelle Behandlungen über mich ergehen lassen müssen und danach unzählige Tests, über Monate und Jahre, bis ich Fortschritte in Richtung einer Heilung machte. Es würde immer einen Scan geben, der vor mir lag. Die nächste Biopsie.

»Wie lange muss ich die Erhaltungstherapie machen?«, fragte ich meinen Transplantationsarzt und machte mich auf die Antwort gefasst. »Lange«, sagte er sanft. »Noch ein Jahr, vielleicht auch länger.« Ich blickte Will an. Er hatte das eingefallene, mutlose Gesicht eines Mannes, der in der Falle saß. Ich konnte es ihm nicht zum Vorwurf machen. Aber jetzt, im Rückblick, begreife ich, dass ich es insgeheim doch tat.

17

CHRONOLOGIE DER FREIHEIT

FÜR MENSCHEN WIE mich war »Zuhause« ein schwer fassbarer Begriff. Mit zwölf hatte ich sechs Schulen auf drei unterschiedlichen Kontinenten besucht. Von der siebten Klasse an hatten wir größtenteils in Saratoga gewohnt, aber ich hatte nie das Gefühl, ich käme wirklich *von* hier oder von sonst irgendwoher. Ich wurde kribbelig, wenn ich länger als ein, zwei Jahre am selben Ort wohnte, und hatte Angst, kleben zu bleiben wie eine Seepocke am Rumpf eines Schiffs. Das ist der Fluch von Kindern aus Mischehen, die zwischen Kulturen und Ländern aufwachsen, Bräuchen und Bekenntnissen: zu weiß, zu braun, der Name zu exotisch, zu uneindeutig anders, um irgendwo ganz dazuzugehören.

Das Leben seit der Diagnose war nicht weniger nomadenhaft gewesen. Im letzten Jahr hatten Will und ich zusammengerechnet sechs Monate in Krankenhauszimmern verbracht. Wir hatten in meinem Kinderzimmer in Saratoga gewohnt. Wir hatten im Gästezimmer von Freunden gelebt. Und in der letzten Zeit waren wir in der Hope Lodge untergebracht gewesen, deren Regeln aber besagten, dass man maximal drei Monate dort verbringen durfte. Am Ende des Sommers war ich von meinen unsteten Neigungen geheilt. Mehr als alles wünschte ich mir ein Zuhause.

Ende August 2012 zogen Will und ich in das Apartment an der Ecke Fourth Street und Avenue A im East Village, das meiner Mutter gehörte – es war genau das Apartment, in dem sie zwei Jahrzehnte zuvor gewohnt hatte, als sie ganz frisch nach New York eingewandert war. Wenn Will und ich genügend Geld für den Unterhalt, die Nebenkosten und die Steuer aufbringen konnten, gehörte das Apartment uns. Wir konnten bleiben, so lange wir wollten.

So vieles hatte sich verändert, seit ich zum letzten Mal in dem Gebäude gewesen war, aber auch so wenig. Als ich kam, rief jemand: »Le bébé!« Ich sah Jorge, der abends dort als Pförtner arbeitete. Er war ein alter Mann geworden, grau und leicht gebeugt, aber er erinnerte sich noch an den Tag, an dem mich meine Eltern als Neugeborenes aus dem Krankenhaus mitgebracht hatten. Alle Türen in dem Gebäude waren noch in demselben Blaugrün gestrichen wie früher, die Gänge schmückten goldfarbene Leisten und Art-déco-Leuchten. Der Aufzug blieb regelmäßig stecken, und aus den Wasserhähnen kam gelegentlich rostbraunes Wasser. Das winzige Apartment lag im Erdgeschoss, und die Fenster blickten auf die Müllcontainer im Hof. Wills Eltern kauften uns ein Abtropfgestell und Gläser, meine borgten uns Bettzeug und einen schönen alten tunesischen Teppich, ein Freund schenkte uns ein Bettgestell. Wir hatten in Secondhandläden auch nach einem alten Überseekoffer gesucht, wie wir ihn als Esstisch in Paris benutzt hatten. Ein Zuhause, ganz egal, wie klein, schlecht beleuchtet oder planlos eingerichtet, bedeutete eine neue Freiheit, und wir waren wahnsinnig glücklich.

An unserem ersten Abend in der Wohnung stellte Will zwei Teller auf den Koffer und zündete Kerzen an. Die letzte richtige Mahlzeit, die ich meiner Erinnerung nach hatte essen können, war ein Osterdinner in der Transplantationsabteilung gewesen. Bis vor Kurzem war meine Nahrung über Schläuche gekommen oder in Gestalt von kleinen Bissen zerkochter Speisen, die ich in der Hope Lodge bei mir behalten konnte. Ich hatte noch nie so wenig gewogen wie jetzt und hatte null Appetit, aber ich war entschlossen, unser erstes Essen in unserem neuen Heim zu genießen. Freiheit bedeutete, eine halbe Schüssel selbst gekochter Spaghetti essen zu können – und dann die ganze Nacht damit zu kämpfen, sie bei mir zu behalten.

Freiheit bedeutete auch, in den folgenden Wochen Geduld mit Will zu haben. Er bemühte sich, die Rolle des Krankenhauspersonals und meiner Mutter einzunehmen, die nach Saratoga zurückgekehrt war. Er übernahm den Großteil der Hausarbeit, das Kochen und Putzen, und begleitete mich alle paar Wochen in die Notaufnahme, wenn ich wieder Fieber bekam oder eine neue Komplikation auftrat. Ich war dermaßen schwach, dass es eine echte Herausforderung war, in die Apotheke einen Block weiter zu laufen, und ich verbrachte die meisten Tage allein im Bett. Ich schlief, versuchte zu schreiben oder mich mit Fernsehen zu betäuben. Ich zählte die Stunden bis Mittag, wenn Will während der Mittagspause mit dem Fahrrad nach Hause fuhr, um nach mir zu sehen und mir etwas zu essen zu machen, bevor er zur Arbeit zurückkehrte. Und dann zählte ich die Stunden, bis es sieben Uhr war und er wiederkam. Ich durfte immer noch nicht an belebte Orte gehen, Essen aus dem Restaurant essen oder mit öffentlichen Verkehrsmitteln fahren, und so blieben wir abends zu Hause. Die Distanz, die ich in der Hope Lodge zu ihm verspürt hatte, war geringer geworden. Wir waren beide ganz aufgeregt, weil wir die Möglichkeit hatten, in unserer eigenen Wohnung neu anzufangen. Freiheit bedeutete, zum ersten Mal seit der Transplantation in einem Bett schlafen zu dürfen, und mit einem neuen Körper zurechtzukommen, der die Sprache der Intimität vergessen zu haben schien.

Es war ein Montagmorgen, kurz nach neun. Ich stand vor dem Haus, und an jeder Ecke versuchte jemand, ein Taxi anzuhalten. Ich setzte mich auf den Bordstein und wollte ein paar Minuten warten, bis sich der morgendliche Pendlerverkehr etwas gelegt hatte. Ich hatte wieder mit der Chemo angefangen, und ganz egal, was ich machte – ob ich das Duschen ausließ, mehrere Wecker stellte, am Abend zuvor früh schlafen ging –, irgendwie kam ich immer genau dreißig Minuten zu spät im Krankenhaus an. Ich hatte es nicht wahnsinnig eilig – mein Dreißig-Minuten-Puffer war so beständig, dass ich schon beinahe stolz darauf war. Ich war pünktlich, aber nach meinen Begriffen.

Vielleicht hatte ich auch die Hoffnung, man würde mir sagen, ich könnte den Tag freinehmen, wenn ich nur spät genug kam. Ich wehrte mich innerlich dagegen, überhaupt eine Erhaltungstherapie machen zu müssen. Jetzt hatte ich keine Blasten mehr – keinen Krebs, nur ein Rückfall drohte –, und es war schwieriger für mich, genügend Entschlossenheit aufzubringen und das qualvolle Prozedere über mich ergehen zu lassen, selbst wenn ich rein logisch die Gründe dafür nachvollziehen konnte. Mein neuer Behandlungsplan beinhaltete eine intravenöse Infusion von Azacitidin, ein Medikament, das ich bereits während der klinischen Studie genommen hatte. Ich sollte es jeden Monat an fünf aufeinanderfolgenden Tagen bekommen. Dann hatte ich drei Wochen frei. Auf dem Papier schien das keine große Sache zu sein. Aber die Erfahrung hatte mich gelehrt, dass die freie Zeit kein Spaziergang war – ich würde mich die drei Wochen abmühen, bleischwer durch die Chemikalien, und gerade wenn es mir wieder ein bisschen besser ging, kamen die nächsten fünf Tage. So sah in absehbarer Zeit mein Leben aus.

Ein Taxi bremste, und ich winkte ihm halbherzig. Der Fahrer war ein älterer Mann mit graumelierten Dreadlocks und einem starken jamaikanischen Akzent. Als wir über den FDR Drive rasten, die Schnellstraße, die am östlichen Rand von Manhattan entlangführt, erhaschte ich einen kurzen Blick auf eine junge Frau auf einem Fahrrad, die den Radweg am East River entlangfuhr. Sie war wohl ungefähr in meinem Alter, braungebrannt, sportlich, und ihr blonder Pferdeschwanz tanzte im Wind. Irgendwann würde ich vielleicht mit dem Fahrrad ins Krankenhaus fahren, dachte ich. Sobald ich gesund genug war.

»Halloooo? Ist da jemand?«, sagte der Taxifahrer. Wir waren am Krankenhaus angekommen, und ich war in meine Gedanken vertieft. »Alles in Ordnung?« Mir kam der alte Witz in den Sinn, dass ich eines Tages auf diese Frage einen Monolog über meine letzte zytogenetische Untersuchung oder die neuesten Biopsieergebnisse halten würde, nur um zu sehen, wie mein Gegenüber reagierte. Aber der Fahrer wollte einfach nur freundlich sein. Mir war klar, dass er eigentlich gar nicht wissen wollte, dass man nach einer Knochenmarktransplantation desorientiert und zerstreut sein kann. Oder dass ich in der Öffentlichkeit quasi zur Narkoleptikerin geworden war. Ich hielt also den Mund, bezahlte und stieg mit einem kurzen »Danke« aus dem Taxi aus.

Der vertraute Geruch von Desinfektionsmittel stach mir in die Nase, als ich den Eingangsbereich des Sloan Kettering betrat. Mit seinen zwanzig Stockwerken, den schimmernden Stahlaufzügen und den Kunstwerken an den Wänden ähnelte es einem mächtigen Kreuzfahrtschiff voller Krebspatienten und den Leuten, die sie versorgten. Es gab sogar die bizarren Annehmlichkeiten einer Kreuzfahrt in verkleinerter Form: einen Starbuckswagen, einen Speisesaal, ab und an ein Kammerkonzert, eine Aufenthaltsetage mit Mal- und Bastelaktivitäten sowie eine Bibliothek, in der Patienten zerlesene Groschenromane ausleihen konnten. Das Gebäude war blitzsauber und mit den neuesten Geräten ausgestattet, aber es war von einer Müdigkeit durchdrungen, die alles schäbig wirken ließ. Die Wartezimmer waren mit Möbeln im Stil der Siebziger eingerichtet, und die marmorierten Linoleumböden waren von den jahrelangen Schritten der Ärzte und des Pflegepersonals abgewetzt. Die Notversorgung war immer voll ausgelastet, und die Schlange von Patienten in Rollstühlen und auf Tragen reichte bis weit in den Gang hinein.

Zum ersten Mal im Sloan Kettering war ich ein paar Tage, nachdem ich meine Diagnose erhalten hatte, gewesen. Ich hatte mir seinerzeit eine zweite Meinung einholen wollen. Mit meinen Haaren, die mir bis zur Taille reichten, und dem Nasenring sah ich nicht aus wie die anderen Patienten. Im Wartezimmer hatte sich ein Mann mittleren Alters, der ein ärmelloses Hemd und ein Bandana über seinem haarlosen Kopf trug, zu meinem Vater gebeugt, der seit den Neunzigern eine Glatze hatte. In der Annahme, er sei derjenige, der sich einer Chemo unterzog, hatte der Mann die Faust gereckt. »Durchhalten, Bruder«, sagte er. Ich weiß noch, dass ich mich bestärkt gefühlt hatte, als wäre diese Verwechslung ein Beweis dafür, dass ich nicht hierhergehörte – dass ich irgendwie anders war als diese Patienten in ihren unterschiedlichen Stadien des Verfalls. Jetzt fand ich die Patienten und den aseptischen Geruch im Sloan Kettering beruhigend. Mit meinem blonden Entenkükenflaum, der ungleichmäßig und weich wie Daunen nachwuchs und gerade einmal einen halben Zentimeter lang war, passte ich dazu und war entspannt. Ich verstand die Abläufe, beherrschte den medizinischen Fachjargon und fand mich mit geschlossenen Augen in dem komplizierten System von Gängen zurecht. Die Außenwelt war es, die mir fremd geworden war und mir sogar ein bisschen Angst einjagte.

Ich drückte drei Mal auf den Spender mit dem Handdesinfektionsmittel – mein Glücksritual – und rieb mir die Hände, dann zog ich blaue Latexhandschuhe und eine frische Maske an und marschierte zu den B-Aufzügen. Ich fröstelte, als die Türen zum dritten Stock aufgingen. Die Ambulanz für Knochenmarktransplantationspatienten wurde klimatisiert, und es gab keine frische Luft dort, wie in einem Fleischkühlraum. Ich nahm mir eine Heizdecke aus der Schwesternstation – dort gab es eine ofenähnliche Vorrichtung, um sie angenehm warm zu halten – und setzte mich.

Die in Wartezimmern verbrachten Stunden zogen sich endlos hin, und man verbrachte sie am besten, indem man sich still verhielt oder Leute beobachtete. Mit der Zeit war ich Expertin darin geworden, die unterschiedlichen Phasen des Patientendaseins zu erkennen: Neu Diagnostizierte wurden oft von einem Gefolge von Freunden und Verwandten begleitet, die Blumen und Geschenke brachten; ein Vater mit Halbglatze oder ein Sohn, bei dem sich bereits Geheimratsecken andeuteten, rasierten sich aus Solidarität den Schädel, in dem Glauben, sie verdienten ein Ehrenzeichen für dieses Opfer. Nach ein paar Wochen wurde das Gefolge dann lichter. Es wurde ein Kalender erstellt, der die »Chemo-Buddys« einteilte, damit Freunde und Verwandte den Patienten abwechselnd begleiten konnten. Nach sechs Monaten saß der Patient dann neben einer einzigen Betreuungsperson, die alle Verantwortung allein trug und über die Parkplatzsituation oder die »höllische Wartezeit« schimpfte. Wenn der Patient das Pech hatte, länger als ein, zwei Jahre krank zu sein, wurde irgendwann beschlossen, er könne es durchaus bewerkstelligen, allein ins Krankenhaus zu kommen.

Zum ersten Mal seit meiner Diagnose gehörte ich heute zur Gruppe der Letzteren – aber ich war nicht die Einzige. Mir fiel ein junger Mann auf, der gerade hereingekommen war und ebenfalls die vorgeschriebene Maske und die Handschuhe trug. Er war wohl Ende zwanzig, groß und schlaksig und trug eine Wollmütze. Er wirkte nervös, als er sich in dem vollen Warteraum nach einem Platz umsah. Zufällig stand der einzige freie Stuhl direkt zu meiner Rechten, und wir nickten einander zu, als er näher kam.

»Suleika, oder?« Er streckte mir seine behandschuhte Hand entgegen. »Ich bin ein großer Fan deiner Kolumne.« Er stellte sich als Bret vor, und während wir warteten, erzählte er mir von seinem Kampf gegen ein Lymphom, den er verlor, wie er sagte. Er und seine Frau überlegten gerade, ihr Leben in Chicago aufzugeben und hierher, nach New York

City, zu ziehen, damit er sich einer Knochenmarktransplantation unterziehen konnte. Ich hörte zu, dann schilderte ich ihm die einschlägigen Teile meiner Erfahrungen. Ich sagte ihm, dass er gut versorgt werden würde, wenn er beschloss, die Transplantation hier machen zu lassen, und ich bot ihm auch an, den Kontakt zur Hope Lodge herzustellen, wo er mit seiner Frau kostenlos wohnen konnte. Als Brets Name aufgerufen wurde, zitterten seine Hände nicht, und ich hatte das Gefühl, unser Gespräch – die Verbindung zwischen uns – hätte mich geerdet. Wir tauschten Telefonnummern aus, und ich versprach, mich zu melden, wenn ich jemals nach Chicago kommen sollte. Aber sobald er hinter dem Vorhang verschwunden war, war ich wieder allein.

Als ich schließlich in den Chemo-Raum gerufen wurde, sah ich Abby, eine meiner Lieblingsschwestern. »Sie haben ja ganz rote Augen«, sagte sie etwas besorgt. »Ich bin nur müde«, fing ich an – und das stimmte, teilweise. Ich hatte in letzter Zeit nicht sonderlich gut geschlafen. Die hochdosierten Steroide, die ich gegen die GvHR bekam, verursachten Schlaflosigkeit, und ich sah mir bis spät in die Nacht im Bett noch Filme an. Aber bevor ich weitersprechen konnte, brach ich in hemmungsloses Weinen aus. Das überraschte mich. Zu Hause war ich mittlerweile ein wandelnder Tränenbrunnen, aber vor anderen weinte ich selten.

Meine Stimmung war in letzter Zeit in Schieflage geraten. Ich war unruhig und aufgewühlt, seit ich erfahren hatte, dass ich mich noch einmal einer Chemotherapie unterziehen musste. Nachdem Will arbeitete und meine Eltern wieder zu Hause in Saratoga waren, hieß Freiheit für mich: lernen, für mich selbst zu sorgen. Freiheit hieß eine gewaltige Tablettendose mit sieben Fächern, auf der die Wochentage standen, und die Aufgabe, Dutzende von Medikamenten pünktlich einzunehmen. Freiheit hieß, ohne Begleitung zur Chemo zu gehen. Es war die Erkenntnis, dass ich allein auf weiter Flur war. Irgendwie war ich das schon immer gewesen.

18

DIE PROMENADENMISCHUNG

WÄHREND MEIN BRUDER und unsere Freunde auf Bäume kletterten und Fußbällen hinterherrannten, suchte ich als Kind die Gehsteige und das Gebüsch nach ausgesetzten Tieren ab. Ich ging niemals an einer herumliegenden Pappschachtel oder einem Müllcontainer vorbei, ohne nachzusehen, ob nicht ein Wurf Kätzchen mit dem Abfall entsorgt worden war. Wenn Erwachsene mich fragten, was ich einmal werden wollte, wenn ich groß war, antwortete ich mit großem Ernst: die Mutter Teresa der Streuner.

Die ganzen Jahre über flehte ich meine Eltern an, uns einen kleinen Hund zuzulegen, aber sie lehnten jedes Mal ab – wir zogen zu häufig um, und sie wollten sich keine weitere Aufgabe aufladen. In der vierten und fünften Klasse fuhr ich jeden Tag nach der Schule mit dem Fahrrad in die örtliche Tierklinik, um dabei zu helfen, die Zwinger zu reinigen, bei Operationen zuzusehen und die Vorratsschränke aufzufüllen. Ich gab mein Taschengeld für alte tiermedizinische Lehrbücher aus, für Trockenfutter, Kätzchenmilch und Spielzeug, das ich Tierrettungsorganisationen spendete. Ich lernte alle zweihundertvierundsiebzig Hunderassen auswendig, die der American Kennel Club aufführte, und zwang meine Eltern, mich über ihre Verhaltenseigenschaften, gesundheitlichen Bedürfnisse und ihre Lebenserwartung auszufragen. Mit zehn wünschte ich mir von meinem Bruder einen Inkubator zu Weihnachten. Zum Entsetzen meiner Eltern schob ich im Frühjahr ein Dutzend Küken in meinem alten Puppenwagen herum. Danach kam die Hamsterzucht, gefolgt von einem Nebengeschäft als Tiersitterin. Zu Middleschoolzeiten pilgerte ich am Wochenende ins Tierheim, wo ich meine Tage damit verbrachte, mit räudigen alten Hunden zu kommunizieren. Ganz besonders mochte ich die Promenadenmischungen – je heruntergekommener, schelmischer, wilder, untrainierbarer, desto besser. Auf gewisse Weise habe ich mich wohl mit ihnen identifiziert – sie waren Außenseiter und suchten ein Zuhause.

Ich folgte dieser Berufung noch etwas länger. Am College zog ich kurze Zeit ein neugeborenes Kätzchen auf, dem ich den Namen Mohamed gab. Aber ich war sehr mit dem Studium beschäftigt und musste den Kleinen bald in zuverlässigere Hände übergeben. Die Zeit verging mit Reisen im Sommer, Orchesterproben, Freunden und Partys. Nach dem Abschluss gab es in meinem Leben als Erwachsene keinen Platz für ein Haustier. Ich konnte mich kaum um mich selbst kümmern.

Kurz nach meiner Diagnose hatte mich im Mount Sinai ein Therapiehund besucht, ein kleiner energischer Spaniel, der um mein Krankenbett gesprungen war und spielerisch an der Decke auf meinem Schoß gezerrt hatte. Zum ersten Mal, seit ich krank war, hatte ich nicht das Gefühl, behandelt zu werden, als sei ich aus Porzellan. Der Besuch des Therapiehundes entzündete die Sehnsucht nach einem Haustier in mir wieder neu, wie damals als Kind, und seit ich mit

Will in die Wohnung gezogen war, hatte ich mich darauf versteift. Stundenlang saß ich am Computer und scrollte durch Websites, auf denen Tieradoptionen vermittelt wurden. Aber ich kannte die medizinische Wirklichkeit: Mein geschwächtes Immunsystem machte es unmöglich, mir einen Hund zuzulegen. Mein Transplantationsarzt dachte gar nicht erst nach, bevor er die Idee zurückwies. Trotzdem fragte ich ausdrücklich alle paar Wochen nach.

Eines Morgens im Oktober, als ich zu einer Kontrolluntersuchung im Sloan Kettering war, erfuhr ich, dass mein Transplantationsarzt für kurze Zeit im Krankenstand war. Während seiner Abwesenheit war ich einer anderen Ärztin zugeteilt, Dr. Barker. Ich beschloss, bei ihr mein Glück zu versuchen.

»Was hielten Sie davon, wenn ich mir einen Hund zulegen würde?«, fragte ich sie nach wenigen Minuten bei unserem ersten Termin.

Sie überlegte kurz. »Aber sicher«, antwortete Dr. Barker. »Ich wüsste nicht, was dagegen spricht.« Sie erklärte, dass mein Immunsystem mittlerweile stärker sei – nicht so stark, wie es sein könnte, aber stark genug –, und ein Haustier zu versorgen, könnte sogar therapeutisch sinnvoll sein, meinte sie.

Ich verschwendete nicht viel Zeit. Später an diesem Nachmittag überredete ich Will, mich nach der Arbeit zu einer Tierrettungsorganisation in SoHo zu fahren – »nur um mal zu gucken«. Ich ging direkt auf einen Kümmerling zu. Er war ein hässlicher Terriermischling – ein »Schnudel«, halb Schnauzer, halb Pudel – mit dünnem weißem Fell, das kaum seine fleckige lila Haut und die Schlappohren bedeckte. Ich musste einfach fragen, ob ich ihn einmal halten durfte. Er war so klein, dass er auf meine Handfläche passte. Mit seinem verlotterten Spitzbart und einem schelmischen Funkeln in den Augen knurrte er mich an. Er wirkte unleidlich und etwas verwirrt, aber voller Charakter. Es war Liebe auf den ersten Blick. »Das ist mein Hund«, sagte ich.

Will hatte Bedenken. Er befürchtete eine erhöhte Gefährdung durch Keime und scheute die Mehrbelastung durch einen Hund, da wir sowieso schon mit mehr zu kämpfen hatten, als wir bewältigen konnten. Ich bat ihn inständig, versprach, Vorkehrungen zu treffen, um meine Gesundheit zu schützen und präsentierte einen unerschöpflichen Strom von Ideen: Der Hund sollte beim Gassigehen Einwegüberzieher tragen, damit die Pfoten so sauber wie möglich blieben. Ich gelobte, Handschuhe zu tragen, wenn ich ihn fütterte und seine Hinterlassenschaften beseitigte, schwor, dass er nie im Bett schlafen durfte, und erstellte eine Liste von Freunden, die helfen konnten, sich um ihn zu kümmern, wenn mir die Kraft dazu fehlte.

»Du bist gnadenlos«, sagte Will mit der Andeutung eines Lächelns.

Als ich der Frau an der Anmeldung sagte, wir hätten Interesse daran, den Kümmerling zu adoptieren, teilte sie uns mit, es gebe bereits eine Warteliste mit einem Dutzend Leuten vor uns, die sich bereits genau für diesen Welpen beworben hätten. Sie müsste erst alle Bewerbungen durchsehen und alle Referenzen abtelefonieren, bevor eine Entscheidung getroffen werden könnte. Ich zögerte einen Augenblick, dann flehte ich sie an: »Haben Sie ungefähr eine Ahnung, wann wir benachrichtigt werden? Ich hatte gehofft, den Welpen vor meinem nächsten Chemozyklus zu bekommen. Sie wissen ja … angeblich sind Hunde die beste Medizin.« Es war das erste und einzige Mal, dass ich die Krebskarte zog, aber ich wollte den Kümmerling unbedingt haben. Unter dem Eindruck meines starken Auftritts drängte die Frau uns die Adoptionspapiere geradezu auf. Auf der Taxifahrt zurück in unser Apartment bekam der Kümmerling den Namen »Oscar«.

Der erste Abend mit Oscar war der glücklichste, an den ich mich seit meiner Diagnose erinnern konnte. Innerhalb einer Stunde hatte er zweimal auf den alten tunesischen Teppich in unserem Wohnzimmer gepinkelt und einen Kackhaufen von schockierender Größe darauf hinterlassen, aber ich war so hingerissen, dass es mir egal war. Will war bald mit von der Partie. Wir badeten ihn gemeinsam und umsorgten ihn wie begeisterte frischgebackene Eltern. Als Oscar schließlich bei mir auf der Brust einschlief, rieb ich ihm den Bauch und sah ihm beim Schlafen zu. Seine winzigen schwarzen Pfoten zuckten, während er im Traum Kaninchen jagte. Die Wärme seines Körpers und sein gleichmäßiger Herzschlag beruhigten mich, und ich schlief auf dem Sofa ein, Oscar zusammengerollt unter meinem Arm.

Die Realität stellte sich am nächsten Tag ein, als Will in die Arbeit ging und ich zum ersten Mal allein mit Oscar war. Ich war nicht darauf vorbereitet, ein halbes Dutzend Mal am Tag mit einem inkontinenten Welpen nach draußen zu sprinten, während Urin in hohem Bogen auf den Boden im Gang spritzte, bevor ich die Tür erreichte. Nach der Chemo und der Transplantation hatte ich noch keine Energie und brauchte immer noch viel Ruhe. Aber Oscar war das komplett egal, ob mir gerade zu übel war oder ich zu große Schmerzen hatte, um Fangen zu spielen. Bald wurde es zur größten Herausforderung meines Tages, ihn zu versorgen. Jeden Morgen, nachdem Will das Haus verlassen hatte, schleckte Oscar meine Zehen ab, bis ich aufwachte. Dann mussten wir nach draußen. Nach ein paar Blocks war er aufgewärmt und bereit loszurennen, während ich erschöpft war und am liebsten wieder ins Bett wollte. Ich fragte mich langsam, ob ich nicht doch einen gewaltigen Fehler gemacht hatte.

Doch mit der Zeit gewöhnten wir beide uns aneinander. Das Leben mit Oscar ließ mir keine andere Wahl, als meinen Tagen eine Struktur zu geben, die sich eher um seine als um meine Bedürfnisse drehte. Oscar hörte auf, den Wohnzimmerteppich als persönliche Pinkelunterlage zu benutzen, und ich hörte auf, bis mittags zu schlafen. Oscar bekam seine Auffrischungsimpfungen, und ich bekam meine Kinderimpfungen zum zweiten Mal. (Bei einer Knochenmarktransplantation geht die Immunisierung aus der Kindheit verloren.) Der Versuch, mit Oscar Schritt zu halten, war auch eine gute Reha. Meine Muskeln waren verkümmert, weil ich so viel Zeit im Bett hatte liegen müssen, aber schon nach wenigen Wochen, in denen ich gezwungen war, mehrmals am Tag spazieren zu gehen, sprangen wir die Treppen hinauf und hinunter und nahmen zwei Stufen auf einmal.

Zum ersten Mal seit langer Zeit war der Krebs nicht die Hauptsache in meinem Alltag. »Okay, mein Freund«, ich klatschte in die Hände, als ich Oscar zum Gassigehen rief. »Du gehst voraus.« Er sprang los und zerrte an der Leine, während er mich aus dem Wohnhaus in Richtung Dog Run, dem Hundelaufplatz am Tompkins Square Park, führte, wo er viele neue Freunde gefunden hatte. Da war Mochi, der Terriermischling, der sich gerne mit Oscar im Sand wälzte, Thelma und Louise, zwei Beagleschwestern, die den anderen Hunden lieber aus der Ferne beim Spielen zusahen, und Max, der riesige Coonhound, dessen Lieblingsbeschäftigung es war, den Pelzbesatz von Damenmänteln anzugreifen. Statt das arme Mädchen mit der Maske anzustarren, blieben die Passanten stehen, um Oscar zu streicheln und mir zu sagen, wie süß er sei. Die anderen Mieter in meinem Haus begrüßten erst meinen Hund, bevor sie zu mir Hallo sagten. Und statt meine Symptome und den Behandlungsplan dieser Woche zu diskutieren, waren Will und ich damit beschäftigt, Oscar zur Stubenreinheit und zum Gehorsam zu erziehen. Es war schön, zur Abwechslung nicht im Mittelpunkt der Aufmerksamkeit zu stehen.

Ich war immer noch in einer unsicheren Phase der Remission, in der sich die »Hochrisiko«-Leukämiepatienten im ersten Jahr nach der Transplantation befinden. Ich nahm weiterhin dreiundzwanzig Tabletten täglich und verbrachte die meiste Zeit – sowohl schlafend als auch wach – im Bett. Ich hatte immer noch wöchentliche Kontrolluntersuchungen im Krankenhaus und war vor jedem Termin nervös, während ich darauf wartete zu hören, dass meine Blutwerte in Ordnung waren. Und einmal im Monat machte ich noch den fünftägigen Chemozyklus. Oscar konnte nicht verändern, was in meinem Knochenmark vor sich ging, aber er übte einen anderen Zauber aus. Seit ich ihn adoptiert hatte, spürte ich einen Energieschub, einen Schimmer Normalität.

19

TRÄUME IN AQUARELL

DAS LEBEN IM Krankenhaus kann dem in einer Großstadt sehr ähnlich sein. Um einen herum ist viel los, wenn Patienten durch die Korridore gehen, Assistenzärzte ihre morgendliche Visite machen, Schwestern und Pfleger sich in Grüppchen bei der Kaffeemaschine unterhalten. Trotzdem kann man sich zutiefst isoliert und entfremdet fühlen.

Da mich niemand mehr zu meinen Terminen begleitete, wurden die eintönigen Stunden nur durch die Nachrichten von Lesern aufgelockert, die immer noch meinen Posteingang überschwemmten. Seit dem Start von »Life, Interrupted« war die Kolumne in mehreren anderen Zeitschriften und Zeitungen erschienen und hatte eine große Fangemeinde gewonnen. Ich hatte nicht das Durchhaltevermögen, jede Woche eine neue Kolumne zu verfassen, aber ich schrieb weiter, langsam, jeden Tag, selbst wenn es nur ein Absatz war. Bis auf eine gelegentliche Plauderei im Wartezimmer oder Begrüßungen auf der Straße war mir nie eingefallen, Begegnungen mit Lesern zu intensivieren. Aber ich sehnte mich danach, mit jemandem Gespräche zu führen, mit dem ich mich identifizieren konnte, nach einem Gegengift gegen die Einsamkeit. Als ich mich im Wartezimmer darauf vorbereitete, meinen dritten Zyklus der Erhaltungstherapie anzufangen, las ich eine Facebooknachricht von einer jungen Frau namens Melissa Carroll, die ebenfalls im Sloan Kettering behandelt wurde. Ich schrieb zurück und fragte sie, ob wir uns einmal treffen wollten. Ein paar Minuten später antwortete sie. Sie war an diesem Tag ebenfalls im Krankenhaus und schlug einen Termin vor.

Nachdem ich mit der Chemo in der Tagesklinik der Knochenmarktransplantation fertig war, fuhr ich mit dem Aufzug nach oben, um mit Melissa während ihrer Infusion zu Mittag zu essen. Mit dreißig war Melissa eine der ältesten Patientinnen auf der Kinderkrebsstation. Sie litt am Ewing-Sarkom, einer üblen Art von Knochenkrebs, die normalerweise bei Kleinkindern und Teenagern auftrat, deshalb war sie im achten Stock gelandet.

Die Kinderstation war eine ganz eigene Welt. Die Wände waren voller Malereien und fröhlichen Tierfiguren aus Papier. Die Neonlichter, die überall sonst im Krankenhaus hart und wenig schmeichelhaft waren, waren hier wärmer und verbreiteten ein behagliches Licht. Es war die Woche vor Halloween, und alle Ärzte und Schwestern waren verkleidet. Sogar die Gesichtsmasken waren anders – es gab sie in allen Regenbogenfarben, und auf manche waren Smileys oder Schnurrbärte gemalt. Gegenüber vom Empfang war ein riesiger rechteckiger Laufstall mit Spielsachen, Brettspielen, Puppenhäusern und Plüschtieren. Ein Mädchen, nicht älter als fünf, mit durchscheinender Haut und einer dünnen Narbe, die sich mitten über ihren Schädel schlängelte, schob immer wieder eine Puppe in eine Holzkiste und zog sie dann heraus. Als ich genauer hinsah, merkte ich, dass die Kiste ein Spielzeug-Computertomograph war. Neben dem Mädchen saß eine Schwester im Schneidersitz und erklärte, wie er funktionierte, wie in einer verdrehten Variante der Vorschule.

In den letzten Monaten hatte ich danach gestrebt, erwachsen zu werden, als wäre das Erwachsensein eine Prüfung, auf die ich lernen und dann die richtigen Antworten eintragen konnte, um zu bestehen. Ich war vierundzwanzig Jahre alt. Ich hatte einen kleinen Hund großzuziehen, musste Miete zahlen und Kolumnen verfassen. Ich hatte einen Freund, den ich heiraten würde, sobald ich mit der Behandlung fertig war, und ich ging ganz allein zu meinen Chemobehandlungen. Aber als ich hier zwischen den bunt bemalten Wänden und den Gläsern mit Lutschern stand, wünschte ich mir sehnlichst, ich könnte in der Kinderabteilung sein, wo ich vielen Patienten altersmäßig näher war, als unten den Senioren in der Ambulanz der Knochenmarktransplantation.

Ich ging um den Laufstall herum auf die andere Seite der Station, wo Melissa gegenüber einer Reihe Fenstern in einer Art Fernsehsessel saß. Ihre Perücke, lange, dunkle, sanft gewellte Haare, bildete einen auffallenden Kontrast zu ihrer pergamentbleichen Haut und den rosa geschminkten Lippen. Aber ihre Augen – riesengroß, die Iris wie grünes Meerglas, eingerahmt von langen schwarzen Wimpern – machten ihr Gesicht unvergesslich. Über ihr hing ein Infusionsbeutel und tröpfelte Gift in ihre tätowierten Arme. Sie klatschte in die Hände und lächelte, als sie mich entdeckte. »Suleika!«, rief sie mit einem leichten Lispeln. Wir umarmten uns nicht, denn wir hielten uns an das strenge Kontaktverbot zwischen immungeschwächten Patienten. »Cool hier, was?«, sagte sie. »Hier ist es schön hell.«

Ich setzte mich in den Sessel neben ihr, und als Mittags-

zeit war, bestellten wir uns sternförmige Erdnussbutter-
Jelly-Sandwiches – Melissa sagte, das sei ihr das Liebste von
der Kinderspeisekarte. Beim Essen blickten wir aus den
Fenstern, und ich stellte ihr zig Fragen, denn ich wollte alles
über meine mysteriöse neue Krankenhausfreundin wissen. Melissa erzählte mir, sie sei in Irland geboren worden,
wo ihr Vater, ein Musiker, herstamme. Aufgewachsen war
sie aber in einer Kleinstadt in New Hampshire. Als junger
Teenager hatte sie Schlagzeugspielen gelernt und dann eine
Mädchen-Indierockband namens Mystic Spiral gegründet,
die es aber nicht lange gegeben hatte. Nach ihrem Abschluss
an der Kunstakademie war Melissa nach Brooklyn gezogen, wo sie fünf Jahre lang als Assistentin von Francesco
Clemente gearbeitet hatte, einem bekannten zeitgenössi-
schen Maler.

»Zwanzigzehn war ein gutes Jahr für mich.« Melissa
blickte wehmütig drein. Sie hatte einen Freund und ein re-
ges Sozialleben, und ihre Bilder waren allmählich in Galerien zu sehen. Eines Abends verabredete sie sich dann mit
einer Freundin in einer Bar in Williamsburg. In dem dunklen Raum stellte die Freundin versehentlich das Metallbein
eines Barhockers auf Melissas Fuß. Zuerst dachte Melissa,
sie hätte eine Prellung, aber die Stelle tat Wochen danach
immer noch weh, und an der Oberseite des Fußes zeigte
sich eine harte Beule. Melissa war damals nicht krankenversichert, fand aber eine Klinik, die einkommensabhängig
abrechnete. Eine Röntgenaufnahme zeigte, dass ihr dritter
Mittelfußknochen gebrochen war. Sie zeigte auch, dass die
Beule nicht nur eine Schwellung, sondern eine abnorme
Gewebemasse war. Bei einer Biopsie wurde festgestellt,
dass diese Masse bösartig war und der Krebs sich bereits bis

hin zu den Beckenlymphknoten und dem Knie ausgebreitet hatte. »Von einem Barhocker bekommt man natürlich keinen Krebs«, meinte Melissa. »Wenn meine Freundin nicht genau diese Stelle an meinem Fuß erwischt hätte, hätte ich den Krebs wahrscheinlich gar nicht entdeckt. Krass, oder?«

Nach der Diagnose blieb Melissa nichts anderes übrig, als wieder bei ihren Eltern in New Hampshire zu wohnen. Sie unterzog sich einer intensiven Chemotherapie. Als ihr die Haare ausgingen, schloss sie sich im Badezimmer ein und rasierte sich den Kopf mit einem Haarschneider. Danach fuhr ihre Mutter sie in einen Friseursalon in Boston, wo man ihr eine Perücke anpasste, die genauso aussah wie ihre tiefschwarzen Locken mit den kastanienbraunen Strähnen. Am selben Abend noch setzte sie sich die Perücke auf, stieg in einen Zug nach New York und ging auf eine Party in Bushwick. »Ich habe meinen Freunden die Perücke gezeigt und bin dann direkt in den Pool im Garten gesprungen«, erzählte sie frech grinsend. So war Melissa: quirlig und lebenslustig, schnell zum Lachen zu bringen, und sie lächelte immer, selbst in den schlimmsten Zeiten. In ihrer Gegenwart hellte sich alles auf.

Melissa war gerade zum zweiten Mal in Behandlung. Bei der ersten hatte sie siebzehn Chemozyklen und mehrere Operationen hinter sich gebracht, und am Ende waren keine Krebszellen mehr nachweisbar gewesen. Aber nur anderthalb Jahre nach der Diagnose war der Krebs wieder zurück, und sie hatte beschlossen, sich im Sloan Kettering behandeln zu lassen, wo es mehr Möglichkeiten gab.

Als sie von dem Rückfall erfuhr, war sie am Boden zerstört. Sie setzte sich auf die Veranda ihrer Eltern und öffnete ihr Skizzenheft. Zuvor hatte sie Ölgemälde auf großen Leinwänden gemalt, aber von den Lösungsmitteln wurde ihr übel, und so experimentierte sie mit Aquarellen und malte das erste einer Serie bewegender Bilder mit dem Titel »Selbstporträt mit Maske«. »Ich mag die Unwägbarkeit und die glücklichen Zufälle bei Aquarellen. Ich mag es, dass man nicht die absolute Kontrolle hat, wie im Leben«, erklärte sie mir. »Vielleicht hast du Lust, irgendwann mal vorbeizuschauen, dann porträtiere ich dich?«

Ich nickte energisch. Mit Melissa hätte ich mich auch vor meiner Diagnose gerne getroffen, und ich war begeistert, eine neue Freundin gefunden zu haben, die auch Wege suchte, sich kreativ mit der Krankheit zu beschäftigen. Wir arbeiteten beide an merkwürdigen Karrieren: Melissa malte Selbstporträts vom Bett aus, ich schrieb Selbstporträts vom Bett aus. Aquarellfarben und Wörter waren uns als Mittel zur Bekämpfung der Schmerzen lieber. Wir lernten, dass es manchmal der einzige Weg ist, das Leiden zu ertragen, wenn man es in Kunst verwandelt.

Melissa und ich wurden unzertrennlich. Wir leisteten uns während der Chemo Gesellschaft. Wir verbrachten die Nachmittage damit, in Secondhandläden nach den gleichen Lederjacken und neuen Klamotten zu suchen, die uns mit unseren abgemagerten Körpern passten. Abends saßen wir in ihrem Apartment in Brooklyn, das auf den McGolrick-Park blickte und ein erstaunliches Sammelsurium von Dingen enthielt: ein ausgestopftes Entenküken mit zwei Köpfen, das ihr einer ihrer vielen Verehrer geschickt hatte, eine wunderschöne Glasbong, eine Holzkiste mit zig Tablettenfläschchen und Malpinseln sowie eine große Korktafel an einer Wand, an die sie Krankenhausarmbänder, Fotos von

Freunden, alte Flugtickets und Artikel über ihre Arbeiten gepinnt hatte. Sie rauchte permanent Gras, um gegen die Übelkeit anzukämpfen, und wenn sie dann Fressattacken bekam, servierte sie uns Eiscreme. Ich durfte eine Perücke von ihr ausleihen, und sie gab mir Nachhilfeunterricht im Schminken, zeigte mir, wie man die Augenbrauen nachzog und dicke falsche Wimpern anklebte, da meine ausgefallen waren. Melissa tanzte wahnsinnig gerne, und wenn wir die Energie dazu aufbrachten, drehten wir »Thriller« laut auf, tanzten im Wohnzimmer dazu und schüttelten unsere Perücken im Takt, bis wir auf dem Sofa zusammenbrachen.

Die Liebe war ein Thema, das während unserer endlosen Gespräche immer wieder aufkam. Es war eine gewaltige Herausforderung, während einer langwierigen Erkrankung Liebe zu finden – ganz zu schweigen davon, an dieser Liebe festzuhalten. Manchmal kam es einem schier unmöglich vor. Ich war eine der wenigen jungen erwachsenen Patientinnen, deren Lebenspartner während der Behandlung dageblieben war. »Bleib bei ihm«, sagte Melissa oft. »Du hast gar keine Ahnung, was für ein Glück du hast.« Ein paar Monate nach ihrer Diagnose hatte ihr langjähriger Freund sie verlassen, war an die Westküste gezogen und hatte sofort eine neue Beziehung mit einer deutlich jüngeren Frau angefangen. »Ein Weltklassearschloch«, sagte Melissa.

Aber am allerliebsten sprachen wir über all die Orte, an die wir reisen würden, sobald es uns besser ging. Wir planten Reisen in weit entfernte Länder. Melissa träumte von Palmen und Gewürzmärkten, von Rikschas und Elefanten. Ich stellte mir vor, wie ich von Schauplätzen in aller Welt berichtete oder in einem alten Cabrio die kalifornische Küste entlangfuhr. Krebs wird häufig als Reise beschrieben. Aber wir wollten nicht auf irgendeine schwachsinnige »Krebsreise« gehen, wir wollten eine *echte* Reise machen, eine, die uns von den Geräuschen, Gerüchen und den traurigen Plastikpflanzen der Krebsstation wegkatapultierte und uns in das unbekümmerte Leben schoss, das wir so gerne leben wollten.

Zwei dürre Mädchen, die nur aus Ellbogen und Knien, herausstehenden Wangenknochen und rasierten Schädeln voll mit verzweifelten Träumen für die Zukunft bestanden – irgendeine Zukunft, solange wir dabei sein konnten.

Später in diesem Winter, ein paar Monate, nachdem wir uns kennengelernt hatten, erfuhr Melissa, dass der Krebs Metastasen in ihrer Lunge gebildet hatte. Sie reagierte darauf, indem sie ein Flugticket nach Indien kaufte. »Weniger auf der Löffelliste, mehr auf der Scheiß-drauf-Liste«, erklärte sie, als wir bei ihr am Küchentisch saßen und sie einen Joint rauchte. Beim Surfen im Internet war sie auf A Fresh Chapter gestoßen, eine Non-Profit-Organisation, die Krebsüberlebenden Reisen ins Ausland und ehrenamtliche Tätigkeiten anbot, um ihnen zu helfen, nach der Behandlung einen neuen Sinn und eine neue Richtung zu finden. »Indien war schon immer mein Traum – die Farben, die Kultur, das regt mich zum Malen an«, sagte Melissa. »Der Krebs hat mir so viel weggenommen, und ich brauche das. Ich brauche wieder Inspiration.«

Besorgt machte ich große Augen, als ich mir vorstellte, dass sie in ein Land fahren wollte, in dem sogar gesunde Reisende manchmal krank werden. »Aber wenn du eine febrile Neutropenie bekommst?«, fragte ich. »Was ist, wenn du dort ins Krankenhaus musst?«

»Was ist denn das Schlimmste, was passieren könnte?«, antwortete sie. »Suleika, ich habe zum ersten Mal das Gefühl, dass ich sterbe. Ich werde an dieser beschissenen Krankheit sterben.«

Wir saßen ganz still da, ein bleiernes Schweigen lag in der Luft.

Ich war zu krank, um mich mehr als fünfzig Meilen vom Krankenhaus zu entfernen, ganz zu schweigen davon, mit ihr nach Indien zu reisen, aber ich feuerte Melissa von meinem Bett aus an, als sie in jenem März aufbrach. Ich erlebte die Reise indirekt mit ihr durch die Fotos und Nachrichten, die sie mir alle paar Tage aufs Handy schickte. Zwei herrliche Wochen lang war Melissa keine Krebspatientin – sie wurde Melissa, die Künstlerin, die in einem Freiwilligenprogramm Zeichen- und Malunterricht an einer Grundschule in Delhi gab. Sie besuchte den Lotustempel und sprach ein inniges Gebet. Auf einem der vielen Märkte entdeckte sie wunderschöne, handbemalte Marionetten und kaufte so viele davon, dass sie einen zweiten Koffer brauchte, um sie mit nach Hause zu nehmen. Der Höhepunkt ihrer Reise war ein Besuch des Taj Mahal, das schöner war als alles, was sie je zuvor gesehen hatte. Auf der Reise nach Indien hatte sie sich einen kurzen Augenblick lang dem Gespenst ihrer eigenen Sterblichkeit entzogen. Als ich eines Tages mein Telefon zur Hand nahm, sah ich eine Nachricht von ihr: »Ich habe mich nie lebendiger gefühlt.«

Unterdessen war New York von einem Schneesturm heimgesucht worden. Schnee fiel in dicken Flocken vom Himmel und verbarg die Gehsteige, Bäume und Häuser unter einer schweren weißen Decke, durch die sich bald

Spuren von Schuhabdrücken zogen, die aber trotzdem hübsch aussah. Ich schloss die Vorhänge, aber das Licht der Straßenlaternen wurde vom Schnee reflektiert, sodass die Wohnung in ein wässrig blaues Licht getaucht wurde. Will hatte einen alten Fernseher von einem Freund geerbt und ihn auf einen kleinen Tisch gestellt, damit wir im Bett Filme ansehen konnten. Es war Sonntagabend, und wir lagen faul nebeneinander, ich mit einer Heizdecke auf dem Bauch, er mit einer Dose Bier, das er in großen Schlucken trank.

Als Will aufstand, um sich noch ein Bier zu holen, widerstand ich dem Drang, ihm zu sagen, er solle langsamer machen, denn ich wollte ihn nicht weiter ärgern oder eine nörgelnde Freundin werden, wie sie in einer Sitcom auftauchen könnte. Irgendetwas belastete ihn, aber ich traute mich nicht, danach zu fragen, denn ich war mir ziemlich sicher, dass die Antwort mit mir zu tun hatte. In letzter Zeit hatte er unruhig und frustriert gewirkt, wenn er von der Arbeit gekommen war. Er seufzte, wenn ich ihn bat, mit dem Hund rauszugehen oder etwas zu besorgen, und er gab kurze vorwurfsvolle Bemerkungen darüber von sich, dass er gerne mehr Zeit für sich hätte oder mit Freunden zusammen wäre. Ich hasste es, dass ich so viel von ihm beanspruchte, und es war erniedrigend, jemanden um Hilfe bitten zu müssen, vor allem wenn man das Gefühl hatte, der andere leistete sie nicht gerne. Wenn ich eingeschlafen war, hörte ich manchmal, wie verstohlen eine Tür geschlossen wurde, und wenn ich aufstand, stellte ich fest, dass er spazieren gegangen war oder in der Sportsbar nebenan ein Spiel ansah. Ich lag dann wach und wartete auf seine Rückkehr, wartete, dass die Sonne aufging, wartete, dass die

Spannung vorüberging, die in unsere Beziehung eingedrungen war wie Schimmel.

»Wir brauchen mehr Unterstützung«, wiederholte Will immer wieder. Er war überfordert mit der Rolle des Freunds, des Pflegers und des normalen Über-Zwanzigjährigen, der herausfinden möchte, wer er war und was er mit seinem Leben anfangen wollte. Er knickte unter der Last seiner vielen Pflichten ein. Offen sprach er es nie aus, aber es war klar, dass er die durch meine Erkrankung bedingten Einschränkungen und Anforderungen langsam immer schwerer ertrug.

»Ein paar Leute aus der Arbeit fahren morgen auf ein Musikfestival in Texas«, sagte Will, als er mit seinem Bier aus der Küche zurückkam. »Ich habe überlegt, ein Last-Minute-Flugticket zu kaufen und ihnen ein paar Tage Gesellschaft zu leisten.« Er sagte das beiläufig, aber seine Miene war angespannt.

»Ich habe diese Woche Chemo und werde am Freitag operiert.« Ich bekam einen Port, der den Katheter ersetzen sollte, den ich mir aus der Brust gerissen hatte. »Ich brauche dich hier.« Ich schauderte, weil ich mich so verzweifelt anhörte.

»Ich weiß, ich weiß, und es tut mir ja auch leid«, sagte Will, »aber ich brauche echt eine Pause. Und wenn ich dort bin, kann ich vielleicht selbst etwas schreiben.«

Ich wäre gerne das reizende Leukämiestarlet gewesen, das zu ihm sagte: *Gönn dir so viele Pausen, wie du möchtest, du hast es dir verdient, ich wünsche dir eine wunderbare Reise, mein Lieber*, aber wenn man eine solche Farce inszeniert, tritt nach einer Weile eine gewaltige geistige Erschöpfung ein. Als Patientin gab es für mich den Druck zu funktionieren, jemand zu sein, der auf gute Weise leidet, heroisch zu sein und die ganze Zeit über eine stoische Miene an den Tag zu legen. Aber an jenem Abend schaffte ich es nicht, mir anzuhören, wie schwer Will es mit meiner Krankheit hatte – wie dringend er eine Pause brauchte, während ich nicht die Option hatte, eine Pause von diesem Körper, von dieser Krankheit, von diesem unseren Leben einzulegen.

»Warum machst du ausgerechnet dann eine Pause, wenn ich dich am meisten brauche?« Das war eher eine rhetorische Frage.

»Es ist doch immer irgendwas los mit dir«, sagte Will.

»Wann ist denn jemals ein guter Zeitpunkt?«

Ich sah plötzlich abwechselnd scharf und unscharf, als würde eine heftige Migräne einsetzen. Ohne zu begreifen, was ich tat, griff ich nach einer mundgeblasenen, mit weißem Sand gefüllten Glaskugel, die ich auf dem Fensterbrett neben unserem Bett stehen hatte. Wills Mutter hatte sie bei ihrem letzten Besuch in einem Museumsshop gekauft. Das Glas hatte Schlieren in Rosa, Lavendel und Mandarine und erinnerte sie an die Sonnenuntergänge in Santa Barbara. Sie hatte mir die Kugel als Platzhalter geschenkt, bis ich wieder gesund genug war, um reisen und sie mit eigenen Augen sehen zu können. Ich hielt die Kugel in der rechten Hand und bewunderte das Schillern des darin wirbelnden Sands. Dann hob ich sie hoch in die Luft und schleuderte sie, so fest ich konnte, durch das Zimmer. Ich bin ziemlich schlecht im Zielen, und die Kugel verfehlte Will um gute anderthalb Meter – sie erreichte nicht einmal die gegenüberliegende Wand unserer winzigen Wohnung, sondern fiel auf den Boden und explodierte, sodass Glasscherben und Sand in alle Richtungen stoben. Der Boden glitzerte seltsam, als wäre er mit Glitter eingepudert. Ich empfand eine süße, kurze Erlösung, als ich das Chaos betrachtete, und die Wut in meinem Innersten löste sich.

»Verdammt«, stotterte Will schockiert. Ihm blieb der Mund offen stehen.

»Ich bin verdammt«, schnauzte ich zurück.

Ich stand aus dem Bett auf. Glasscherben knirschten unter meinen Hausschuhen, als ich zum Bad ging und die Tür zuschlug. Ich beugte mich über das Waschbecken, spritzte mir kaltes Wasser ins Gesicht und blickte in den Spiegel. Ich sah furchtbar aus – weil ich furchtbar war, dachte ich. Ich schämte mich plötzlich so sehr, dass mir fast übel wurde. Zusammen mit der Chemo strömte mir ein Hass auf alles durch die Adern. Kleine Tätlichkeiten. Unterdrückter Ärger. Verborgene Demütigungen. Verdrängte Wut. Und ein tiefer Überdruss angesichts einer Situation, die sich viel länger hingezogen hatte, als wir beide es ertragen konnten. Genau diese Dinge vergrößerten die wachsende Distanz zwischen Will und mir. Genau über diese Dinge konnte ich mit Melissa sprechen, die besser als jede andere die Veränderung der Persönlichkeit verstand, zu der es kommen kann, wenn man krank ist – wie die Krankheit das Gute und das Schlechte verstärkt, ganz neue Facetten von einem selbst zeigt, von deren Existenz man lieber nicht gewusst hätte, und wie die Krankheit das Barbarischste in einem hervorbringt.

Aber es schien unmöglich, Will das erklären zu wollen. Also schlich ich aus dem Bad, und wir gingen ohne ein Wort ins Bett. Durch die dünnen Vorhänge sah ich, dass es immer noch schneite. Ich war zu weit gegangen und wünschte, ich könnte rückgängig machen, was ich getan hatte. Ich ver-

suchte, zu sagen, dass es mir leidtat, aber er war schon eingeschlafen.

Am frühen Morgen des nächsten Tags kaufte sich Will
ein Last-Minute-Flugticket, packte eine Tasche und fuhr
nach Texas.

20

EIN BUNTER HAUFEN

MELISSA WAR DIE schönste Frau, die ich jemals aus der Nähe gesehen hatte, und ich war nicht die Einzige, die dieser Meinung war. Mit ihren silbernen Schlangenlederclogs, ihren Tattoos und der Raffinesse, die sie als ältere Frau ausstrahlte, wurde sie schnell die glamouröse Rattenfängerin der Kinderkrebsstation. Mehrere der Jungen im Teenageralter waren hoffnungslos in sie vernarrt und liefen rot an, wenn sie ihre Infusionsständer vorbeizogen.

Einer von ihnen war Johnny, der Junge, mit dem ich während meiner Transplantation online gechattet hatte. Er war ein dürrer, gutaussehender Jugendlicher aus Michigan, mit olivfarbener Haut und Augen wie Schokolade. Er hatte sein erstes Jahr am College abbrechen müssen, weil bei ihm Leukämie diagnostiziert worden war. Jetzt wohnte er im Ronald McDonald House, der pädiatrischen Entsprechung der Hope Lodge, wo kranke Kinder und ihre Eltern, die von weit her kamen, die Möglichkeit hatten, beinahe umsonst unterzukommen. Johnnys Mutter, eine fromme Kolumbianerin mit starkem Akzent, begleitete ihn, wo auch immer er hinging, aber wenn er mit Melissa und mir zusammen war, schickte er sie in den Warteraum und sagte: »Mama, siehst du nicht, dass ich mal mit meinen Freundinnen zusammen sein will?« Johnny hatte sich schnell in Melissa verknallt und wollte unbedingt, dass wir ihn für cool hielten – er erzählte gerne von der Studentenverbindung, bei der er kurz Mitglied gewesen war, von den wilden Bierpartys, von den Mädchen. Wir kauften ihm nicht unbedingt alle Geschichten ab. Sie klangen übertrieben und waren schwer zu glauben, aber ansonsten war er aufrichtig und nett, und wir liebten ihn schließlich wie einen kleinen Bruder.

Ein weiterer Fan von Melissa war ein junger Mann namens Max Ritvo. Er war Dichter und studierte in seinem letzten Jahr in Yale. Er wohnte halb in seinem Wohnheimzimmer in New Haven und halb in einer Wohnung, die seine Familie für ihn angemietet hatte, in einem schicken Gebäude mit Marmorfußböden und einem Fahrstuhlführer mit weißen Handschuhen, ein paar Blocks nördlich des Krankenhauses. Wie fast jeder im Sloan Kettering war auch Max kahl und bleich wie ein gekochtes Ei, aber mit seinem Secondhandkimono, der Schildpattbrille und dem tätowierten Vogel auf einer Seite seines Kopfes stach er zwischen den anderen Patienten hervor. Wie Melissa litt auch Max am Ewing-Sarkom und war deswegen seit dem Alter von sechzehn Jahren immer wieder in Behandlung. Er war klug und lustig, und sein Geist brachte so ungewöhnliche und plastische Aphorismen und Metaphern hervor, dass wir oft mitten in der Unterhaltung lachen mussten. Max beschrieb den Morphiumentzug wie »eine schluchzende Fensterscheibe, die mit einem Hammer und Säure bearbeitet wird«. Die Angst vor CTs sei »wie eine Pizza zu essen, ohne zu wissen, ob das Paprikaflocken oder kleine rote Milben sind«. Seine Jungfräulichkeit in einem Krankenhausbett zu verlieren sei, »als hätte man Sex auf einem unebenen Floß mitten auf einem Meer von Desinfektionsmittel«. Seine Ausdrücke beschrieben unsere sehr speziellen Leiden so perfekt, dass ich sie oft unwillkürlich auf Papierstückchen schrieb, die ich mir in die Gesäßtasche meiner Jeans steckte, um sie zu bewahren.

Unsere Krebs-Clique war ein bunter Haufen, der im Laufe der Monate noch größer wurde. Da war Kaylin, die punkige Modedesignerin mit tätowierten Armen, die ebenfalls am Ewing-Sarkom litt. Als sie keine Wohnung fand, zog sie in Melissas Apartment in Brooklyn mit ein. Da war Kristen, die ein malignes Lymphom hatte und einen kleinen Skateboardladen im East Village betrieb. Da war Erika, die einen Masterstudiengang in Ernährungswissenschaften an der NYU machte. Sie litt an Brustkrebs, hatte einen schrägen Humor und brachte immer Gourmetsnacks zu unseren Treffen mit. Da war Anjali, eine Immigrantin aus Indien mit derselben Diagnose wie ich. Sie machte gerne ätzende Bemerkungen, fluchte ununterbrochen und war berüchtigt dafür, dass sie einmal eine Schwester zum Weinen gebracht hatte. Ich hatte Anjali im Warteraum der Knochenmarktagesklinik kennengelernt. Sie war Ende dreißig, hübsch, hatte hellbraune Haut, wie ich eine spitze Nase und trug immer die erforderliche Patientenuniform: eine Strickmütze über ihrem kahlen Schädel und einen Mund-Nasen-Schutz über ihren ausgehöhlten Wangen. Als wir uns zum ersten Mal sahen, nickte sie mir zu, und ich nickte zurück, zur Würdigung des seltenen Anblicks: noch eine junge Frau inmitten lauter faltiger weißer Gesichter. »Ich habe es so satt, nur alte Säcke zu sehen«, hatte sie zu mir gesagt, die Augen gerollt und in Richtung der anderen Patienten genickt. So waren wir Freundinnen geworden. Anjalis Bruder, ihre beste Chance auf einen passenden Spender, hatte ihren Anruf nie erwidert. Ihre Transplantation war gescheitert. Innerhalb unserer Gruppe erarbeiteten wir ein inoffizielles Buddy-System. Wir begleiteten uns gegenseitig zur Chemo und verglichen Behandlungsnotizen. Wir veranstalteten Seifenopermarathons, wenn wir zu müde waren, um uns zu unterhalten, und spielten Words with Friends, wenn uns die Schlaflosigkeit unsere Nächte raubte. Wir standen mit Essen vom Straßenverkauf und Xanax vor der Tür, wenn jemand eine medizinische Hiobsbotschaft bekommen hatte. Wir gingen miteinander einkaufen, wenn unseren sich verändernden Körpern nichts mehr passte, und nahmen mitten in der Nacht Anrufe an, wenn Panikattacken zuschlugen. Schließlich sollten wir auch Hospiznachtwachen halten und dabei helfen, Gedenkfeiern zu planen. Aber das wussten wir noch nicht.

Kurz nachdem wir uns alle angefreundet hatten, wurde ich eingeladen, auf einer Konferenz zum Thema Krebs bei jungen Erwachsenen zu sprechen, und ich schlug vor, einen Mädchenausflug daraus zu machen. Anjali ging es nicht gut genug, um mitzukommen, aber der Rest – Melissa, Kaylin, Erika, Kristen und ich – hatte grünes Licht von unseren Ärzten bekommen. An einem frühen Freitagmorgen bestiegen wir, ausgerüstet mit Gesichtsmasken und einer Tupperdose voller Haschkekse, ein Flugzeug.

Im Foyer des Palms Resort in Downtown Las Vegas gab es protzige Kronleuchter, Kunstledersofas, einen roten Teppichboden, der nach Rauch stank, und zig Spielautomaten. Als wir an der Rezeption eincheckten, hieß es, wir hätten ein Upgrade bekommen – ins Penthouse. Wir konnten unser Glück kaum fassen und fuhren mit dem Aufzug ins oberste Stockwerk. Als wir die Türen zur Suite öffneten, standen wir in zwei riesigen Räumen mit raumhohen Fenstern und Blick über die Stadt. Alles war grell erleuchtet, und überall blinkten Werbetafeln. Im Wohnzimmer gab es eine gläserne Dusche, die mit einer Stripperstange ausgerüstet war, um die wir uns abwechselnd drehten und dabei lachten, bis uns die Rippen wehtaten. Wir packten unsere Koffer aus, und bald war der Couchtisch mit Perücken bedeckt. An der Bar stellten wir unsere Medikamentensammlung auf wie Schnapsgläser; wir fünf kamen zusammen auf mehr als hundert Tablettenfläschchen.

Den Großteil dieses Tages verbrachten wir am Pool, dann gingen wir in ein Tattoo-Studio namens Precious Slut. Melissa hatte sich seit ihrer Diagnose zig Tattoos stechen lassen. Dieser Trend war mir bei jungen Krebspatienten aufgefallen: der Wunsch, Anspruch auf den eigenen Körper zu erheben, die Kontrolle zu übernehmen, ihn zur selbst gestalteten Leinwand zu machen. In Anspielung auf unser Wochenende in Vegas – und die seltsamen Umstände, die uns zusammengebracht hatten – ließen sich Melissa und Kaylin die gleichen Pik-Symbole auf den Unterarm tätowieren und baten uns darum, das auch zu tun. Erika hatte bereits ein Tattoo, ein chinesisches Schriftzeichen, das sie sich als Teenager auf den unteren Rücken hatte stechen lassen. Das bereute sie jetzt sehr, denn sie meinte, aufgrund der vergangenen Zeit und der Schwerkraft wäre es ihr schon halb über den Po hinuntergewandert. Kristen stand nicht auf Tattoos, und ich war zwar in Versuchung, aber immer noch zu immungeschwächt.

Als wir später an diesem Abend wieder im Hotel waren, bestellten wir Sekt und Pizza. Wir machten es uns auf den weißen Sofas im Wohnzimmer gemütlich und kuschelten uns wie Katzen aneinander. Wir redeten bis tief in die Nacht über alles Mögliche, von Hairstylingtipps nach der Chemo und der Angst vor einem Rückfall bis zu dem heißen jungen Koch aus Neuseeland, den Erika auf einem Online-Datingportal kennengelernt hatte. »Ich wollte noch ein einziges Mal Sex haben, bevor sie mir die Hupen abschneiden«, sagte Erika, der in den nächsten Wochen beide Brüste amputiert werden sollten. In der Nacht mit ihrem Koch hatte sie die Perücke aufbehalten und ihm nicht gesagt, dass sie krank war, auch wenn sie bemerkt hatte, dass er ein paar Mal nach dem LIVESTRONG-Armband an ihrem Handgelenk geschielt hatte. Im Lauf der nächsten Woche hatten sie sich immer wieder Nachrichten geschrieben, aber Erika hatte keine Ahnung gehabt, wie das alles weitergehen sollte, ohne dass sie ihm die Wahrheit sagte. Sie zog ihr Telefon heraus und las uns laut die Nachricht vor, die sie ihm geschickt hatte: »Hi, das ist wahrscheinlich der schlimmste Text, den du je in deinem Leben bekommen wirst, aber ich finde, ich muss dir etwas sagen, weil ich glaube, dass du mich vielleicht wirklich magst. Ich habe Krebs, und der wahre Grund, weshalb ich dich diese Woche nicht sehen kann, ist meine Chemotherapie. Es tut mir sehr leid. Bitte fühle dich nicht verpflichtet, auch nur zu antworten!«

Atemlos beugten wir uns alle vor. »Was hat er gesagt?«, fragte Kaylin.

»Nichts«, erzählte uns Erika. »Aber eine Stunde später hat es an der Tür geklopft. Es war eine Blumenlieferung, ein wunderschöner, kunstvoller Strauß von einem Laden in meiner Straße, den ich sehr mag. Es war eine Karte dabei, darauf stand: ›Das ändert gar nichts. Kuss, Mike.‹«

»Okay, der Typ scheint es offenbar ernst zu meinen. Aber eigentlich interessiert uns: Wie war der Sex?«, fragte Kristen.

Erika seufzte. »Ganz ehrlich? Der beste in meinem Leben.«

»Du hast es gut!«, platzte ich heraus.

»Aber du und Will, ihr seid doch das perfekte Paar«, fragte Melissa nach. »Ihr zwei seid der einzige Grund, weshalb ich noch an die Liebe glaube.«

Was mit Will wirklich passierte – die Spannung und die wachsende Distanz, die Frustration und der Groll –, war eine Angelegenheit, die ich mir selbst nicht ganz eingestehen konnte. Statt das alles diesen Frauen zu erzählen, mit denen ich über fast jedes Thema reden konnte, zuckte ich einfach mit den Achseln.

Sex hatte immer einen großen Teil meiner Beziehung zu Will ausgemacht, auch nach meiner Diagnose. Wenn überhaupt, dann hatte die Krankheit unsere Leidenschaft noch verstärkt und uns mit einem seltsamen, lustvollen Hunger aufeinander erfüllt. Wir hatten sorgfältig ausgeklügelt, wie man in einem Krankenhauszimmer am besten vögelt, ohne erwischt zu werden, auch wenn unsere Taktik nicht immer aufging. (Im Mount Sinai waren wir des Öfteren von den Schwestern erwischt worden, die irgendwann dazu übergingen, laut an meine Zimmertür zu klopfen und zu fragen: »Sind alle angezogen?«, bevor sie eintraten.) Aber in den letzten Monaten hatte sich das geändert.

Unseren ersten Versuch nach der Transplantation, intim zu werden, starteten wir eines späten Abends, als wir noch in der Hope Lodge wohnten. Will war von einem Treffen seiner ehemaligen Collegefreunde im Stadtzentrum gekommen. Er stieg in mein Einzelbett und küsste mich. Seit der Transplantation war mir jegliche Art von körperlichem Begehren abhandengekommen – essen, sich bewegen, berühren oder berührt zu werden. Meine Haut war empfindlich und wund, und die Steroide, die ich gegen die GvHR nehmen musste, blähten mich auf und machten mich gereizt. Ich fühlte mich die ganze Zeit unwohl, und mir war übel, außerdem hatte ich ein schlechtes Gewissen, weil ich so unnahbar war. Deshalb sagte ich nicht nein, als er sich auf mich schob. Ich wollte, dass alles wieder normal war – aber das war es nicht. Ich konnte nicht mehr denken vor Schmerzen. Ich hatte das Gefühl, ich würde innerlich gespalten, zerrissen, zerfetzt. Ich schrie immer wieder auf, aber Will hielt es für Lustschreie, und ich klärte ihn nicht auf. Ich wollte die Rolle einer Freundin spielen, ich wollte ihm zumindest das geben, weil ich ansonsten nur noch so wenig hatte, was ich ihm geben konnte. Danach ging ich ins Bad und schloss ab. Ich saß lange dort, so lange, dass das Blut, das mir an den Innenseiten der Schenkel herunterlief, getrocknet war.

Ich verstand nicht, was mit meinem Körper passierte. Ich wusste nicht, warum meine Haut plötzlich heiß wie ein Wasserkessel zu glühen begann, sodass ich mir mitten in der Nacht die Decke wegriss und den Kopf unter kaltes Wasser hielt. Ich wusste nicht, wie ich meine Stimmungsschwankungen in den Griff bekommen sollte. In der einen Minute schrie ich frustriert herum, in der nächsten war ich euphorisch. Ich wusste nicht, warum mir plötzlich Tränen in die Augen stiegen, wenn ich beim Einkaufen in der Schlange stand oder im Hundepark saß. Seit Will und ich in das Apartment im East Village gezogen waren und wieder gemeinsam in einem Bett schliefen, war ich Expertin in Sachen Vermeidungsstrategie – ich wandte ihm nachts den Rücken zu, murmelte entschuldigend, ich sei zu müde, oder ich stellte mich schlafend. Bei den seltenen Gelegenheiten, in denen wir intim waren, verwandelte ich mich in eine Frau, die einen Riss in der Decke fixiert und ihren Körper verlässt, während sie darauf wartet, dass es vorbeigeht.

Niemand von meinem Ärzteteam hatte jemals während meiner Behandlung das Thema sexuelle Gesundheit und Krebs angesprochen. Niemand hatte mich gewarnt, dass die Menopause eine häufige Nebenwirkung der Behandlung war, der ich mich unterzogen hatte. Niemand hatte mich beraten, welche Mittel es gegen die Hitzewallungen und die Schmerzen gab. Ich hatte darauf gewartet, dass ich nach der Transplantation wieder meine Periode bekam; ich bekam sie nie. Mit vierundzwanzig Jahren war *Menopause* noch nicht einmal in meinem Wortschatz. Im Gegenzug sprach ich nicht über die Veränderungen in meinem Körper, in dem Glauben, mit mir stimme etwas nicht. Ich erzählte niemandem, was ich durchmachte – nicht meinem Ärzteteam, nicht Will, nicht meiner Mutter, gar niemandem – bis zu diesem Moment.

An unserem letzten Abend in Vegas vertraute ich mich mit zugeschnürter Kehle meinen Freundinnen an. Ich erzählte ihnen von den Schmerzen in der Nacht in der Hope Lodge und von der Frustration und Verwirrung, die ich danach empfand. Zu meiner Überraschung stimmten mir Melissa und Kaylin zu und sagten, ihnen verursache Sex ebenfalls Schmerzen, und sie hätten sich gefragt, ob das an den Bestrahlungen des Beckens lag, die sie bekommen hatten.

Kristen sagte, seit sie mit der Chemo fertig war, sei es so unerträglich, dass sie es schlichtweg nicht über sich brachte. Erika erzählte von dem sichtlichen Unbehagen ihres Onkologen, als sie ihn nach sicheren Mitteln zur Empfängnisverhütung fragte. »Das war, als würde ich mich mit meinem Onkel unterhalten«, sagte sie. Nach ihrem Rendezvous mit dem Koch suchte sie daher im Internet und fand heraus, dass sie unbedenklich die Pille danach nehmen konnte.

An diesem Abend waren wir einfach eine Gruppe junger Frauen, die wenig bis gar keine Informationen über die Auswirkungen unserer Krankheit auf unsere Sexualität bekommen hatten und nun versuchten, alles selbst herauszufinden. Hinterher weinte ich, überwältigt von einer seltsamen Mischung von Gefühlen: Trauer über unseren gemeinsamen Verlust und tiefe Erleichterung – sogar Freude –, weil wir gemeinsam die Mauer des Schweigens und die damit zusammenhängende Scham durchbrochen hatten.

21

STUNDENGLAS

WENN MAN KRANK ist, vergeht die Zeit einerseits langsam, andererseits rinnt sie einem nur so durch die Finger. Die Tage werden verzehrt von der Aufgabe, die anfällige Maschinerie des Körpers zu versorgen. Man möchte zwar *mehr* Zeit, um zu leben, man betet aber, dass die Schmerzmittel schnell wirken, und wünscht sich die Nacht bald herbei, doch die Minuten und Stunden bewegen sich nur langsam voran und lassen sich verdammt viel Zeit. Die größeren Intervalle hingegen – die Wochen und Monate des Leidens – vergehen rasend schnell mit einer raschen Abfolge aus Arztterminen, Transfusionen und Fahrten in die Notaufnahme.

Dieses Paradox trat vor allem im Herbst 2013 auf. Irgendwie war ein ganzes Jahr vergangen, seit ich die Erhaltungschemo nach der Transplantation begonnen hatte, und an einem Freitagmorgen bereitete ich mich auf meinen hoffentlich letzten Behandlungstag vor. Ich machte mich eigens für den Anlass zurecht und zog ein Baumwollsommerkleid mit Blumenmuster an, das zu meiner Stimmung passte – leicht, fröhlich, hoffnungsvoll. Es zeigte meine Sonnenbräune, die ich seit einer Fahrt mit Freunden an die Küste von Long Island hatte, eine Vorfeier dieses Tages – wenn auch verfrüht. Unterwegs zum Krankenhaus saß ich allein in einer Reihe blauer Plastiksitze im M15-Expressbus und träumte zufrieden vor mich hin. Ich legte die Wange an die Fensterscheibe und betrachtete den regen Verkehr auf der First Avenue.

Diesmal kam ich ausnahmsweise pünktlich am Sloan Kettering an. Ich setzte mich auf den Untersuchungstisch, ließ die Beine über den Rand baumeln, und zog den Träger meines Kleids herunter, um meinen Katheter freizulegen, ein kleines Ding, das aussah wie ein Eishockeypuck und zwischen meinem rechten Schlüsselbein und meiner rechten Brust unter der Haut saß. Ich zuckte zusammen, als die Schwester eine Nadel hineindrückte und mich an den Infusionsbeutel mit den Chemomedikamenten anschloss. Als sie den Schlauch aufdrehte, schmeckte ich am Gaumen die Kochsalzlösung, tröstend vertraut. Dann hängte sie den Beutel an den Ständer und justierte das Ventil, bis die richtige Tropfgeschwindigkeit eingestellt war.

»Wie fühlen Sie sich heute?«, fragte sie. Sie trug rosa Lipgloss, hatte einen blonden Messy Bun und ein Gesicht wie ein Cookie – bleich, rund, süß.

»Ich kann gar nicht glauben, dass es das jetzt war«, sagte ich. »Darf ich eine Glocke läuten? Oder gibt es eine Urkunde dafür, dass man mit der Chemo fertig ist?«

Die Schwester blickte mich mit zusammengekniffenen Augen an und runzelte verwirrt die Stirn. »Hat Dr. Castro es Ihnen nicht gesagt?«

»Was gesagt?«

»Oh. Er hat es mit dem Transplantationsteam besprochen. Aufgrund neuer Richtlinien und Forschungsergebnisse halten sie es für besser, wenn Sie die Chemo um weitere neun Monate verlängern – nur um auf der sicheren Seite zu sein.«

»Noch neun Monate?«

Es war nichts Neues für mich, dass mein Sicherheits-
gefühl in der Zeit in sich zusammenbrach, die es braucht,
um einen einzigen Satz auszusprechen. *Sie haben Leukämie.*
Die Behandlung funktioniert nicht. Sie brauchen eine Transplanta-
tion. Sie brauchen mehr Chemo. Seit ich angefangen hatte, die
Kolumne zu schreiben, waren Wörter meine Erlösung gewesen, und ich hatte beinahe vergessen, wie weh sie tun
konnten, wie leicht sie Pläne für die Zukunft, für ein Leben,
zerstören konnten. Reflexartig flossen mir Tränen, heiß
und schnell, in Strömen über die Wangen. »Kann ich mit
Dr. Castro reden?«

»Er ist heute nicht da«, antwortete die Schwester. Sie
reichte mir Taschentücher und entschuldigte sich noch einmal wegen des Durcheinanders. Ich beruhigte sie. Es war
nicht ihre Schuld, niemand war schuld – und wenn, dann
war es auch egal. Es stand nie außer Frage, dass ich mich be-
reiterklären würde, die Chemo zu verlängern – ich war bis
hierher gekommen, und ich würde weiterhin alles tun, was
sein musste, um zu überleben. »Wir sehen uns in drei Wochen«, sagte ich, als die Infusion beendet war.

Später an diesem Abend nahm ich all meinen Mut zusammen, um Will zu erzählen, was ich im Krankenhaus
erfahren hatte, dann suchte ich in seiner Miene nach Anzeichen dafür, wie er die Nachricht aufnahm. Weitere neun
Monate mit Krankenhausterminen, Arztrechnungen und
zehrender Erschöpfung. Weitere neun Monate, in denen
sein Leben durch meine Gesundheit eingebremst wurde.
Wir gingen ins Bett, und Will murmelte zur Beruhigung
die richtigen Worte. Er sagte, wie leid ihm das tue und dass
ich mich ruhig ärgern dürfe. Er küsste mich aufs Gesicht

und wischte mir sanft die Wangen mit den Handflächen ab, als wieder Tränen liefen. Diese zärtlichen Gesten bedeuteten mir alles, aber ich wusste trotzdem nicht, was er wirklich empfand. Will war ebenso undurchsichtig, wie ich zu Gefühlsausbrüchen neigte. Wenn er sauer oder traurig oder enttäuscht war, fand ich es meistens erst heraus, wenn es zu spät war. Als er einschlief, betrachtete ich ihn und fragte mich, was hinter diesen blauen Augen unter den schweren Lidern vor sich ging.

Eine Woche später setzte sich Will mit mir ins Wohnzimmer und eröffnete mir, dass er nach Kalifornien gehen würde. Er wollte eine Auszeit nehmen – diesmal eine längere, damit er auftanken und sich seinen Eltern widmen konnte, die er schon eine ganze Weile nicht mehr gesehen hatte. Er hatte vor, sich in Santa Barbara ein Homeoffice einzurichten und von dort aus zu arbeiten. Einen Monat – vielleicht auch zwei, aber mehr nicht. Außerdem könnte ich ja zu Besuch kommen, fügte er hinzu. Vielleicht könnten wir sogar den Roadtrip durch Kalifornien machen, von dem ich geträumt hatte. »Alle Paare brauchen mal etwas Abstand«, sagte er. »Ich glaube, das könnte uns wirklich guttun.«

Ich starrte ihn mit offenem Mund an. Wenn er seinen Plan so erklärte, hörte er sich ganz einfach und unkompliziert an – und in dem alternativen Universum, in dem wir ein normales Paar waren, hätte er das auch sein können. Aber unsere Realität sah anders aus. Wir waren Freund und Freundin, aber auch Pfleger und Patientin. Ich nahm es ihm übel, dass er mich zwang, das auszusprechen – und aufzulisten, in welchen Belangen ich von ihm abhängig war.

Auf der Liste stand auch die anstehende Renovierung

der Küche in unserer Wohnung – eine Renovierung, die ich plötzlich ohne ihn managen musste. All die Hilfe, die ich brauchte, wenn ich krank war: mit dem Hund Gassi gehen, Lebensmittel einkaufen, kochen, Medikamente aus der Apotheke holen, mitternächtliche Fahrten zur Notfallbehandlung und so weiter und so fort. Unser kleines Apartment lag dreieinhalb Stunden entfernt von meinen Eltern, und da es kein Gästezimmer gab, konnten sie nicht gut länger als ein paar Nächte bei mir wohnen. Ich würde wieder in mein Kinderzimmer in Saratoga ziehen müssen, solange Will weg war – wozu ich keine Lust hatte –, oder ich würde hier allein zurechtkommen müssen.

»Gehst du weg, weil meine Chemo verlängert wurde?«, fragte ich.

»Natürlich nicht«, blaffte er mich an. »Wie kannst du so etwas sagen? Ich habe alles für dich geopfert.«

Ich bekam sofort ein schlechtes Gewissen. Er hatte natürlich recht, aber ich wollte es trotzdem wissen: »Warum gehst du dann?«

»Ich muss mich auf mich selbst konzentrieren. Ich bin nicht zufrieden, und ich bin beruflich nicht da, wo ich sein möchte. Ich verbringe den ganzen Tag damit, die Arbeit anderer Leute zu redigieren, ihnen zu helfen, *ihre* Träume zu verwirklichen, und dann komme ich nach Hause und kümmere mich um dich.«

»Aber warum kannst du nicht hier an dir arbeiten?«, fragte ich. »Ich kann dir dabei helfen.«

»Mit deiner Krebsbehandlung und deinem Beruf nimmst du in dieser Beziehung ziemlich viel Platz ein.«

Damit hatte er nicht unrecht. Im Lauf des letzten Jahres war die Kolumne so bekannt geworden, dass Zeitschriften

Porträts von mir gebracht hatten und ich im Fernsehen aufgetreten war, ein paar Vortragstermine hatten sich angeschlossen. In einer geradezu unwirklichen Fügung hatte ich sogar einen News & Documentary Emmy Award für die Videoserie gewonnen, die die Kolumne begleitete. Als ich die glamouröse Zeremonie im Lincoln Center besuchte, fühlte ich mich gleichermaßen aufgeregt und fehl am Platz, mit meinen von den Steroiden aufgequollenen Wangen und den einen halben Zentimeter langen Haaren. Zu jeder Gelegenheit, die am Horizont erschienen war, hatte ich Ja gesagt, denn ich wollte den Schwung nutzen, solange er da war, solange ich es konnte. Aber mit reiner Willenskraft und Ehrgeiz kommt man nur bis zu einem gewissen Punkt. Ich litt unter der Arbeitsbelastung, und alle in meinem Leben – Freunde und Verwandte, Will, meine Ärzte – machten sich Sorgen, weil dadurch meine Gesundheit strapaziert wurde.

Von Tag eins an hatte mir Will seine Unterstützung angeboten, und ich hatte sie dankbar angenommen – im Rückblick allzu bereitwillig. Er hatte zahllose Nächte durchgemacht, um Entwürfe zu lesen und zu überarbeiten, mir bei Vertragsverhandlungen geholfen und mich auf Interviews vorbereitet. Als ich zum ersten Mal eingeladen wurde, eine Eröffnungsrede bei einem Ärztekongress in Atlanta zu halten, hatte er seine Urlaubstage genutzt, um mich zu begleiten, denn ich war immer noch zu krank, um allein zu reisen. Am Flughafen schob er meinen Rollstuhl durch die Warteschlangen bei der Security, trug unser Gepäck und kümmerte sich um mich, als ich mir im Flugzeug ein Virus eingefangen hatte. Das zusätzliche Einkommen gestattete es uns, etwas komfortabler zu leben, und ich teilte meinen Verdienst mit ihm. Ich bestand darauf, dass er seinen Anteil verdient hatte, denn ich hätte nichts davon ohne ihn geschafft. Aber was als Liebesdienst begonnen hatte, war auch einfach sehr viel Arbeitsdienst geworden. In den letzten Wochen hatte ich versucht, mich kleiner zu machen, ich bat um weniger, sagte weniger und ermutigte ihn, sich auf seine eigenen kreativen Projekte zu konzentrieren. Aber das schien nichts zu ändern. Ich hatte immer das Gefühl, ich würde einfach zu viel Sauerstoff im Raum verbrauchen. Bis zu diesem Moment hatte Will das noch nie laut bestätigt.

»Deine Unzufriedenheit? Deine beruflichen Enttäuschungen? Das ist alles meine Schuld?«, fragte ich. Meine Hände zitterten. Ich griff nach dem verschriebenen Xanax auf der Küchentheke und zerkaute zwei der hellblauen Tabletten mit den Backenzähnen; sie wirkten schneller, wenn man sie kaute, statt sie ganz zu schlucken. Ich wollte einen neuen Ausbruch wie den mit der Glaskugel verhindern, aber es war zu spät. »Leck mich doch am Arsch«, zischte ich leise. »Leck mich. Deinetwegen komme ich mir jetzt noch mehr vor wie eine Last, als ich es sowieso schon tue.«

Als Patient gibt man die Kontrolle ab – an das zuständige Ärzteteam und seine Entscheidungen, an den eigenen Körper und seine unvorhersehbaren Zusammenbrüche. Pflegekräfte erleiden stellvertretend ein ähnliches Schicksal. Aber es gibt einen entscheidenden Unterschied. Ich wollte mehr denn je weg von allem: von den sich ständig ändernden Behandlungsplänen und Zeitleisten, von der Erschöpfung und der Demütigung, immer um Hilfe bitten zu müssen. Aber als Kranke konnte ich diesem Schlamassel, diesem elenden Knochenmark, das ich hatte, nicht entkommen. Will war aus Liebe da gewesen, vielleicht auch aus einem gewissen Pflichtgefühl heraus. Die ständigen Refrains wie: »Du bist ein Heiliger, weil du zu ihr hältst – ein guter Mann, ein Vorbild als Partner«, nahmen sicherlich nicht den Druck von ihm, den er wohl empfunden haben musste. Aber es war seine Entscheidung, hier zu sein und das Ganze mit mir durchzustehen. Die Wahrheit war, dass er gehen konnte. Und das tat er dann auch.

Alle gaben ihr Bestes, um mich zu unterstützen, als Will damals im Herbst nach Kalifornien ging. Meine Freunde bemühten sich wieder, auf mich zuzugehen, und brachten mir gelegentlich selbst gekochtes Essen nach Hause, eine Nachbarin bot an, Oscar auszuführen, wenn ich Chemowoche hatte, und meine Eltern fanden eine Hilfe, die die Wohnung saubermachte. Will bemühte sich nach Kräften aus der Ferne und rief mehrmals täglich an, um zu fragen, ob alles in Ordnung sei. Meistens waren unsere Gespräche wie immer geprägt von Wärme und Humor. Doch es gab Augenblicke, besonders wenn ich wieder in der Notaufnahme war oder mir die Belastung, allein zurechtkommen zu müssen, zu viel wurde, da fiel es mir schwer, meiner Stimme den Groll nicht anmerken zu lassen. Aber meistens fehlte er mir einfach. Ich dachte oft an Wills Worte aus der ersten Nacht nach meiner Diagnose in Saratoga: *Uns steht eine Menge schlimmer Sachen bevor. Wir müssen unsere Beziehung in eine Schachtel stecken und sie mit allem, was wir haben, beschützen.* Und am Anfang hatten wir das auch genau so gemacht. Die Krankheit brachte uns zusammen, enger denn jemals zuvor. Aber irgendwann hatten wir beide unterwegs aufgehört, unsere Beziehung zu schützen – schlimmer, wir hatten uns manchmal gegen sie, gegen uns gewandt. Jetzt hatte die Krankheit uns dreitausend Meilen voneinander entfernt.

Während Wills Abwesenheit verbrachte ich mehr Zeit mit der Krebs-Clique. Ohne dass ich je um etwas bitten oder etwas erklären musste, verstanden sie, dass ich ganz weit unten war. Erika machte uns Sweatshirts, vorne mit der Aufschrift TEAM SUSU im Stil einer Collegemannschaft, und Kristen begleitete mich zur Notfallversorgung oder zu meinen Chemoterminen, damit ich nicht allein sein musste. Max tauchte regelmäßig in meiner Wohnung auf und hatte Neunundneunzig-Cent-Pizzastücke und fachmännisch gedrehte Joints dabei, und Melissa sammelte die Truppen, organisierte Spieleabende, Tanzpartys und gelegentlich auch Ausflüge. Ein genetischer Schluckauf hatte uns zusammengebracht – wir alle waren verbunden durch bösartige Zellen und ein erhöhtes Bewusstsein für unsere Sterblichkeit –, aber irgendwann sollten wir mehr als nur umständehalber Freunde werden. Wir waren Familie.

An einem kühlen Abend später in jenem Herbst brachen Melissa und ich auf, um uns mit Johnny am Ronald McDonald House Ecke 73. Straße und First Avenue zu treffen. Es schneite ein wenig, und wir frösttelten, als wir unter die rote Markise traten und durch die Drehtür gingen. Johnny erwartete uns drinnen. Er trug einen schwarzen Anzug, der locker an seiner immer weniger werdenden Gestalt hing, eine breite rote Krawatte baumelte ihm über sein weißes Hemd. Die letzten Chemozyklen hatten seiner Haut einen wächsernen, gelblichen Ton verliehen. Ich dachte damals, wie viel schwächer er wirkte, seit wir nur wenige Wochen zuvor seinen einundzwanzigsten Geburtstag gefeiert hatten. Krank wie er war, hatte er sich trotzdem richtig herausgeputzt – und dies aus gutem Grund.

Die Make-A-Wish Foundation hat den Zweck, kranken Kindern und Jugendlichen Herzenswünsche zu erfüllen. Ich hatte gehört, dass Begünstigte dieser Stiftung schon nach Spanien gereist waren, um Matadoren in funkelnden Jacken dabei zuzusehen, wie sie testosterongetriebene Stiere mit scharlachroten Tüchern reizten. Manche besuchten Disney World, um mit ihren Lieblingsstars Achterbahn zu fahren. Andere wünschten sich einen Strandurlaub mit ihren Familien in Ferienanlagen auf Hawaii. Johnny hingegen hatte nur einen ganz einfachen Wunsch. Er wollte mit der Krebs-Clique schön essen gehen und dann eine Broadway-Show ansehen. Ich hatte allerdings den Verdacht, ich war nur der Form halber eingeladen. Es wäre zu offensichtlich gewesen, dass er in Melissa verliebt war, wäre er mit ihr allein ausgegangen.

Johnnys Mutter war wie üblich auch dabei, und sein Vater war eigens mit dem Flieger aus Michigan gekommen, um die Woche über zu bleiben. Sie schossen zig Aufnahmen von uns, während wir in der Lobby posierten. Melissa und ich nahmen Johnny in die Mitte und hängten uns bei ihm ein, und wir drei strahlten in die Kamera, als würden wir zum Abschlussball gehen. Am Straßenrand wartete eine schwarze Limousine auf uns. Der Fahrer, der einen schwarzen Pullunder und eine Chauffeurkappe trug, öffnete mit einer überschwänglichen Geste die Tür. »Nach euch«, sagte Johnny und trat zur Seite, sodass Melissa und ich zuerst einsteigen konnten. »Oh là là! Ein Kavalier«, scherzten wir, sodass er leuchtend rote Ohren bekam.

Die Limousine rollte durch die belebten Straßen der Innenstadt, vorbei an bunten Wolkenkratzern und Scharen von Touristen. Wir hielten vor einem Gebäude mit einem

riesigen Schild auf der Vorderseite, auf dem stand: WEL-
COME TO FLAVORTOWN. Wir waren bei Guy Fieris gleich-
namigem Restaurant am Times Square. Ein Kellner führte
uns durch ein Labyrinth von tabakfarbenen, holzgetäfelten
Räumen zu unserem Tisch. Johnny war sichtlich aufgeregt,
als er die gigantische Speisekarte öffnete und uns die Gerichte vorlas, die er probieren wollte, seit er zum ersten Mal
über das Restaurant gelesen hatte – insbesondere den Ba-
con Mac'n'Cheese Burger und sogenannte Awesome Pret-
zel Chicken Tenders. »Ist das nicht großartig? Wir können
bestellen, was wir wollen, und das Beste daran ist – es kostet
NICHTS!«

Ich freute mich sehr, ihn so gut gelaunt zu sehen. Er hatte
in letzter Zeit einiges durchmachen müssen. Als einziges
Kind einer gemischten Ehe hatte er keinen passenden Spender gefunden. Die Alternative für Patienten in seiner Situation war eine Nabelschnurbluttransplantation, die aber eine
vollständige Remission voraussetzte. Aber jedes Mal, wenn
er sich einer Remission näherte, warf ihn eine Barriere von
Infektionen und Komplikationen wieder zurück. Seit Kurzem reagierte seine Leukämie überhaupt nicht mehr auf die
Therapien. Jetzt war geplant, dass er ins MD Anderson, eine
große Krebsklinik in Houston, verlegt werden sollte, wo er
hoffentlich für eine neue klinische Studie in Frage kam. In
wenigen Tagen sollte er aufbrechen.

Wir bestellten Champagner und tranken auf den Erfolg
von Johnnys bevorstehender klinischer Studie, auf unsere
Clique, auf bessere Zeiten, auf Guy Fieris schrecklichen Geschmack bei … allem. Ein halbes Dutzend Gerichte wurden serviert, sodass auf dem großen lackierten Tisch kein
Quadratzentimeter mehr frei war. Johnny aß ein paar Bis-

sen, rührte aber den Großteil der Speisen nicht einmal an. Im Laufe des Essens wurde er immer stiller. Als das Dessert kam – ein frittierter »Felsbrocken« Eiscreme –, wirkte er zittrig und bleich, und seine Stirn war von einem dünnen Schweißfilm bedeckt.

»Alles okay?«, fragte ich ihn.

»Alles okay – nein, besser als okay. Das war einer der schönsten Abende meines Lebens, und er ist noch nicht mal vorbei. Wir sehen ja noch eine Broadway-Show!«, sagte er bemüht fröhlich.

Bei der Ankunft im Theater herrschte ein großes Gedränge im Foyer, und als wir uns durch das Geschiebe schlängelten, schwankte Johnny unsicher auf den Beinen. Wir erkundigten uns wieder, ob alles in Ordnung sei, aber er tat die Frage ab und behauptete weiter, es gehe ihm gut. Doch als er die mit einem Läufer belegte Treppe ins Hauptgeschoss des Theaters hinaufstieg, blieb er mehrere Male stehen und lehnte sich schwer gegen das Geländer. Melissa und ich wechselten besorgte Blicke und gingen unauffällig mit ausgestreckten Armen hinter ihm her, um ihn im Fall der Fälle auffangen zu können.

Wir schafften es ohne Zwischenfall zu unserem Block, aber als wir unsere Eintrittskarten vorzeigten, gab es einen kurzen, peinlichen Augenblick, als wir merkten, dass nur zwei der Sitzplätze nebeneinanderlagen. Johnny wirkte ein bisschen verlegen, dann erklärte er, dass die Tickets erst in letzter Minute besorgt worden seien.

»Wer möchte denn wo sitzen?«, mischte sich die Platzanweiserin ein.

»Melissa«, fragte Johnny schüchtern, »möchtest du neben mir sitzen?«

Melissa und Johnny wurden zu ihren Plätzen geführt, die eine Reihe weiter vorne und rechts von meinem lagen. Kurz darauf begann die Show, die Lichter gingen aus, und schwere Samtvorhänge teilten sich, während Musik erklang. Aber ich konnte mich nicht auf die Aufführung konzentrieren. Stattdessen beugte ich mich vor und blickte heimlich zu Johnny hinüber, um zu sehen, ob es ihm auch wirklich gut ging. Als ich ihn verzückt strahlen sah, kicherte ich unwillkürlich in mich hinein, voller Stolz und Zärtlichkeit. Neben dem coolsten, schönsten Mädchen von allen ging es ihm besser als okay.

Danach setzten Melissa und ich Johnny am Ronald McDonald House ab. Als wir uns verabschiedeten, war uns bewusst, dass wir ihn womöglich nicht mehr wiedersahen. Ich glaube, er wusste das auch. »Ich hab euch echt gern«, sagte er. Das war ein ungewöhnlich ernster Ausdruck seiner Zuneigung, danach umarmte er uns ungelenk.

Drei Wochen später rief mich Johnnys Mutter von Texas aus an. »Lungenentzündung, Herzstillstand«, stammelte sie schluchzend. »Wir kennen hier niemanden. Ich muss meinen Jungen nach Hause bringen.« Es war schwer zu verstehen, was los war. Dann sagte sie: »Johnnyboy ist jetzt bei Gott.«

22

ECKEN UND KANTEN

ICH WEISS NICHT, wer sich mehr freute, als Will kurz nach
Weihnachten aus Kalifornien zurückkam, der Hund oder
ich. Vielleicht war es Oscar, in Anbetracht der Tatsache,
dass er vor Aufregung den ganzen Teppich vollpinkelte,
als Will durch die Tür trat. In seiner Abwesenheit war mir
einiges klar geworden. Zum einen, dass ich gearbeitet und
geschrieben hatte, als würde mir die Zeit ausgehen, und
dass ich dabei mich selbst und unsere Beziehung fix und
fertig gemacht hatte. Mir war auch klar geworden, dass ich
mir kein Leben ohne Will vorstellen konnte und dass ich
das auch nicht wollte. Und zu guter Letzt hatte ich begriffen, wenn sich nicht bald etwas änderte, konnte der Schaden, der unserer Beziehung zugefügt worden war, nicht
mehr repariert werden.

Ich wollte unbedingt schöne Momente mit ihm verbrin-
gen, und so schlug ich vor, nach Saratoga zu fahren. Meine
Eltern waren auf Reisen, und wir hätten das Haus für uns.
Wir packten einen Koffer und stiegen zu dritt in den Zug.
Am nächsten Morgen hatte es dreißig Zentimeter geschneit,
und alles funkelte in reinstem Weiß. Wir wickelten uns ein
wie Mumien, trugen Mützen und Schals, dicke Jacken und
Stiefel und gingen hinaus. Will schaufelte die Einfahrt frei,

während Oscar wie verrückt im Kreis durch den Schnee rannte. Ich sah eine Weile zu, dann nahm ich etwas Schnee mit den Handschuhen auf, machte einen Ball daraus und warf ihn nach Will – und daraus entwickelte sich eine beglückende Schneeballschlacht im großen Stil. »Ich komme mir vor wie Kevin McCallister in *Kevin – Allein zu Haus!*«, rief ich, als ich ihn am Hinterkopf traf.

So verbrachten wir die nächsten paar Tage, freuten uns an der Gesellschaft des anderen, genossen unsere kleine Flucht. An Silvester fuhren wir zur Party eines Freundes ins nahegelegene Millbrook. Während Will den Minivan über eine vereiste Landstraße steuerte, sprachen wir über unsere Vorsätze. In diesem Jahr kam diesem Ritual eine besondere Bedeutung zu, der dringende Wunsch, alles richtig zu machen. Wir waren uns einig, dass wir Hilfe brauchten, und wollten uns mit Paartherapien beschäftigen. Wir sprachen auch über einen Tapetenwechsel. Alle beide wollten wir unbedingt aus der Stadt heraus, die für uns gleichbedeutend mit Krankenhäusern und Kummer geworden war. Wir malten uns aus, in ein kleines Farmhaus im Hudson Valley zu ziehen, wo es ruhig war und einen großen Garten gab, in dem Oscar frei herumlaufen konnte und wir Obst und Gemüse anbauten – wo wir von vorne anfangen konnten. Vielleicht würden wir uns auch ein Auto kaufen und eine Weile auf der Straße leben, das Land erkunden und in Nationalparks campen, bis wir ein neues Zuhause fanden. »Versprechen wir uns, dass wir uns in den nächsten Monaten gegenseitig unterstützen. Wir dürfen nicht zulassen, dass alles, was passiert ist, uns auseinandertreibt«, sagte Will. »Je schwieriger alles ist, umso mehr sollten wir zusammenhalten. Das ist unsere Aufgabe. Die wichtigste Aufgabe. Ich liebe dich.«

Mehr wollte und musste ich nicht hören, und als wir auf der Party ankamen, strahlte ich innerlich. In den darauffolgenden Stunden feierten wir nach der Devise »Esst, trinkt und seid fröhlich«. Unser Gastgeber holte eine Gitarre heraus, und alle sangen Beatles-Songs. Ich saß auf Wills Schoß, und wir wiegten uns gemeinsam mit der Musik. Lizzie war auch dort, und irgendwann nahm sie mich zur Seite. »Es ist schön, dich und Will so glücklich zu sehen«, sagte sie. »So wart ihr schon lange nicht mehr.« Dann erzählte sie mir, dass sie und ein paar meiner engsten Freunde vor Kurzem eine Mail von Will bekommen hatten. Im Wesentlichen hatte er geschrieben, dass er zwar meine Privatsphäre respektieren wolle, aber doch der Meinung sei, dass alle wissen sollten, wie sehr meine fortlaufende Behandlung uns beide belaste. Er wolle fragen, ob sie als zusätzliche Verstärkung zur Verfügung stünden, besonders in den Wochen während und kurz nach der Chemo, wenn die Nebenwirkungen am schlimmsten wären. Will schlug vor, eine E-Mail-Kette einzurichten, sodass jemand anders einspringen könnte, wenn er arbeitete oder abends nicht nach Hause kommen konnte. Den Schluss formulierte er positiv: *Vor allem aber will ich euch sagen, was ich euch schon längst einmal wieder sagen wollte, nämlich dass ich euch alle sehr gernhabe und mich sehr freue, dass ihr auf Suleika aufpasst. Sie zeigt nicht immer, wie schwer das alles ist. ... Aber wir wissen ja alle, dass sie stark ist.* Einerseits ärgerte ich mich, dass Will so einen Schritt gegangen war – ohne mit mir darüber zu reden –, ich schöpfte aber gleichzeitig Hoffnung. Es zeigte, dass er unsere Probleme ernst nahm und bereits nach Möglichkeiten suchte, die Situation zu verbessern.

Als es auf Mitternacht zuging, schlug jemand vor, Eislaufen zu gehen. Alle schnappten sich eine Flasche Sekt und

Schlittschuhe, dann liefen wir durch den Schnee zu dem See am Rand des Grundstücks. Will nahm meine Hände, die in Handschuhen steckten, in seine, als wir auf das Eis glitten. Alle riefen lautstark den Countdown zum Jahr 2014 zum Mond hinauf. »Auf ein besseres Jahr«, sagte ich und zog ihn eng zu mir. »Auf ein besseres Jahr«, wiederholte er, und wir küssten uns.

Als wir in die Stadt zurückkehrten, setzten wir unseren Entschluss in die Tat um, eine Paartherapie zu machen. Unsere erste Therapeutin fanden wir über das Branchenbuch. In ihrer Praxis gab es eine schäbige Couch und einen fadenscheinigen Perserteppich. Sie schien keine Erfahrung darin zu haben, eine Beziehung durch eine lange Krankheit zu steuern, und nahm keine Kassenpatienten, und so beschlossen wir nach zwei nutzlosen Sitzungen, jemand anderen zu suchen. Die zweite Therapeutin, zu der wir gingen, gehörte zum psychoonkologischen Programm des Sloan Kettering und wurde durch meine Versicherung abgedeckt. Dr. T. war eine freundliche und gute Zuhörerin, aber wenn wir ihre Praxis wieder verließen, waren wir meistens noch wütender als zuvor, wegen allem, was gerade ausgesprochen worden war, und noch deprimierter wegen der Dinge, die wir übereinander erfahren hatten. Wir waren orientierungsloser denn je.

Eines Tages fragte uns Dr. T., ob wir bereit wären, eine unserer Sitzungen von einer Gruppe Assistenzärzte beobachten zu lassen. Ich stimmte sofort zu. Das Sloan Kettering war ein Lehrkrankenhaus, und ich war immer offen dafür, Medizinstudenten zusehen zu lassen. Das war vergleichsweise ein kleines Opfer, wenn unser Unglück anderen, die in Zukunft kamen, helfen konnte. Und ich dachte, es wäre vielleicht nützlich, andere Perspektiven zu hören. Aber die Sitzung war eine Katastrophe. Will und ich saßen mit Dr. T. in der Mitte eines großen Besprechungsraums. Fremde standen an der Wand aufgereiht, beobachteten uns und machten sich auf kleinen Blöcken Notizen. Es war demütigend, die schmerzlichsten und persönlichsten Details unserer Beziehung vor Publikum durchzusprechen und diese Details dann didaktisch zerlegen zu lassen.

»Die meisten jungen, unverheirateten Paare, die hier für längere Zeit zusammen eine Krebstherapie durchmachen, trennen sich letztlich«, teilte uns eine Assistenzärztin mit. »Was würde Ihnen in diesem Stadium helfen?«

»Wenn wir das wüssten, wären wir nicht hier«, sagte Will. Es kam selten vor, dass er seinen Ärger so offen kundtat, und die Sehnen an seinem Hals zuckten.

Eine dunkle Wolke schwebte über uns, als wir nach dem Termin nach Hause gingen. »Wir gehen da nie wieder hin«, waren wir uns einig. Aber wir brauchten dringend Hilfe. Wir wussten beide nicht mehr, wie wir noch weitermachen sollten, getrennt oder gemeinsam. Aber je mehr Beratung wir bekamen, umso verlorener fühlten wir uns.

Unsere Freunde und Verwandten wären überrascht gewesen zu erfahren, dass es so schlecht um uns stand. Will und ich stritten oder zankten uns nie in der Öffentlichkeit. Im Gegenteil – vor anderen zeigten wir nur Respekt und Zuneigung. Er bewunderte mich, und ich bewunderte ihn, wir berührten uns fast ständig, saßen Schulter an Schulter da oder hielten Händchen. Er war immer um mich bemüht – machte Fotos von mir, brachte mir ein Glas Wasser und steckte mir eine Decke um die Beine fest, oder er erklärte, warum ich nicht da war, wenn ich irgendetwas absagen musste, weil ich mich ausruhen musste. Wir beendeten die Sätze des anderen, ohne es zu merken. Uns verband eine gemeinsame Geschichte, die niemand sonst verstehen konnte. Unsere Loyalität zueinander war immens.

Aber wenn wir allein in unserem Apartment waren, führten wir Abend für Abend dieselben lautstarken Auseinandersetzungen. *Wieso bist du so distanziert?*, wiederholte ich. *Ich brauche eine Auszeit*, wiederholte er. Oscar versteckte sich mittlerweile unter dem Sofa, bis unsere Stimmen wieder normale Dezibelwerte erreicht hatten. Ich schluckte jedes Mal ein paar Xanax, wenn ich wusste, dass ein großer Streit bevorstand. Manchmal nahm ich automatisch eine, wenn ich seine Schlüssel an der Wohnungstür klimpern hörte. Meine Wut wurde langsam von einer stummen Resignation ersetzt. Jeder Hauch von Intimität, ob sexuell oder anders, war verschwunden. Wenn wir ins Bett gingen, schalteten wir das Licht aus und legten uns Rücken an Rücken, während wir innerlich schmorten und lieber mit unseren Handys als miteinander kommunizierten.

Will musste wieder in die Arbeit, und als wir uns verabschiedeten, hatte ich plötzlich ein ungutes Gefühl. Ich umarmte ihn länger als gewöhnlich und wollte nicht loslassen, Angst schnürte mir die Kehle zu. Es war die Angst, jemanden zu lieben, dessen Verlust man nicht ertragen kann. Zu wissen, das Ende könnte nah sein.

Als ich an jenem Tag mit dem Bus nach Hause fuhr, rief ich mir in Erinnerung, dass Will immer noch hier war, an meiner Seite, nach beinahe drei Jahren Behandlung. Ich versuchte, mich davon zu überzeugen, dass unsere Beziehung immer noch wiederbelebt werden konnte. Ich wollte glauben, dass es nur davon abhängen würde, mehr Arbeit hineinzustecken, sich mehr anzustrengen und bessere Hilfe zu suchen. *Krebs ist gierig,* dachte ich. *Er hat sich nicht nur über meinen Körper hergemacht, sondern über alles, was ich über mich geglaubt habe, und jetzt hat er Metastasen in unserer Beziehung gebildet und alles zerstört, was gut und rein zwischen uns war.*

Ich wünschte mir so sehr, in der Zeit zurückreisen zu können: Ich hätte besser darauf geachtet, unsere Liebe zu schützen. Ich hätte bereits am Tag der Diagnose eine Paartherapie angefangen. Ich hätte mich geweigert, Will Nacht für Nacht in meinem Krankenhausbett schlafen zu lassen, und mich mehr auf meine Eltern gestützt. Ich hätte mich mehr angestrengt, die Wut zu verarbeiten, die sich mit der Zeit ohne Ventil in mir aufgestaut und mich unter Druck gesetzt hatte. Aber man kann das Rad der Zeit nicht zurückdrehen, und es war unklar, wie es weitergehen sollte. Die Lösung unserer Probleme schien außer Reichweite zu sein: ein Boot, verirrt im Nebel, das immer weiter vom Kurs abkam.

23

DIE LETZTE GUTE NACHT

FÜR DEN POLIZISTEN mussten wir ausgesehen haben wie zwei ganz normale toughe Mädchen mit schlechten Manieren. Wir trugen ähnliche schwarze Lederjacken. Ich hatte die Haare ganz frisch millimeterkurz rasiert und stark geschminkte Augen. An meinem Hals glänzte ein großes Tattoo von einer Python. Melissas Haare reichten ihr bis an die Taille, sie trug ein Dutzend Silberringe an den Fingern, und ihre Pupillen waren vergrößert, weil sie zu der Zeit fast jede Stunde einen Joint rauchte.

Was der Polizist aber nicht wissen konnte, war, dass das Tattoo an meinem Hals nur ein Fake war, dass Melissa eine Perücke trug und dass sie vor Kurzem erfahren hatte, dass ihr Ewing-Sarkom unheilbar war. Anfang der Woche hatten ihr die Ärzte mitgeteilt, dass sie nichts mehr für sie tun konnten. Sie hatte nach weiteren klinischen Möglichkeiten gesucht, um Zeit zu gewinnen, aber die Prognose war nicht günstig. Um sie aufzumuntern, schlug ich ihr vor, einen Abend auszugehen. Wir fuhren zu einem Motorrad- und Tattoo-Festival, dann tanzten wir unter einer glitzernden Discokugel bei einer Transvestiten-Burlesque-Show auf den Stühlen. Und jetzt standen wir hier – einem Cop gegenüber auf einem U-Bahnsteig auf Coney Island, während die ersten Vorboten der Morgendämmerung in die Nacht sickerten.

Ein paar Minuten zuvor waren wir über die Absperrung gesprungen, obwohl wir beide MetroCards im Geldbeutel hatten. Wenn man dem Tod ins Auge sieht, bekommt der Ausdruck YOLO – *you only live once* – eine neue Bedeutung. Wir hätten das Gesetz gebrochen, meinte der Polizist und drohte, uns ins nächste Polizeirevier mitzunehmen. Ohne zu zögern, zog Melissa ihre Perücke herunter und brachte ihren kahlen Kopf zum Vorschein. Tränen glänzten in ihren Augen, während sie eine beeindruckende Vorstellung zum Besten gab: Angeblich musste sie so schnell wie möglich nach Hause, um ihre Krebsmedikamente zu nehmen. Ihre Darbietung funktionierte, der Polizist ließ uns glimpflich davonkommen: Wir mussten beide hundert Dollar Strafe zahlen. Er entschuldigte sich sogar dafür, dass er uns überhaupt mit einer Geldstrafe belegen musste, aber nachdem wir von einer Kamera aufgezeichnet worden waren, hatte er keine andere Wahl.

»Komplizinnen«, flüsterte Melissa mir zu, nachdem der Polizist uns alles Gute gewünscht und weitergeschickt hatte.

»Böse bis ins Mark – buchstäblich krank«, witzelte ich zurück. Sobald wir die U-Bahn bestiegen und sich die Türen hinter uns geschlossen hatten, kriegten wir uns gar nicht mehr ein vor Lachen.

Es war die letzte gute Nacht, die wir miteinander haben sollten, aber das wussten wir nicht. So etwas weiß man selten.

Acht Wochen später, an einem Montagmorgen Anfang März, fuhr ich ins Sloan Kettering, wo ich meinen vorletzten Chemozyklus bekommen sollte. Aber statt Erleichterung zu empfinden, weil ich fast fertig war, dachte ich immer wieder an Melissa. Der Krebs breitete sich mit einer entsetzlichen Geschwindigkeit in ihrem Körper aus, die Tumore kannten kein Erbarmen. Sie hatten ihr an zwei Stellen das Rückgrat gebrochen und bahnten sich einen Weg durch ihren Schädel, sodass ihre feinen Gesichtszüge deformiert wurden und ihr ein Auge zuschwoll. Melissa kam sich hässlich vor und wollte nicht, dass jemand sie so sah. Mit Ausnahme von Max, mir und wenigen ihrer engsten Freundinnen und Freunde durfte niemand sie besuchen.

Wenn sich die Menschen das Sterben vorstellen, dann nehmen sie häufig bestimmte Geschichten zu Hilfe. In Trauerreden und Nachrufen benutzen sie Ausdrücke wie *ist entschlafen, wurde heimgerufen, wurde ins Jenseits geleitet.* Diese Umschreibungen lassen den Tod passiv und friedlich wirken, als würde man mittags ein Nickerchen halten. Es ist einfacher, sich vorzustellen, dass sich jemand irgendwie damit abgefunden hat, wenn die Zeit gekommen ist. Bei Melissa war das nicht der Fall. Sie wurde immer wütender, je näher der Tod rückte. »Ich bin noch nicht bereit«, sagte sie immer wieder. »Ich habe noch so viel vor.« Sie hatte auch furchtbare Angst und stellte sich immer wieder quälende Fragen darüber, wie das wohl sein würde – und wie ihre Eltern damit fertigwerden würden.

In dieser Woche fuhr ich jeden Tag nach meiner Infusion mit dem Aufzug hinauf in den siebzehnten Stock, wo sie stationär behandelt wurde. Bei jedem Besuch wirkte sie kränker. Eines Tages traf ich ihre Eltern im Gang, bevor ich den Raum betrat. »Die Ärzte sagen uns die ganze Zeit, wir sollen uns vorbereiten, wir müssen uns vorbereiten.« Ihr

Vater rieb sich mit geballten Fäusten die geschwollenen Augen, als wolle er aus einem Albtraum erwachen.

Als ich Melissa an einem anderen Tag besuchte, fragte sie mich, ob ich Lust hätte, mit ihr nach Indien zu fahren. Sie fand, wir sollten sofort aufbrechen. »Ich habe nicht viel Zeit«, sagte sie undeutlich mit vom Morphium durchdrungener Stimme. Ich saß einen Augenblick schweigend da und suchte nach den richtigen Worten. Im Lauf der letzten Jahre hatte ich meine Freunde und Verwandte an meinem Krankenbett dabei beobachtet, wie sie ein zuversichtliches Lächeln aufsetzten und Tränen unterdrückten. Als ich nun selbst in dieser Situation war, starrte ich hinauf zur Decke und schluckte, dann biss ich mir auf die Unterlippe und versuchte meine Fassung zu bewahren.

»Wohin sollen wir zuerst fahren?«, fragte ich sie.

Melissa konnte natürlich unmöglich in einen Flieger steigen, ganz egal, wohin. Aber wir planten trotzdem eine Reiseroute, eine Reise, von der wir beide wussten, dass sie nie stattfinden würde: die Rikschas, mit denen wir durch das Zentrum von Delhi fahren würden, die handbemalten Marionetten, die wir auf dem Markt für ihre Sammlung kaufen würden, ein Besuch des Taj Mahal bei Sonnenaufgang. Ich lächelte strahlend und nickte, während sie sprach, machte ab und an Vorschläge und murmelte Zustimmungen. Indien war von einem Reiseziel zu einer Metapher geworden.

Als Melissa einnickte, stand ich auf. Ich drückte ihr die Hand und beugte mich hinunter, um sie zu umarmen. »Ich bin noch nicht bereit«, sagte sie unter Tränen. Ich deckte sie mit der weißen Krankenhausdecke zu und ließ die Jalousien herunter. »Ruh dich aus«, sagte ich sanft, »ich komme morgen wieder.« In der Tür blieb ich ganz kurz stehen, um ihr beim Schlafen zuzusehen.

Am nächsten Morgen wurde Melissa mit einem Krankenwagen in ein Hospizzentrum in Massachusetts gebracht, damit sie näher an ihrer Heimat war. Sie postete ein Foto auf Instagram, das sie vom Krankenwagen aus aufgenommen hatte: der Blick durch zwei Milchglasfenster auf eine belebte Straße. »Bye, New York. Ich habe dich geliebt. Ich bin untröstlich«, schrieb sie darunter.

Ich konnte sie nicht noch einmal sehen. Genau in dem Moment, als der Krankenwagen mit ihr losfuhr, hing ich an einem Infusionsständer, und ein letzter Beutel Gift tröpfelte mir in die Adern.

Der Tod kommt niemals zu einer guten Zeit, aber ein Todesurteil zu bekommen, wenn man noch jung ist, kommt einem Vertragsbruch mit der natürlichen Ordnung der Dinge gleich. Nach jahrelanger Krankheit hatten Melissa und ich gelernt, so gut wie möglich mit dem drohenden Tod zu leben. Den Gestank der Sterblichkeit konnten wir nicht loswerden, sosehr wir es auch versuchten. Wir unterhielten uns ausgiebig darüber. Manchmal machten wir sogar Scherze. Melissa wollte, dass auf ihrer Beerdigung viele Tränen flossen. Meine Beerdigung sollte eine wilde After-Show-Party sein. Gemeinsam entwarfen wir einen Plan für eine Gästeliste und welche Cocktails serviert werden sollten.

Aber nichts hätte mich darauf vorbereiten können, wie es sein würde, sie wirklich zu verlieren. Wir hatten so oft mit dem Tod geflirtet und uns dann wieder erholt, dass wir uns auf seltsame Weise unbesiegbar fühlten. Selbst nachdem

Melissa New York verlassen hatte, selbst nachdem sie keine Nachrichten mehr beantwortete, weil sie im Geiste schon zu dem verschwommenen Bereich zwischen den Lebenden und diesem anderen Ort unterwegs war, selbst nachdem ihre Eltern geschrieben hatten, dass sie in ihren letzten Stunden von ihrer Familie, einer Menge Krimskrams, allerlei bunten Anhängern und den handbemalten Marionetten umgeben war – es ging mir nicht in den Kopf. Es geht mir immer noch nicht in den Kopf.

Die Freundin, mit der ich ausnahmslos über alles reden konnte, war nicht mehr da. Aber wo war sie?

Und warum?

Die Trauer ist ein Geist, der sich ohne Vorwarnung einstellt. Er kommt in der Nacht und reißt dich aus dem Schlaf. Er füllt deine Brust mit Glasscherben. Er unterbricht dein Lachen auf einer Party, rügt dich, weil du nicht mehr daran gedacht hast, und sei es nur für einen Augenblick. Er sucht dich heim, bis er zu einem Teil von dir selbst wird und bei jedem Atemzug seinen Schatten auf dich wirft.

24

DURCH

AM LETZTEN TAG meiner Chemo gratulierten mir Freunde und Verwandte, weil ich endlich »durch« war. Nach unzähligen Biopsien, intravenös verabreichten Antibiotika und Spuckeimern sollte ich mich wieder unter die Leute mischen. Aber in Wahrheit begann der schwierigste Teil meiner Krebsbehandlung, als sie längst vorbei war.

Im nächsten Monat kam ich vier Mal wegen einer lebensbedrohlichen Darminfektion mit *Clostridioides difficile* ins Krankenhaus, die ich mir aufgrund meines geschwächten Immunsystems eingefangen hatte. Ich gab diesem Monat den Namen »Karneval des Grauens«, denn jeder Krankenhausaufenthalt zog eine erbarmungslose Parade surrealer, qualvoller Ereignisse nach sich, die mich Stück für Stück zerbrachen, bis nichts mehr von mir übrig war, das noch zerbrechen konnte.

In der Nacht vor der ersten Einlieferung ins Krankenhaus starb Melissa.

Während des zweiten Krankenhausaufenthalts heirateten Erika und der Koch im Rahmen einer kleinen Zeremonie in Colorado, doch statt wie versprochen ihre Brautjungfer zu sein, hing ich an einem Infusionsständer.

Ein paar Tage vor dem dritten Krankenhausaufenthalt

begann Will, von einer radikaleren Auszeit zu sprechen. Er sagte, er überlege, aus unserem Apartment auszuziehen und sich selbst eine Wohnung zu mieten. Seine Idee dahinter war es, getrennt zu leben, aber trotzdem noch zusammen zu sein. Er formulierte es als vorübergehende Lösung, aber ich kaufte ihm das nicht ab.

Wills Vorschlag traf mich wie ein Messer im Rücken. Ich hatte mich zwar schon lange auf diesen Augenblick eingestellt, trotzdem warf es mich völlig aus der Bahn. Ich fand es unverzeihlich, dass er mir das gerade jetzt antat. Ich hatte Melissas Tod noch nicht verschmerzt, und in meinen Eingeweiden tobte eine Infektion. Ich fragte mich, ob das seine Art war, in kleinen Schritten auf eine endgültige Trennung hinzuarbeiten. Selbst wenn es, wie er behauptete, nur vorübergehend war und er irgendwann wieder einzog, wusste ich nicht, inwieweit das eine Lösung für uns darstellen sollte.

Ich hatte immer an eine Welt geglaubt, in der die Liebe alles überwinden konnte. Ich glaubte, die Liebe könne vom Leiden erlösen und die Brutalität eines Lebens in etwas Erträgliches, gar Schönes verwandeln. Aber ich verlor das Vertrauen, dass Will nicht wieder einfach auf und davon gehen würde, wenn es das nächste Mal schwierig wurde. Ich verlor den Glauben an uns.

Ich machte noch einen letzten verzweifelten Versuch: Ich stellte Will ein Ultimatum. »Entweder du bleibst und wir überlegen, wie wir das gemeinsam durchstehen, oder du ziehst aus, und das war es dann gewesen mit uns«, sagte ich. »So geht das nicht weiter, ich kann das nicht.«

Vierundzwanzig Stunden später fand Will ein Apartment in Brooklyn, in das er zwei Wochen später einziehen konnte. Als er mir mitteilte, dass er überlegte, es zu nehmen, hielt ich ihn nicht auf. Vielmehr schob ich ihn weg. »Dann geh doch, was kümmert es mich?«, sagte ich, obwohl jede Faser in mir das Gegenteil rufen wollte. Bevor ich ganz verarbeiten konnte, was da geschah, unterschrieb Will den Mietvertrag, und ich war mit einer neuen *C.-difficile*-Infektion in der Notaufnahme.

Es war mein vierter und letzter Krankenhausaufenthalt. Ich wurde im siebzehnten Stock untergebracht, neben dem Zimmer, in dem ich Melissa zuletzt gesehen hatte. Es kam mir vor wie ein grausamer Scherz, dass ich von den Hunderten von Krankenzimmern im Sloan Kettering ausgerechnet hier landen sollte. Melissa und ich hatten sogar dieselbe Krankenschwester, eine Frau namens Maureen mit einem leuchtend roten Pixie Cut und passendem Lippenstift. Ich bat darum, in die Leukämie- oder Transplantationsabteilung verlegt zu werden, aber das Krankenhaus war bereits überbelegt, es war nichts zu machen. Dass ich nun gezwungen war, nur wenige Meter entfernt von der Stelle zu schlafen, wo ich mich von meiner toten besten Freundin verabschiedet hatte, traf mich persönlich – es war eine Strafe, die mich endgültig fertigmachen sollte.

Am Tag, an dem ich aus dem Krankenhaus entlassen wurde, zog Will aus. Als ich mit einer großen Plastiktüte mit der Aufschrift »Patientensachen« zu Hause ankam, war das Apartment gespenstisch leer. *Du solltest eigentlich weinen*, sagte ich mir, als ich in der Tür stand, aber ich war zu müde, um zu weinen. Ich lief in der Wohnung herum, einen verwirrten Oscar an den Fersen, und inspizierte mit einer seltsam systematischen Endgültigkeit die leeren Schränke und Schubladen. In einer entdeckte ich ein altes Päckchen Zigaretten. Wider besseres Wissen zündete ich mir eine an. Ich setzte mich auf den Boden in der Küche und rauchte sie langsam, das Krankenhausarmband noch ums Handgelenk. Das innere Gerüst, das mich seit meiner Diagnose gestützt hatte, hatte Risse bekommen. Während der Behandlung war ich von der besten Kavallerie der Welt umgeben gewesen: von meinem Freund, meiner Familie, meinem Freundeskreis und von einem hervorragenden Ärzteteam, das unermüdlich daran gearbeitet hatte, mich am Leben zu erhalten. Das Ziel war gewesen, den Krebs loszuwerden. Aber jetzt, da ich den »Cut, poison, burn«-Teil der Krankheit endlich hinter mir hatte, saß ich verwirrt und allein in einem Trümmerhaufen und wusste nicht, wie ich weitermachen sollte. Ich fragte mich, wo alle waren und was ich von nun an tun sollte.

Das Kleingedruckte fiel mir erst in diesem Moment auf: Wenn du etwas überlebst, von dem niemand geglaubt hatte, dass man es überleben kann, ist das Offensichtliche geschafft. Du hast dein Leben – du hast Zeit. Aber erst an diesem Punkt wird dir klar, dass du für dein Überleben einen Preis zahlen musstest.

Ich sollte eine Weile brauchen, um vom Boden in der Küche wieder hochzukommen – ein verlorenes Jahr der Wut, der Trauer und des Kampfes, meinen Weg zu finden –, und an diesem schrecklichen Tag konnte ich nur meine Zigarette fertig rauchen, die Jalousien herunterlassen und ins Bett kriechen. *Melissa ist weg. Will ist weg. Mein Krebs ist weg.* Ich wiederholte diese Fakten immer wieder, damit ich alles endlich begriff, damit es sich endlich echt anfühlte, aber stattdessen war ich wie betäubt. Alles in mir, womit ich etwas empfinden konnte, schien unter Narkose zu stehen. Ich könnte nicht sagen, was ich den Rest dieses Tages gemacht habe, oder am nächsten oder an dem danach. Wahrscheinlich bin ich mit dem Hund nach draußen gegangen, habe Kaffee und Milch eingekauft und ausreichend oft die Anrufe meiner Eltern angenommen, damit sie nicht plötzlich vor meiner Tür standen, aber sicher weiß ich das nicht. Ich erledigte die Alltagsaufgaben, aber eigentlich war ich kaum da.

Das Einzige, was die Taubheit durchbrach, war das Gespenst von Will. Er war gegangen, aber nicht ganz. Ich spürte seine Anwesenheit – oder eher seine Abwesenheit – wie einen Phantomschmerz. Will hatte mich gepflegt, er war mein Vertrauter gewesen, mein Liebhaber, mein sozialer Puffer, mein bester Freund. Manchmal war er buchstäblich meine Krücke gewesen, half mir zu gehen, zu essen und mich zu baden, wenn mir die Kraft fehlte, das allein zu schaffen. Er war viel zu viel gewesen, als es ein Mensch für einen anderen sein sollte, aber das begriff ich immer noch nicht ganz – nur dass ich keine Ahnung hatte, wie ich mich ohne Will an meiner Seite allein durch die Welt bewegen sollte.

Auch wenn ich innerlich gelobt hatte, ihn nicht anzurufen, drängte es mich. Eine Woche nach seinem Auszug gab ich auf. »Kannst du vorbeikommen?«, fragte ich ihn eines Abends, als ich die Stille in der Wohnung nicht mehr aushielt. Eine Stunde später hörte ich seine Schlüssel in der Tür. Er öffnete sie, ohne zu klingeln, als würden wir immer noch zusammenwohnen. Ein paar Minuten lang taten wir so, als hätte sich nichts geändert. Er wälzte sich mit Oscar auf dem Boden und raufte mit ihm, wie immer, bevor er auf-

stand, um mich zu umarmen. Dann bestellten wir von Lil'
Frankie's um die Ecke etwas zu essen und versuchten, uns
höflich zu unterhalten, bevor es unvermeidlich wieder losging.

Genau das wurde uns zur Gewohnheit, tagelange Funkstille, durchbrochen von spätabendlichen Besuchen, die
auf zwei Arten kulminieren konnten: Entweder stritten wir
lautstark darüber, wer was getan hatte, sodass wir im gegen-
wärtigen Chaos gelandet waren, oder Will verbrachte die
Nacht bei mir. Zu Sex kam es nie – schon seit Monaten nicht
mehr –, aber ich hatte Angst davor, allein zu schlafen, und
es tröstete mich zu wissen, dass er noch bei mir übernachten wollte. Ich hoffte noch, wenn wir so zusammen waren,
zusammengerollt mit dem Hund wie in alten Zeiten, würde
Will begreifen, was er aufs Spiel setzte, sich irgendwann entschuldigen und endgültig wieder einziehen. Aber das, was
von unserer Zusammengehörigkeit noch übrig war, fühlte
sich hohl an. Jedes Mal, wenn der Morgen kam und er aufstand, um wieder aufzubrechen, fühlte ich mich gedemütigt
und gekränkt. *Nie mehr wieder,* schwor ich mir, als ich hinter
ihm die Tür schloss und mir fest vornahm, ihn nicht mehr
anzurufen und ihn nicht mehr zu mir einzuladen.

Wenn ich dann wieder allein im Apartment war, hasste
ich Will entweder glühend oder ich lag benommen auf dem
Küchenboden. Im Kopf schrieb ich unser Leben als verein-
fachtes Drehbuch neu, der Handlungsbogen ging ungefähr
so: *Ich wurde krank, Will bekam meine Krankheit satt, distanzierte
sich mit der Zeit, bis er auf einmal auszog und mich verließ, während
ich im Krankenhaus war.* Für mich war es einfacher, das so zu
formulieren, Will die ganze Schuld zuzuschieben, statt die
anderen Bestandteile der Geschichte mit zu bedenken: Wie

oft ich ihn enttäuscht, in den Burn-out getrieben hatte – ihn dazu getrieben hatte zu gehen. Die tiefere Wahrheit, warum es mit uns aus war, brodelte unter der Oberfläche und war noch zu heiß, um sie zu ergründen.

Will war meine große Liebe – ich war ziemlich sicher, dass das immer der Fall sein würde –, aber sosehr ich glauben wollte, dass wir mit genügend Zeit und Raum letztlich wieder zusammenfinden würden, ich hielt es nicht mehr für möglich. Wir waren so lange in der Pfleger-Patientin-Dynamik gefangen gewesen, dass unsere Verbitterung sich um uns verhärtet hatte und uns gefangen hielt wie Fliegen in Bernstein. Auf Will zu warten, das hieß, noch mehr Kummer, mehr Schmerz, mehr Wut herauszufordern, und ich glaubte nicht mehr daran, dass ich das noch ertragen konnte. Zum ersten Mal in meinem Leben hatte ich das deutliche Gefühl, vor einem Abgrund zu stehen, von dessen Existenz ich nichts gewusst hatte, bis ich schwankend an seinem Rand stand. Ich hatte die Grenze dessen erreicht, was ich aushalten konnte.

So langsam begriff ich, dass ich eine Entscheidung treffen musste: Wenn ich eine Chance haben wollte, einen Platz unter den Lebenden zu finden, musste ich aufhören, für eine Beziehung zu kämpfen, die schon seit Langem gescheitert war. Ich würde anfangen müssen, für mich selbst zu kämpfen.

Teil
Zwei

25

DAS REICH DAZWISCHEN

»JEDER, DER GEBOREN wird, besitzt zwei Staatsbürgerschaften, eine im Reich der Gesunden und eine im Reich der Kranken«, schrieb Susan Sontag in *Krankheit als Metapher*. »Und wenn wir alle es auch vorziehen, nur den guten Pass zu benutzen, früher oder später ist doch jeder von uns gezwungen, wenigstens für eine Weile, sich als Bürger jenes anderen Ortes auszuweisen.«

Als ich den letzten Tag meiner Chemo erreicht hatte, hatte ich den größten Teil meines Erwachsenenlebens in dem anderen Hoheitsgebiet verbracht: dem Reich der Kranken, in dem niemand gerne leben möchte. Zu Beginn hatte ich mich an die Hoffnung auf einen kurzen Aufenthalt geklammert, bei dem ich nicht einmal meine Koffer auspacken musste. Ich hatte gegen die Bezeichnung »Krebspatientin« Widerstand geleistet, denn ich glaubte, ich könnte der Mensch bleiben, der ich gewesen war. Aber als ich kränker wurde, sah ich zu, wie mein altes Ich verschwand. Statt meines Namens trug ich eine Patientenidentifikationsnummer. Ich hatte gelernt, fließend medizinisches Fachchinesisch zu sprechen. Selbst meine molekulare Identität hatte gewechselt: Als die Stammzellen meines Bruders in meinem Knochenmark anwuchsen, hatte sich meine DNA irreversibel verändert. Mit meinem kahlen Schädel, der Blässe und dem Portkatheter war die Krankheit das Erste, was anderen Menschen an mir auffiel. Als aus den Monaten Jahre wurden, hatte ich mich an die Sitten und Gebräuche dieses neuen Landes so gut ich konnte angepasst, hatte mich mit seinen Bewohnern angefreundet und sogar innerhalb seiner Grenzen Karriere gemacht. Auf seinem Boden hatte ich mir ein Zuhause geschaffen und akzeptiert, dass ich dort womöglich nicht nur eine Weile leben, sondern es sehr wahrscheinlich niemals mehr verlassen würde. Es war die Außenwelt, das Reich der Gesunden, die mir fremd geworden war und mir Angst einjagte.

Aber für mich, für alle Patienten, ist das endgültige Ziel, das Reich der Kranken eines Tages zu verlassen. Auf vielen Krebsstationen gibt es eine Glocke, die Patienten am letzten Tag ihrer Behandlung läuten dürfen, ein zeremonieller Glockenschlag, der einen Übergang signalisiert. Dann ist es Zeit, sich von dem gespenstischen und unveränderlichen Neonlicht der Krankenzimmer zu verabschieden. Dann ist es Zeit, wieder ins Sonnenlicht hinauszutreten.

Dort stehe ich jetzt, an der Schwelle zwischen einem alten, vertrauten Zustand und einer unbekannten Zukunft. Der Krebs lebt nicht mehr in meinem Blut, aber er lebt auf andere Weise weiter, dominiert meine Identität, meine Beziehungen, meine Arbeit und meine Gedanken. Mit der Chemo bin ich fertig, aber ich habe noch meinen Port, den meine Ärzte erst entfernen wollen, wenn ich »weiter über den Berg« bin. Mir bleibt die Frage, wie ich in das Reich der Gesunden heimkehren soll und ob ich das jemals voll und ganz kann. Keine Behandlungsprotokolle oder Entlassungsanweisungen können diesen Teil meiner Bahn lenken. Der Weg nach vorne wird mein eigener sein müssen.

Die erste, allerdings nicht zu empfehlende Etappe meiner Genesung: das Feueropfer. Ich will abfackeln, was mich noch an Will bindet. Ich will meine Trauer ausbrennen. Ich will meine Vergangenheit in Flammen setzen und Land für neues Wachstum urbar machen. So will ich neu anfangen, stelle ich mir vor.

Um Wills Geist aus der Wohnung zu entfernen, zünde ich Salbeibündel an. Dicke Rauchschwaden wirbeln durch die Luft. Ich stelle die Möbel um, bis sich die alten Räume neu anfühlen. Ich sammle die gerahmten Fotos von uns und verberge sie in der Kommode. Ich stopfe die Steppdecke, die wir uns zugelegt hatten, in den Müll. Wenn er anruft, nehme ich nicht ab. Ich lösche seine Nummer.

Ich möchte so gerne eine normale Sechsundzwanzigjährige sein. Ich habe keine Ahnung, was alles dazugehört, und so suche ich bei gesunden Gleichaltrigen nach Hinweisen. Kurze Zeit, nachdem Will ausgezogen war, lädt mich meine Freundin Stacie, eine Sängerin, zu einer ihrer Vorstellungen ins schicke Hotel NoMad ein. Ich habe nicht die geringste Lust darauf, unter Menschen zu gehen, aber ich zwinge mich trotzdem dazu. Ich ziehe Jogginghose und T-Shirt aus und schlüpfe in ein Kleid – ein hippes schwarzes Kleid, hochgeschlossen, um meinen Port zu verbergen. Ich gebe mir Mühe mit meiner Frisur, versuche, sie etwas weniger nach Post-Chemo und mehr nach Punk-Pixie aussehen zu lassen. In letzter Minute fordere ich noch einen alten Freund auf mitzukommen, einen Freund, der mich schon lange vor meiner Krankheit kannte. Er ist Jazzmusiker und heißt Jon.

Als ich am Hotel ankomme, wartet Jon im Foyer. Wir beide kennen uns schon von einem Musikcamp her, an dem wir beide als Teenager teilgenommen hatten. Damals war Jon schlaksig und unbeholfen, trug eine Zahnspange und schlabberige, schlecht sitzende Kleidung, und er war so schüchtern, dass er fast als stumm durchging. Seither hat er eine Veränderung durchgemacht. Mit seinem starken, schleppenden New-Orleans-Akzent, dem virtuosen Klavierspiel und dem eleganten Stil übt er eine magnetische Wirkung aus und zieht alle Aufmerksamkeit auf sich, sobald er einen Raum betritt. Groß und schlank, tadellos gekleidet in Maßanzug und Lederstiefeln, sieht er so gut aus, dass ich ganz überrascht bin. Seine Haut, ein dunkles Honigbraun, wirkt strahlend, seine Gesichtszüge – diese Lippen, die klassische Nase – und die breiten Schultern verleihen ihm das majestätische Aussehen eines Prinzen. Ich entdecke Jon auf der anderen Seite des Foyers. Ich gehe hinüber, um ihn zu begrüßen, und bekomme ein wenig weiche Knie, als mich sein Blick trifft.

Wir fahren mit dem Aufzug in den ersten Stock und betreten einen kleinen Club im Stil eines Cabarets, mit verschnörkelten Tapeten und Kerzen auf den Tischen. Bald betritt Stacie in einem roten Kleid die Bühne. Sie singt ins Mikrofon, und ihre Stimme erfüllt verführerisch den abgedunkelten Raum. Jon und ich sitzen an der Seite auf einem luxuriösen Ledersofa. Es ist mehr als ein Jahr her, seit wir uns zuletzt gesehen haben, und wir haben uns viel zu erzählen. Jon fragt mich sofort nach meinem Gesundheitszustand und dann nach Will. Als ich sage, dass wir nicht mehr zusammen sind, wirkt Jon verblüfft. »Aber ihr zwei habt so ... solide gewirkt«, sagt er.

»Es ist besser so«, sage ich gespielt unbekümmert und erwähne die letzten vier Wochen nicht, die ich auf dem Küchenboden verbracht habe.

»Was ist denn passiert?«, will er wissen. Er wirkt ehrlich verdutzt.

»Die Krankheit hat unserer Beziehung zugesetzt«, antworte ich. Wenn ich einen Schuldigen suchen soll, dann kann ich es am leichtesten auf die Krankheit schieben.

Zum ersten Mal muss ich das laut erklären. Ich lasse es klingen, als gehöre das alles längst der Vergangenheit an, als wäre keine Aufarbeitung mehr nötig. Ich will das glauben – dass es mir hilft, mich von meiner Krankheit wegzubewegen, wenn ich mich von meiner Beziehung zu Will entferne.

»Und du?« Ich möchte gerne das Thema wechseln. »Hast du eine Freundin?«

»Ich bin auch Single«, antwortet er.

So habe ich mich noch gar nicht gesehen, als »Single«. Eigentlich ist es ja richtig, aber ich fühle mich noch in der Schwebe. *Single.* Ich forme das Wort mit den Lippen. Es fühlt sich merkwürdig auf der Zunge an.

Nach Jons Gesichtsausdruck zu urteilen, betrachtet auch er mich zum ersten Mal unter diesem Aspekt. Etwas geschieht zwischen uns, die Luft um uns herum ist aufgeladen mit Möglichkeiten. Wir gehen zu anderen Themen über, aber unser Gespräch steht unter einer gewissen Spannung. Jon scheint sich plötzlich wieder in den schüchternen, schlaksigen Teenager verwandelt zu haben. »Was ist dein Lieblingssport?«, fragt er unvermittelt und schaukelt auf der Couch nervös vor und zurück.

»Mein Lieblings*sport*?«, frage ich. Ich denke kurz nach, dann sage ich das Erste, was mir in den Sinn kommt: »Basketball, wahrscheinlich.«

»Wow, meiner auch! Da haben wir noch etwas gemeinsam!«, sagt Jon so ernst, dass ich unwillkürlich lachen muss.

Auch wenn ich Jon schon mein halbes Leben kenne, fühlt es sich an, als hätten wir ein Blind Date. Wir sind verlegen. Unglaublich verlegen. Ich winke dem Kellner und bestelle einen Cocktail; als er serviert wird, trinke ich ihn in großen Zügen. Im Laufe des Abends entspanne ich mich ein bisschen, und Jon scheint sich von seiner Schüchternheit zu erholen. Jetzt läuft kein Jazz mehr, sondern ein wummernder Bass, und bald reden und lachen alle und stehen auf, um zu tanzen. Stacie kommt mit ein paar Freundinnen zu uns. Sie stupsen mich immer wieder mit dem Ellbogen, wenn Jon nicht guckt, treiben mich an und sagen, es werde Zeit für mich, wieder »da raus« zu gehen. Zum ersten Mal, seit ich das Krankenhaus verlassen habe, fühle ich mich irgendwie menschlich, sogar attraktiv.

Es ist weit nach Mitternacht. Ich war eine Ewigkeit nicht mehr so lange aus, aber ich möchte nicht, dass der Abend schon endet. Ich möchte, dass mir dieses Gefühl nach Hause folgt – es *muss* mir folgen. Jon und ich bleiben noch auf dem Gehsteig stehen. Als er mir einen Gute-Nacht-Kuss gibt, durchfährt es mich. Tief in mir weiß irgendein Teil, dass ich nicht in der Lage bin, mich mit dem Gedanken an irgendetwas auseinanderzusetzen, das mehr ist als Freundschaft. Es ist ein kurzer klarer Moment, in dem mir die tatsächliche Lage bewusst ist: *Mein Privatleben ist im Eimer. Mein Körper ist im Eimer. Ich bin im Eimer.* Meine Krankheit hat so viele Kollateralschäden nach sich gezogen. Aber diesen Trümmerhaufen anzuerkennen, bedeutet, dass ich mit ihm fertigwerden muss, und dafür fühle ich mich nicht stark genug – noch nicht, noch nicht so bald. Dann geht dieser klare Moment vorüber, und ich bin darüber hinweg. *Vielleicht steht es ja gar nicht so schlimm. Vielleicht gehört es zum Weitergehen dazu, andere*

Leute zu sehen. Mein Verstand tut alles, um eine Abrechnung zu vermeiden – er ist verwirrt und widerspricht sich, bis ich nicht mehr unterscheiden kann, was echt ist und was nicht; er überzeugt mich, dass es mir gut geht, obwohl ich in Wahrheit nicht weiter davon entfernt sein könnte.

Bald telefonieren Jon und ich fast jeden Abend, stundenlang. Er ist unterwegs mit seiner Band, aber als er ein paar Wochen später in die Stadt zurückkommt, lädt er mich zu einem richtigen Rendezvous ein, zu einer Comedy-Show mit Abendessen. Danach bringt er mich nach Hause und küsst mich – diesmal auf den Mund. Die Aussicht, ein neues Leben anzufangen, jagt mir viel weniger Angst ein, wenn jemand an meiner Seite ist.

Ich mag alles an Jon. Ich mag es, wie ihm eine Million Ideen in den Kopf steigen und wie seine Finger über die Klaviertasten jagen. Ich mag seinen galaktischen Ehrgeiz, der mich anspornt, meinem eigenen mehr Raum zu geben. Ich mag, dass er seine grenzenlose Energie ohne Koffein aufrechterhält, sein Gleichgewicht ohne Alkohol, seine Funktionstüchtigkeit ohne Drogen. Aber mehr als alles mag ich es, wie ich mich fühle, wenn ich in seiner Nähe bin. Jon behandelt mich wie einen gesunden, normalen, fähigen Menschen – wie das schlitzohrige Mädchen mit der wilden Mähne, das ich mit dreizehn war, als wir uns kennenlernten. Er behandelt mich, als wäre ich nie krank gewesen, und auch wenn das nicht unbedingt dazu passt, wie ich mich selbst sehe oder mich fühle: Ich will diese Rolle spielen. Und eine Weile tue ich das auch. Ich spiele die Rolle so gut, dass ich mich beinahe selbst dazu bringe, es zu glauben.

Ich kann es mir zwar nicht eingestehen, aber Jon verführt mich genauso wie die Vorstellung, eine neue Beziehung helfe mir bei meiner Rückkehr ins Reich der Gesunden. In den nächsten Wochen kann ich ihn nicht oft genug sehen. Ich begleite ihn ein paar Tage auf der Tournee. Wir laufen Hand in Hand durch fremde Städte, unterhalten uns stundenlang und beteuern uns auf Parkbänken schüchtern unsere Zuneigung. Wir sind die ganze Nacht mit seinen Freunden unterwegs, ziehen von einem Jazzclub in den anderen, bis der Morgen dämmert. Ich lasse mir nie anmerken, wie erschöpft ich bin, ich sage nie nein, fest entschlossen, zu beweisen, dass ich wie alle anderen durchhalte.

Aber als wir zurück in New York unsere erste gemeinsame Nacht in meinem Apartment verbringen, bin ich zittrig und unsicher wie ein Lämmchen. Mit Will eine intime Beziehung zu haben, der mit angesehen hat, wie mein Körper sich durch die Krankheit verändert hat, war etwas völlig anderes, als mit einem Außenstehenden, jemandem, der diese Schlachten nicht geschlagen hat, intim zu sein. Als wir uns ausziehen, fühle ich mich ausgesetzt und unsicher. Mein Körper offenbart eine andere Geschichte als die, die ich nach außen gezeigt habe: Ich habe wegen der letzten *C-difficile*-Infektionen beinahe zehn Kilo abgenommen, und meine Rippen ragen durch das dünne Fleisch. Meine Arme sind übersät mit blauen Flecken und Einstichstellen von Infusionen, Spritzen und vom Blutabnehmen. Über meinen Hals und meine Brust kringeln sich Narben von den diversen Zentralvenenkathetern, die ich im Lauf der Jahre bekommen habe. Und mein Port: Den habe ich auch noch.

Der Port ragt als runder Plastikknopf unübersehbar unter knotigem Narbengewebe über meiner rechten Brust heraus. Er fühlt sich hart an. Ich weiß nicht, wie ich erklären soll, warum er immer noch da ist, oder ob ich darauf hoffen soll, dass Jon ihn in dem dunklen Zimmer nicht bemerkt. Er weiß so vieles nicht. Wenn es zwischen uns ernster wird, werde ich mich neben vielen anderen mit den überaus sexy Themen Unfruchtbarkeit und chemoinduzierte Menopause befassen müssen. Allein die Aussicht auf diese Gespräche genügt eigentlich, um völlige Enthaltsamkeit in Betracht zu ziehen. *Einatmen, ausatmen. Ich kann das nicht.*

Jon fährt mit einem Finger von meinen Lippen den Hals hinter zu dem Narbenwirbel auf meiner Brust. Er beugt sich vor, berührt sanft den Port mit dem Mund und sagt: »Du bist die schönste Frau, der ich je begegnet bin.«

Der Sommer fühlt sich an, wie frisch verliebt zu sein, nicht nur in Jon, sondern auch in die Verheißung eines anderen Lebens. Das einzige Problem ist, dass ich diese neue Existenz auf das zerbröckelnde Fundament meiner alten aufbaue. Nachdem wir uns viele Wochen lang nicht gesehen haben, beschließen Will und ich, uns zu treffen. Wir holen uns Iced Coffee aus unserem Lieblingsfrühstückscafé auf der anderen Straßenseite und gehen auf das Dach meines Wohnhauses. »Ich muss dir etwas sagen«, verkünde ich, als wir uns an einen Picknicktisch setzen.

»Ich dir auch, aber du zuerst«, antwortet er, ganz der Gentleman.

Ich war gekommen, weil ich ihm von Jon erzählen wollte. Meine Ansage kommt nicht aus dem Nichts. Früher im Sommer hatte ich Will angekündigt, dass ich daran dächte, mit anderen Leuten eine Beziehung einzugehen, aber er war nicht dumm und wusste genau, mit »anderen Leuten« meinte ich Jon. Ich hatte erwähnt, dass wir oft zusammen waren, und ich weiß noch, wie Will sagte: »Gib mir Bescheid, wenn du keine Lust mehr auf deinen Lückenbüßer hast.« Er schien sich sicher zu sein, dass es nur eine vorübergehende Affäre war. Der Kommentar brachte mich auf, einerseits, weil es Will nicht so viel auszumachen schien, wie ich gehofft hatte, zum anderen, weil so viele seiner Vermutungen richtig waren – über meine Wut auf ihn, über meine Unfähigkeit, allein zu sein. Aber was als Lückenbüßerei angefangen hatte, war seither zu einer ernsthaften Beziehung geworden, und ich hatte das Gefühl, Will die Wahrheit schuldig zu sein.

Ich hatte den ganzen Morgen über im Kopf geprobt und mir gesagt, wenn ich nun genau die richtigen Worte wählte, wenn ich alles genau richtig ausdrückte, würde Will verstehen. Wir könnten einander verzeihen und mit der Vergangenheit abschließen, vielleicht sogar die Basis für eine anhaltende Freundschaft schaffen. Aber als ich Will jetzt gegenübersitze, fällt es mir schwer, meine Fassung zu bewahren. Ich blicke immer wieder von seinem Gesicht zu Boden und wieder zurück. Die Wahrheit? Unsere Situation ist so viel komplizierter, als ich sie hatte darstellen wollen. Ich wollte glauben, dass es aus ist, doch wir sind immer noch eng miteinander verbunden: Will ist immer noch der Mensch, der unter »im Notfall zu benachrichtigen« auf allen meinen medizinischen Formularen steht, ist immer noch der erste Mensch, den ich anrufen *will*, wenn ich mich krank oder traurig fühle oder Angst habe. Aber was ich ihm gleich sagen werde, wird unsere Trennung endgültig und unwiderruflich machen, und einen Augenblick lang weiß ich nicht, ob ich das wirklich möchte.

Ich versuche, den Mut aufzubringen, und zähle im Kopf herunter – drei, zwei, eins –, aber als ich schließlich die

Worte bilde, lösen sich meine einfühlsamen, sorgfältig eingeübten Erklärungen in Luft auf. »Du sollst wissen, dass ich in einer Beziehung bin und dass es ernst ist«, sage ich.

Wills blaue Augen verdunkeln sich. Ich sehe, wie ihn der Schock trifft, und bin selbst entsetzt über mich. Etwas zu leugnen gestattet einem, in einem Vakuum zu handeln, ohne die Auswirkungen seiner Handlungen auf das eigene Leben oder auf andere bedenken zu müssen. Ich sehe ihm an, wie sehr ihn meine Ehrlichkeit verletzt, und mir wird übel. Aber zu meiner Schande muss ich gestehen, es befriedigt mich auch ein bisschen. Auf einer perversen, unterbewussten Ebene wollte ich wohl, dass Will ein bisschen von dem Schmerz empfindet, den er mir verursachte, als er auszog. Ich will beweisen, dass ich nicht das hilfsbedürftige, kranke, ohnmächtige Mädchen bin, als das ich mich fühle, sobald ich in seiner Nähe bin. Er soll wissen, dass es noch andere gibt, die mich begehrenswert finden. Aber noch mehr als das alles will ich den Schmerz in seinem Gesicht als Bestätigung für das, wonach ich mich sehne: als Beweis, dass ihm noch etwas an mir liegt.

Will sagt lange nichts. Als er die Fassung wiedergewinnt, wird sein Blick hart. Schließlich spricht er. Er lässt mich wissen, dass ich, nach allem was er geopfert hat, eine Verräterin bin und ein Feigling, weil ich uns so schnell aufgebe. Niemand wird mich je so lieben und für mich sorgen, wie er es getan hat, sagt er. Und er kauft mir meine neue Beziehung nicht ab. Er warnt mich, dass ich bedauern werde, was ich getan habe, sobald ich wieder zur Vernunft komme. »Weißt du, was lustig ist?«, sagte Will. »Ich bin heute hergekommen, um dir zu sagen, dass ich bereit bin, wieder einzuziehen – und unserer Beziehung eine neue Chance zu geben. Aber das hast du jetzt unmöglich gemacht.«

»Wie kannst du es wagen«, fauche ich. »Du kannst mich doch nicht verlassen, wenn ich krank bin, um dann plötzlich wieder in meinem Leben zu stehen, wenn es mir endlich halbwegs gut geht.«

»Alles klar, dann war es das wohl. Alles Gute für dich und meinen Nachfolger«, antwortet Will, streckt die Arme über dem Kopf aus und gähnt übertrieben.

Wir sind beide von verhängnisvollen Annahmen ausgegangen: Ich hatte nie geglaubt, er würde wirklich ausziehen, als ich ihm ein Ultimatum stellte, und Will hatte nicht gedacht, dass ich weiterziehen würde, wenn er es tun würde. Aber man kann nicht rückgängig machen, was bereits geschehen ist. Keiner von uns kann über den Verrat des anderen hinwegsehen. Es schmerzt uns beide, aber wir tun so, als wäre es uns egal. Wir sind beide zu stolz, um um Verzeihung zu bitten oder um zu verzeihen.

Ich bleibe noch lange, nachdem Will weg ist, auf dem Dach sitzen. Ich bin orientierungslos und verunsichert: der Himmel, die Tauben, die Sirenen in der Ferne. Und am allermeisten bin ich unsicher in Bezug auf mich. Aber etwas steht für mich fest: So wenig ich mir ein Leben ohne Will vorstellen kann, so wenig kann ich mir auch einen Weg nach vorn mit ihm vorstellen. Wir müssen uns beide von unserer gegenseitigen Abhängigkeit befreien – von unseren alten Rollen als Pfleger und Patientin –, aber ich glaube nicht, dass wir das gemeinsam schaffen können, zumindest nicht bald. Um neue Identitäten zu finden, müssen wir getrennte Wege gehen.

Trotzdem bin ich überrascht, wie schnell der Übergang

vonstattenging von einem Paar, das engstens miteinander verbunden und verliebt war, zu zwei Fremden, die jeweils in ihrer eigenen Trauer und Wut gefangen sind. Als wir uns daranmachen auseinanderzunehmen, was noch von uns übrig ist, fühlt es sich weniger an wie die letzten Schritte einer Trennung, sondern wie der Anfang einer anstrengenden, langwierigen Scheidung. Will gibt mir die Ersatzschlüssel für die Wohnung zurück. Wir lösen unser gemeinsames Bankkonto auf und kündigen den Partnervertrag für die Handys. Wir sortieren unsere gemeinsamen Sachen, und obwohl wir sie nie darum bitten, sortieren sich unsere jeweiligen Freunde und Verwandte ebenso.

Was Oscar betrifft, einigen wir uns darauf, ihn gemeinsam zu versorgen. Ich habe ihn unter der Woche, Will nimmt ihn an den Wochenenden. Bei den ersten Malen klingelt Will und kommt herein, um Oscar abzuholen. Eines Tages bemerkt er dann ein Paar Air Jordans in Größe 46 in der Garderobe. Danach treffen wir uns zur Übergabe auf neutralem Gebiet. Bald nimmt Will die Wochenenden gar nicht mehr wahr. Es fällt ihm zu schwer, gibt er schließlich zu. Auch er muss weiterziehen.

Weiterziehen. Über diesen Ausdruck grüble ich immer wieder nach: was er bedeutet, was nicht, und wie das eigentlich geht. Zu Beginn schien es so einfach zu sein, zu einfach, und langsam dämmert mir, dass Weiterziehen nur ein Mythos ist – eine Lüge, an die man sich verkauft, wenn das Leben unerträglich geworden ist. Es ist der Irrglaube, dass man eine Barrikade zwischen sich und der Vergangenheit bauen kann – dass man seinen Schmerz ignorieren kann, dass man seine große Liebe unter einer neuen Beziehung begraben kann, dass man zu den wenigen Glücklichen gehört, die die schwere Arbeit des Trauerns, des Heilens und des Wiederaufbaus auslassen können – und dass kein Blut fließt, wenn es einen doch einholt.

Als der Sommer in der Herbst übergeht, will ich endlich meinen Port loswerden, die letzte Spur von dem Krebs, die ich berühren und in meinem Körper sehen kann. Mein Ärzteteam besteht darauf, dass er bleibt, bis sie ganz sicher sein können, dass ich ihn nicht mehr brauche. Aber ich will anziehen können, was ich will, ohne mir Gedanken machen zu müssen, dass die Leute die komische Scheibe anstarren, die sich unter meinem Schlüsselbein abzeichnet. Ich will loswerden, was für mich die letzte noch vorhandene Absperrung zwischen mir und der Normalität darstellt. Bei meiner nächsten Kontrolluntersuchung im Sloan Kettering bringe ich die Entfernung des Ports wieder zur Sprache. Immerhin ist mein letzter Chemotag schon fünf Monate her. Seitdem gab es mehrfach kleinere Vorfälle – sie führten zu drei Darmspiegelungen, drei Endoskopien, einigen Röntgenaufnahmen und einer Knochenmarkbiopsie aufgrund einer erschreckenden und mysteriösen plötzlichen Verschlechterung meiner Blutwerte – aber meistens ist meine Gesundheit ziemlich stabil. Nachdem sie es untereinander besprochen haben, sind meine Ärzte einverstanden. Ich bekomme einen Termin für die folgende Woche. Es ist ein Vertrauensbeweis gegenüber meiner Fähigkeit, nicht nur gesund zu *sein*, sondern auch gesund zu *bleiben*. Ich bin euphorisch.

An einem Freitag Ende Oktober fahren Jon und ich zu dem Eingriff ins Sloan Kettering. Nachdem ich aus erster Hand miterlebt habe, wie sehr eine Krankheit eine Beziehung zerfressen kann, habe ich versucht, ihn von allem Medizinischen fernzuhalten. Ich verstecke sogar meine Tablettenbox, wenn er bei mir übernachtet, und nehme die Medikamente erst, wenn er weg ist. Ich erwarte und erbitte nicht viel – ich habe meine letzte Beziehung zerstört, indem ich zu viel brauchte –, aber die Krankenhausregeln schreiben vor, dass mich nach der Operation jemand nach Hause bringen muss.

»Da sind die Gesichtsmasken und die Handschuhe«, erkläre ich Jon im Wartezimmer. »Ja, du musst sie ebenfalls tragen – zum Schutz anderer Patienten, deren Immunsystem geschwächt ist.« Es ist seltsam, ihm die Gepflogenheiten zu erklären, die mir in Fleisch und Blut übergegangen sind. Immer wieder sehe ich kurz zu ihm hinüber, analysiere seine Körpersprache, suche nach Anzeichen dafür, dass diese ganze Krebsgeschichte ihn durchdrehen lässt, aber Jon wirkt seelenruhig.

Eine Schwester kommt zu uns und stellt mir ein paar vorausgehende Fragen, bevor sie mich in den Operationssaal bringt. Zwischen die üblichen – aktuelle Medikamente? Neue Symptome? Schmerzen? – wirft sie ein paar fiese Bälle: »In den Unterlagen sehe ich, dass Sie zuletzt wegen C. *difficile* und einer möglichen GvHR des Darms im Krankenhaus waren«, sagt sie. »Ist ihnen immer noch häufig übel? Wir oft am Tag haben Sie Stuhlgang? Wie ist die Stuhlkonsistenz? Immer noch weich?«

An diesem Punkt bin ich so beschämt, dass ich Mordgedanken hege – aber wenn Jon angewidert ist, so zeigt er es nicht. Als ich dann weggerollt werde, küsst er mich durch die Maske und sagt mir, dass er da sein wird, wenn ich aufwache.

Ich liege in einem hinten offenen Krankenhaushemd unter grellen Neonlichtern auf dem Operationstisch. »Gratuliere!«, sagt der Chirurg zu mir, als er hereinkommt. »Ich höre, Sie werden heute befreit.« Er bezieht sich auf die Befreiung von meinem Port – der Pforte für die zig Chemozyklen, Antibiotika, Stammzellen, Immunoglobuline und Bluttransfusionen, die seit meiner Diagnose in meinen Körper geleitet wurden. Diesen Satz hat er eindeutig schon x-mal gesagt, eine Routine, um die Patienten zum Lächeln zu bringen. Und tatsächlich, dieser Augenblick fühlt sich wirklich wie eine offizielle Entlassung an, eine abschließende Maßnahme, die mich wieder im Reich der Gesunden verankert.

Man stülpt mir eine Narkosemaske über, und ich soll von zehn an abwärts zählen. »Wir sehen uns auf der anderen Seite«, sagt der Chirurg, bevor ich in einen tiefen, chemischen Schlaf falle.

Fünfundvierzig Minuten später erwache ich im Aufwachraum. Meine Nervenenden kribbeln und bitzeln, als ich aus der Dämmerung zu mir komme. Flatternd öffnen sich die Lider, die Pupillen rollen wie Murmeln durch den Raum, und ich werde nicht ganz schlau daraus, wo ich bin oder warum Jon und nicht Will in dem Stuhl neben meinem Krankenhausbett sitzt. Dann sehe ich den Verband an meiner Brust und erinnere mich. Statt Erleichterung zu empfinden, fühle ich mich meines Ports beraubt – und bin traurig, dass ich von nun an seltener und mit größeren Abständen im Sloan Kettering bin und meine Lieblingsschwestern und -ärzte nicht mehr so oft sehe. Diese Traurigkeit ist der Beginn von etwas, das zu komplex und verunsichernd ist, als dass ich es jetzt schon analysieren könnte. Also verbuche ich es als Nachwirkung der Narkose.

Später an diesem Abend schlägt Jon vor, zur Feier des Tages auszugehen. Ich fühle mich noch immer nicht richtig gut, aber ich will mich zusammennehmen. Wir machen uns schick und gehen zu einer Gala im Apollo Theater. Jon ist mittlerweile zu einer Art Berühmtheit in der Kulturelite von Harlem geworden, und er wird immer wieder von unserem Tisch weggezogen, weil jemand mit ihm reden oder ein Selfie mit ihm machen will. Ich sitze einen Großteil des Abends allein da und trinke ein Glas Chardonnay nach dem anderen. Irgendwann löst sich das Pflaster an meiner Brust und rutscht an meinem Nabel und dem Saum meines Kleids vorbei, bis es auf den Boden fällt. Ich schiebe es diskret mit dem Fuß unter den Tisch und sehe mich um, ob es jemandem aufgefallen ist. Die freiliegende Naht, zart und wund, reibt am Stoff meines Kleids. Ich versuche, den Schmerz zu ignorieren, während ich zusehe, wie Paare über das schwarz-weiße Schachbrettmuster der Tanzfläche gleiten, aber es funktioniert nicht. Der Anblick dieser Frauen im Abendkleid und Männer im Smoking unter einem Dach aus funkelnden weißen Lichterketten lässt den Bereich am Rand, wo ich sitze, irgendwie umso düsterer, einsamer wirken. Als ich die Hand ans Gesicht hebe, stelle ich überrascht fest, dass meine Haut ganz nass ist. Mit Wimperntusche vermischte Tränen rinnen mir in großen schwarzen Tropfen über die Wangen.

»Was ist denn los?«, fragt Jon beunruhigt, als er zurückkommt. Diese Frage wird er mir in den kommenden Monaten immer wieder stellen, wenn er erschrocken feststellt, dass es die glückliche, selbstsichere Frau zum Pferdestehlen, in die er sich verliebt hat, noch gar nicht gibt.

Ich sage darauf: »Alles okay.«

Eigentlich will ich sagen (aber ich weiß nicht, wie ich es ausdrücken soll): Mein Port ist entfernt worden, aber er ist nicht weg. Seine Abwesenheit ist eine neue Art der Anwesenheit, die Vergegenwärtigung all der anderen Spuren der Krankheit, mit denen ich erst noch fertigwerden muss. Die Verwüstungen, die die Behandlungen in meinem Kopf, meinem Körper, meinem Geist angerichtet haben. Eine tote Freundin, einen toten Freund nach dem anderen beerdigen zu müssen, und die Trauer, die sich unbemerkt in mir angestaut hat. Die Trauer über den Verlust von Will und die Angst, dass es ein Fehler war, ihn nicht zurückzunehmen. Die furchtbare Angst und völlige Verwirrung in mir, weil ich nicht weiß, was ich als Nächstes tun soll.

Nach dreieinhalb Jahren bin ich offiziell durch mit dem Krebs – es sind sogar mehr als vier Jahre, wenn man das Jucken mitzählt. Ich dachte, ich würde triumphieren, wenn ich diesen Moment erreicht hätte – ich dachte, ich würde feiern wollen. Doch stattdessen fühlt es sich an wie eine Neubewertung. Ich habe die letzten fünfzehnhundert Tage unermüdlich auf ein einziges Ziel hingearbeitet – das Überleben. Jetzt habe ich überlebt, aber mir wird klar, dass ich nicht weiß, wie man lebt.

Die Heldenreise ist eines der ältesten Narrative in der Literatur. Wie Helden schweben auch Überlebende in Lebensgefahr und müssen unglaubliche Prüfungen bewältigen. Allen Widrigkeiten zum Trotz halten sie durch, werden besser, mutiger, nachdem sie sich in der Schlacht Narben zugezogen haben. Sobald der Sieg gesichert ist, kehren sie verändert in die normale Welt zurück. Sie haben an Weisheit hinzugewonnen und können das Leben neu wertschätzen.

In den letzten Jahren wurde ich mit diesem Narrativ geradezu bombardiert, beobachtete es in Filmen und Büchern, bei Spendenaktionen und Genesungskarten. Es ist schwer, nicht in solche Klischees zu verfallen, wenn sie kulturell derart eingebettet sind. Noch schwerer ist es, wenn man sie nicht verinnerlicht hat, aber das Gefühl vermittelt bekommt, man müsse sie erfüllen.

Im Lauf des Herbstes stelle ich Versuche an, in diesem Narrativ zu leben und so triumphierend wie möglich in den Alltag zurückzukehren. Ich schleppe mich mehrmals die Woche in das Fitnessstudio im Keller meines Wohnhauses – selbst vor meiner Krankheit wäre das für mich eine Leistung gewesen. Ich kaufe mir einen Entsafter und zwinge mich kurze Zeit, ein widerliches Grünkohlgebräu zu trinken. Ich gehe jeden Morgen in das Café nebenan und versuche, etwas Neues zu schreiben. Manchmal erlebe ich Momente des Lachens und der Leichtigkeit, wenn ich mit Freunden tanzen gehe, aber sie sind nur kurz – und so schnell wieder verschwunden, wie sie gekommen sind.

Aber mir soll es doch besser gehen, rede ich mir immer wieder ein. Immerhin gelte ich auf dem Papier nicht mehr als krank. Der Schwall von Arztterminen, Bluttests und Anrufen von besorgten Freunden und Verwandten ist beinahe versiegt. Es kann jederzeit sein, dass ich von nun an als gesund gelte und keine Invalidenrente mehr bekomme. Wenn ich es schaffe, noch ein paar Jahre krebsfrei zu bleiben, kann ich mich vielleicht sogar in die Gruppe der Krebsüberlebenden einreihen, die als »geheilt« gelten. Trotzdem habe ich mich nie weiter von der gesunden, glücklichen jungen Frau entfernt gefühlt, die ich zu werden hoffte, wenn ich erst alles hinter mir hatte.

Noch schlucke ich jeden Morgen eine Handvoll Pillen. Immunsuppressiva halten meinen Körper davon ab, das Knochenmark meines Bruders abzustoßen. Täglich zwei Dosen antiviraler und antibakterieller Medikamente schützen mein anfälliges Immunsystem. Ritalin bekämpft die chronische Müdigkeit und den Nebel im Kopf, Symptome, die sich seit der Transplantation noch nicht gebessert haben. Levothyroxin erledigt die Arbeit meiner von der Chemo verwüsteten Schilddrüse. Und Ersatzhormone springen für meine verkümmerten Eierstöcke ein.

Schlimmer sind die psychologischen Auswirkungen der Krankheit, die für andere zum Großteil unsichtbar und nicht einfach zu beheben sind. Die Depression senkt sich wie ein Dämon herab und hält mich tagelang, manchmal wochenlang gefangen. Angst überkommt mich, wenn ich auf die Ergebnisse eines Routinebluttests warte. Ich bekomme jedes Mal eine Panikattacke, wenn ich einen verpassten Anruf von der Arztpraxis sehe oder einen unerklärlichen blauen Fleck hinten an der Wade entdecke. Die Trauer verfolgt mich noch, Melissas nilgrüne Augen schweben Nacht für Nacht durch meine Träume.

Je mehr ich mich anstrenge, meinen Platz unter den Gesunden zu finden und meine Erwartungen an die Wege der Überlebenden zu erfüllen, umso mehr empfinde ich eine Unstimmigkeit zwischen dem, was sein sollte, und dem, was ist.

Es kommt mir sogar unmöglich vor, diese Kluft überhaupt einzugestehen: Meine Eltern mussten meinetwegen schon so viel durchmachen, und ich möchte ihnen mit den Herausforderungen, mit denen ich jetzt konfrontiert bin, keine Sorgen bereiten. Mein Ärzteteam ist auf Krebs konzentriert, nicht auf das, was danach kommt. Mir ist schmerzlich bewusst, dass die Kämpfe während der Genesung ein Privileg sind, das viele gar nicht erleben dürfen, und ich habe Angst, undankbar zu klingen – oder schlimmer noch, unsensibel gegenüber denjenigen, die mit weit erschreckenderen Unbekannten zurechtkommen müssen.

Doch die Widersprüche lassen Fragen weiterhin ungelöst: Kehrt mein Krebs zurück? Wo soll ich arbeiten, wenn ich mitten am Tag vier Stunden schlafen muss oder wenn ich wegen der Fehlzündungen meines Immunsystems immer noch regelmäßig in die Notaufnahme muss? Meine Redakteurin erhöht den Druck auf mich, die Kolumne fortzusetzen; die Leser wollen wissen, wie es mir geht, spornt sie mich an, sie wollen etwas über das Leben nach dem Krebs erfahren. Aber immer wenn ich mich hinsetze, um zu schreiben, produziere ich nur Lügen. Ich will den Lesern den Stoff geben, auf den sie und ich über all die Jahre gehofft haben – sagen können, dass Will und ich noch zusammen sind, dass unsere lange aufgeschobene Hochzeit endlich geplant wird, dass ich für einen Marathon trainiere, dass ich als investigative Journalistin von fernen Schauplätzen berichte und dass wir ein Kind bekommen. Aber das wäre natürlich alles erfunden.

Weil ich die realen Fakten nicht mit dem zusammenbringen kann, wie ich mir die Remission vorgestellt habe, lege ich die Kolumne dauerhaft auf Eis. Finanziell kann ich mich über Wasser halten, indem ich ab und zu einen Vortragsjob annehme und in Teilzeit für einen Immobilieninvestor arbeite, was ich zu Hause vom Bett aus erledigen kann, aber die Tätigkeit ist weder nachhaltig noch erfüllend. Ich sehe kaum einmal Freunde, und wenn, dann wappne ich mich gegen die gefürchteten drei Fragen: Wie geht es mir gesundheitlich? Was ist mit Will und mir passiert? Was habe ich als Nächstes vor? Schließlich gehe ich gar nicht mehr aus.

Mit Jons Karriere geht es unterdessen steil bergauf. Er gehörte schon immer zu den am härtesten arbeitenden Menschen, die ich kenne, und ich bin sehr stolz auf seinen Erfolg, aber mit einem Musiker zusammen zu sein, der auf Tournee ist und mehr Zeit auf der Straße als zu Hause verbringt, ist anstrengend. Ich fühle mich in meinem eigenen Körper ohne einen ständigen Begleiter oder Pfleger an meiner Seite noch nicht sicher, und immer, wenn ich allein bin, breche ich zusammen. Gleichzeitig halte ich Jon aber auf Abstand, wenn er da ist. Meine mehrdeutigen Botschaften sind verwirrend, und bald will er mehr. Er möchte wissen, in welche Richtung unsere Beziehung läuft. Er will wissen, was ich vom Heiraten und Kinderkriegen halte. Er will, dass ich mich öffne. Aber die Kluft zwischen uns wird immer breiter, je intensiver er fragt.

Wenn Jon für einen Auftritt die Stadt verlässt, lasse ich mich ins Bett fallen, erschöpft von der Anstrengung, so zu tun, als wäre alles in Ordnung. Ich ziehe mir die Decke über den Kopf und rolle mich in meine übliche Position: wie ein Embryo. Ich lasse den Tränen freien Lauf – ich schluchze in schrecklichen Krämpfen. So bleibe ich tagelang bei zugezogenen Vorhängen im Bett liegen, ignoriere E-Mails und Anrufe und verlasse die Wohnung nur, wenn der Hund jault. Jede Nacht sage ich mir beim Einschlafen, dass morgen der Tag sein wird, an dem ich es endlich auf die Reihe bekomme. Jeden Morgen bin ich beim Aufwachen so traurig und verloren, dass ich kaum Luft bekomme. In den dunkelsten Augenblicken fantasiere ich, wieder krank zu werden. Mir fehlt das Ziel und die Klarheit, die ich während der Behandlung hatte – wie es die Dinge vereinfacht, wenn man dem eigenen Tod direkt ins Auge sieht und man sich darauf konzentriert, was wirklich wichtig ist. Mir fehlt das Ökosystem des Krankenhauses. Dort waren alle kaputt, so wie ich, aber dort draußen, unter den Lebenden, fühle ich mich wie eine Hochstaplerin, überfordert und unfähig zu funktionieren.

Eines frühen Morgens in diesem Winter führe ich Oscar aus. Ich sehe ausgemergelt aus, wie ein Zombie, wie es typisch für Menschen ist, die ihre Zeit zwischen der Erde und einem anderen, dunkleren Ort verbringen. Als ich die Avenue A entlanggehe, begegnet mir ein Mann, der mir vage bekannt vorkommt, aus dem Café in der Nachbarschaft, wo die Freiberufler immer sitzen – ich glaube, er ist Romanautor. Er trägt einen modischen Tweedmantel mit ledernen Flicken am Ellbogen und eine Aktentasche. Ich habe meinen Schlafanzug an und rauche eine einzelne Zigarette, die ich in dem kleinen Laden an der Ecke für fünfzig Cent gekauft habe.

»Wach auf, Prinzessin«, sagt er und mustert mich von oben bis unten. »Der Tod ist der letzte Ausweg.«

Ich schäme mich so sehr, als ich da unter seinem harten Blick und der grellweißen Wintersonne stehe. Seit ich zwanzig bin, habe ich die größere Hälfte meines Lebens damit verbracht, ums Überleben zu kämpfen, nur um jemand zu werden, der so fertig ist, dass ihn ein besorgter Fremder auf der Straße anspricht. Während meiner Behandlung hatte ich eine einfache Lebenseinstellung: *Wenn ich überlebe, dann muss es für etwas gut sein. Ich will nicht nur ein Leben – ich will ein gutes Leben, ein Leben voller Abenteuer, ein sinnvolles Leben. Was soll das sonst?* Und trotzdem ist der Ort, an dem ich angekommen bin, das Gegenteil. Jetzt wird mir die Möglichkeit eines guten Lebens geboten, aber ich lebe es nicht – schlimmer noch, ich vergeude es. Schuldgefühle verstärken meine Scham: Ich weiß, wie glücklich ich mich schätzen kann, am Leben zu sein, während so viele, die ich liebe, das nicht mehr sind. Von den zehn Krebsgefährtinnen und -gefährten, mit denen ich mich während der Behandlung angefreundet habe, sind nur noch drei am Leben.

Als ich nach Hause laufe, wird mir klar: So kann es nicht weitergehen. Etwas – oder vielleicht alles – muss sich ändern.

26

ÜBERGANGSRITEN

EINEN WEITREICHENDEN ENTSCHLUSS – wie zum Beispiel auf eine
lange Reise zu gehen – führt man gerne auf eine einzige
Erkenntnis, eine plötzliche Eingebung zurück. Ein vollstän-
diger Plan, der sich einstellt, wenn man auf dem Boden liegt
und betet, dass sich etwas, irgendetwas ändern möge.
Für mich gab es keinen solchen Moment.

Mein Entschluss, von zu Hause aufzubrechen und los-
zuziehen, entsteht nach und nach, aber der erste Schritt ist
eine Reise, die ich für jemand anderen antrete.

Als sich Melissas Tod und das Ende meiner Chemo zum ersten Mal jähren, stehe ich an der Sicherheitskontrolle am John
F. Kennedy International Airport an und hoffe, dass die Si-
cherheitskräfte meinen Koffer nicht durchsuchen. Mit einem
Namen wie Suleika Jaouad ist es für mich nicht ungewöhnlich, dass ich an der Grenze oder bei der Flughafenkontrolle
herausgewunken werde, aber ausnahmsweise habe ich diesmal wirklich etwas zu verstecken. In meinem Koffer befindet sich ein Röhrchen mit grauweißem Pulver, das ich in ein
Paar Socken gesteckt habe. Dabei handelt es sich nicht um
die übliche heiße Ware: Ich schmuggle ein wenig von Melissas Asche auf einen Fünfzehn-Stunden-Flug nach Indien.

Nach Melissas Tod wurde in ihrem Namen eine Stiftung eingerichtet, um jungen Erwachsenen, die an Krebs erkrankt sind, eine Reise ins Ausland zu ermöglichen. Ich musste es mir nicht zweimal überlegen, das erste Reisestipendium anzunehmen – oder einen Teil von ihr mit nach Indien zu nehmen, als Melissas Eltern mich darum baten. Das Land bedeutete ihr sehr viel, und wir hatten gehofft, einmal zusammen hinzufahren. Mit meiner Reise will ich Melissas gedenken und eines Plans, der nie umgesetzt werden konnte. Es ist auch die erste Übung darin, meinen Gespenstern ins Auge zu sehen.

Es war nicht einfach, mein Ärzteteam zu überzeugen, mich mit meinem schwachen Immunsystem nach Indien reisen zu lassen. »Das Risiko einer schweren Infektion ist zu hoch«, sagte mein Arzt, als ich ihm zum ersten Mal von der Idee erzählte. Aber schließlich gab er nach und setzte die Immunsuppressiva langsam ab, damit mein Körper Keime abwehren konnte. Ich musste mich impfen lassen, eine Menge Blutuntersuchungen machen und mir von jedem Mitglied meines Ärzteteams bestätigen lassen, dass ich gesund genug war, um die Reise anzutreten.

Als ich an Bord der Air-India-Maschine gehe, ziehe ich mir eine Maske über den Mund und desinfiziere den Sitz, das Tablett und die Armlehnen mit antiseptischen Feuchttüchern. Doch trotz dieser Vorsichtsmaßnahmen erkranke ich ein paar Tage nach meiner Ankunft in Delhi an einem Virus. Einen großen Teil der zwei Wochen, die ich dort verbringe, bin ich schwach und habe Fieber. Am Ende muss ich doch in ein örtliches Krankenhaus, um auszuschließen, dass es nichts Ernstes ist. So langsam wird mir klar, dass mein Körper vielleicht nie wieder so wird, wie er vorher war, ganz egal, wie viel Zeit vergeht – und dass ich nicht weiter warten kann, bis ich »gesund genug« bin, um wieder anzufangen zu leben. Das ist eine bittere Erkenntnis, aber es ist notwendig. Es mag vielleicht nicht möglich sein, von der Krankheit aus weiterzuziehen, also muss ich versuchen, es mit ihr zu tun.

So miserabel ich mich auch fühle, ich zwinge mich jeden Tag aufzustehen, und mache mich auf, um die Gegend zu erkunden. Ich stecke mir das Röhrchen mit Melissas Asche in die Jackentasche und trage sie überall mit mir herum, sodass ich bei jedem Schritt ihre Nähe spüre. Gemeinsam entdecken wir die staubigen Straßen von Delhi: die stechend riechenden Gewürzmärkte, Galerien für zeitgenössische Kunst, die weitläufigen Gärten voller Ruinen. Mit Rikschas fahren wir durch den chaotischen Verkehr mit Bussen, Fahrrädern und gelegentlich auch Elefanten. Auf den Ausflügen mache ich mir Melissas künstlerischen Blick zu eigen, genieße die leuchtenden Farben – Saris in Edelsteinfarben, Blumenstände mit Tagetes, knallbunte Pigmente, die von tanzenden Festgästen beim Hindufest Holi in die Luft geworfen werden. Zu dem Stipendium gehört es, dass ich jeden Nachmittag in Mutter Teresas Haus für die Sterbenden, einem Hospiz für Bedürftige, mithelfe. Ich hänge nasse Wäsche auf Maschendraht auf und verteile die Tabletts mit Essen an die Bettlägerigen.

Den Taj Mahal hebe ich mir bis zum Schluss auf. Ich habe Melissa zwei Wochen lang bei mir getragen, und nun wird es Zeit, sich zu verabschieden. Morgens vor Sonnenaufgang komme ich an. Nur wenige Touristen stehen an und warten darauf, dass die Tore geöffnet werden. Die Straßen sind dunkel und verlassen, bis auf eine streunende Hündin, die mitten auf der Straße schläft. Ihre Welpen drängen sich um sie, um sich zu wärmen. Ich sage dem Guide, dass ich ein Röhrchen mit Asche dabeihabe, die ich ausstreuen möchte. Der Führer erklärt mir, das verstoße gegen die Vorschriften, und die Sicherheitsvorkehrungen seien sehr streng, das würde niemals gestattet. Ich erzähle ihm Melissas Geschichte und wie sehr sie sich gewünscht hat, hierher zurückzukehren. Als ich fertig bin, ist der Guide nicht nur einverstanden, er bietet sogar an, das Röhrchen selbst hineinzuschmuggeln.

Der Taj erscheint in der Dämmerung wie ein schwebendes Gedicht, ein mondweißer Traum aus Marmorsäulen und Minaretten. Dieser Ort sprach zu Melissa, als sie dem Ende ihres Lebens entgegensah, und nachdem ich mich mit seiner Geschichte beschäftigt habe, verstehe ich auch, warum. Der Bau wurde von dem Großmogul Shah Jahan als Grabmal für seine Frau errichtet, die 1631 bei der Geburt ihres vierzehnten Kinds gestorben war. Der Mogul war so gramerfüllt, dass er über Nacht graue Haare bekommen haben soll. Er schwor, ihre Liebe durch ein Denkmal zu verewigen, das schöner war als alle, die die Welt je gesehen hatte. Der Bau dauerte Jahrzehnte, aber als er fertig war, fand der Großmogul Trost. Auf dem Rundgang durch den Ziergarten denke ich, dass der Taj gleichzeitig Liebe und Trauer verkörpert. Genau wie meine Freundschaft mit Melissa. Ich begreife, dass man im Leben das eine nicht ohne das andere bekommt.

Als ich die Stufen hinaufgehe, lasse ich die Kalligraphien und die Halbedelsteinintarsien im Marmor – Koralle, Jade, Onyx – auf mich wirken. Ich gehe um das Gebäude herum zu der Terrasse auf der Rückseite. Von hier aus blickt man auf den Yamuna, den heiligen Fluss, an dessen Ufern die prasselnden Feuer von Krematorien brennen, an denen sich die Hindus rituell von ihren Toten verabschieden. Als ich den Fluss betrachte, denke ich an Melissas letzten Post auf Instagram. Es war ein Bild von ihr in Indien, mit der Unterschrift: *gate gate paragate parasamgate bodhi svaha*. Gegangen, gegangen, ans andere Ufer gegangen, vollkommen hinübergelangt, erwachen, frohlocken. Ich vergewissere mich rasch, dass keine Sicherheitsleute auf der Terrasse sind, und als die Luft rein ist, steige ich über die Absperrkordel und gehe bis zum Rand. Ich öffne die Handfläche und strecke sie zum Fluss hin. Ganz kurz fängt sich das Licht in dem Röhrchen. Dann rollt es zum Wasser hin und ist fort.

Melissas Asche an den Ort zu bringen, den sie am meisten geliebt hat, mindert nicht den Schmerz über ihren Verlust, aber es zeigt mir, dass ich vielleicht anfange, mich mit meiner Trauer auseinanderzusetzen. Es hat mich an die Rolle des Rituals beim Trauern herangeführt – die Zeremonien, die uns erlauben, komplizierte Gefühle zu schultern und einen Verlust zu bewältigen, die Raum schaffen für den scheinbar paradoxen Akt, die Vergangenheit als Weg in die Zukunft anzuerkennen. Es lässt mich an die anderen Arten denken, mit denen wir das Überschreiten von Schwellen begehen: Geburtstage, Hochzeiten, Babypartys, Taufen, Bar Mitzwas und Quinceañeras. Diese Übergangsriten gestatten uns den Übergang von einer Lebensphase in eine andere, und sie verhindern, dass wir uns unterwegs verirren. Sie zeigen uns einen Weg, den Raum zu ehren zwischen dem Nicht-mehr und dem Noch-nicht. Aber ich habe keine vorgegebenen Rituale. Ich muss sie mir erst schaffen.

Aus einer Entfernung von mehreren Kontinenten kann

ich mein Leben klarer sehen. Ich war zu lange wie eine Biene, die in einem Fenster gefangen ist, und schlug in dem vergeblichen Versuch herauszukommen immer verzweifelter mit dem Kopf gegen die Scheibe. Diese letzten zwei Wochen haben mir eine vorübergehende Ruhepause gebracht, aber ich fürchte, wenn ich wieder zu Hause in New York bin, stecke ich bald wieder in diesem traurigen Zustand fest. Ich habe das Gefühl, ich muss etwas Einschneidendes tun, um das zu verhindern.

Auf dem langen Rückflug träume ich mit offenen Augen von einer Pilgerreise allein, welche Form sie annehmen könnte, weiß ich allerdings nicht. Ich will in Bewegung sein – will einen Weg finden, mich loszureißen, mich in die weite Welt hinauswagen. Nicht weil ich ein besonderes Verlangen danach habe, auf Entdeckungsreise zu gehen, sondern deshalb, weil ich mittlerweile Angst vor der Welt habe und vor meiner Fähigkeit, mich allein in ihr zu bewegen. Ich will nichts erwarten. Um nichts bitten. Von niemandem abhängig sein. Herausfinden, was auf der anderen Seite des Dazwischen liegt. Wieder anfangen zu leben.

Noch habe ich weder das Vorstellungsvermögen, die Kraft oder die Mittel, um eine große Reise zu unternehmen, deshalb beginne ich meine Mission mit mehreren kurzen Ausflügen vorab. Ein paar Wochen nach meiner Rückkehr steige ich in einen Zug nach Vermont, wo meine Familie ein kleines Blockhaus in der Nähe der Green Mountains besitzt. Ich war immer zu krank gewesen, um allein hierherzukommen. Zu lernen, auf mich allein gestellt zu sein, scheint mir der nötige erste Schritt zu allem zu sein, was da auch kommen mag. Ich muss darauf vertrauen, dass ich unabhängig sein kann. Ich muss meine eigene Pflegekraft werden. Ich habe lange gebraucht, um zu sagen, dass ich Krebspatientin bin. Dann war ich lange nichts anderes. Es wird Zeit, dass ich herausfinde, wer ich jetzt bin.

Die Hütte liegt tief im Wald, und man hat dort keinen Handyempfang. Die nächste Ortschaft liegt einen Fünfzehn-Meilen-Marsch entfernt. Der Weg führt über eine einsame Landstraße, vorbei an flachsfarbenen Maisfeldern, dichten Baumgruppen und ab und an einer Farm. Mit Ausnahme von Jane, einer Nachbarin, die im Ruhestand ist und mit ihrem Mann eine Meile weiter an der unbefestigten Straße wohnt, kenne ich niemanden. Da ich immer noch keinen Führerschein habe, bietet Jane an, mich vom Bahnhof abzuholen. Sie fährt mich in den Supermarkt, damit ich Vorräte einkaufen kann, dann setzt sie mich an der Hütte ab, wo ich bleibe, bis mir das Essen ausgeht. »Bist du wirklich sicher, Kleines, dass du hier ganz allein zurechtkommst?«, fragt sie und guckt besorgt. Bis auf Oscar gibt es hier nur mich, Hirsche, die unter dem Apfelbaum grasen, und die sanften Hügel in der Ferne.

»Ich genieße die Einsamkeit«, antworte ich mit falscher Zuversicht. In Wahrheit habe ich furchtbare Angst davor, was passiert, wenn ich mit meinen Gedanken allein bin.

Jane fährt wieder, und ich packe meine Sachen aus, setze mich in einen Sessel neben dem Steinkamin und versuche zu lesen. Aber ich bin unruhig und kann mich nicht richtig konzentrieren. Die Ruhe und die Isolation wirken wie eine Lupe, und ich sehe deutlicher denn je, wie ängstlich und fragil ich geworden bin. Ich fahre bei jedem Heulen und jedem Ruf, der aus dem Wald dringt, zusammen. Ich wache mitten in der Nacht auf, um doppelt und dreifach zu überprüfen, ob die Tür abgeschlossen ist oder ob wirklich kein Serienmörder hinter dem Holzstoß auf der Veranda lauert. In meinem Leben v. Kr. – vor Krebs – war ich eigensinnig selbstständig und bildete mir viel auf meinen Mut ein, ob ich nun in Ägypten studierte, vom Gazastreifen berichtete oder durch die jordanische Wüste trampte. Meine Eskapaden grenzten oft an Leichtsinn. Aber so lange mit einer lebensbedrohlichen Krankheit zu leben, hat mein Verhältnis zur Angst verändert. Es hat mir beigebracht, mit äußerster Wachsamkeit auf die zahllosen potenziellen Gefahren zu achten, die in meinem Körper und jenseits davon lauern.

Quasi jeden Augenblick dieser ersten Reise nach Vermont bin ich zappelig und fühle mich unwohl, aber ich zwinge mich, nach einer Regel zu leben: Ich darf nicht aus Angst wieder abreisen. In Momenten, wenn ich nichts lieber will als in die Stadt zurück, beschließe ich, noch eine Nacht zu bleiben, dann zwei, dann drei. Ich entscheide mich, darauf zu vertrauen, dass alles, was sich jetzt unbekannt und beängstigend anfühlt, bald vertraut und sicher sein wird. Ich sage mir, wenn genügend Zeit verstrichen ist, werde ich das Türschloss nicht mehr doppelt und dreifach überprüfen und mich nicht mehr von eingebildeten Raubtieren um den Schlaf bringen lassen. Vielleicht kann ich sogar anfangen, die Lüge gegenüber Jane wahr zu machen – vielleicht genieße ich es irgendwann, allein zu sein. Als ich vier Tage später wieder zurück in die Stadt fahre, bin ich noch nicht ganz so weit, aber ich bin der Sache näher gekommen.

Im Lauf der nächsten Monate kehre ich so oft wie möglich nach Vermont zurück. Mit jeder Reise, die ich allein zu der Hütte mache, fühle ich mich ein wenig beherrschter, ein wenig mutiger, ein wenig neugieriger darauf, was außerhalb des Fensters liegt. Ich mache immer weitere Streifzüge mit Oscar, der voransaust und mich über kurvige Landstraßen, an wackligen Scheunen, sprudelnden Bächen und mit smaragdgrünem Moos bewachsenen Flussufern vorbeiführt. Ich lerne Feuer zu machen und wage mich tief in den Wald hinein, um Reisig zu sammeln. Eines Tages tappt ein Schwarzbär auf unser Grundstück. Oscar springt von der Veranda auf und knurrt ihn an wie ein wilder Löwe. Der Bär erschrickt so sehr, dass er stolpert und dann losrennt, bis er zwischen den Bäumen verschwunden ist. »Der Mut von Kindern und Tieren ist eine Funktion der Unschuld«, schrieb Annie Dillard einmal. »Wir lassen unsere Körper den Weg *unserer* Ängste gehen.«

Ganze Tage vergehen, an denen ich niemanden sehe. Gelegentlich rufe ich Jon an, aber er hat zu tun, ist wieder auf Tournee. Er scheint auch zu verstehen – ohne dass ich es überhaupt erklärt hätte –, dass ich mich durch etwas Großes, Beängstigendes durcharbeite und jetzt am dringendsten Zeit brauche, um allein zu sein. Meine Einsamkeit wird nur von sporadischen Besuchen eines jungen Mannes namens Brian unterbrochen, der kommt, um die lange Zufahrt zu planieren oder auch im Garten zu helfen, als es wärmer wird. Eines Tages kommen wir ins Gespräch, und als er erfährt, dass ich nicht Autofahren kann, bietet er an, es mir beizubringen. Für die Fahrstunden revanchiere ich mich mit einem offenen Ohr und höre ihm zu, als er mir erzählt, wie schwierig ein Coming-out im ländlichen Vermont ist, und von seinen diversen Abenteuern in einer schwulen Dating-App namens GROWLr. Wir suchen Ideen für sein Profil. »Tapsig, mit Bart, einhundertfünf Kilo, durchschnittliches Aussehen. Ein großes Herz, hoffnungslos romantisch. Lieblingsblume: Allium«, sagt Brian.

Ich schlage vor: »Gut bestückter Zwilling.«

Er bricht in Lachen aus. »Eigentlich bin ich aber Löwe.«

Hier ist Brian für mich das, was einem Freund am nächsten kommt, und ich freue mich auf seine Gesellschaft, wenn auch nicht auf den Teil, in dem ich mich wirklich ans Steuer setzen muss.

Fahren zu lernen war für die meisten meiner Freunde in der Highschool ein wichtiger Meilenstein. Am Morgen ihres sechzehnten Geburtstag eilten sie zum Department of Motor Vehicles, um ihre Fahrgenehmigung zu holen. Für sie und für die meisten anderen amerikanischen Teenager war das Autofahren das ultimative Ritual, das das Erwachsenwerden einleitete. Es bedeutete, spätnachts auf dem Rücksitz zu knutschen, seine Freunde ins Einkaufszentrum zu kutschieren und bei Konzerten aus dem Kofferraum zu picknicken. Es bedeutete Unabhängigkeit. Aber für mich hörte sich Autofahren an wie eine beängstigende Pflicht, die mich überforderte. Ein paar desasträse Versuchsfahrten im Minivan meiner Eltern bestätigten, was ich bereits vermutete: Für Fußgänger, Radfahrer und Autofahrer war es das Beste, wenn ich es gar nicht lernte. Es war kein Zufall, dass ich mir ein College in einer kleinen Stadt ausgesucht hatte, wo man kein Auto brauchte, und nach dem Abschluss dann in großen Städten wohnte, wo das Verkehrsmittel der Wahl die U-Bahn war.

In Vermont keinen Führerschein zu haben, ist jedoch mehr als lästig. Ich bitte nicht gerne darum, gefahren zu werden, denn das erinnert mich nur an meine Abhängigkeit. Wenn mir die Milch für den Kaffee ausgeht, möchte ich selbst die zwanzig Meilen zum Bauernmarkt fahren können. Das liegt weniger daran, dass ich keine Angst mehr habe, sondern dass meine Angst langsam von einer Sehnsucht nach Freiheit ersetzt wird.

Brian gibt mir den ganzen Sommer über Fahrstunden, und ich lerne auf den Nebenstraßen zu fahren und übe Einparken zwischen zwei Tannen. Als ich mich hinter dem Steuer zunehmend wohler fühle, nimmt eine vage Idee langsam Gestalt an und kristallisiert sich zu einem großen Plan. Die Zeit in Indien hat mir einen Einblick gegeben, wie das Reisen einen aus alten Gewohnheiten herausreißen und Bedingungen für das Entstehen neuer Seinsweisen schaffen kann. Mir wird immer klarer, dass ich das Vertraute verlassen muss, aber ich will das nicht ganz allein machen – ich möchte andere ausfindig machen, die mir eine Perspektive für mein Dilemma anbieten können, die mir helfen können, meinen Weg zu finden. Als ich endlich meinen Führerschein bestehe, steht der nächste Schritt fest: Ich mache eine Reise mit dem Auto und besuche die Leute, die mir Kraft gegeben haben, als ich krank war.

Es ist beinahe Mitternacht, die Holzscheite im Kamin sind zu Asche heruntergebrannt, aber ich fache die Glut noch einmal an und koche eine Kanne Kaffee. Auf dem Boden sitzend öffne ich eine große, handgeschnitzte Holzkiste, die ich vor vielen Jahren einmal in einem Antiquitätenladen gekauft habe. Sie enthält Geburtstagskarten von meiner Großmutter, Fotos, abgerissene Eintrittskarten und makabre medizinische Erinnerungsstücke wie alte Krankenhausarmbänder und meinen Port. In der Kiste sind auch Hunderte Briefe. Es finden sich ramponierte Umschläge aus fernen Ländern, Liebesbotschaften auf Cocktailservietten, dickes Briefpapier mit Einladungen und Dutzende ausgeblichene Ausdrucke von E-Mails. Manche dieser Nachrichten wurden mir von Menschen geschickt, die ich gut kenne, zum Beispiel Wills Vater. Er schrieb mir mehr als zweihundert Postkarten – an jedem Tag des ersten langen Sommers nach der Diagnose eine und eine an jedem Tag nach meiner Transplantation, bis ich das Schlimmste überstanden hatte. Aber die meisten bekam ich von Leuten, denen ich nie begegnet war.

Es heißt, in schweren Zeiten findet man heraus, wer seine Freunde sind, aber ich fand hauptsächlich heraus, mit wem ich befreundet sein wollte. Manche Leute, von denen ich dachte, ich könnte auf sie zählen, verschwanden von der Bildfläche, während andere, die ich kaum kannte, mehr taten, als ich jemals erwartet hätte. Ich war überwältigt von der Aufmerksamkeit dieser Fremden – Leser der Kolumne, anonyme Kommentatoren im Internet, Bekannte aus dem Wartezimmer im Krankenhaus und Freunde von Freunden, die ich kaum kannte. Sie schickten mir Päckchen und spaßige Mails, bekenntnishafte Nachrichten auf Facebook und lange handgeschriebene Briefe. Sie waren ehrlicher und offener zu mir als viele Leute, die ich nicht nur aus dem Netz kannte. Sie erzählten ihre eigenen Geschichten davon, wie es ist, wenn das eigene Leben unterbrochen wird, ob durch die Reißleine einer Diagnose, ein anderes Trauma oder einen Kummer. Sie lehrten mich, dass man die Wahl hat, wenn das Leben einen niederringt: Man kann zulassen, dass das Schlimmste, was einem jemals passiert ist, die verbleibende Zeit auch noch an sich reißt, oder man strengt sich an, sich wieder in Bewegung zu setzen.

Seit dem Ende der Therapie übt diese Kiste eine magnetische Wirkung auf mich aus. Es gab einen Brief, den ich besonders gerne las. Es war eine ausgedruckte Mail von Ned, dem Fünfundzwanzigjährigen, der mir 2012, als ich in der Hope Lodge wohnte, von der Schwierigkeit schrieb, in die »echte Welt« zurückzukehren. Die Nachricht ärgerte mich zuerst; sie kam etwa zu der Zeit, in der ich erfuhr, dass ich nach der Transplantation noch eine Chemo machen musste. *Was kann wohl so schlimm daran sein, wieder zurück in die »Normalität« zu finden?*, dachte ich damals. *Normalität ist alles, was ich mir wünsche.* Aber sobald ich aus dem Nebel der Behandlung aufgetaucht war, begriff ich, dass Ned recht hatte. Auf meinem eigenen holprigen Weg nahm ich den Brief immer wieder zur Hand und fand Trost in seinen Worten. Ich kannte sehr wenige Leute im echten Leben, die verstanden, wie es war, zwischen zwei Welten gefangen zu sein.

Es gab viele andere, die mir geschrieben hatten und die mir einen Einblick darin geben konnten, was es bedeutete, nach einer Katastrophe wieder ins Leben zurückzukehren. Da war Howard, der pensionierte Kunsthistoriker in Ohio, der den Großteil seines Lebens mit dem Kampf gegen seinen schwachen Gesundheitszustand verbracht und es dennoch geschafft hatte, sich ein pulsierendes Leben aufzubauen. Da war Bret, der junge Mann, dem ich kurz begegnet war, als ich zum ersten Mal allein bei der Chemo war und der sich jetzt erholte und versuchte, sein Leben in Chicago wieder aufzunehmen. Da war Salsa, die auf einer Ranch kochte und mir besonders große Portionen auftischen wollte, wenn ich jemals nach Montana kommen sollte. Da war Katherine, die Highschoollehrerin aus Kalifornien, die versuchte, nach dem Selbstmord ihres Sohnes irgendwie weiterzumachen. Und natürlich war da Lil' GQ, der in Texas im Todestrakt saß und dessen sorgfältige Schreibschrift – mit den schnörkeli-

gen *ps* und *qs* in blauer Tinte auf ausgefranstem Notizblock-
papier – mir ins Gedächtnis eintätowiert war: *Ich weiß, dass
wir uns in unterschiedlichen Situationen befinden, aber im Schatten
von uns beiden lauert der Tod.*

Als ich den Inhalt der Kiste durchsehe, lege ich eine Liste
von zwei Dutzend Leuten an, deren Worte und Geschichten mir nicht aus dem Kopf gegangen sind. Ich formuliere
Briefe an sie alle. Ich schreibe, dass ich eine lange Reise mit
dem Auto machen will, und frage, ob sie Interesse an einem
Treffen hätten. Ich weiß nicht, was ich erwarte, als ich auf
Senden drücke. In den meisten Fällen ist es Jahre her, dass
sie sich bei mir gemeldet haben, und mir ging es oft nicht
gut genug, um zu antworten. Ich habe keine Ahnung, ob
sie sich an mich erinnern – oder ob sie noch am Leben sind.
Aber zu meiner Begeisterung füllt sich mein Posteingang
innerhalb weniger Tage mit einem beinahe einstimmigen
Chor von Antworten, die mich zu einem Besuch einladen.

Ich kaufe Landkarten und breite sie auf dem Küchentisch
aus. Als ich mit dem Finger die kurvigen lila Linien der Fern-
straßen, die blauen Schnörkel der Flüsse und die grünen
Flächen der Nationalparks nachfahre, erwacht meine Reiseroute zum Leben. Die Fahrt verläuft in einem Kreis gegen
den Uhrzeigersinn rund um das Land, vom Nordosten in
den Mittleren Westen, durch die Rocky Mountain States, die
Westküste entlang, und über den Südwesten und den Süden
schließlich wieder die Ostküste hinauf. Ich werde etwa fünf-
zehntausend Meilen zurücklegen, durch dreiunddreißig
Staaten fahren und mehr als zwanzig Leute treffen. Oscar
und ich werden ein Internat in Connecticut besuchen, ein
Künstlerloft in Detroit, eine Ranch im ländlichen Montana,
eine Fischerhütte an der Küste von Oregon, den Bungalow

einer Lehrerin im Ojai Valley und ein berüchtigtes Gefängnis in Livingston, Texas. Wir werden dorthin fahren, wohin die Briefe uns bringen, und sehen, was uns dort erwartet.

Die nächsten Wochen verbringe ich wieder in New York, um meine ganzen Habseligkeiten in Kisten zu packen, sie einzulagern und meine Wohnung unterzuvermieten. Ein eigenes Auto kann ich mir nicht leisten, aber mein Freund Gideon leiht mir großzügigerweise seinen alten Subaru aus. Mit dem zusätzlichen Einkommen durch die Vermietung meines Apartments und viertausend Dollar, die ich gespart habe, sollte ich über die Runden kommen. Ich habe vor, so oft wie möglich zu zelten oder privat unterzukommen und nur gelegentlich ein Zimmer in einem Motel zu nehmen. Auf Craigslist suche ich eine gebrauchte Campingausrüstung und kaufe mir einen tragbaren Gaskocher, einen Schlafsack für Minustemperaturen, eine Isomatte und ein Zelt. All das verstaue ich hinten im Auto, dazu eine Kiste Bücher, einen Sack Hundefutter, einen Erste-Hilfe-Kasten und eine Kamera. Bevor ich losfahre, gehe ich noch zu einer letzten Kontrolluntersuchung bei meinem Onkologen.

Meine Reise wird hundert Tage dauern. Länger lässt mich mein Ärzteteam vor meinem nächsten Termin nicht weg, aber ich stelle mir das gerne als neues Hundert-Tage-Projekt vor, die Verpflichtung, jeden Tag Neues zu schaffen, um die eigenen Grenzen zu erweitern. Dadurch erobere ich mir auf meine Weise eine Zahl zurück, die bei dem Countdown zu Tag 100 nach einer Knochenmarktransplantation einen kritischen Wendepunkt bei der Genesung darstellt. Doch der Unterschied ist diesmal, dass ich mir das Übergangsritual selbst ausgedacht habe.

27

DER WIEDEREINTRITT

IM MORGENDLICHEN CHAOS von Midtown Manhattan packe ich alles fertig ins Auto und schnalle mich auf dem Fahrersitz an. Oscar sitzt hinten und hechelt ängstlich, geradezu asthmatisch, und sein kleiner Körper zittert so sehr, dass ich sein Halsband klappern höre. Ich versuche, seine Angst nicht persönlich zu nehmen. Oscar hat kaum Erfahrung mit Autos – ich allerdings auch nicht, um ehrlich zu sein. *Blinken, Blick in den Spiegel, auf tote Winkel achten.* Ich sage Brians Anweisungen auf wie eine Telefonnummer, die ich nicht vergessen darf. Ich drehe den Schlüssel im Zündschloss. Als der Motor anspringt und ich mich in den Verkehr einfädele, höre ich meinen Puls im Kopf. Als ich rechts in die Ninth Avenue einbiege, fahre ich an einer überquellenden Mülltonne vorbei, an herrenlosen Fahrrädern, die an einen Laternenmast gekettet wurden, und einem dicken Mann mit wildem Blick in zerlumpter Kleidung, der mitten auf dem Fahrradweg steht. Er scheint mir zuzuwinken – was mir zwar merkwürdig vorkommt, aber für New York City nicht weiter beachtlich erscheint. Als ich vorbeifahre, winkt der Mann heftiger, er fuchtelt wie wild mit den Armen über dem Kopf. Will er mich vor etwas warnen? Bevor ich weiter darüber nachdenken kann, wovor, hupen Autos. Und da wird es mir mit einem Schlag klar: Die Autos hupen mich an. Und sie fahren direkt auf mich zu.

Es ist Minute fünf meines Fünfzehntausend-Meilen-Roadtrips, und ich fahre in falscher Richtung durch eine Einbahnstraße. Ich reiße das Lenkrad nach links herum und drücke den Fuß aufs Gaspedal. In einem schwungvollen U-Turn schlingere ich über den Asphalt und vermeide knapp einen Frontalzusammenstoß. Als ich am Straßenrand anhalte, schießt mir Adrenalin durch die Adern. *Dieser Roadtrip ist eine Schnapsidee,* denke ich, als der Verkehr an mir vorbeirauscht. *Ich bin noch nicht so weit. Ich bin zu unerfahren. Zu schwach, um dort draußen zu überleben. Das einzig Verantwortliche wäre es, die ganze Sache abzublasen.* Aber noch während ich mir das sage, weiß ich, dass ich das nicht tun werde – nicht tun kann. Zu bleiben hieße für mich, endgültig innerlich zu zerbrechen. Zu fahren bedeutet, eine neue Geschichte für mich zu schaffen. Eigentlich ist es gar keine Frage.

Die Trümmer meiner Vergangenheit liegen auf den Straßen von Manhattan. Es ist die Stadt, in der ich geboren wurde, und die Stadt, in der ich beinahe gestorben wäre. Hier habe ich mich verliebt und hier bin ich im letzten Jahr beinahe zugrunde gegangen. Als die Stadt im Rückspiegel verschwindet, tut es mir nicht leid um sie.

Mein Ziel für die erste Nacht liegt nur hundert Meilen weiter nördlich, aber ich erreiche es erst in der Dämmerung. Ich muss immer wieder umkehren, lande schließlich auf dem Garden State Parkway und fahre fälschlich in Richtung Süden. Die »toten Winkel« sind mir immer noch nicht in Fleisch und Blut übergegangen, sodass ich ein paar miserable Spurwechsel hinlege, was dazu führt, dass wieder gehupt wird und mir mindestens ein Fahrer den Stinkefinger zeigt. Überfordert beschließe ich schließlich, weiter Richtung Süden zu fahren und in einer Kleinstadt an der Jersey Shore Halt zu machen. Dort treffe ich mich spontan zum Mittagessen mit einer Freundin und fahre dann wieder auf den Highway, diesmal Richtung Norden. Im Berufsverkehr krieche ich durch Greater New York City, bevor ich so langsam die fruchtbaren Grünflächen von Connecticut erreiche. Autofahren ist an sich keine körperliche Betätigung, aber für mich fühlt es sich so an. Mir tun die Handgelenke weh, weil ich das Lenkrad so fest halte. Die Sehnen an meinem Hals pochen. Die Aufgabe, aufrecht zu sitzen und sich auf den Verkehr mit seinen ständig wechselnden Herausforderungen zu konzentrieren, erfordert ein Durchhaltevermögen, das mein Körper noch nicht leisten kann, und ich kann mir nur schwer vorstellen, wie ich das noch weitere neunundneunzig Tage schaffen soll.

Als ich mich Litchfield nähere, dringen die letzten lauen Sonnenstrahlen zwischen den Nadelbäumen hindurch. Ich klopfe mir mehrmals leicht auf die Wangen, um wach zu bleiben. Bei meiner Ankunft an der heruntergekommenen Farm, wo ich wohne, ist es fast dunkel. Ich parke unter einer alten Weide und wanke hinaus in die frische Herbstluft. Ich angle mir eine Taschenlampe, den Schlafsack und etwas zum Abendessen aus dem Kofferraum. Über einen Fußweg trotte ich zu einer Reihe kleiner Hütten mit Blick auf eine Wiese. Meine Hütte ist im Inneren karg und zugig, ein einziger Raum, der mit nicht zusammenpassenden Sesseln, einem Feldbett mit Wolldecken darauf und einem Schreibtisch ausgestattet ist. Die Hütte gehört einem Freund einer Freundin, der gerade verreist ist und mir angeboten hat, dort zu übernachten. Auf dem Schreibtisch hat er mir eine

Flasche Wein dagelassen und einen Zettel, auf dem steht, ich soll mich ganz wie zu Hause fühlen. Ich überlege, mir ein Glas einzuschenken und mir etwas Richtiges zu essen zu kochen, aber ich bin zu fertig. Stattdessen verputze ich ein Erdnussbutter-Jelly-Sandwich und krieche in meinen Schlafsack. Auf der anderen Seite des Raums befindet sich eine Glasschiebetür, die auf eine sich immer dunkler abzeichnende Wiese hinausführt. Die Nacht senkt sich über alles herab. Meine Augen gewöhnen sich an die Dunkelheit, und ich nehme kleine Details wahr, die mir vorher nicht aufgefallen waren. Die schwachen Umrisse der Bäume, die sich im Wind wiegen. Die Sterne, die nacheinander am Himmel aufleuchten. Ich zähle sie, um geistig zur Ruhe zu kommen, aber ich kann nicht schlafen. Auf der Matratze liege ich einfach nicht bequem, sie ist hart und bucklig wie ein Fels. Ich wälze mich unruhig hin und her, sehne mich nach meinem eigenen Bett und frage mich unwillkürlich, was ich eigentlich hier mache – oder warum ich im Übrigen überhaupt unterwegs bin. Während die Stunden vergehen, flüstert mir die Dunkelheit alle möglichen Sorgen ins Ohr, beschwört alle Schrecklichkeiten herauf, die in den nächsten Monaten schiefgehen könnten. Als es draußen laut knallt, schieße ich hoch, und mein Herz schlägt wild, aber dann stelle ich fest, dass sich nur die Fliegengittertür im Wind gelöst hat. Ich lege mich wieder hin und komme mir erbärmlich vor – eine erwachsene siebenundzwanzigjährige Frau, die Angst im Dunkeln hat.

Oscar hat unterdessen die ganze Zeit tief geschlafen. Er hat sich auf einem prallen Sessel zusammengerollt und gibt im Schlaf ein leises paff, paff, *pffft* von sich. Ich beneide ihn um sein unbefangenes Dasein, das totale Vertrauen, mit dem er sich durch die Welt bewegt. Er ist sich sichtlich nicht bewusst, dass da Gefahr und Tod im Anzug sind. Ich flüstere seinen Namen und bin froh, als ich höre, wie er aufwacht und auf den Boden springt. Er läuft durch das Zimmer, seine Krallen klackern auf dem kalten Stein, dann schnüffelt er an meiner Hand. »Komm schon hoch«, sage ich und klopfe auf das Feldbett. Oscar darf normalerweise nicht im Bett schlafen und blickt verblüfft zu mir auf. Ich klopfe noch einmal auf das Bett. Er senkt seinen rundlichen Allerwertesten und springt so hoch in die Luft, dass er mit einem wenig eleganten Plumpsen auf der Matratze landet. Ich kraule sein seidiges Fell hinter den Ohren, dann die struppige Mähne am Hals und schließlich die rosa gefleckte Haut an seinem Bauch. Er quietscht vor Vergnügen und kuschelt sich an meine Brust. Ich lege den Arm um ihn, und in der Dunkelheit unseres improvisierten Lagers sind wir Kameraden. Seine Wärme strahlt durch die dünne Baumwolle meines T-Shirts. Ich schließe die Augen. Als ich sie das nächste Mal öffne, steigt ein helloranger Streifen über der Wiese auf. Tag 2 ist angebrochen.

In der Morgendämmerung hinterlasse ich einen Dankesbrief, schließe ab und stapfe erschöpft und mit müden Augen den Hügel zum Auto hinauf. Nach einer anderthalbstündigen Fahrt über zweispurige Landstraßen erreiche ich die erste Adresse auf meiner Liste: ein Mädcheninternat namens Miss Porter's. Weiß verschalte viktorianische Wohnheime ragen aus manikürten Rasenflächen heraus, die so makellos und ordentlich sind, dass das ganze Setting aus einem Roman von Edith Wharton stammen könnte. Ich blicke mich suchend auf dem Gehsteig um, und mein Blick gleitet nervös über Scharen von Mädchen, die mit schweren Schultaschen in den Unterricht eilen, bis ich schließlich ein vage bekanntes Gesicht entdecke.

Als ich Ned in natura sehe, bin ich verblüfft. Ich versuche, den Mann vor mir mit dem Foto von dem kahlköpfigen Krebspatienten, der mit nacktem Oberkörper auf der Kante des Krankenhausbettes sitzt, in Einklang zu bringen. Ich habe das Foto drei Jahre zuvor bekommen. Heute hat Ned einen dichten braunen Haarschopf und trägt eine Brille, ein blaues Hemd und zerknitterte weite Hosen, die ihn reifer und gelehrter aussehen lassen, als er es mit seinen neunundzwanzig Jahren wirklich ist. Ich kann kaum glauben, dass dieser Mensch jemals krank war. Er überquert die Straße, um mich zu begrüßen, und dabei löst sich jede Verbundenheit, die ich ihm gegenüber empfunden habe, rasch in Luft auf. Mir wird klar, dass wir abseits von dem vertrauten Leuchten unserer Computerbildschirme nichts als zwei Fremde sind, die sich zum ersten Mal auf einem Gehsteig treffen.

Ned und ich umarmen uns unbeholfen. »Ich bin wahnsinnig gespannt, dich kennenzulernen«, sagt er mit einem schüchternen Lächeln. »Und meine Schülerinnen sind es auch!« Er unterrichtet hier an der Miss Porter's Schule Englisch in der zehnten Klasse. Als wir meinen Besuch planten, fragte er, ob ich mich mit seinen Schülerinnen treffen und ein bisschen von meiner Reise erzählen würde. »Hier geht's lang«, sagt er und führt mich über den Campus zu einem geschindelten Schulhaus. Oscar begleitet uns aufgeregt.

Etwa ein Dutzend Mädchen sitzt in einem kleinen Klassenzimmer im Halbkreis um einen Holztisch. Sie sehen aus wie Rassepferde, sportlich und geschmeidig, mit langen, glänzenden Pferdeschwänzen und Fleecejacken. Ich spüre, wie mir die Hitze in die Wangen steigt und ich Flecken auf der Brust bekomme, wie immer, wenn ich im Scheinwerferlicht stehe. Als ich mich in dem Raum umsehe, denke ich, dass kein Publikum furchteinflößender ist als ein Online-Brieffreund und eine Gruppe Teenager.

»Guten Morgen, meine Damen«, ruft Ned. »Heute haben wir einen ganz besonderen Gast.«

»Hi – ich bin Suleika Jaouad«, sage ich. »Und das ist mein Hund Oscar.«

Als er seinen Namen hört, fiepst Oscar aufgeregt, und sein wolliger Hintern wackelt beim Schwanzwedeln mit. Ein Chor von Ooooohs erfüllt den Raum, als die Mädchen von ihren Stühlen aufspringen, um ihn zu streicheln, und ich danke Oscar im Stillen dafür, dass er das Eis gebrochen hat. Sobald die Aufregung nachgelassen hat und Ned die Mädchen erfolgreich auf ihre Plätze zurückbeordert hat, widmen sie ihre Aufmerksamkeit wieder mir. Ich trete unbehaglich von einem Fuß auf den anderen, während ich ihnen erzähle, dass ich auf einer langen Autoreise durch das Land bin – genau genommen hundert Tage. Gestern sei ich von zu Hause aus losgefahren, und sie seien meine erste Station.

Das Klassenzimmer kommt mir eng und stickig vor, und ich möchte gerne hinaus in die frische Luft auf dem Hof. Ich muss erst einmal tief einatmen, denn ich fühle mich allzu exponiert, aber dann fahre ich fort und erzähle, wie gleich nach dem College bei mir Leukämie diagnostiziert wurde. »Jetzt bin ich in Remission«, sage ich. »Ich nehme mir diese Auszeit auf der Straße, um mich von allem zu erholen, was ich durchgemacht habe, und um mir Gedanken darüber zu machen, was ich als Nächstes vorhabe. Während dieser Monate unterwegs werde ich einige der Menschen besuchen, die mir geschrieben haben, als ich krank war. Euer Lehrer ist einer davon.«

Dann erzählt Ned den Mädchen, dass auch er eine ähnliche Erfahrung mit Anfang zwanzig gemacht hat, und nachdem er auf meine Kolumne gestoßen war, den Drang verspürt hatte, mir zu schreiben. »Ich weiß noch, wie ich in einem Krankenzimmer eingesperrt war und einsam und frustriert war, weil ich meine ganze Energie verloren hatte.« Ned wendet sich an mich. »Ob du es glaubst oder nicht, ich habe viel Zeit damit verbracht, mir vorzustellen, selbst auf eine lange Reise zu gehen, wenn ich entlassen werde. Aber du tust es wirklich. Und jetzt bist du hier. Ganz schön surreal.«

Die Mädchen starren uns an. Sie wirken perplex, aber auch weicher. Ned scheint plötzlich irgendwie weniger lehrerhaft zu wirken, es fällt ihnen leichter, sich mit ihm zu identifizieren – er ist ein junger Mann, der gar nicht so viel älter ist als sie, der ein Leben außerhalb des Klassenzimmers hat, der krank wird, dem das Herz gebrochen wird und der Geheimnisse mit sich trägt, genau wie sie.

In der darauffolgenden Stunde melden sich die Mädchen nacheinander und stellen mir zig Fragen über meine Reise und das, was ich schreibe. Während ich spreche, nicken sie gescheit und ermutigend, sodass sich meine Nervosität legt. Dann beginnen sie selbst zu erzählen. Eine Schülerin, die nicht im Internat wohnt, erzählt, dass ihre Eltern aus Bangladesh kommen und wie schwierig es sei, zwischen den Kulturen zu Hause und in der Schule hin und her zu wechseln. Eine andere berichtet, wie ihr Vater unerwartet starb und wie sehr er ihr fehle. Eine Leistungssportlerin mit honigfarbenen Sommersprossen nimmt mich später zur Seite, um über ihre eigene Krebsdiagnose vor einem Jahr zu sprechen. »Wenn Sie mich davor gefragt hätten, wer ich bin, hätte ich mich als Sportlerin bezeichnet«, sagt sie leise. »Aber jetzt bin ich mir nicht mehr so sicher, denn der Krebs stellt etwas Seltsames mit einem an. Er nimmt sich, wer man ist und was man zu wissen glaubt, und wirft alles in die Tonne.«

Als es klingelt, bleiben noch ein paar Mädchen da, um sich weiter zu unterhalten. »Nimm mich mit«, sagt eine. »Ich will auch mit!«, ruft eine andere. Ich bin Ned und seinen Schülerinnen wahnsinnig dankbar. Sie haben gesehen, wie schüchtern und unsicher ich bin, und gehört, wie ich zugegeben habe, dass ich noch nicht klar sehe, was vor mir liegt. Und trotzdem scheinen sie an mein Vorhaben zu glauben und betrachten meine Reise als etwas Aufregendes und Lohnenswertes. Ich bin nicht so zuversichtlich wie sie, aber sie haben mir einen dringend benötigten Ansporn mit auf den Weg gegeben. Ihre Offenheit hat mir gezeigt, was passieren kann, wenn wir alle das dämliche Posing lassen und unsere Unsicherheiten eingestehen.

Nach dem Unterricht bringen Ned und ich Oscar in Neds Wohnung und gehen in die Schulcafeteria. Wir kommen an einer Wand mit Ölbildern vorbei, wahrscheinlich vormalige Schulleiterinnen, allesamt strenge weiße Frauen, die aussehen, als wären sie gerade frisch von Bord der *Mayflower* gegangen und in die Bilderrahmen getreten. Die neuenglischen Eliteinternate werden von Regeln und Traditionen regiert, die jemand wie ich, der die ganze Kindheit über staatliche Schulen besucht hat, nicht ganz nachvollziehen kann. Ned andererseits wurde in dieses Umfeld hineingeboren. Beim Essen erzählt er mir, dass er auf dem Campus des

Internats in Massachusetts aufwuchs, an dem seine Eltern unterrichteten – das Unterrichten liegt ihm im Blut. Seine Anstellung an der Miss-Porter's-Schule ist seine erste, seit er das College abgebrochen hat, um die Therapie anzufangen. Als ich frage, wie es ihm dabei geht, wirkt er mutlos. »Es scheint ganz gut zu laufen«, sagt er. »Die Verwaltung ist zufrieden. Aber ich fürchte, dass ich nicht an den alten Ned herankomme. Und deswegen komme ich mir ein bisschen vor wie ein Hochstapler.«

»Ist das deine Hoffnung?«, frage ich. »Wieder der alte Ned zu werden?«

»Na ja, ideal wäre es, aber realistisch ist es nicht«, sagt er. Er schüttelt den Kopf.

Ich will etwas sagen, lasse es dann aber. Was könnte ich noch hinzufügen? Ned hat gerade zusammengefasst, was ich für mich in beinahe einem Jahr herausgefunden habe. Für Menschen wie uns gibt es keine Rückführung, keine Rückkehr in die Zeit, in der unsere Körper unversehrt waren, unsere Unschuld intakt. Die Genesung ist kein sanfter, fürsorglicher Prozess, der einen Zustand vor der Krankheit wiederherstellt. Auch wenn das Wort etwas anderes nahelegt, geht es bei der Genesung ganz und gar nicht darum, das Alte wiederzugewinnen. Es geht darum, zu akzeptieren, dass man das vertraute Ich aufgeben muss, für ein Ich, das neu geboren wird. Das ist ein brutaler, erschreckender Akt der Erkenntnis.

Nach dem Mittagessen macht Ned mit mir einen Spaziergang durch Wohnstraßen und an Maisfeldern vorbei hinunter zu einem nahegelegenen Fluss. Ich kenne ihn erst wenige Stunden, aber ganz unwillkürlich spreche ich mit ihm offener als mit jedem anderen im letzten Jahr.

Während wir gehen, erzähle ich ihm alles – von Will, von Melissa, von Jon und der Depression, die mich gefangen hielt. Ich erzähle ihm sogar vom Rauchen und von meinen Fantasien, wieder krank zu werden. Ich war so lange durch die *omertà* gebunden, diese Schweigepflicht, die Überlebende einzuhüllen scheint, die sich zu sehr schämen, um jemandem die Wahrheit anzuvertrauen. Es ist eine Erleichterung, nicht nur zu wissen, dass Ned das verstehen wird, sondern auch, dass er viele dieser Herausforderungen schon selbst erlebt hat.

»Ich wollte dich noch etwas fragen – was war der Grund, dass du mich besuchen wolltest?«, fragt Ned.

»Was du mir über den Übergang nach der Therapie geschrieben hast – wie schwer das sein würde –, das verstehe ich jetzt«, sage ich. Wir gehen eine Weile schweigend weiter, dann füge ich hinzu: »Ich weiß, dass man nicht mehr der Mensch werden kann, der man vor dem Krebs war. Aber ich hatte gehofft, du hättest mittlerweile den Weg zurück in die Normalität gefunden.«

Ned geht langsamer, während er zuhört. Ich spreche Sontags Satz mit den zwei Reichen an und frage, wie es für ihn war, wieder in das Reich der Gesunden einzutreten. Ned neigt den Kopf und wirkt ratlos. »Ich würde dir gerne sagen, dass ich den Stacheldraht überwunden und es zurück geschafft habe«, sagt er. »Aber ehrlich gesagt weiß ich nicht, ob das überhaupt möglich ist.«

Seine Antwort kommt völlig verblüffend, und als wir weitergehen, wird mir klar, dass ich eine tiefgehende Enttäuschung spüre. Die Tatsache, dass der Wiedereintritt ein kontinuierlicher und schwieriger Prozess ist, hört man normalerweise in Verbindung mit Kriegsveteranen oder ehemaligen Gefangenen, nicht mit Menschen, die eine Krankheit überlebt haben. Im letzten Jahr hatte ich mir vorgestellt, Ned hätte sich wieder im Reich der Gesunden niedergelassen, die Sorgen, von denen er in seinem Brief berichtet hatte, lägen längst hinter ihm, und er könne mir jetzt wertvolle Tipps geben. Aber auch er sucht noch seinen Weg, kämpft noch mit den Kollateralschäden seiner Krankheit, und plötzlich wird mir klar: Das kann für immer so bleiben.

»Ist dir aufgefallen, dass ich etwas komisch gehe?«, fragt Ned und zeigt auf sein leichtes Hinken.

Das Hinken war das Erste, was mir zu Beginn des Spaziergangs aufgefallen war, aber ich wollte höflich sein und sagte nichts.

Ned erzählt, eine Nebenwirkung seiner Chemotherapie war, dass sie seine Gelenke angegriffen hatte. Er hatte vor Kurzem zwei neue Hüften bekommen. Er leidet an Neuropathie und hat chronische Schmerzen, sodass es ihm schwerfällt, zu joggen oder Sport zu treiben. Und wie viele ehemalige Patienten lebt er mit einer konstanten Wachsamkeit, spitzt die Ohren, ob es womöglich schlechte Nachrichten gibt, und achtet stets auf Anzeichen, dass die Krankheit sich wieder in sein Leben eingeschlichen hat.

Ich kenne das alles, bei mir ist es genauso. Vor meiner Abreise habe ich mit einer Ärztin im Sloan Kettering gesprochen. Sie erklärte mir, ich leide an einer Posttraumatischen Belastungsstörung. Ich hatte immer gedacht, so etwas bekommen nur Menschen, die unbeschreibliche, gewaltsame Gräueltaten erlebt haben. Ich erfuhr, dass manche Traumata sich weigern, in der Vergangenheit zu verharren. Sie richten als Trigger und Flashbacks schlimme Schäden an, Albträume und Wutanfälle, bis sie verarbeitet werden und ihnen der richtige Platz eingeräumt wird. Das half mir zu verstehen, weshalb der Schrecken meiner Krebserkrankung nicht am letzten Tag meiner Behandlung aufhörte, sondern auch danach noch hochkam: das quälende Gefühl, jeden Moment könnte wieder etwas Furchtbares passieren. Die Albträume, die mich aus dem Schlaf rissen. Die Panikattacken, nach denen ich auf aufgescheuerten Knien nach Luft schnappte. Der Widerstand gegen echte Intimität, die ich nicht zuließ. Die Scham, die ich im Stillen mit mir herumtrug, und meine Schuldgefühle, weil das alles meine Umgebung so beeinträchtigt hatte. Die dauernde Stimme im Kopf, die flüsterte: *Lass es dir bloß nicht zu gut gehen, denn eines Tages komme ich zurück.*

Es war eine Offenbarung, die Posttraumatische Belastungsstörung zu erkennen, aber auch die Möglichkeit dessen, was in der Psychologie als »Posttraumatisches Wachstum« bezeichnet wird. Meine Krankheit hatte mich gedemütigt, beschämt und gelehrt, hatte mir Wissen verschafft, das ich mir als eine mit sich selbst beschäftigte Zweiundzwanzigjährige vor der Diagnose sonst nur über Jahrzehnte hinweg hätte aneignen können. Aber was der gute alte Hemingway feststellte – »die Welt zerbricht jeden, und nachher sind viele an den zerbrochenen Stellen stärker« –, trifft nur dann zu, wenn man die Möglichkeiten des neu erworbenen Wissens ins eigene Leben integriert. Weder Ned noch ich haben bisher herausgefunden, wie das geht, aber als wir unseren Spaziergang beenden und uns für den Nachmittag verabschieden, empfinde ich es als Trost zu wissen, dass ich nicht die Einzige bin.

Später an diesem Abend setze ich mich ans Steuer und hole Ned zum Essen ab. Das Auto rollt über die Schnellstraße, und der Himmel färbt sich nach und nach kohlschwarz. Ich bin noch nie nachts auf einer Schnellstraße gefahren und bin froh, jemand anderen als Oscar als Kopiloten zu haben. Ned gibt mir unterwegs Fahrtipps. Als wir ankommen, parke ich selbstsicher ein, steige aus und gehe los zum Restaurant. Aber Ned bleibt am Randstein stehen. »Ich fürchte, ich muss dich darauf hinweisen, dass dein Auto quer über zwei Plätzen parkt«, ruft er mir nach. Er verkneift sich ein Lachen. »Wir stehen ja vor einem Spirituosenladen, da wäre es vielleicht ganz schlau, noch einmal umzuparken, bevor jemand einen sturzbetrunkenen Fahrer bei der Polizei meldet.«

Nachdem das Auto anständig geparkt ist, gehen wir auf das leuchtend rote Schild mit der Aufschrift SEOUL B.B.Q. & SUSHI zu. Während wir auf die Vorspeisen warten, zieht Ned einen Aktendeckel aus seinem Rucksack. Er schiebt ihn über den Tisch. Er enthält Gedichte, die alle mit Bleistift kommentiert sind. »Eines habe ich bei all dem gelernt«, sagt er, »und zwar, dass mir Gedichte Kraft geben. In dem, was ich lese, finde ich meine Erfahrung wieder, und das wird dann die Sprache, mit der ich es einfange. Ich habe ein paar meiner Lieblingsgedichte gesammelt. Vielleicht sagen sie dir etwas, da, wo du dich gerade befindest – wo wir beide uns gerade befinden.«

Ned schließt die Augen und sagt ein paar Zeilen aus einem Gedicht von Stanley Kunitz auf. Es heißt »Schichten«.

Ich habe viele Leben gelebt,
manche davon meine eigenen,
und ich bin nicht, wer ich war,
auch wenn ein Urgrund
bleibt, von dem ich mich mühe,
nicht abzuweichen.

Wie für Ned waren Lesen und Schreiben auch für mich seit der Kindheit von zentraler Bedeutung. Nach meiner Diagnose erlaubte mir das Schreiben, an einem Gefühl für mein Ich festzuhalten, auch wenn sich mein Zustand verschlimmerte – selbst wenn ich mich selbst nicht mehr im Spiegel erkannte. Es gab mir die Illusion, die Kontrolle zu haben, obwohl ich so viel davon an meine Betreuer abgeben musste. Der Versuch, meine Erfahrung in Worte zu kleiden, machte mich zu einer besseren Zuhörerin und Beobachterin, nicht nur von anderen, sondern auch der leisen Veränderungen in meinem eigenen Körper. Es lehrte mich, den Mund aufzumachen und mich für mich einzusetzen. (Mein Ärzteteam scherzte, dass ich über jeden Fehler, den sie machten, in der *New York Times* schrieb.) Über meine Erfahrung zu berichten, schenkte mir einen Weg, Leid in Sprache umzuwandeln. Es schuf auch eine Gemeinschaft – und schickte mich letztlich hierher, um Ned zu besuchen.

Es ist wohl nicht übertrieben, wenn ich behaupte, dass das Schreiben mich gerettet hat. Ganz egal, was passiert ist, ich habe Wörter produziert, auch wenn sie nur für ein paar Sätze gereicht haben.

Bis auf dieses letzte Jahr.

Nachdem ich in mein Motelzimmer zurückgekehrt bin, denke ich noch über das Gedicht nach, das Ned vorgetragen hat – über die Idee des »Urgrunds«, der sich durch Vergangenheit, Gegenwart und Zukunft zieht. Als ich mich mit Ned unterhielt, fiel mir auf, wie er sich unbewusst in drei Persönlichkeiten aufspaltete, wenn er von sich sprach: Ned vor der Diagnose, der kranke Ned, der genesende Ned. Mir wird klar, dass ich es genauso mache, wenn ich über mein Leben spreche. Vielleicht besteht die Herausforderung darin, einen Faden zu finden, der diese Persönlichkeiten zusammenhält. Diese Herausforderung scheint mir auf Papier besser möglich zu sein.

Zum ersten Mal seit Monaten schlage ich mein Notizbuch auf und beginne zu schreiben. Ich nehme mir vor, das von nun an täglich zu machen und dem Faden dorthin zu folgen, wohin er mich führt.

Zwischen Ned und der nächsten Person auf meiner Liste liegen siebenhundert Meilen Highway. Jemand mit mehr Erfahrung am Steuer oder mit einem größeren Energiereservoir könnte das vielleicht in zwölf Stunden am Stück schaffen. Ich werde fast zwei Wochen brauchen. Am Morgen von Tag 3 wache ich in Farmington mit einem verdächtigen Kratzen im Hals auf. Ich hatte mich auf das Zelten gefreut, aber es scheint eine Erkältung im Anmarsch zu sein, und der Wetterbericht warnt vor einem Unwetter.

Bedrohliche Wolken ziehen am Himmel auf, als ich auf einem Campingplatz in Middleborough, Massachusetts, anhalte. Beim Aussteigen spüre ich einen Regentropfen, dann noch einen. Die Aussicht darauf, im Regen mit einem Hund in einem Zelt zu schlafen, obwohl ich bereits krank bin, hört sich elend an. Im Büro des Campingplatzes miete ich mir stattdessen eine Hütte. Sie stehen in einem bewaldeten Bereich im Halbkreis, im Schatten von zwei Dutzend Wohnmobilen, die in langen Reihen auf einer gelben Rasenfläche stehen. Das ist eher nicht die Naturerfahrung, die ich mir vorgestellt hatte.

Ich packe meine Sachen aus und setze mich an den einen Picknicktisch im Freien. Es ist der erste wirklich kalte Herbsttag, und ich trage Jeans, ein Sweatshirt, einen schwarzen Steppanorak und eine Wollmütze. Oscar schläft auf meinem Schoß und wärmt mir die Oberschenkel, während ich meine Landkarte studiere. Ich bin damit beschäftigt, die Strecke der nächsten Woche in Richtung Norden aufzuzeichnen, als Oscar plötzlich runterspringt und mit gefletschten Zähnen ein Auto anknurrt, das gerade vor der Hütte nebenan angehalten hat. Zwei kleine Hündchen mit den gleichen rosa Schleifen springen heraus. Ihre Besitzer folgen nach, ein junges Paar in den Dreißigern, und bald kommen sie zu mir herüber.

»Ich bin Kevin, und das ist Candy«, sagt der Mann. Seine Haare sind gegelt, und er trägt eine Silberkette um den Hals.

»Suleika«, sage ich. »Hallo.«

»Su-was?«

»Su-lei-ka«, spreche ich vor.

»Was soll denn das für ein Name sein?«, antwortet Kevin. Er gibt ein bellendes Lachen von sich. »Bist wohl keine Amerikanerin, oder?«

Mir ist nicht klar, ob das eine ernst gemeinte Frage ist, ein Witz oder ein rassistischer Seitenhieb. Ich weiß nicht, was ich sagen soll, deshalb lache ich auch und hasse mich ein kleines bisschen dafür.

»Ganz alleine da?«, fragt Candy.

Ohne nachzudenken, antworte ich mit »ja«, und bereue sofort, nicht gesagt zu haben, dass ich mit meinem Freund Buck hier bin, der gerade Bisons jagt und jeden Moment mit seinen Waffen zurück ist. Auf diesen Gedanken folgt gleich ein weiterer. Ich brauche keinen Mann, um mich unterwegs sicher zu fühlen: Ich muss einfach nur aufpassen, mit wem ich mich abgebe. In diesem Fall bedeutet das, dass ich meinen neuen Nachbarn noch einen schönen Tag wünsche und

mich in meine Hütte zurückziehe. Durch das Fliegengitter-
fenster sehe ich zu, wie Candy und Kevin zurück zu ihrem
Auto gehen und zu meiner Erleichterung wegfahren.

Sobald sie weg sind, gehe ich nach draußen und lege Holzscheite in die Feuerstelle. Sie sind feucht. Das Feuer brennt
erst nach mehreren Versuchen, aber dann klappt es, und ich
sehe befriedigt zu, wie die Flammen in die kühle Luft züngeln. Ich lege mich auf den Rücken in das taufeuchte Gras,
strecke die Arme aus und streichle die Halme mit den Fingerspitzen. Der Duft von Holzfeuer steigt mir in die Nase.

Ich nicke ein, und als ich aufwache, ist es bereits dunkel. Eine Mondsichel hängt über mir, und ich denke, dass
sie aussieht wie ein milchweißer abgeschnittener Fingernagel. Ich bin wieder einmal zu müde, um meinen Campingkocher auszuprobieren, also mache ich mir wieder
ein Erdnussbutter-Jelly-Sandwich und setze mich mit dem
Umschlag mit den Gedichten, die Ned mir gegeben hat, an
den Picknicktisch. Doch bevor ich anfangen kann zu lesen,
knackt etwas im Gestrüpp. Ich spähe in den Wald und entdecke einen großen Hund und einen großen Mann, dessen
Flanellhemd sich über seinen dicken Bauch spannt. Er zieht
eine große blaue Plane hinter sich her, mit – was? *Vielleicht
nur Campingsachen,* denke ich. *Ansonsten könnte es auch eine
Leiche sein.* Er schleppt seine Last auf die Veranda der Hütte
zu meiner Rechten, ohne auch nur Hallo zu sagen. Er setzt
sich auf die Stufen, macht sich ein Bier auf und fängt an, sich
mit erstaunlicher Geschwindigkeit durch ein Zwölferpack
durchzuarbeiten. Mir ist nicht wohl dabei. Meine Hoffnung
auf einen ruhigen Abend am Feuer ist verflogen. Ich nehme
die Gedichte und den Rest meines Sandwichs und gehe
nach drinnen.

Ich würde ja lieber bis zum Morgen dortbleiben, aber in der Hütte gibt es kein Klo, und das Toilettenhäuschen ist gut sechzig Meter entfernt. Bevor ich ins Bett gehe, nehme ich eine Taschenlampe und Waschzeug und will rasch ins Bad, doch als ich die Tür öffne, schießt Oscar zwischen meinen Beinen hindurch und verschwindet in der Nacht. »Oscar«, flüstere ich einmal, dann noch etwas lauter. »Oscar, verdammt, komm her.« Ich suche mit der Taschenlampe den Waldrand ab und gehe in dem hohen Gras hin und her, während ich mit zunehmender Frustration seinen Namen rufe.

»Ist der Hund abgehauen?« Mein Bier exender, Plane ziehender Nachbar steht plötzlich hinter mir. Als seine Stimme ertönt, zucke ich zusammen.

»Ja, aber ich habe alles im Griff.«

»Soll ich beim Suchen helfen?« Anscheinend hat er kein Wort von dem gehört, was ich gerade gesagt habe.

»Alles gut«, wiederhole ich entschiedener und gehe weg von ihm.

Ich habe so lange in der eingeengten Welt der Krankheit gelebt, dass ich nicht nur nicht auf die Sicherheit meines Körpers vertraue, sondern auch nicht auf die der Welt als Ganzes. Es ist schwer zu sagen, wann Angst begründet ist – wem und was man trauen kann und wem oder was nicht. Sosehr ich Oscar liebe, ich werde ihn nicht mit einem fragwürdigen Fremden im Wald suchen gehen. Ich drehe mich um und gehe zurück in die Hütte. Da höre ich, wie ein Schwanz auf die Veranda schlägt. O ja, es ist Oscar, mit einem breiten Grinsen auf seinem struppigen Gesicht. »Ich schick dich zurück ins Tierheim«, brumme ich, nehme ihn hoch und verriegle die Tür hinter mir.

Am nächsten Morgen ist meine Erkältung schlimmer

geworden. Mir tut der ganze Körper weh, und mein Kopf fühlt sich an, als wäre er mit nassem, knirschendem Sand gefüllt. Es ist schwer, sich nicht von der Vorstellung entmutigen zu lassen, der Großteil der Reise könne genau so aussehen: Nächte voller Angst, ständige Krankheit und Erschöpfung jagen mich über die Staatsgrenzen. Ich schleppe mich an den Picknicktisch, wo ich mit dem Campingkocher hantiere, bis ich ihn schließlich zum Funktionieren bringe. Blaue Flammen züngeln unter einem Topf mit blubberndem Porridge, und als ich mein Frühstück verputze, tauchen mein Nachbar und sein Hund wieder auf. »Howdy«, sagt der Mann und tippt sich an die Truckerkappe, die auf seinem fettigen Lockenkopf sitzt. »Ich hatte keine Gelegenheit, mich vorzustellen. Ich bin Jeff, und das hier ist Diesel.« Er zeigt auf den schwarzen Labrador an seiner Seite. »Ich wollte mich für gestern Abend entschuldigen – ich bin schwerhörig und konnte Sie nicht gut verstehen. Heute trage ich aber mein Hörgerät. Prima, dass Sie und Ihr Hund es gut überstanden haben.«

Im Tageslicht sehe ich ihn deutlicher. Seine Nägel sind schartig, und er hat sich bestimmt schon eine Woche nicht mehr rasiert, aber er hat freundliche Augen. Ich bekomme ein schlechtes Gewissen: In den letzten Jahren wurde ich selbst so oft Opfer falscher Annahmen, dass ich eigentlich klüger sein müsste. An einem verschneiten Wintertag in Manhattan brüllte mich beispielsweise einmal ein Mann im Bus an, weil ich einer älteren Frau nicht meinen Platz angeboten hatte. Ich wollte ihm erklären: *Ich sehe vielleicht jung aus, Sir, aber ich bin krank, ich bin unterwegs zur Chemo*, aber ich tat es nicht. Stattdessen lief ich unter mehreren vorwurfsvollen Blicken rot an und machte den Platz frei.

»Wie lange campen Sie schon?«, frage ich Jeff und bemühe mich, freundlich zu sein.

»Ich habe die letzten Wochen in einem Zelt geschlafen, aber es hat wirklich viel geregnet, deshalb bin ich gestern Abend in eine Hütte gezogen.«

»Wow. Ein paar Wochen schon?« Ich bin beeindruckt. »Ich mache auch gerade eine lange Abenteuerreise.«

»Das könnte man sehr wohl als Abenteuer bezeichnen … ich musste mein Haus verkaufen und finde nichts, was ich mir leisten kann, deshalb ist das hier gerade mein Zuhause. Eine Menge Leute auf dem Campingplatz hier sitzen im selben Boot. Schwierige Zeiten, aber ich beklage mich nicht.«

Jeff und ich unterhalten uns noch eine Weile. Er erzählt mir von den Stränden im nahegelegenen Plymouth, einer Küstenstadt. »Dort ist es echt hübsch«, sagt er. »Sie sollten es sich mal ansehen.« Heute ist es wärmer, und nachdem ich nichts anderes vorhabe, mache ich das. Als ich über den Kiesstrand gehe, denke ich an Jeff und Diesel und wie sie die Wintermonate ohne Zuhause wohl überstehen werden. Ich denke an Ned und seine Schülerinnen. Ich denke an die Menschen und die vielen Meilen auf der Straße, die noch vor mir liegen. Oscar jagt Wellen am Wasserrand. Breite pinkfarbene und orange Streifen überziehen das Meer, als die Sonne immer tiefer am Horizont versinkt.

Sobald sich ein paar Tage später das Wetter und meine Erkältung gebessert haben, suche ich einen Platz, um mein Zelt auszuprobieren, denn ich bin fest entschlossen, noch einmal richtig zu campen, bevor ich Massachusetts verlasse. Ich kurve die Küste hinauf bis Salisbury, wo ich auf die Pines Camping Area stoße. Ich parke vor der Hütte am Eingang, deren Dach bis zum Boden reicht. Ein dauergewellter Helm aus weißen Haaren taucht hinter der Empfangstheke auf. Seine Besitzerin hängt an einer tragbaren Sauerstoffflasche. Auf der Theke liegt ein Päckchen Marlboro Reds. »Ja bitte?«, fragt sie heiser.

Auf meine Frage, ob es noch freie Zeltplätze für diese Nacht gebe, reicht sie mir eine Karte der Anlage. »Suchen Sie sich einen aus«, sagt sie. »Sie sind die Einzige hier.«

Die Tannen ragen hoch über mir auf, als ich an verlassenen Wohnmobilen an den Rand des Geländes fahre. Ich beeile mich, im schwächer werdenden Licht mein Zelt auszupacken und aufzubauen. Auf dem Boden breite ich eine Plastikplane und das Skelett des Zelts auf und trete mit verschränkten Armen einen Schritt zurück, um das Ganze zu begutachten. Wie schwer wird das wohl sein?

Meine Antwort bekomme ich schnell, als ich mit den Metallstangen kämpfe. Bei dem gebraucht gekauften Zelt war keine Aufbauanleitung dabei. Nach mehreren Fehlversuchen werfe ich alle romantischen Vorstellungen vom Wald als Pause von der Zivilisation über Bord und suche auf meinem Handy eine YouTube-Anleitung. Ein Jäger in Tarnkleidung mit genau meinem Zeltmodell – einem Big Agnes Fly Creek – erklärt gedehnt in einem Wald irgendwo in Amerika, wie das geht. Ich sehe es mir an und dann noch einmal, während ich versuche, die Plane irgendwie an den Stangen zu befestigen.

Seit ich vor einer Woche von zu Hause aufgebrochen bin, bin ich noch nicht weit auf der Landkarte vorangekommen, und nur wenig hat reibungslos funktioniert. Aber mit jeder Stresssituation trainiere ich neue Muskeln. Ich muss daran glauben, während ich mich weiter bemühe, der Mensch zu werden, der ich gerne sein würde – der autark und unabhängig ist und furchtlos im Wald zeltet –, dann schaffe ich das irgendwann. Als mein Zelt schließlich aufgebaut ist, schwebe ich auf Wolke sieben und bin ziemlich stolz auf meine Leistung. Im Licht der Stirnlampe schlage ich mein Notizbuch auf und nehme die Kappe meines Stifts ab. *Ich campe!*, schreibe ich. *In einem Zelt! Allein!*

28

FÜR DIE HINTERBLIEBENEN

WENN MAN ALLEIN einen Roadtrip unternimmt, passieren komische Dinge. Die Monotonie des Fahrens wird meditativ: Der Geist wird entspannt und faltenlos. Die üblichen Ängste und Sorgen verschwinden, und die Tagträume kommen. Gelegentlich taucht der Hauch einer Idee aus dem Nichts auf, um sich gleich wieder zurückzuziehen, wie ein schimmerndes Trugbild in einer Wüste. Oder eine Lawine von Erinnerungen kommt herbeigerollt, ausgelöst von einem alten Song im Radio oder einer Landschaft, deren Anblick zu einem Déjà-vu führt. Das Wechselspiel zwischen Geografie und Erinnerung wird zu einer Konversation. Sie entzünden und spornen sich gegenseitig an. Manchmal führen sie sogar zu ungeplanten Besuchen.

LIVE FREE OR DIE steht auf einem blauen Schild, als ich über die Grenze nach New Hampshire fahre. Ich möchte wissen, wo dieses Staatsmotto seinen Ursprung hat. Als ich an einer Tankstelle anhalte, sagt mir eine schnelle Suche im Internet, dass die Formulierung 1809 von General John Stark geprägt wurde, einem berühmten Veteranen des Unabhängigkeitskriegs. Wegen seines starken Rheumas hatte er einer Einladung zu einer Gedenkveranstaltung für die Schlacht von Bennington nicht folgen können, und so schrieb er einen Brief: »Lebe frei oder stirb. Der Tod ist nicht das schlimmste aller Übel.« Als jemand, der versucht, aus einem Leben auszubrechen, das sich nicht mehr frei anfühlt, kann ich den ersten Teil des Mottos gut nachvollziehen. Aber der Tod fühlt sich durchaus an wie das schlimmste aller Übel, besonders für diejenigen, die zurückbleiben und die vielleicht nie mit ihrer Trauer abschließen können.

Mir fällt ein, dass Melissas Eltern in der Nähe wohnen, nur einen kleinen Umweg von meiner Reiseroute entfernt. Es wäre irgendwie seltsam, einfach vorbeizufahren, ohne mich wenigstens zu melden, also schicke ich ihrer Mutter Cecelia eine Nachricht, dass ich in der Gegend bin. *Ein schnelles Frühstück?*, schlägt sie vor. *Ich kenne ein Lokal, wenn du von der 93 in Windham abfährst. Es ist hübsch, originell, und sie haben Tische im Freien, sodass wir mit den Hunden draußen sitzen können.*

Perfekt!, antworte ich. *In einer Stunde kann ich da sein.*

Als ich wieder im Auto sitze, ziehen die Markierungen des Highways in weißen Bändern vorbei, und ich denke daran, wie wir uns das letzte Mal gesehen haben. Es war vor anderthalb Jahren, an einem warmen, stürmischen Aprilabend in Brooklyn. Wir hatten uns zu Melissas Gedenkfeier getroffen, die wir – typisch für Melissa – auf ihren Wunsch »Party« nennen sollten. Bevor ich hinfuhr, traf ich mich mit Max, dem Dichter von der Kinderstation, in einem mexikanischen Restaurant, wo wir uns mit einem schnellen Bier und einem Tequila Mut antranken. Die Gedenkfeier fand ein paar Straßen weiter in einem höhlenartigen Raum statt, wo normalerweise Vernissagen gefeiert, Musikvideos gedreht oder Modenschauen abgehalten wurden. Max hielt meine Hand, als wir uns einen Weg durch die Menge bahnten, wo unsere Krebs-Clique zusammengedrängt stand. Der Raum war voll, stickig und heiß. Ein Kronleuchter aus funkelndem Gartenschmuck tauchte ihn in ein rauchiges, scharlachrotes Licht. Melissas Gemälde bedeckten jeden Zentimeter der Wände. Auf ihre Anweisung hin gab es extragroße Flaschen Whiskey, Bier in 1,2-Literflaschen und guten Wein, und je mehr Alkohol floss, desto lauter wurde das Gelächter. Als sich dann alle hinsetzen sollten – um den Anlass unseres Treffens zu würdigen –, erfüllte eine verhaltene Panik den Raum. Bis zu diesem Moment hätte man die Gedenkfeier für eine Überraschungsgeburtstagsparty halten können, aber es war, als würden wir alle jetzt langsam begreifen, dass unser Ehrengast nie kommen würde.

Dieser Abend machte Melissas Abwesenheit auf eine Weise real, wie ich sie zuvor nicht wahrgenommen hatte. Es machte auch sichtbar, welche verheerenden Schäden ihr Tod bei ihrer Familie, ihren Freunden, ihrem Umfeld angerichtet hatte. Max setzte sich neben mich, machte große Augen und wirkte ein bisschen schwach. Ich fragte mich, wie es wohl für ihn war, hier zu sein, nachdem er und Melissa die gleiche Diagnose hatten. Gerade ging es ihm zwar gut, aber das Ewing-Sarkom ist rachsüchtig und kehrt häufig immer wieder zurück, um den Körper bis zum letzten Atemzug auszurauben. Als hätte er meine Gedanken gelesen, legte Max mir den Arm um die Schultern, und ich lehnte den Kopf an seinen. »Schon grotesk, aber so langsam kann ich mir vorstellen, wie meine eigene Beerdigung sein könnte«, flüsterte er.

Es folgten Aufführungen, Lesungen und Trinksprüche, immer wieder unterbrochen von unterdrücktem Schluchzen. Melissas Vater Paul sprach zuerst. »Für Eltern gibt es nichts Schlimmeres, als ein Kind zu verlieren«, sagte er mit seinem starken irischen Akzent. »Aber wir trösten uns mit dem unglaublichen Vermächtnis, das uns Melissa mit ihrer Kunst und ihren vielen wunderbaren Freunden hinterlassen hat. In den letzten drei Jahren habe ich wahnsinnig viel Zeit mit Melissa verbracht, als sie gegen diese gefürchtete Krankheit angekämpft hat. Ich betrachte mich als den glücklichsten Vater der Welt.« Dann erzählte er von einem der besten Tage in seinem Leben, wie er sagte: Es war ein schöner Sommernachmittag, und obwohl sie mitten in einem Chemozyklus war, fühlte sich Melissa ziemlich gut. Sie führte ihn ins Museum, dann zum Lunch nach Brooklyn und danach zu ihrem Freund Chuck, einem Tattoo-Künstler. »Du lässt dir heute ein Tattoo stechen«, sagte Melissa damals zu Paul. Sie entschieden sich beide für das traditionelle irische Claddagh-Motiv: zwei Hände, die ein gekröntes Herz halten. Es symbolisiert Liebe, Ehre und Freundschaft – von allen dreien hatte Melissa im Überfluss. Von dort aus nahm sie ihn mit in eine Bar auf der anderen Straßenseite, wo Freunde von ihr Bluegrass spielten. »Einer der Jungs hat mir eine Gitarre gegeben, und wir haben losgelegt«, erzählt Paul strahlend allen Anwesenden. »Danach hat Melissa mich am Arm gepackt und gesagt: ›Du bist echt cool, Dad!‹ Und ehrlich, das sagen nicht viele Töchter in ihren Zwanzigern zu ihrem Vater.« Er nahm eine Gitarre, schlug einen Akkord an und sang »Dimming of the Day«, ein altes Lieblingsvolkslied, bevor er seine Rede mit einem Satz beendete, der alles sagte: »Sie wird mir immer fehlen.«

Immer wieder erhob sich jemand, um eine Erinnerung zu teilen oder eine Lieblingsgeschichte zu erzählen. Währenddessen blickte ich ab und an zu Melissas Mutter hinüber, die abseits stand und versteinert wirkte. Sie trug einen Blazer, an dessen Revers sie zu Ehren der Leidenschaft ihrer Tochter eine goldene Cannabisblatt-Brosche gesteckt hatte. Ihr Gesichtsausdruck erschütterte mich. Die Miene leer. Die Kiefer angespannt. Der Blick stählern. Sie weinte nicht, erst am Ende, als sie ans Mikrofon treten sollte. »Melissa war einfach unglaublich...« Ihr versagte die Stimme, und sie schluchzte untröstlich. »Ich wollte eigentlich mehr sagen, aber ich... Ich kann einfach nicht.«

Menschen, die ihre Ehepartner verloren haben, bezeichnen wir als »verwitwet«, Kinder, die ihre Eltern verloren haben, sind »Waise«, aber für Väter und Mütter, die ein Kind verloren haben, gibt es kein Wort. Die eigenen Kinder sollen viele Jahrzehnte länger leben als man selbst, und sie sollen sich der Bürde der Sterblichkeit nur stellen müssen, wenn man selbst stirbt. Den Tod des eigenes Kindes miterleben zu müssen, ist viel zu schwer für das Gebilde der Sprache. Die Wörter stürzen einfach ein.

In den letzten Wochen ihres Lebens war es Melissas größte Sorge, wie es ihren Eltern nach ihrem Tod ergehen würde. Ich wusste nicht, was ich sagen sollte, wenn sie darauf zu sprechen kam. Ich wusste nicht, was ich am Abend der Gedenkfeier zu ihren Eltern sagen sollte. Bis auf eine kurze Umarmung und eine rasche Beileidsbekundung hatte ich Abstand gehalten, weil ich Angst hatte, das Falsche zu sagen oder in ihrer Anwesenheit zusammenzubrechen. Womit könnte ich ihren Schmerz denn lindern?

Als ich jetzt zum Frühstück mit Melissas Mutter fahre, weiß ich immer noch nicht, was ich sagen soll. Wir haben uns nie ohne Melissa getroffen. Bis heute haben wir uns fast nur im Krankenhaus gesehen – in Wartezimmern und Korridoren. An der Ausfahrt 3 fahre ich rechts ab, komme an einer Kuhweide vorbei, an einer weißen Kirche mit Turm und an einem Verkaufsstand mit einem Haufen rostroter Kartoffeln. Als ich vor dem Windham Junction Country Store & Kitchen halte, erwartet Cecelia mich bereits auf dem Parkplatz. Sie trägt eine Jeansjacke und knöchelhohe schwarze Converse. Sie sieht genauso aus wie ihre Tochter, nur mit Brille und grauen Strähnen in den schulterlangen schwarzen Haaren. Ich bin beklommen, als ich sie sehe.

Wir bestellen Kaffee und setzen uns draußen hin. Die dichten Bäume um das Café leuchten. »Dieses Wochenende ist das Laub am buntesten«, sagt Cecelia, als wir den Ausblick bewundern. Sie hat einen kleinen Schnauzer mitgebracht, den sie vor Kurzem aus einem Tierheim geholt hat. Nachdem sie gesehen hatte, wie sehr mir Oscar half, beschloss sie, selbst einen Hund zu adoptieren. »Sie machen doch wirklich alles ein bisschen besser«, sage ich, als die zwei Hunde miteinander spielen.

»O ja«, sagt Cecelia. »Aber ich will dich nicht anlügen: Es war ein schlimmes Jahr. Paul und ich überlegen, hier die Zelte abzubrechen und wegzuziehen. Wir brauchen einen Neubeginn. Wir denken an Kalifornien oder Arizona, aber wer weiß, ob wir das schaffen.«

Ich lächle bei der Vorstellung, dass die beiden sich irgendwohin zurückziehen, wo es Palmen gibt und die Sonne das ganze Jahr scheint. »Warum nicht?«, frage ich.

»Wir haben es nicht geschafft, das Haus auszuräumen, seit Melissa tot ist«, gesteht sie. »Bei uns herrscht ein heilloses Durcheinander – man kann es schon fast als Messie-

346

Dasein bezeichnen –, und das ist peinlich. Deshalb habe ich dich gebeten, uns stattdessen hier zu treffen. Wir wollen umziehen, aber wir haben so viele Sachen, und ich weiß gar nicht, wo ich anfangen soll. Was soll ich mit ihrem alten Schaukelpferd machen? Mit ihren Bildern? Ihrer Kleidung?«

Ich kann nicht behaupten, eine Lösung für Cecelias Problem zu haben. Zu entscheiden, was man behält und was man weggibt, ist bei den eigenen Sachen schon schwer genug, ganz zu schweigen davon, wenn es um ein Kind geht, das gestorben ist. Diese Aufgabe scheint genau den Kern der Trauer zu betreffen, den qualvollen Kampf zwischen dem Festhalten und dem Loslassen, zwischen der Verankerung in der Vergangenheit und der Einwilligung, dass Teile von ihr davontreiben. Aber ich bin mir ganz sicher, Melissa hätte nicht gewollt, dass ihre Eltern in einem Mausoleum mit ihren alten Sachen leben. Als ich sie in einem unserer letzten Gespräche fragte, ob sie Angst vor dem Sterben habe, antwortete Melissa: »Meine größte Angst ist, dass das Leben meiner Eltern für immer zerstört ist.«

»Melissa würde sich wünschen, dass Paul und du einen Weg finden weiterzumachen. Glücklich zu sein«, sage ich.

»Ich weiß nicht, ob ich jemals wieder glücklich sein kann«, sagte Cecelia. »Es ist unerträglich. Jeder Tag, jede Stunde hier ohne sie. Das Schlimmste ist, dass die anderen Eltern uns behandeln, als hätte uns ein Fluch getroffen, der ansteckend ist. Trauer führt dazu, dass Menschen sich unwohl fühlen. Sie wollen, dass man positiv gestimmt ist, dass man nicht dauernd über seine tote Tochter spricht, dass man nicht mehr traurig ist. Aber wir werden nie mehr nicht traurig sein. Was sollen wir machen?«

Nach dem Frühstück begleitet mich Cecelia zum Auto. Sie fragt, wo es als Nächstes hingehe. Ich erzähle, dass ich unterwegs nach Ohio bin, aber vielleicht noch bei meinen Eltern vorbeischaue, bevor ich den Nordosten verlasse. »Ich habe noch eine Kleinigkeit für dich«, sagt sie und reicht mir ein Täschchen für Oscar mit Leckereien, Spielzeug und einer Hundewasserflasche für unterwegs. Dann greift Cecelia in ihre Tasche, öffnet die Hand und bringt einen antiken Silberschlüssel zum Vorschein. Er stammt aus Melissas Schnickschnacksammlung, sagt sie. Die Geste rührt mich, und ich bekomme einen Kloß im Hals. Ich will nicht weinen, also schlucke ich ihn hinunter, ziehe meinen Autoschlüssel aus der Tasche und befestige den Silberschlüssel daran. »So kann Melissa mich begleiten, wenn ich durch das Land fahre«, sage ich.

Cecelias winkende Silhouette verschwindet langsam, als ich aus Windham wegfahre. Sobald sie außer Sicht ist, steigen mir Tränen in die Augen. Als ich etwa eine Stunde später die Grenze nach Vermont überquere, weine ich so heftig, dass der Asphalt und die Bäume ineinander verschwimmen. Ich sehe eine kleine Bucht am Straßenrand, halte an und stelle den Motor ab. Seit dem Tag, an dem ich von ihrem Tod erfahren habe, habe ich nicht mehr um Melissa geweint. Und jetzt, da ich weine, kann ich gar nicht mehr aufhören. Ich dachte, ich hätte meinen Frieden mit ihrem Tod gemacht – zumindest soweit das überhaupt möglich ist –, aber in diesem Moment spüre ich nur tiefe, pure Trauer. Die Zeit heilt alle Wunden, heißt es. Aber dass Melissa nicht mehr da ist, das ist eine Wunde, die nicht heilen wird – nicht heilen kann. Ich werde älter, doch sie bleibt tot.

Die Gewissheit des »nie mehr« ist das, was am meisten wehtut. Das Wissen, dass ich nie mehr ein sternförmiges Erdnussbutter-Jelly-Sandwich mit ihr auf der Kinderstation essen kann. Nie mehr mit ihr durch ihr Wohnzimmer tanzen und dazu die Perücken zur Musik schütteln. Ihr nie mehr zusehen, wie sie ein neues Meisterwerk malt. Ich verstehe, warum die Menschen an ein Leben nach dem Tod glauben, warum sie sich mit dem Glauben daran trösten, dass diejenigen, die nicht mehr unter uns sind, an einem anderen Ort noch weiterleben, bis in alle Ewigkeit, in einem himmlischen Reich, in dem es keine Schmerzen gibt. Ich für meinen Teil weiß nur, dass ich meine Freundin hier auf dieser Erde nicht mehr finde.

Mit zitternden Händen ziehe ich mir das Sweatshirt hoch und trockne mir das Gesicht. Dann fahre ich weiter. Über die kurvigen Landstraßen von Vermont, auf denen das Herbstlaub liegt. An Maisfeldern und überdachten Brücken vorbei. Ich fahre bis zu der Blockhütte, wo ich mir im Sommer diese unglaubliche Reise ausgedacht habe. Ich schlafe ein paar Tage dort, gehe durch den Wald und weine noch etwas. Dann geht es weiter.

Wenn die Zeit seit Melissas Tod etwas verändert hat, dann ist es die Tatsache, dass das Erinnern auch freudige Momente zulässt, nicht nur Trauer. Als das Auto über die unbefestigte Zufahrt rumpelt, stelle ich mir Melissa auf dem Beifahrersitz vor, wie sie mit dem Kopf zur Musik aus dem Radio nickt und ihre grünen Augen in der Herbstsonne funkeln. Ich frage sie nach ihrer Meinung zu den ungelösten Problemen des Lebens – zu Verlusten und meinem Liebesleben, wie man die Vergangenheit in die Zukunft transportiert und was in aller Welt man mit meinem Post-Chemo-

Vokuhila anstellen kann –, und als sie in meiner Vorstellung zustimmend nickt oder den Kopf schüttelt, werden die Antworten ein bisschen weniger unklar.

Als ich mich mit Melissas Mutter unterhielt, drängte sich immer wieder ein Gedanke auf: *Wenn meine und Melissas Geschichte ein anderes Ende genommen hätte, dann hätte Melissa diejenige sein können, die meine von Trauer erfüllten Eltern besuchte.* Diese Vorstellung erfüllt mich mit einer Schuld, die so groß ist, dass man darin ertrinken könnte – nicht nur, dass ich hier bin und Melissa nicht, sondern auch, dass meine Rückkehr in die Welt mich so eingenommen hat, dass ich es versäumt habe, über die Erfahrungen meiner eigenen Eltern nachzudenken. Ich stelle mir meine Mutter an Cecelias Stelle vor, wie sie in meinem Kinderzimmer auf dem Boden sitzt, umgeben von meinen Sachen – meinem Lieblingsplüschhund, Pappschachteln voller Zeugnisse und alten Bildern, meinem verstaubten Kontrabass in einer Ecke, meinen selbst gestrickten Babysachen, die sorgsam zusammengelegt und in Seidenpapier gehüllt aufbewahrt wurden, damit sie irgendwann die Enkelkinder tragen können. Meine Eltern hatten natürlich Glück; sie haben kein Kind verloren. Aber mit dieser Unsicherheit zu leben und mich währenddessen auch noch zu betreuen, stellte an sich schon ein Trauma dar.

Saratoga liegt eine Stunde mit dem Auto von der Grenze zwischen New York und Vermont entfernt, und ich beschließe in letzter Minute, meinen Eltern für eine Nacht einen Besuch abzustatten. Ich weiß gar nicht mehr, wann ich zuletzt dort war, und als ich in die Zufahrt einbiege, kommt meine Mutter herausgeeilt, um mich zu begrüßen.

Ich schlinge die Arme um ihre zarten Schultern, atme den Duft ihrer Gesichtscreme ein. Ich möchte ihr sagen, dass ich sie lieb habe und wie sehr sie mir gefehlt hat, aber meiner Familie waren hitzige Diskussionen beim Abendessen immer lieber als Zuneigungsbekundungen. Allerdings ist es mehr als das. Im Lauf des letzten Jahres haben wir nicht mehr so oft und auch nicht mehr so offen miteinander gesprochen wie früher. Für eine gewisse Zeit haben wir sogar gar nicht miteinander gesprochen.

Ich war immer davon ausgegangen, unsere Nähe wäre eine feste Größe, besonders in Anbetracht all dessen, was wir gemeinsam durchgemacht haben. Aber nach dem Ende meiner Therapie entwickelte sich eine merkwürdige Distanz. Obwohl meine Eltern zwar wussten, dass meine Beziehung mit Will angespannt war, hatte doch niemand eine Ahnung, wie unglücklich wir wirklich waren, und die Nachricht von seinem Auszug war ein schlimmer Schock. Will wohnte vor der Transplantation fast ein Jahr bei meinen Eltern. Er fuhr mit uns in den Urlaub und verbrachte zahllose Stunden mit meinen Eltern in Wartezimmern von Krankenhäusern. Nachdem Will und ich in unsere eigene Wohnung gezogen waren, stand er täglich in Kontakt zu meinen Eltern und sorgte immer dafür, ihnen Updates über meinen Gesundheitszustand und auch oft Fotos zu schicken. Will war für sie ein Familienmitglied, ein Ehrenschwiegersohn.

Noch schockierender als unsere Trennung war aber, als ich meinen Eltern mitteilte, dass ich eine neue Beziehung habe. Sie taten ihre Missbilligung lautstark kund: Es sei zu früh für mich, um einen neuen Freund zu haben. Ob ich eigentlich sicher sei, dass nicht mehr repariert werden könne, was zwischen Will und mir kaputtgegangen war. Es dauerte mehr als sechs Monate, bis sie einverstanden waren, mit Jon zu Abend zu essen. Nach und nach hörten sie auf, Will so oft zu erwähnen, und bemühten sich, mich mehr zu unterstützen, aber ich spürte, dass sie immer noch besorgt waren. Wo ich die Chance auf einen neuen Anfang sah, sahen meine Eltern Gefahr – weil ich es mit einem neuen Mann womöglich riskierte, noch mehr zu leiden, weil er nicht verstand, wie fragil mein Gesundheitszustand weiterhin war.

Jedes Gespräch lief nur noch auf das eine hinaus – Panik wegen meiner Gesundheit. Immer wenn ich mit meinen Eltern telefonierte und zufällig husten musste oder erwähnte, dass ich müde war, fragten sie besorgt: »Bist du krank? Kannst du einen Termin für eine Blutuntersuchung machen? Komm doch nach Hause und ruh dich aus.« Das war zu einer Manie geworden, und sie mussten ihrer Sorge Ausdruck verleihen. Sie wollten mich schützen, aber ihre Ängstlichkeit überforderte mich manchmal. Es war keine bewusste Entscheidung, aber nach und nach rief ich sie immer seltener an und besuchte sie nicht mehr so häufig. Ich ließ E-Mails und Textnachrichten tagelang unbeantwortet, und manchmal beantwortete ich sie gar nicht. Mir war klar, dass das wehtat, besonders meiner Mutter, die es gewohnt war, täglich mit mir Kontakt zu haben, aber ich wusste nicht, was ich sonst machen sollte. Um meine eigenen Ängste niederzukämpfen, brauchte ich Abstand von ihren.

Ich folge meiner Mutter in die Küche, wo wir Kurkumatee machen. Dann gehen wir mit unseren Tassen hinauf in ihr Atelier. Aus einer alten, mit Farbe bespritzten Boombox in der Ecke dringt klassische Musik. Auf den Fensterbrettern liegen Muscheln, Zweige, Federn und Tierknochen, die sie auf ihren täglichen Streifzügen durch den Wald mit meinem Vater sammelt. An der Wand hängen ihre neuesten Werke: riesige schwarz-weiße Gemälde von verlassenen Vogelnestern, so wie es aussieht.

Wir setzen uns an den großen Zeichentisch, der vor ein Fenster geschoben wurde. Er ist voller Notizbücher, Gläser mit Pinseln und zig Farbtuben, und als meine Mutter Platz für unsere Tassen macht, fallen mir ihre Hände auf. Sie sind gegerbt vom jahrelangen Malen und Gärtnern, die Finger knotig wie Ingwer, die Handflächen rau wie Baumrinde. Das sind die Hände, die mich gleich nach der Geburt gehalten haben. Das sind die Hände, die ich wütend angestarrt habe, wenn es während der klinischen Studie Zeit für meine abendlichen Chemospritzen wurde. Das sind die Hände, die meine urindurchtränkten Laken gewechselt haben, als ich so krank wurde, dass ich ins Bett gemacht habe. Diese Hände und ich haben uns durch vieles hindurchgekämpft.

»*Maman?*«, sage ich. »*Merci.*«

»*Pourquoi?*«

»Weil du dich immer so gut um mich gekümmert hast.«

»Du musst mir nicht danken. Dafür sind Eltern da.« Sie zögert einen Moment, dann fügt sie hinzu: »Weißt du, was seltsam ist? Was meinen Alltag betrifft, habe ich fast besser funktioniert, als du sehr krank warst. Wir waren im Notbetrieb, und ich hatte nur ein Ziel: mich um dich zu kümmern. Ich konnte nicht zugeben, wie viel Angst ich hatte, dass du es vielleicht nicht schaffen würdest. Erst jetzt, wo es dir besser geht, gestatte ich mir, meine Angst zu empfinden – und mehr darauf zu hören, was das Ganze bedeutet hat.«

Zum ersten Mal erzählt mir meine Mutter von so etwas –

es ist mein erster Einblick, wie sie die vergangenen vier Jahre erlebt hat. Vom Tag meiner Diagnose an waren sie und mein Vater an meiner Seite. Mein Leiden war auch ihres, genau wie meine Enttäuschungen, mein Kummer und meine Unsicherheit. Wahrscheinlich wird es lange dauern, bis sie in der Lage sind, die Sorge loszuwerden, dass es wieder passieren könnte. Ich bin nicht das einzige Mitglied meiner Familie, das versucht weiterzuziehen.

»Du kannst nicht einfach weitermachen wie bisher, wenn dein Leben auf den Kopf gestellt wurde«, sagt meine Mutter. »Ich habe noch keine solche Reise gefunden, wie du sie jetzt unternimmst, die mir hilft, mich neu zu orientieren.«

Am nächsten Morgen frühstücken meine Eltern und ich im nahegelegenen Apfelgarten einer Familienfreundin. Während des Essens ist die Stimmung hoffnungsvoll, aber ich höre dennoch einen besorgten Unterton durch – allerdings geht es diesmal nicht um meine neuesten Blutwerte, sondern um meine Fähigkeit, einen Blinker zu setzen. Als wir wieder zu Hause sind, packe ich meine Sachen ins Auto. Ich würde gerne länger bleiben, aber ich muss wieder auf die Straße. »Mein Hundert-Tage-Projekt wird darin bestehen, dich jeden Tag anzurufen«, sagt meine Mutter mit unbewegter Miene, als ich ins Auto steige. Sie stellt sich neben meinen Vater, der die Hände verdächtig hinter dem Rücken verschränkt hat. Als ich aus der Einfahrt rolle, sehe ich im Rückspiegel, wie er hinter das Auto tritt und ein Glas Wasser auf die Heckscheibe kippt. Das ist ein alter tunesischer Brauch, den er schon zahllose Male ausgeübt hat: Wenn Familienangehörige eine lange Reise antreten, schüttet man dem Auto Wasser hinterher, damit sie auch heil wieder zurückkommen.

DER LANGE VORSTOSS

ENTWEDER LÜGT MEIN GPS, oder meine Fahrweise ist unberechenbar, denn ich brauche anscheinend immer doppelt so lange, um am Ziel anzukommen wie vorhergesagt. »Biegen Sie rechts ab in ... *neue Berechnung* ...«, sagt die Roboterstimme dann herablassend, wenn ich wieder einmal eine Ausfahrt verpasst habe. Mein nächstes Ziel, Columbus, Ohio, wird meine bisher längste Fahrt sein. Das GPS berechnet, dass ich in neun Stunden und einundzwanzig Minuten ankomme, wenn ich seinem Schwall von Anweisungen genau folge. Sehr unwahrscheinlich.

Gerade bin ich niemandem Rechenschaft schuldig außer mir selbst.

Zwei Wochen zuvor, als ich zu Hause aufgebrochen bin, war ich so angespannt, dass ich mich regelmäßig ans Atmen erinnern musste. Jede Minute am Steuer konfrontierte mich mit neuen, mich überfordernden Situationen: Habe ich Vorfahrt? Was bedeutet eine blinkende rote Ampel? War das eine ägyptische Hieroglyphe auf dem Verkehrsschild? Spurwechsel und das Einfädeln auf der Autobahn erwiesen sich als besonders stressig – ein existenzielles Roulette: Überlebe ich oder nicht? Aber mit jedem Tag werde ich sicherer, und es ist mindestens zweiundsiebzig Stunden her, seit ich von einem anderen Autofahrer wütend oder verunsichert angehupt wurde.

Bevor ich heute Morgen in Saratoga aufgebrochen bin, hat mein Vater mir gezeigt, wie ich durch die Krümmung im Seitenspiegel erkenne, ob sich ein Auto im toten Winkel befindet, wenn ich mich vorbeuge. Jetzt fliegen die Meilen mit einer ganz neuen Leichtigkeit vorbei, als ich über die Fernstraße brause. Selbst Oscar wirkt entspannter, wenn er auf dem Rücksitz auf einem Knochen herumkaut.

Nach etwa drei Stunden beginne ich zu schwächeln. Die warme Sonne, die durchs Fenster scheint, macht mich müde. An einem Rastplatz ziehe ich mir die Schuhe aus, kippe die Lehne so weit wie möglich nach hinten und lege die Füße auf das Armaturenbrett. Meine Erschöpfung verfolgt mich immer noch, aber statt dagegen anzukämpfen oder mich wegen meiner Langsamkeit zu schelten, schließe ich unter den goldenen Bögen eines McDonald's die Augen. Zur Abwechslung versuche ich, die eingeschränkten Möglichkeiten meines Körpers zu akzeptieren und die Pausen zu genießen, die ich deswegen einlegen muss. Diese Zwischenstopps werden sogar zu meinen Lieblingsmomenten auf der Reise – sie holen mich aus meinen Gedankenstrudeln in die Gegenwart zurück, verankern mich in diesem seltsamen neuen Körper und an neuen Orten, an die ich sonst niemals gekommen wäre.

Eine halbe Stunde später wache ich neu belebt wieder auf. Ich schaffe noch weitere hundertfünfzig Meilen, bis ich beschließe, für heute Schluss zu machen. Ich finde ein billiges Motel am Rand von Buffalo, und als ich darauf warte, dass der Mann am Empfang meinen Zimmerschlüssel holt, sehe ich die Prospekte durch, die Werbung für Bootsfahrten zu den Niagarafällen machen. Es ist ein grauer, trostloser Tag. Oscar braucht Auslauf, aber die einzige Grünfläche in Sichtweite ist ein schmaler Streifen vertrockneten Rasens rund um das Gebäude. Zum Soundtrack von Reifen, die auf der nahegelegenen Schnellstraße durch die Pfützen rauschen, joggen wir auf dem Parkplatz im Kreis. Urplötzlich fängt es zu hageln an. Oscar hebt die Schnauze und knurrt den Himmel an.

Das Zimmer ist überraschend behaglich, die Beleuchtung warm und einladend. Ich stelle Oscar Schüsseln mit Wasser und Trockenfutter hin und überlege, was ich als Nächstes mache. Das flauschige Bett ist verlockend, und auch die Aussicht darauf, es mir mit einem Buch gemütlich zu machen, aber mein neues Ich drängt nach Erkundungen, selbst an einem verregneten Tag, an dem ich dreihundert Meilen gefahren bin. Mir fallen die Prospekte wieder ein: Die Niagarafälle sind nur eine halbe Stunde entfernt, und ich war noch nie dort. Ich kraule Oscar hinter den Ohren, dann gehe ich zu meinem Auto.

Auf der Fahrt zu den Fällen werden meine Erwartungen mit jedem billigen Hotel und blinkenden Casino immer mehr gedämpft. Der Eingang zum Park wird flankiert von vollen Parkplätzen. Als ich einen freien Platz finde, habe ich Zweifel, ob ich überhaupt bleiben will, aber ich steige aus und stelle mich an, um ein Ticket für die Maid of the Mist zu kaufen. Das Ausflugsboot fährt flussaufwärts am Fuß der amerikanischen Fälle vorbei und hinüber in das U-förmige Becken auf der kanadischen Seite. Mit einem Plastikcape ausgestattet gehe ich mit Hunderten anderer Touristen an Bord der riesigen Doppeldeckerfähre. Ich habe noch nie in meinem Leben so viele Selfiestangen gesehen.

Ich drücke mich zwischen den Leuten hindurch, bis ich mich auf dem unteren Deck an einen ganz guten Aussichtspunkt zwänge, die Rippen gegen die Steuerbordreling gepresst. Ich sehe mich um, und da fällt mir auf, dass ich anscheinend der einzige Mensch bin, der nicht von seiner Familie oder einem Partner begleitet wird. Dass ich allein so eine Rundfahrt mache, noch dazu auf einem derart überfüllten Schiff, macht mich unsicher. »Ich schwöre euch, ich habe Freunde«, möchte ich den Paaren neben mir sagen. Sie haben natürlich viel zu viel damit zu tun, den Ausblick zu bewundern, um überhaupt zu bemerken oder sich damit zu befassen, dass ich allein bin, aber trotzdem fühle ich mich auffällig und auch ein bisschen einsam.

Das Gefühl hält nur ein paar Minuten an. Während das Schiff durch das eiskalte Wasser fährt, betäubt der Wind mein Gesicht, und meine Verlegenheit verflüchtigt sich mit dem Anblick der Landschaft. Auf einmal empfinde ich mein Alleinsein als Luxus: Ich kann völlig präsent sein, wie ich es in Begleitung nicht wäre. Seemöwen stürzen sich in Scharen herab. Als die tosenden Fälle sichtbar werden, vibriert der Schiffsrumpf. Was ich vor mir sehe, ist unendlich majestätischer als alles, was ich mir hätte ausmalen können. Tonnen von Wasser stürzen über eine gewaltige Felswand, schlagen, prügeln, kneten den Fluss zu einem wilden Schaum. Als wir uns nähern, sprüht eiskaltes Wasser auf das Deck. Mein Plastikcape klebt an mir wie Frischhaltefolie. Ich bin durchnässt und zittere, aber ich weiche keinen Zentimeter zurück. Meine Sinne sind jetzt hellwach, die Welt um mich herum viel zu prachtvoll.

Es ist unmöglich, keine Ehrfurcht zu empfinden, wenn man etwas so Gewaltiges vor sich sieht. Meine Diagnose hatte eine ähnliche Wirkung auf mich, und ich fragte mich damals, wie ich jemals über die Schönheit meiner Umgebung hinwegsehen oder der Meinung sein konnte, das Leben wäre nichts Besonderes. Als ich zu meinem ersten Chemozyklus ins Mount Sinai ging, in dem Wissen, ich würde das Krankenzimmer wochenlang nicht mehr verlassen können, nahm ich jedes Detail in mich auf, von den Farben des Himmels bis zu dem Windhauch an meinem Hals. Ich dachte, diese neue Wahrnehmung würde mich für immer begleiten, und ich würde solche Dinge nie wieder als selbstverständlich betrachten, sobald ich gesehen hatte, sobald ich wusste, wie sich alles innerhalb eines einzigen Augenblicks ändern konnte. Aber mit der Zeit verengte sich mein Gesichtsfeld, erst auf die Größe einer Krankenstation, dann auf die eines Bettes. Abgeschottet von der Außenwelt hatte ich keine andere Wahl, als den Blick nach innen zu richten. Sobald ich endgültig entlassen und nicht mehr unmittelbar vom Tod bedroht war, fiel ich nur noch mehr in mich zusammen. Ich war nicht mehr aufmerksam. Hier, am Fuß der Niagarafälle, richte ich meinen Blick wieder nach außen.

Am nächsten Morgen sprenkelt das sanfte Licht eines vollkommenen Herbsttags das Armaturenbrett, als ich auf die Interstate 90 auffahre, die Verkehrsschlagader im Norden, die von Boston bis hinüber nach Seattle führt. Zwischen den Klippen hindurch sehe ich immer wieder die gewaltige königsblaue Wasserfläche des Lake Erie. Als ich gegen Mittag die nordöstliche Spitze Pennsylvanias durchquere, winselt Oscar, weil er hinauswill. Ich fahre vom Highway ab und folge den Schildern zum Presque Isle State Park, einer schmalen Halbinsel, die bogenförmig in den See hineinragt. Oscar und ich spazieren über einen ruhigen Sandstrand. Der See ist riesig – fast wie ein Meer –, und an der Küste wachsen Pappeln, Weiden und Eichen. Goldene Blätter spiegeln sich schimmernd auf dem Wasser wie herabgefallene Sterne.

Sosehr ich meine Einsamkeit genieße, ich wünschte mir doch, Jon wäre hier, um den Ausblick mit mir zu genießen. Wir haben seit ein paar Tagen nicht miteinander gesprochen, und durch die Distanz fühle ich mich zusehends losgelöst von ihm. Ich nehme das Telefon aus der Jacke und wähle seine Nummer.

»Wo steckst du?«, sagt Jon. Das fragt er immer als Erstes. Ich höre eine Trompete und eine Tuba im Hintergrund und schließe daraus, dass er gerade Bandprobe hat.

»Mir geht es gut«, sage ich, und zu meiner Überraschung wird mir klar, dass das wirklich stimmt. »Ich bin auf dem Weg nach Columbus, dort will ich einen Mann namens Howard Crane besuchen.«

Am anderen Ende der Leitung herrscht Stille. Als ich Jon zum ersten Mal meinen Plan von einer Reise quer durch das ganze Land erzählte, machte er kein Geheimnis daraus, dass er nicht begeistert war. Er sah zwar ein, dass ich eine drastische Veränderung brauchte, aber ihm gefiel die Vorstellung nicht, dass ich allein reiste. Und noch mehr besorgte es ihn, dass ich fast zwei Dutzend Fremde besuchen wollte, von denen ich die meisten nur übers Internet kannte. Jon gab zu bedenken, dass man nie wissen könne, welche Absichten jemand wirklich verfolge, ganz egal, wie gut er sich auf Papier darstelle.

»Pass bloß auf dich auf«, ermahnt er mich.

Ich stöhne und verdrehe die Augen. »Bei dir alles okay?«

»Ja, alles gut. Ich arbeite nonstop. Es ist hart, dass du nicht da bist.« Er klingt ein bisschen deprimiert. Kurz vor meiner Abreise hatte Jon einen neuen Job begonnen, als Bandleader einer Late-Night-Talkshow. Aber gerade als er einen Gig für fünf Tage die Woche bekam, der ihm gestattete, nicht touren zu müssen, sondern in New York sein zu können, war ich quasi auf meine eigene Tour gegangen. Die Instrumente im Hintergrund werden immer lauter, und ich kann ihn kaum noch verstehen. »Ich würde gerne mal einen Zeitpunkt finden, um mich richtig mit dir zu unterhalten. Kann ich dich anrufen, nachdem …« Das Gespräch bricht ab.

»Bist du noch da?«, frage ich, obwohl ich weiß, dass er es nicht ist.

In gedämpfter Stimmung kehre ich zum Auto zurück. Es geht nicht nur darum, dass wir keinen Kontakt hatten. Wir stecken auch in einer Warteschleife. Jon ist weiterhin für mich da und hofft, dass ich irgendwann zu einer ernsthafteren Beziehung bereit bin. Aber seit einem ganzen Jahr bin ich emotional so zugänglich wie ein Sack Steine. Sosehr ich es möchte, ich weiß nicht, wie ich ihn in mich einlassen soll.

Als Kind dachte ich immer, wenn man dem »Richtigen« begegnet, dann macht es auf geheimnisvolle Weise *klick* – man ist sich zweifellos sicher, dass er es ist. Davon war ich in meiner letzten Beziehung überzeugt, zumindest am Anfang, aber mit der Zeit ist meine Gewissheit zerbröckelt. »Wenn die Beziehung zu Ende gegangen ist, dann weil es für dich nicht das Richtige war«, beruhigte mich eine Freundin einmal, aber dieser Gedanke macht mir immer noch zu schaffen. Was, wenn doch, und ich habe es nur vermasselt? Während des letzten Jahres haben Jon und ich gelegentlich das Thema einer gemeinsamen Zukunft angeschnitten. Ich kann das als lustiges Gedankenspiel betrachten – *Wie würden unsere Kinder aussehen?* –, aber wenn ich dann wirklich über die Ungeheuerlichkeit einer solchen Verpflichtung nachdenke, gerate ich in Panik. Vielleicht sind wir nicht füreinander geschaffen. Vielleicht bin ich nicht fähig, eine Beziehung mit jemandem einzugehen. Vielleicht ist es unverantwortlich von mir, langfristige Bindungen wie eine Ehe oder Kinder überhaupt in Betracht zu ziehen, da es nicht unwahrscheinlich ist, dass ich einen Rückfall erleide.

Die Wurzel ist eine tiefer sitzende Ungewissheit: Vielleicht sterbe ich doch.

Diese Art von Ungewissheit kennt Howard Crane, der Nächste auf meiner Liste, gut. Als ich durch das Amish Country in Ohio Richtung Süden fahre, öffnet sich die Landschaft, wird ländlicher, sanfter. Ich überhole einen Mann mit Hosenträgern und Strohhut, der ein Pferdegespann lenkt, gefolgt von einem zweiten und einem dritten. Ansonsten ist die Straße leer. Rechts und links von mir erstreckt sich Ackerland, so weit das Auge reicht. Ich gebe Gas, und die Reifen wirbeln Staub auf.

Als ich mich Columbus nähere, denke ich an den Brief, den mir Howard vor drei Jahren geschrieben hat. Als passionierter Leser der *New York Times* hatte er mir eine lange Antwort auf meine erste Kolumne, »Krebs mit zwanzig«, geschrieben, in der es darum ging, dass man in unterschiedlichen Altersstufen Krankheit anders annimmt und empfindet. *Soviel ich weiß, sind Sie mittlerweile im Krankenhaus und beginnen die Knochenmarktransplantation, die hoffentlich Ihre Gesundheit und das Wohlbefinden wiederherstellen wird, das die* meisten jungen Menschen für selbstverständlich erachten, schrieb er. *Ich schreibe Ihnen auch, weil ich Ihnen gerne von meiner eigenen Erfahrung berichten will.* Sie unterscheidet sich zwar in vielfacher Hinsicht, weist aber nichtsdestotrotz in ihrer Ungewissheit und als Grenzerfahrung gewisse Parallelen zu Ihrer auf.

Meine Kolumne hatte jahrzehntealte Erinnerungen an seine Zeit als Masterstudent geweckt, als er mit Anfang dreißig an Ausgrabungsstätten im südwestafghanischen Sistan arbeitete. *Wie alle jungen Menschen hielt ich mich für ziemlich unverwundbar, aber nach zwei Jahren wurde ich plötzlich krank,* schrieb er. *Zuerst dachte ich, ich hätte eine Form der Malaria, aber am dritten Tag wurde mir klar, dass es sehr unwahrscheinlich war, dass ich aus der Region Sistan lebend herauskam. Ohne das im Detail beschreiben zu wollen, gelang es mir durch eine Reihe unfassbarer Ereignisse, anders kann ich es nicht ausdrücken, die sechshundert Meilen nach Kabul zurückzulegen. Schließlich verbrachte ich Wochen in einem Krankenhaus in Deutschland und später in Boston. Bei meiner Entlassung glich mein körperlicher Zustand dem eines Achtzigjährigen.*

Howard hatte ein ganzes Spektrum erschreckender Symptome gehabt – pechschwarzer Urin, vorübergehende Blindheit und ein dauerhaft geschädigtes Knochenmark – aber damals konnten die Ärzte keine Diagnose stellen. *Ich war so krank, dass mir der bevorstehende Tod keine Angst machte (vielleicht wirkte er auch einfach nicht echt), aber im Rückblick habe ich viel darüber nachgedacht,* schrieb er. *Natürlich ist es ein Klischee, dass wir jeden Tag ganz bewusst erleben sollen. Und natürlich ist das vielleicht das Schwerste auf der Welt. Wir denken immer voraus, machen Pläne, haben Hoffnungen. Aber dennoch …*

Die letzten Zeilen seines Briefs brachten mich zum Weinen. *Wenn ich an die Wirksamkeit von Gebeten glauben würde,*

würde ich Sie in meine einschließen, schrieb er. *Ich bin nicht gläu-
big, aber Sie sollen trotzdem wissen, dass es in diesem Leben reichlich
Wunder gibt und dass der menschliche Körper es schafft, mit Dingen
fertigzuwerden, die unüberwindlich scheinen.*

Die Sonne versinkt über einer Reihe beige verputzter
Häuser mit frisch gemähtem Rasen. Ein mit zwei Reihern
bemalter Briefkasten sagt mir, dass ich angekommen bin.
Ich steige nicht sofort aus dem Auto aus: Ich muss mich
erst ein paar Minuten sammeln. Ich habe Jon versprochen,
vor allen Besuchen Sorgfalt walten zu lassen, aber es war
schwer, irgendwelche Informationen über Howard zu bekommen, abgesehen von dem, was er mir in dem Brief geschrieben hatte. Ich fand wissenschaftliche Artikel, die er
in Zeitschriften veröffentlicht hatte, und einen Lebenslauf
bei der Ohio State University, aber dennoch blieb er ein völlig Fremder. Ich sammle meinen Mut, gehe auf das Haus zu
und klingle.

Howard ist groß und dünn und hat einen schneeweißen
Bart. Er stottert ein bisschen, als er mich ins Haus bittet. Ich
merke, dass auch er unsicher ist, was meine Nervosität nur
steigert. »Es ist sehr nett von Ihnen, dass Sie mich aufnehmen«, sage ich, als ich ihm in die Diele folge.

»Ich war wirklich sprachlos, als ich Ihren Brief bekommen habe«, sagt er. »Ich hätte nie gedacht, von Ihnen zu
hören. Und als Sie schrieben, Sie würden gerne zu Besuch
kommen, war das für mich wirklich etwas ziemlich Außergewöhnliches.« Howard trägt einen schwarzen Kaschmir-
pullover und einen Schal. Seine obere Hälfte sagt gediege-
ner Intellektueller, seine untere Hälfte – mit Flip-Flops und
auf den Hüftknochen sitzenden Jeans – sagt Kind der Sech-
ziger.

»Meral, meine Frau, kommt gleich zu uns.« Er erklärt, dass sie in ihrem Sprechzimmer im Haus noch einen Patienten hat. »In der Zwischenzeit zeige ich Ihnen, wo Sie übernachten.«

Er führt mich eine steile, wacklige Treppe hinunter. Unten angekommen lasse ich den Blick durch den Keller schweifen. Er ist recht groß, aber vollgestopft. Handgemalte Protestschilder gegen den Irakkrieg. Turmhohe Stapel von anscheinend allen Ausgaben des The New York Times Magazine, die jemals erschienen sind. Holzgetäfelte Wände, gespickt mit Zeitungsausschnitten und gerahmten Fotos. Ein halbes Dutzend Stühle und ein großes Ausziehsofa mit gebatikten Zierkissen, auf dem Oscar und ich schlafen werden.

»Wir hamstern.« Howard fährt mit den Händen durch den Raum. »Ich hoffe, Sie finden es trotzdem bequem.« Er erzählt, dass Meral im Keller Selbsthilfegruppentreffen für ihre Patienten abhält. Howards ganzes Auftreten verändert sich, als er von ihr spricht – er stottert nicht mehr, und seine wässrigen Augen leuchten voller Stolz. »Sie ist eine der führenden Therapeuten für Transsexuelle im Land«, sagt er. »In den Vierzigern und Fünfzigern ist sie in der Türkei aufgewachsen, in einem Umfeld, in dem viel mehr Mangel herrschte, als wir es hier in Amerika kennen. In der Grundschule durften sie nur mit Bleistift schreiben, sodass sie, wenn sie mit einer Aufgabe fertig waren, alles ausradieren und das Papier noch einmal verwenden konnten. Denn solche Materialien gab es damals einfach nicht in der Türkei. Jetzt leben wir in dieser Fülle von Dingen, aber es fällt ihr immer noch sehr schwer, etwas wegzuwerfen. Mir übrigens auch. Wie man sieht!«

Während wir uns unterhalten, kommt eine beeindru-

ckende Frau die Treppe herunter, ganz in Schwarz gekleidet mit einem Tuch im Leopardenmuster um den Hals. Sie
ist bestimmter und extrovertierter als Howard und umarmt
mich gleich. Sie schüttelt den Kopf, weil er vergessen hat,
mir etwas zu trinken anzubieten. »Mein Howard freut sich
seit Wochen auf Ihren Besuch«, sagt sie mit ganz leichtem
Akzent. »Wir beide. Und, wollen wir essen gehen? Sie müssen einen Riesenhunger haben, Sie Arme. Es gibt ein sehr
nettes türkisches Restaurant, nicht weit von hier. Howard
fährt.«

Als die Vorspeisen kommen, unterhalten wir uns bereits
angeregt. Liebenswürdig und neugierig stellen mir Meral
und Howard eine Frage nach der anderen. Sie freuen sich,
als sie feststellen, dass auch ich einige Zeit im Nahen Osten
verbracht habe. Ich berichte ihnen von meinem Studium in
Ägypten, von meiner Recherche über Frauenrechte im post-
kolonialen Nordafrika und von meiner Familie in Tunesien.
Mir werden selten Fragen über meine Interessen vor der Erkrankung gestellt, und als ich von meinen lange vergessenen Beschäftigungen erzähle, fühle ich mich, als würde ich
eine Reise durch das Leben einer Fremden machen.

Es gibt ein altes tunesisches Sprichwort, das besagt, das
ganze Leben stünde einem auf der Stirn geschrieben. Aber
bei mir ist es, als wäre von meiner Stirn alles, was vor meiner Diagnose war, weggeschrubbt worden. Ich weiß nicht,
wie es passiert ist oder wie ich es hätte verhindern können, aber irgendwann in den letzten Jahren wurde meine
gesamte Existenz, meine Identität, sogar mein Beruf mit
dem Schlimmsten verknüpft, was mir jemals passiert ist.
Das Spektrum meiner Interessen schrumpfte proportio-

nal zu meiner Welt. Ein Jahr nach der Therapie beherrscht die Krankheit immer noch die Themen und scheint alles andere, was möglich sein könnte, zu verdrängen.

Am nächsten Morgen setze ich mich zu Meral und Howard ins Wohnzimmer. Wir machen es uns auf der Couch gemütlich und sehen Nachrichten. Ihre alte Tigerkatze rollt sich auf Howards Schoß zusammen. Als Politikexperten die Entscheidung der Obama-Regierung diskutieren, an der Truppenpräsenz in Afghanistan festzuhalten, brummt Howard mit finsterem Blick, mit der Welt gehe es bergab. »Es wird wieder mal Zeit für einen Kommentar«, sagt er.

»Waren Sie schon immer ein großer Briefeschreiber?«, frage ich.

»Das könnte man wohl als mein Hobby bezeichnen.« Er erzählt mir, dass er mit dem Briefeschreiben angefangen habe, als er Meral kennenlernte. Die ersten zwei Jahre ihrer Beziehung waren sie getrennt – sie hatte gerade die Highschool beendet und lebte in Berkeley, er ging dreitausend Meilen entfernt aufs College in Cambridge. »Telefonieren war wahnsinnig teuer, und für so etwas hatten wir kein Geld. Aber drei Cent für eine Briefmarke konnten wir uns gerade so leisten.«

»Jeder von uns hat täglich einen Brief geschrieben«, fügt Meral hinzu. »Manchmal sogar zwei.«

»Ich weiß gar nicht, was wir alles geschrieben haben.« Howard schüttelt ungläubig den Kopf. »Einmal habe ich einen Brief von ihr bekommen, der siebenundzwanzig Seiten lang war! Was kann in vierundzwanzig Stunden wohl alles passieren, um siebenundzwanzig Seiten zu füllen?«

Howard und Meral hatten sich im Lauf der Jahre weiter Briefe geschrieben, sobald sie getrennt waren, auch während seiner Zeit in Afghanistan. Von einem Krankenhausbett in Kabul hatte ein junger Howard den, wie er glaubte, letzten Brief an Meral diktiert, in dem Glauben, sie nie mehr wiederzusehen. Doch dann erholte er sich wie durch ein Wunder, allerdings war es nicht das letzte Mal, dass er dem Tod ins Auge sah. Irgendwann diagnostizierten die Ärzte das variable Immundefektsyndrom. Wie ich leidet er an einer Immunschwäche und hatte während der letzten Jahrzehnte eine Infektion nach der anderen bekommen, manche davon lebensbedrohlich. Aber im Gegensatz zu mir ließ sich Howard davon nicht abhalten, zu lieben und geliebt zu werden. Er hat die Ungewissheit nicht nur angenommen, er hat sich ein ganzes Leben in ihr aufgebaut und es immer wieder neu errichtet, so oft es nötig war. Trotz seines Gesundheitszustands hat er geheiratet, zwei Kinder bekommen und eine Laufbahn eingeschlagen, die ihn unendlich faszinierte.

Natürlich ging das nicht ganz ohne Schwierigkeiten. Er erzählt mir von einer prestigeträchtigen Berufung als Lehrstuhlinhaber für Kunstgeschichte an der Ohio State University, nur um fünf Jahre später auszuscheiden, weil es ihm so schlecht ging. Trotzdem fand Howard immer wieder Behelfslösungen für seine Einschränkungen. »Der Winter war die schlimmste Jahreszeit für mich.« Howard bekam häufig Lungenentzündungen. »Ich musste in den Winterschlaf, deshalb habe ich nur in den wärmeren Monaten unterrichtet.«

Howard ist im Ruhestand, aber er verbringt seine Tage mit Lesen, langen Spaziergängen im Park, und gelegentlich schreibt er einen Leserbrief. Er und Meral sind mittlerweile Großeltern. Vor Kurzem haben sie ihren fünfzigsten Hochzeitstag gefeiert. Und einmal die Woche gehen sie zusammen zum Tanzkurs.

Als ich ihn frage, ob er einen Rat für mich hat, wehrt er ab und meint, ich soll lieber Meral, die Therapeutin, fragen. »Sie gibt gerne Anweisungen«, sagt er. »Sie glaubt nicht, dass die Leute wie durch ein Wunder ihren Weg selbst finden, denn das tun sie häufig nicht. Sie verbringen Jahre mit – darf ich das sagen? – mit Hirnfürzen«, sagt er kichernd.

»Also so einfach lasse ich Sie nicht davonkommen«, hake ich nach.

Nach einem kurzen Augenblick gibt Howard nach. »Mit genügend Geduld und Beharrlichkeit werden Sie langsam wieder ins Leben eintauchen, und ganz ehrlich, das Leben kann so schön sein. Aber ich glaube, das Wichtigste ist, dass Sie jemanden finden, der das Nötige mitbringt, um das mit Ihnen durchzustehen. Ich schulde meiner Frau ...« Die Stimme versagt ihm. »Was ich ihr schulde, kann man gar nicht ausdrücken.«

»Das hört sich so an, als müsse ich mir eine Meral suchen«, sage ich.

Wenn ich die beiden so zusammen sehe, möchte auch ich mich der Zukunft gegenüber öffnen, aber sosehr ich es auch versuche, ich kann mir noch nicht vorstellen, wie ich alt werde, allein oder mit jemandem zusammen. Zu lernen, im Meer des Nichtwissens zu schwimmen – darin besteht meine beständige Aufgabe. Ich kann nicht wissen, ob irgendwo in meinem Knochenmark eine defekte Krebszelle lauert. Ich kann nicht vorhersagen, ob mein Körper mir oder anderen Verpflichtungen auferlegt. Ich weiß noch nicht einmal, ob ich auf eine beständige, konventionellere Weise Fuß fassen will. Aber langsam verstehe ich etwas: Wir alle können nie etwas genau wissen. Das Leben ist ein Vorstoß ins Ungewisse.

30

AUF DIE HAUT GESCHRIEBEN

ES IST FRÜHER Morgen in Eastern Market, einem historischen Industriegebiet in Detroit. Ich wohne bei Nitasha, einer jungen Frau Anfang dreißig mit langen schwarzen Locken und einer schamanenhaften, ätherischen Ausstrahlung. Tagsüber arbeitet sie als Digitalvermarkterin von Arzneimitteln, nachts ist sie Malerin, und rund um die Uhr verehrt sie Frida Kahlo. Sie empfängt mich in einem großen, offenen Loft mit sechs Meter hohen Decken, dessen Wände mit ihren Gemälden bedeckt sind. Als ich gestern Abend ankam, köchelte selbst gemachtes Harissa auf dem Herd, zu Ehren meiner tunesischen Abstammung. Während wir Brot abrissen und es in die scharfe Chilipaste eintunkten, erzählte sie mir, dass sie vor Jahren von mir gehört hatte, weil sie Melissa online folgte. »Ich habe ein Porträt von dir gesehen, das sie gemalt hat, und eure Freundschaft hat mich sehr bewegt«, sagte sie. Zum Teil auch von unseren Kämpfen inspiriert, arbeitet sie gerade einen Plan aus, um ihr Loft als Ausstellungsraum für das »Museum der Heilung«, wie sie es nennt, zu nutzen. Sie soll Werke von lokalen Künstlern ausstellen, die sich mit Themen wie Krankheit, Medizin und Genesung beschäftigen.

Heute Morgen gehen wir als Erstes auf den Markt, der

nur wenige Straßen entfernt ist. Nitasha führt mich durch die Stände im Freien, wo es eingelegtes Gemüse gibt, dicke Salatköpfe und handgemachte Seifen aus Schafmilch. Während wir herumgehen, erzählt sie mir von Dermographismus, einer Hautkrankheit, an der sie leidet, seit sie acht Jahre alt ist. Auch sie weiß, was es heißt, von Juckreiz geplagt zu werden: »Es juckt und juckt, und es juckt noch mehr«, sagt sie, »bis ich mir am liebsten die eigene Haut abziehen würde!« Selbst die kleinsten Kratzer verwandeln sich in Quaddeln, die etwa eine halbe Stunde bleiben.

Aber wie Frida Kahlo hat auch Nitasha ihr Problem in Kunst verwandelt. Mit dem Fingernagel zieht sie nebenbei ein paar Schleifen über ihren Unterarm, und ich kann zusehen, wie sie sich in roten Zuckerguss verwandeln. Sie erzählt, dass sie auf diese Weise auf ihrer Haut zeichnet – manchmal macht sie minutiöse geometrische Muster, manchmal schreibt sie Botschaften –, und von den Ergebnissen lässt sie sich inspirieren. Bei einer Installation mit dem Titel »Hautanzug« experimentierte sie mit verrosteten Gegenständen, die sie auf Stoff legte. Mit den sich überlagernden Flecken schuf sie Muster, die aussahen wie Haut unter einer Lupe. »Mein Körper ist für mich eine Erweiterung meines Skizzenhefts«, erklärt sie mir, als wir den hippen Markt verlassen und an Lagerhäusern und verlassenen Gebäuden vorbei durch die leeren Straßen gehen. »Es ist auch ganz praktisch, wenn man sich mal eine Telefonnummer aufschreiben muss«, fügt sie lachend hinzu.

Später am Nachmittag fährt Nitasha mich durch die Stadt. Wir kommen an einem leerstehenden Haus vorbei, durch die Löcher in dessen Wänden die Äste eines Baums wachsen. Wir fahren an brachliegenden Grundstücken vorbei, die von urbanen Gärtnern für den Anbau von Bioprodukten genutzt werden. Wir spazieren durch das »Heidelberg Project«, ein Viertel, in dem heruntergekommene Häuser in Kunstwerke verwandelt wurden – bemalt mit psychedelischen Tupfen –, und auf dem Rasen davor stehen Skulpturen aus Bergen von Puppen und anderen Fundstücken. Wir bleiben vor der Backsteinfassade eines Lagerhauses stehen, das mit Wolken in Mandarine und Aquamarin besprüht wurde. Unten rechts steht ein Spruch des Künstlers Fel3000ft, der sich liest wie ein Aufruf für den Wiederaufbau nach einer Katastrophe:

Für uns gab es viele Bezeichnungen: eine Stadt im Verfall, eine Stadt in Bedrängnis und ohne Hoffnung. Aber wir haben nie aufgegeben, und wir verzweifeln nicht. Wir sind Kämpfernaturen, wir erheben uns aus der Asche. Wir sind eine Gemeinschaft, die an unsere Zukunft glaubt, ganz egal, was uns zugemutet wird. Wir sind Detroit!

Ich lerne, die Stimmungen von Städten zu lesen, und mit Detroit, einer Stadt mit vielen Narrativen, identifiziere ich mich vielleicht mehr als mit anderen Orten bisher. Ein Ort, der von der Autoindustrie in Gang gehalten wurde, die Amerika in Gang hielt. Ein Ort, der von der Rassentrennung geprägt wurde, aber auch von einer so großen Hoffnung, dass sich Zehntausende schwarze Amerikaner während der Great Migration hier ansiedelten. Ein Ort, der beinahe unterging, als die Automobilindustrie schrumpfte und dann wegging, letztlich aber überlebte und sich zu sterben weigert. Ein Ort, an dem die Zukunft auf das Palimpsest, das zum wiederholten Mal verwendete Pergament, einer leidvollen Vergangenheit geschrieben wird. Auf Haut, die sich aufbäumt und Quaddeln bildet, zornig und schön – eine Schönheit, die die Wut überwindet, ohne die sie aber auch nicht möglich wäre. Ist es denn nicht immer so, dass die Katastrophe eine Neuerfindung erzwingt?

Bevor ich Detroit wieder verlasse, will mir Nitasha noch etwas zeigen: Wir stehen vor dem Laden eines Wahrsagers. Im Fenster wirbt ein Schild für Tarotkarten- und Teeblattorakel. Sie besteht darauf, dass er kein Betrüger ist, sondern ein echter Hellseher, der sich darauf spezialisiert hat, Seelen zu heilen, die Schäden davongetragen haben. So etwas habe ich noch nie gemacht, und mein Verstand sagt mir, das sei Zeitverschwendung. Aber letztlich will ich ja die Ungewissheit endlich aus meinem Leben vertreiben – und die Illusion heraufbeschwören zu wissen, was mir bevorsteht –, und so kann ich nicht widerstehen.

Hinter der bescheidenen Fassade befindet sich ein von Räucherkerzen vernebelter Raum. An den Wänden sind Verkaufsregale mit Kristallen, Ölen und Kräutern. Der Wahrsager, ein junger Mann, der ein hautenges, mit Strass besetztes T-Shirt und gebleichte Jeans trägt, führt mich nach hinten. Hinter einem schweren Vorhang setzen wir uns einander gegenüber, meine Hände in seinen, die Gesichter in das flackernde Licht von Votivkerzen getaucht. Innerhalb der nächsten Minuten fängt er am ganzen Körper an zu zittern und verdreht die Augen. Ich kann nur annehmen, dass er »Visionen« hat. Ich betrachte ihn skeptisch und trauere schon dem Fünfziger nach, den ich am Ende hinblättern muss.

Als der Hellseher die Augen öffnet, sagt er mir, dass er von einer Vorfahrin besucht wird – eine Frau, vielleicht eine

Tante, auf der väterlichen Seite meiner Familie. Er neigt den Kopf zurück, als wolle er einen großen Schluck Wasser trinken, macht den Mund immer wieder auf und zu, und seine Augenlider zucken wild wie bei einem Besessenen. Als er die Augen wieder aufschlägt, erzählt er mir, dass diese Tante von mir sehr krank war, bevor sie starb. Dann fragt er, ob ich auch krank bin.

Ich versuche, so cool wie möglich zu antworten: Ja, ich bin krank, und, ja, jetzt, wo ich darüber nachdenke, mein Vater hatte eine Schwester, Gmar. Sie starb sehr früh an einer mysteriösen Krankheit. Er erzählt mir, dass Gmar sich viele Tage und Nächte um mich gesorgt und ihr Bestes gegeben hat, um mich zu beschützen. Meinem Körper droht jetzt zwar keine Gefahr mehr, aber ich befinde mich auf einer anderen Art von Odyssee – auf einer langen, beschwerlichen Reise, die mich tief hinein ins Unbekannte führen wird, bevor ich Klarheit finde. Während ich ihm zuhöre, bekomme ich Gänsehaut an den Armen. Kurz frage ich mich: *Habe ich ihm meinen Namen genannt? Ihm irgendwelche anderen Informationen gegeben? Haben mich meine kurzen Haare verraten?* Ich glaube nicht, aber es ist mir jetzt auch egal. Ich beuge mich vor und will mehr erfahren.

Der Wahrsager legt Tarotkarten auf dem Tisch aus. Ich soll Karten wählen. Mit jeder Karte, die ich ziehe, blickt er tiefer in mich hinein. Ich werde ein Buch schreiben, ein Buch, das mich durch die ganze Welt führt, behauptet er. Er sieht, dass es mir schwerfallen wird, mich an jemanden zu binden, aber nach einer langen Phase der Ungewissheit werde ich mich mit einer Frau häuslich einrichten – nein, mit einem Mann, korrigiert er sich –, und dann murmelt er Beschwörungsformeln.

Ich weiß, dass mir der Hellseher wahrscheinlich erzählt, was ich seiner Meinung nach hören will, aber ich stelle mir meine Zukunft als langen Korridor mit geschlossenen Türen vor, und mit jeder seiner Vorhersagen geht eine Tür auf, und ich sehe ein Stück weiter. Bis jetzt habe ich die Zeit nur in kleinen Schritten gemessen – die nächste Biopsie, der kommende Arzttermin. Sich eine Zukunft vorzustellen, ist keine einfache Aufgabe, wenn das Leben auf den Kopf gestellt wurde; es erfordert Hoffnung, und das fühlt sich riskant an, gefährlich sogar. Aber als der Hellseher spricht, als er mir von dem langen, ausgedehnten Leben erzählt, das mir bevorsteht, als er mir meine Zukunft als unausweichlich beschreibt, erscheint sie plötzlich möglich.

»Was noch?«, frage ich den Hellseher gutgläubig.

Am nächsten Tag nieselt es durch die kahlen Bäume. Der Himmel ist mattgrau, die Luft nass. Wenn ich zuvor eine Stadt verlassen habe, habe ich schlechtes Wetter immer als Zeichen genommen, dass es Zeit wird weiterzuziehen – und es stimmt, ich muss los. Aber selbst bei der Kälte, mit hochgedrehter Heizung, während der Regen auf die Windschutzscheibe prasselt, verlasse ich Detroit nur ungern.

Auf der Straße denke ich an meine nächste Station. Dabei kommt mir immer wieder mein vierter und letzter Krankenhausaufenthalt wegen C. *difficile* in den Sinn. Es ist zwar nur ein Jahr her, aber ich erinnere mich nicht an viel – ich habe versucht, die letzten Tage der Behandlung und die mit Will auszulöschen. Aber am deutlichsten in Erinnerung ist mir der überwältigende Drang, mich zu isolieren, wie ein verwundeter Kojote, der sein Rudel verlässt, wenn er spürt, das Ende ist nah. Mit dem Wissen, dass Will den Auszug aus unserer Wohnung vorbereitete, konnte ich nicht gelassen bleiben. Ich schickte meine Mutter nach Hause und empfing keine Besucher. Ich erzählte allen, dass es mir gut gehe, während ich in Wahrheit allein sein musste, um zu zerbrechen.

Bret, zu dem ich jetzt unterwegs bin, bildete eine Ausnahme des Besuchsverbots in dieser Zeit. Er war derjenige, der mich im Wartezimmer der Transplantationsklinik angesprochen hatte, weil er mich wegen der Kolumne erkannt hatte. Ich weiß noch, dass ich damals dachte, was für ein Zufall es doch war, dass wir an dem Tag nebeneinandersaßen; ich war zum ersten Mal allein zur Chemo gegangen, er zum ersten Mal im Sloan Kettering, und dass noch ein weiterer junger Patient da war, tröstete uns beide. Nach diesem Tag blieben wir in Kontakt, schrieben uns gelegentlich Mails, telefonierten oder gaben uns medizinische Ratschläge. Wir trafen uns danach nur noch ein einziges Mal, aber irgendwie fühlte ich mich ihm näher und verbundener als meiner Familie und Freunden. Ein Trauma kann unsere Sicht der Welt in zwei Lager teilen: diejenigen, die sie kapieren, und diejenigen, die es nicht tun.

Als wir uns das letzte Mal gesehen haben, brach Bret gerade selbst auf zu einer längeren Autofahrt. Seine Ärzte hatten ihn für stabil genug erklärt, sich in einem Krankenhaus, das näher an seinem Wohnort lag, behandeln zu lassen, und so machten er und seine Frau Aura sich auf den Rückweg nach Chicago. Bevor sie endgültig losfuhren, platzten sie in mein Krankenhauszimmer und waren ganz aufgedreht. Sie brachten mir einen albernen Hut von einer Tankstelle mit – eine weiße Baskenmütze mit funkelndem Netz und aufgeklebten Glitzersteinen. Auf meinen kurzen Haaren sah sie absurd aus. Es machte mich sehr glücklich zu sehen, dass es Bret gut ging, und Aura war mir sofort sympathisch. Ihre Ausstrahlung erfüllte gleich den ganzen Raum, und nach allem was ich gehört hatte, verdiente sie eine Goldmedaille als Pflegerin. Ich freute mich über ihren Besuch, aber nachdem sie weg waren, wurde ich wieder deprimiert. Sie so glücklich zusammen zu sehen – trotz allem, was sie durchgemacht hatten –, war der Beweis, dass die Liebe eine lange Krankheit überdauern konnte. Es zeigte mir, wie anders es für mich und Will hätte laufen können, und brachte die schmerzhafte Frage auf, warum es nicht dazu gekommen war.

In der South Side von Chicago halte ich vor einem holzverschalten viktorianischen Haus in einem ruhigen Viertel. Bret führt mich herum und erzählt, dass sie vor einem Jahr alles Geld zusammengekratzt haben, um dieses Haus zu kaufen, ihr erstes Eigenheim. Er versucht, sich mit kleinen Renovierungsprojekten zu beschäftigen; gerade repariert er eine undichte Stelle im Dach. Sie hoffen in der näheren Zukunft auf ein Baby, sagt er, aber vorher gibt es noch viel zu tun. Ich bewundere die Holzböden und die großen Erkerfenster im Wohnzimmer, das sonnendurchflutete Esszimmer und das Arbeitszimmer, aus dem sie ein Kinderzimmer machen wollen. Es beeindruckt mich, wie *erwachsen* das alles ist – wie sie Gourmetkaffee auf der Veranda trinken, ihre Zimmerpflanzen pflegen, ihre Hypothek abbezahlen. Sie sind Anfang dreißig, nur ein paar Jahre älter als ich, aber ihr Leben wirkt viel kultivierter, das Gegenteil davon, auf Campingplätzen und auf Sofas zu übernachten und sich von Tankstellenkaffee und Erdnussbutter-Jelly-Sandwiches zu ernähren.

Aura ist Sozialarbeiterin an einer staatlichen Schule, sie ist noch in der Arbeit. Bret erzählt mir, wie engagiert sie sich um ihre Schüler und Schülerinnen kümmert, von denen viele aus gefährlichen, einkommensschwachen Vierteln stammen. Sie widmet jegliche freie Zeit, die sie hat, wenn sie sich nicht um ihren Mann kümmern muss, der Organisation von Reforminitiativen und Protestaktionen. »Meine Frau arbeitet so verdammt viel«, sagt Bret. »Das Mindeste, was ich tun kann, ist doch, sie in einem schönen Zuhause und mit einem guten Essen zu empfangen.« Er macht sich daran, ein Cashew-Chicken-Curry zuzubereiten, entkorkt eine Flasche Wein und deckt den Tisch zum Abendessen.

Von außen könnte man leicht annehmen, dass Bret und Aura auf der Sonnenseite des Lebens stehen, aber als wir uns zum Essen setzen, bringen sie mich auf den neuesten Stand und erzählen, was letztes Jahr alles passiert ist – zum Beispiel, dass Bret vor Kurzem einen fast tödlichen Herzinfarkt erlitten hat, sehr wahrscheinlich, weil seine Blutgefäße durch die Bestrahlung während der Behandlung in Mitleidenschaft gezogen worden sind. Bret hat außerdem eine GvHR, mit der auch ich zu kämpfen hatte. In meinem Fall ist sie glücklicherweise nicht so stark verlaufen und bleibt unter Kontrolle, bis auf den Ausschlag, den ich gelegentlich auf der Stirn bekomme. Bei ihm wurde die Reaktion aber deutlich schlimmer, seit wir uns zuletzt gesehen haben. Seine Lunge ist angegriffen, und seine Augen und die Haut sind leuchtend rot.

Bret war früher Filmemacher, ist jetzt aber arbeitsunfähig. Seine Hände zittern von den Immunsuppressiva, deshalb kann er die Kamera nicht ruhig halten. Es ist nicht klar, wann oder ob er jemals wieder wird arbeiten können. In der nächsten Zukunft ist er darauf angewiesen, dass seine Frau ihn versorgt – nicht nur körperlich, sondern auch finanziell. Ohne die Krankenversicherung, die über ihre Arbeitsstelle läuft, würde er nicht überleben. »Ich habe so viel Unterstützung und Liebe erfahren und möchte der Welt etwas zurückgeben, aber ich kann nicht.« Er klingt plötzlich bedrückt.

Er ist zwar das Lymphom los, das seinen Körper einst quälte, aber Bret ist in vielerlei Hinsicht kränker als je zuvor. »Die Transplantation liegt schon zwei Jahre zurück, aber mir geht es immer noch miserabel«, gesteht er, als wir nach dem Essen abspülen. »Mir tun die Hände weh, meine Muskeln und Gelenke wecken mich jeden Morgen um fünf. Und ich bekomme den Deckel meiner Tablettenbox nicht zu, weil so viele Medikamente darin sind.« Das ist die grausame Ironie der Medizin: Manchmal machen einen die Behandlungen, die man bekommt, damit es einem besser geht, langfristig kränker, sodass man weitere Behandlungen braucht, was wiederum weitere Komplikationen und Nebenwirkungen auslöst. Es ist ein unerträglicher Teufelskreis.

»Ich habe die Transplantation überlebt, ich habe den Herzinfarkt überlebt, und ich habe so ein wahnsinniges Glück, nicht tot zu sein«, sagt Bret am nächsten Nachmittag zu mir. Regen prasselt gegen die Fenster. Wir hören eine Tina-Turner-Platte. Oscar und Hodge, ihr Golden-Retriever-Corgi-Mischling, liegen zwischen uns auf dem Sofa. »Aber jedes Mal, wenn etwas passiert, wird es ein bisschen schwieriger, zurückzukommen.«

Ich nicke zustimmend, und er fährt fort. »Es ist wie die letzten Runden in einem Boxkampf«, sagt er. »Man ist hundemüde und weiß, dass alles wahrscheinlich nur noch schlimmer wird, und trotzdem muss man irgendwie weiterkämpfen. Aber manchmal muss ich mich einfach fragen: *Was soll das?* So viele Leute erholen sich, nur um dann etwas zu bekommen, das noch lebensbedrohlicher ist. Du hast ein Lymphom, und es kehrt als Leukämie zurück. Deine Leber ist dermaßen voller Giftstoffe, dass sie jeden Moment von Bord geht.«

»Irgendwann kommt Hautkrebs daher, unter Garantie!« Wir lachen beide über meinen Kommentar.

Bret und ich haben beide auf die harte Tour gelernt, uns gegen schlechte Nachrichten zu wappnen; unsere Körper und damit unsere Leben können jeden Augenblick implodieren. Irgendwie waren Rückschläge leichter zu verarbeiten, als wir noch in Behandlung waren: Wir waren auf die Möglichkeit vorbereitet, dass jederzeit eine Wendung eintreten kann. Aber wenn einen der Körper immer wieder im Stich lässt, dann wird jegliches aufkeimende Vertrauen zunichtegemacht, das man wieder ins Universum und den eigenen Platz darin gesetzt hat. Jedes Mal wird es schwieriger, das Gefühl der Sicherheit wiederherzustellen. Wenn die Decke eingestürzt ist – ob durch eine Krankheit oder eine andere Katastrophe –, geht man nicht mehr von der Standsicherheit des Gebäudes aus. Man muss lernen, auf baufälligen Strukturen zu leben.

An diesem Abend mache ich mir Gedanken darüber, wie durchlässig die Grenze zwischen den Kranken und den Gesunden ist. Nicht nur Menschen wie Bret und ich leben in der Wildnis derjenigen, die ums Überleben kämpfen. Je länger wir leben, umso mehr von uns werden zwischen diesen Reichen hin- und herwechseln und einen großen Teil des Lebens irgendwo dazwischen leben. Das sind die Bedingungen unserer Existenz. Die Vorstellung, nach einem schönen, vollkommenen Zustand der Gesundheit zu streben? Sie stürzt uns in ewige Unzufriedenheit, ein Ziel, das für immer unerreichbar sein wird.

Gesund zu sein, das bedeutet jetzt zu lernen, den Körper und den Geist zu akzeptieren, den ich gerade habe.

31

DER WERT VON SCHMERZ

WIE WIR GESUND werden, sieht nicht immer nach gesund werden aus. Als ich vor vierzig Tagen zu Hause aufgebrochen
bin, stellte ich mir den Roadtrip als Chance vor, wieder ein
normales Leben führen zu können.

Ich dachte, je weiter ich führe, umso ferner wären die
Krankenhauskorridore, durch die ich in einem Baumwoll-
hemdchen geschwebt war und high vom Morphium vor
mich hin gebrabbelt hatte, umso mehr löste ich mich innerlich von dem Zimmer in der Hope Lodge, wo ich wach im
Bett auf Will gewartet hatte, während die kalte Angst in mir
aufstieg, und umso weiter entfernte ich mich von dem Mi-
niapartment in der Avenue A, wo wir uns ein Zuhause eingerichtet hatten – nur um es dann niederzureißen.

Nun mach schon, sage ich mir. *Finde dich damit ab!* Aber je
mehr Meilen ich zwischen Will und mir zurücklege, desto
mehr beschäftigt es mich, was mit uns passiert ist. Die
Auflösung unserer Beziehung kommt mir schlimmer vor,
nachdem ich gesehen habe, wie Bret und Aura einen Weg
finden, gemeinsam glücklich zu werden, und trotz seiner
andauernden gesundheitlichen Probleme sogar planen, ein
Kind zu bekommen.

Wo ich derzeit auch hinsehe, sehe ich Geister von Will.

Silhouetten von hoch aufgeschossenen Männern mit markantem Kinn, denen die Haare ins Gesicht fallen, jagen meinen Puls hoch. Gegen alle Vernunft frage ich mich, ob das wirklich er sein könnte, der da an einem Resopaltisch in einem altmodischen Diner im ländlichen Iowa sitzt und Chickenfingers mit Pommes verdrückt oder der auf den grasbewachsenen Ufern eines Flusses in den Sandhills von Nebraska, wo ich ein Wochenende lang zelte, Forellen angelt. Dieser Spuk spielt sich hauptsächlich in meinem Kopf ab, aber an manchen Tagen beschwört irgendetwas oder irgendjemand unerwartet seinen Namen herauf, und ich habe plötzlich verborgene Teile meiner Vergangenheit vor Augen, eine wirbelnde Flut des Bedauerns und der Wut, bis ich nichts anderes mehr sehe. Ich habe so viel Zeit mit dem Versuch verbracht, die Erinnerung an ihn und an uns zu vergraben, dass es unvermeidlich scheint, es aufzuarbeiten.

Ich fahre durch Pine Ridge, eines der ärmsten Reservate für amerikanische Ureinwohner im Land. Steppenläufer wehen über die Straße. Das Land ist kahl und leer. In der Luft liegt eine Reglosigkeit, die sich wie Sediment auf alles legt – immer wieder auftauchende Trailer, Hütten aus Holzabfällen und Planen, verrostete Haufen ausgeweideter Karosserien. In der Nacht zuvor habe ich in Lead, South Dakota, auf dem Wohnzimmerboden eines Motorradfahrers mit Pferdeschwanz geschlafen. Er hat früher in diesem Reservat gearbeitet und meinte, es sei einen Besuch wert. Bevor ich aufbrach, stellte er Kontakt zu den Leuten von Thunder Valley her, einem gemeinschaftlichen Erneuerungsprojekt im »the rez« – wie er und alle anderen es hier nennen.

Auf dem leeren Parkplatz von Thunder Valley faucht und

heult der Wind, und die Kälte fegt mir ins Gesicht wie eine Ohrfeige. Ein junger Mann holt mich ab, ein Angehöriger der Oglala Lakota Nation. Er stellt sich als Gründungsdirektor des Projekts vor. Er ist stämmig und hat ein Kindergesicht. Seine hellbraune Haut ist übersät mit Tattoos, und über seinen Rücken fällt ein glänzender schwarzer Zopf. »Nick«, stellt er sich vor, schüttelt mir fest die Hand und führt mich in einen der extragroßen Trailer, in denen das Hauptquartier von Thunder Valley untergebracht ist.

Wir setzen uns an einen Tisch, und Nick erzählt mir von ihrer Arbeit hier. Ich finde das alles sehr interessant – das Pilotprojekt für nachhaltiges Bauen, bei dem Strohballen verwendet werden, den Gemeinschaftsgarten, mit dem sie der Unterversorgung mit frischen Lebensmitteln im Reservat entgegenwirken – aber ich kann mich einfach nicht konzentrieren. Irgendetwas an Nick kommt mir bekannt vor, mir kommt hier alles bekannt vor, und die Synapsen in meinem Hirn knistern irritierend.

»Sind wir uns schon mal begegnet?«, unterbreche ich ihn.

»Ich habe mich gerade dasselbe gefragt«, sagt er. »Wie heißt du noch mal?«

Ich wiederhole meinen Namen, den Vornamen und den Nachnamen, und spreche die vielen Vokale langsamer aus.

Wir beugen uns beide ein bisschen vor und starren uns an, um einen längst vergessenen Ordner im Aktenschrank der Erinnerung zu finden. Dann macht es klick. »Will«, sagen wir beide.

Es ist unfassbar. Ich habe mich so sehr bemüht, die Vergangenheit auszublenden, dass ich bis hierher gekommen bin – nach Pine Ridge, ins Thunder Valley, um Nick zu treffen – ohne die Teile des Puzzles zusammenzusetzen: Wills Vater, Dokumentarfilmer und Reporter, hatte früh in seiner Karriere über das Reservat berichtet. Er hatte mir erzählt, dass die amerikanischen Ureinwohner in den späten Sechzigerjahren, nachdem sie über Jahrhunderte von der Bundesregierung schlecht behandelt worden waren, eine Basisorganisation namens American Indian Movement gegründet hatten. Sie führten Proteste im ganzen Land an. Einer davon endete 1975 in einer tödlichen Schießerei mit zwei FBI-Agenten im Pine Ridge Reservat. Wills Vater war der einzige weiße Journalist, der die Schießerei miterlebte. Er befand sich gerade vor der Jumping Bull Ranch in der südwestlichen Ecke des rez, als plötzlich Schüsse fielen. Ein Irrläufer traf seinen Pick-up. Er hatte sich mit einem tragbaren Tonbandgerät hinter den Wagen gekauert und alles für das NPR aufgenommen.

Während meiner ersten Zeit in Paris, als Will und ich uns lediglich schrieben, hatte er mir erzählt, wie er seinen Vater als Jugendlicher manchmal auf Recherchereisen begleitet hatte. So hatte er sich mit Nick und seiner Familie angefreundet. Er hatte mir sogar einen Artikel über Nicks Arbeit im Thunder Valley geschickt. *Wenn du einmal länger als eine Woche in den USA bist, könnten wir ihn besuchen*, schrieb er. *Es ist ein Teil des Landes, den nur wenige Leute jemals zu Gesicht bekommen.* Damals tasteten wir uns ja erst aneinander heran, und ich weiß noch, dass mich damals der Artikel über Thunder Valley viel weniger interessierte als Wills Gebrauch des Wortes *wir*. Es machte mir Hoffnung, dass auch er dies als Beziehung betrachtete, die jenseits des Schreibens weitergehen könnte.

Nick und ich schütteln beide den Kopf, als wir alle Puzzlestücke zusammensetzen. Wir sind völlig perplex, wie seltsam es ist, dass wir uns heute hier treffen, unter Umständen, die gar nichts mit damals zu tun haben. Von Will hatte er alles über mich erfahren – über meine Krankheit, meine Texte –, und es stellt sich heraus, dass ich auf Facebook sogar mit seiner Schwester befreundet bin.

»Die Welt ist klein«, staunt Nick.

»Die Welt ist klein«, wiederhole ich, weniger erstaunt als verstört darüber, was ich alles gelöscht habe.

»Wie geht es Will denn?«, fragt er. »Es ist eine Weile her, seit wir Kontakt hatten.«

Ich lasse die Schultern hängen, als mir klar wird, dass Nick es nicht weiß. Ich habe immer noch keine Ahnung, wie ich die Geschichte von Will und mir erzählen soll, und immer, wenn ich es versuche, merke ich, wie Gift in meine Stimme dringt, obwohl ich versuche, es zurückzuhalten. Ich weiß, es ist nicht fair, Will als den Bösen darzustellen – es berücksichtigt nicht, wie er mich auf unzählige Arten geliebt hat, zu mir gestanden hat, darum gekämpft hat, zu bleiben –, aber ich kann es noch nicht anders ausdrücken.

»Ich weiß nicht, was er zurzeit macht«, sage ich schließlich und bemühe mich, gelassen zu klingen. Aber die Wut schwelt direkt unter der Oberfläche.

»Oh«, sagt Nick. »Ich hatte keine Ahnung, dass ihr euch getrennt habt. Das tut mir echt leid.«

»Mir auch.« Ich wische mir einmal fest mit dem Arm über die Augen, dann wechsle ich das Thema. Dieser leere Himmel im Westen ist zu groß, die Blende ist zu weit offen: Ich fühle mich überbelichtet. In einem Extremzustand ist das so, man fühlt sich nackt und verletzlich gegenüber der Welt.

Ich übernachte im Reservat, in einem Motel namens Lakota Prairie Ranch Resort. Vor meinem Zimmer liegt ein Parkplatz, der Teppich ist klebrig, die Bettdecke ausgefranst. Auf der Ablage im Badezimmer liegen ein paar ölverschmierte Handtücher neben einer laminierten Karte mit der Aufschrift: »Zu Ihrer Verfügung. BITTE benutzen Sie diese Lumpen, um Flecken, Schuhe und Waffen zu reinigen.«

Ich werfe die Bettdecke auf den Boden, rolle meinen Schlafsack auf der Matratze aus und verbringe die nächsten Stunden damit, mich davon zu überzeugen, dass ich schlafe, obwohl ich in Wahrheit an Will denke. Ich weiß noch, wie Nick Will nach meiner Diagnose eingeladen hatte, mich zu einer Heilungszeremonie namens Sun Dance nach Pine Ridge zu bringen. Wie Will beschlossen hatte, ohne mich nach Pine Ridge zu fahren, als meine Ärzte erklärt hatten, mein Zustand sei zu schlecht, um zu reisen. Wie wütend ich immer war, wenn Will ohne mich reiste. Die Tatsache, dass er überall hinkonnte und ich nicht, hatte den Unterschied zwischen ihm und mir noch deutlicher gemacht – zwischen mir und Gleichaltrigen, zwischen mir und allen anderen auf der Welt, die einen voll funktionierenden Körper hatten. Ich verstand immer noch nicht, warum manche Menschen leiden mussten und manche nicht, warum über manche das Unglück hereinbrach, während andere verschont wurden. Jung und krank zu sein war ungerecht, so sehr, dass ich es manchmal als unerträglich empfand. Zumindest in der Theorie hatte ich immer verstanden, dass es sinnlos war, wütend zu werden – geradezu fatal. Trotzdem verglich ich meine Einschränkungen mit den Möglichkeiten, die andere hatten. Ich wünschte mir ihre Freiheit so sehr, dass ich sie dafür hasste.

Hinter meinen geschlossenen Lidern lodert ein Feuer von Schuldgefühlen und hält mich wach. Die Vergangenheit lässt sich zwar leicht zerstören, aber sie zu vergessen ist viel schwieriger. Ich denke immer wieder an den allerersten Streit zwischen Will und mir. Wie so viele erste Streits enthielt er die Samen der Meinungsverschiedenheiten, die später noch richtig aufblühen sollten. Wir hatten vor, in wenigen Tagen nach Santa Barbara auf die Hochzeit von einem Kindheitsfreund von Will zu fliegen. Wir hatten kein Flugzeug mehr bestiegen, seit ich die Behandlung begonnen hatte, und ich freute mich auf den Tapetenwechsel. Aber als sich das Abflugdatum näherte, wurde klar, dass ich nicht mitkommen konnte, falls sich meine Blutwerte nicht wie durch ein Wunder verbesserten. Ich bestand aber bis zur letzten Minute darauf, dass ich gesund genug war.

Mein verzweifelter Wunsch, an der Welt teilzuhaben, trübte oft mein Urteilsvermögen, und das bedeutete, dass Will regelmäßig die unangenehme Rolle des Verhinderers einnehmen musste. Ein paar Tage vor dem geplanten Flug setzte er sich abends mit mir zusammen. »Ich habe es mit deinen Eltern besprochen«, sagte Will sanft, legte mir den Arm um die Schultern und zog mich an sich. »Du weißt, wie sehr ich mir wünsche, dass du mitkommst, aber wir sind uns alle einig: Im Moment ist es einfach zu gefährlich für dich, in ein Flugzeug zu steigen. Du musst zu Hause bleiben und dich ausruhen.«

Ich weiß noch, wie ich einfach laut schreien wollte. Meine Wut war so gewaltig, dass ich den Himmel herunterreißen wollte. Will hatte recht – in meinem Zustand an Bord eines Flugzeug zu gehen, würde einem Todeswunsch gleichkommen. Mir war klar, dass er nur versuchte, auf mich achtzugeben, aber ich wusste nicht, wogegen ich sonst meine Wut richten sollte. Ich riss mich von ihm los und sagte: »Wie kannst du es wagen, dich hinter meinem Rücken mit meinen Eltern abzusprechen. Als wäre ich ein Kind, das keine eigenen Entscheidungen treffen kann. Als würde ich mich nicht erbärmlich genug fühlen. Und lass mich raten – du fährst ohne mich.«

Der Mann, der seit Monaten nicht zu Hause gewesen war, um seine Familie und Freunde zu besuchen, der mir seit der Diagnose nicht von der Seite gewichen war, der den Sommer über schlaflose Nächte auf einer Pritsche neben meinem Krankenhausbett verbracht hatte, sackte in sich zusammen. »Schsch«, bat er, »bitte sei nicht böse. Ich brauche einfach eine Pause.«

»Ach ja? Also, ich könnte auch eine brauchen«, schnauzte ich zurück.

Am nächsten Tag schämte ich mich ganz furchtbar, als ich aufwachte. Ich wusste natürlich, dass er recht hatte. Mir war klar, wie wichtig es für Pflegende ist, Zeit für sich zu bekommen, ohne ein schlechtes Gewissen haben zu müssen. Will verdiente und brauchte dringend eine Pause, und ich sagte mir, nur weil ich zu krank war, um mitzukommen, hieß das nicht, dass er auch zu Hause bleiben musste. Daher versuchte ich, meine Wut im Zaum zu halten, als Will zu der Hochzeit aufbrach. Aber es war schwer, sie lange zu unterdrücken. Ganz egal, wie tief ich sie vergrub, sie fand wieder heraus.

Als während der nächsten Tage Bilder von Wills Reise bei mir auf Facebook auftauchten, begann es in mir zu schwelen. Mit jedem neuen Bild, das ich sah – Will und seine Freunde am Strand, beim Fußballspielen, in einer Bar, beim Tanzen –, stieg meine Wut näher an die Oberfläche. Allein in meinen Zimmer bekam meine irrationale Seite die Oberhand: Vielleicht freute sich Will insgeheim, dass es mir nicht gut genug ging, um ihn zu begleiten. Wenn ich nicht dabei war, konnte er ausgehen, so lange er wollte. Eine kranke Freundin war eine Belastung, ein Miesmacher, drohte immer, den Spaß zu verderben oder die Nacht abzukürzen, weil sie schon wieder einmal müde war.

Natürlich richtete sich meine Wut eigentlich gegen die erbärmlichen Blutwerte, die mich daran gehindert hatten, ihn zu begleiten, gegen den Körper, der mich ans Bett fesselte, gegen die Chemo, die ich später in dieser Woche machen musste, gegen die Möglichkeit, dass mein Leben vorbei war, bevor es richtig angefangen hatte. Aber es ist schwer, auf so etwas Nebulöses wie Krebs wütend zu sein. Man muss seinen Zorn in Bahnen lenken, idealerweise in Richtung einer Leinwand oder eines Schreibhefts, bevor er auf ein menschliches Ziel zurast – aber damals wusste ich nicht, wie das geht. Als Will von der Party nach der Hochzeit anrief, klang er albern, unbeschwert und ein bisschen betrunken, und ich suchte einen Vorwand für einen Streit. Ich tat es das ganze Wochenende über, schimpfte herum wegen aller möglichen lächerlichen Kleinigkeiten – weil er nicht wie angekündigt angerufen oder nicht schnell genug auf eine Textnachricht geantwortet hatte.

Im Kern meiner Wut steckte die Angst, dass Will begreifen würde, was er alles verpasste, wenn er draußen in der Welt unterwegs war. Die Angst, dass er es leid sein würde, sich um mich zu kümmern, dass er gehen und nicht mehr zurückkommen würde.

Damals wusste ich noch nicht: Ungezähmte Furcht verzehrt dich, wird zu dir, bis das, wovor du die größte Angst hast, lebendig wird.

Gegen Ende von Wills Reise bekam ich hohes Fieber und fuhr wieder ins Krankenhaus, wo ich mehrere Wochen bleiben musste. Will kam vom Flughafen direkt in die Krebsstation, wo ich an Schläuche und Maschinen angeschlossen war, schwer atmend, das Gesicht aschfahl, weil sich wieder einmal eine Infektion in meinem Blut ausbreitete. Er setzte sich zu mir ans Bett, vergrub den Kopf in den Händen und weinte. »Ich hätte nicht fahren sollen«, sagte er.

Ich muss etwas gestehen: In dem Moment freute ich mich insgeheim, dass ich während seiner Abwesenheit so krank geworden war. Dadurch war er gezwungen, seine Reise abzukürzen. Dadurch war er wieder mit mir in der Bubble, und ich war nicht länger allein. Dadurch würde er es sich in Zukunft zweimal überlegen, wieder wegzufahren. Ich glaubte wirklich, wenn ich ihn in meiner Nähe behielt, würde das verhindern, dass wir uns voneinander entfernten. Ich war so jung.

Bevor ich Pine Ridge verließ, las ich über den Sun Dance, eine jahrhundertealte heilige Heilungszeremonie, die jeden Sommer stattfindet. Sie beginnt damit, dass mehr als hundert Männer gemeinsam einen hohen Baum in einem nahegelegenen Wald fällen. Mit einem komplizierten System von Gurten ziehen sie ihn nach unten, und mithilfe einer Auffangvorrichtung verhindern sie, dass der Baum den Waldboden berührt. Sie laden ihn auf die Ladefläche eines LKW. Sobald der Baum wohlbehalten im Reservat angekommen ist, heben die Männer ihn in die Mitte einer runden Naturarena, in einer Mulde zwischen den Bergen, die Thunder Valley heißt.

Der Baum ist der physische und spirituelle Mittelpunkt der Zeremonie. Seine Äste werden mit Hunderten von »Tabakbeuteln« geschmückt, in bunte Stoffstückchen gewickelte Tabakblätter, und jeder Farbton steht für ein anderes Gebet. Die Männer durchbohren sich die Haut an der Brust mit Nadeln, ziehen Seile hindurch und binden sich an dem Baum fest. Sie entsagen jeglicher Nahrung und trinken nur ganz wenig Wasser. Vier Tage hintereinander singen und tanzen und beten sie in der glühenden Sonne, und viele brechen dabei zusammen. Der Schmerz, die Hitze, der Flüssigkeitsmangel und der Hunger sind nicht nur missliche Gefahren: Sie gehören zu der Zeremonie. Die Tänzer glauben, indem sie den Tod simulieren, können sie Schmerz und Sorgen von ihrer Gemeinschaft und ihren Vorfahren abwenden. Es geht nicht um Buße oder die Glorifizierung des Leids, sondern darum, den Kreislauf von Leben und Tod darzustellen und zu ehren. Nach einem Reinigungsritual am Ende sollen sie spirituell gesäubert und gestärkt für alles, was vor ihnen liegt, wieder in die Welt treten.

Es ist eine Lektion über den Wert von Schmerz.

Ich begreife, wenn ich den Abstand zwischen dem nahen Tod und der Erneuerung überwinden will, muss ich meinen Schmerz nutzen, statt ihn zu vergraben, um mich unter seiner Führung besser kennenzulernen. Indem ich mich mit meiner Vergangenheit konfrontiere, verarbeite ich nicht nur meinen Schmerz, weil ich andere Menschen verloren habe, sondern auch den Schmerz, den ich anderen verursacht habe. Auf diesen langen, einsamen Strecken auf der Straße muss ich weiterhin nach Wahrheiten und Lehrern suchen, selbst wenn – ganz besonders wenn – die Suche Unbehagen mit sich bringt.

Irgendwo zwischen South Dakota und Wyoming wird die Kälte des Herbstes zu eisigem Frost, und in den Bäumen sind keine Vögel mehr. Ich lasse das Fenster herunter und lange hinaus, meine Finger werden ganz schnell taub. Ein nasser, kreidiger Geruch erfüllt die Luft. Es fängt an zu schneien, hier eine Flocke, dort eine Flocke, und ich lasse die Gedanken schweifen. Während ich zwischen zwei Welten unterwegs bin, fühlt es sich manchmal so an, als bestünde ich nur aus Erinnerung. Ich lasse alte Szenen aus meinem Leben abspielen, sehe zahllose Fehler und bedauerliche Entscheidungen, aber ich kann nichts daran ändern, außer besser zu verstehen, was passiert ist.

In diesem bestimmten Moment befinde ich mich mitten in der Erinnerung an ein Telefongespräch mit meinem Vater gegen Ende des letzten Krankenhausaufenthalts. Ich hatte ihm gerade mitgeteilt, dass Will ausziehen würde und ich nicht glaubte, dass wir wieder zusammenkommen würden. »Du bist meine Tochter, und ich liebe dich mehr als jeden anderen Menschen«, sagte mein Vater zu mir. »Aber ich weiß nicht, ob ich es in Wills Alter geschafft hätte, so für dich da zu sein, wie er es war.«

Ich weiß noch, dass ich gekränkt war, nachdem wir aufgelegt hatten. Statt Will zu loben, hätte er sich über ihn ärgern müssen, weil er mich verließ. Damals war ich immer noch zu wütend, um zu verstehen, was mein Vater eigentlich meinte. Beim Fahren versuche ich immer noch, daraus schlau zu werden.

Im Kopf habe ich Will verziehen, dass er ausgezogen ist, aber im Herzen fühle ich mich immer noch im Stich gelassen. Will und ich sprechen nicht miteinander, aber gelegentlich schickt er mir eine Mail oder irgendein Foto –

eine handgeschriebene Liste meiner Chemomedikamente mit Anweisungen, die er in ein Heft notiert hat, ein Foto von mir, wie ich mit einer Sauerstoffmaske im Gesicht auf einer Trage liege. Ich vermag nicht zu sagen, ob er das aus Nostalgie tut oder aus Feindseligkeit – ist das seine Art zu sagen: *Sieh nur, was ich alles für dich getan habe.* Ich hasse es, wie alles, was er mir schickt, mich daran erinnert, wie sehr ich ihn brauchte und welche Macht er noch über mich ausübt. Allein der Gedanke macht mich wütend. »*Fuck you, fuck you, fuck you*«, singe ich beim Fahren. Er soll aufhören, mir die Schuld für seine Schwierigkeiten zu geben. Er soll sich dafür entschuldigen, dass er mir wehgetan hat – dann kann ich endlich aufhören, wütend zu sein, sage ich mir.

Eine Bergkette, die Teton Range, zersägt den Horizont. Ich fahre auf den John D. Rockefeller Jr. Memorial Parkway, eine erhabene Strecke, die zum Yellowstone National Park führt, aber ich bin zu sehr von meinen Gedanken eingenommen, um die Umgebung zu bewundern. Mir fällt ein, dass ich mit siebenundzwanzig jetzt genau so alt bin wie Will, als ich krank wurde. Damals erschien mir der Altersunterschied von fünf Jahren gewaltig. So ist das mit zweiundzwanzig, wenn jedes Lebensjahr genauso ein Jahrzehnt sein könnte. *Mon vieux*, hatte ich Will im Scherz einmal genannt, als wir in Paris lebten.

Als ich durch das Schneetreiben, das mittlerweile herrscht, fahre, versuche ich, mir vorzustellen, was ich tun würde, wenn ich jetzt an Wills Stelle wäre. Ich versuche mir vorzustellen, für jemanden da zu sein, mit dem ich erst wenige Monate zusammen bin und der gerade eine tödliche Diagnose erhalten hat. Ich versuche mir vorzustellen, meine Sachen zu packen, in eine kleine Stadt zu fliegen, in der ich noch nie zuvor war, und bei seinen Eltern einzuziehen, Monate meines Lebens damit zu verbringen, auf einer Krankenhauspritsche zu schlafen, Beförderungen in der Arbeit auszuschlagen, in einer Zeit, wenn die meisten meiner Freunde darauf konzentriert sind, sich ihre Karrieren aufzubauen. Ich versuche mir vorzustellen, wie ich damit fertigwerden würde, seine ganze Wut auffangen zu müssen. Ich versuche mir vorzustellen, einen Verlobungsring zu kaufen, während ich die ganze Zeit weiß, dass der, den ich liebe, vielleicht nicht überlebt. Als ich mir das alles vorzustellen versuche, komme ich ins Schwimmen. Ich kann es nicht. Ich bezweifle, dass ich auch nur einen Bruchteil dessen schaffen würde, was Will für mich getan hat.

In Wahrheit hatte ich kein Ohr für Wills Bedürfnisse, weil meine eigenen sich so lautstark bemerkbar machten. Er musste mir ständig versichern, dass meine Ansprüche nicht zu groß waren. Und als sie dann zu groß wurden, machte ich es ihm unmöglich, die Pausen zu nehmen, die er so dringend brauchte. In den letzten Monaten, immer wenn er mich wieder in die Notaufnahme brachte, sah er aus, als würde er erschöpft einer Pflicht nachkommen. Ich nahm das als Beweis dafür, dass ich wirklich eine Last war und er den rechten Augenblick abwartete, um endlich gehen zu können. Aber letztlich war es nicht die Krankheit, die ihn vertrieben hatte, ich war es gewesen. Es waren die zahllosen kleinen Gesten, mit denen ich ihn über Jahre weggestoßen und herausgefordert hatte zu gehen, bis er es eines Tages dann wirklich machte.

Es tut mir so leid, flüstere ich in die Dunkelheit hinein.

Es schneit jetzt noch mehr, und meine Scheibenwischer

machen Überstunden. Ich überlege, Feierabend zu machen und mir ein Motel zu suchen, bis der Schneesturm nachlässt, aber ich fürchte, je mehr ich diesen Abschnitt meiner Reise in den Westen hinauszögere, desto schlechter werden die Fahrbedingungen. Ich beschließe, bis zur Grenze von Montana weiterzufahren. Es sind keine anderen Autos in Sicht, und meine Reifen hinterlassen Spuren im frischen, unangetasteten Pulverschnee. Die Gelbkiefern, die den Highway säumen, biegen sich unter der weißen Last, an den Ästen hängen Eiszapfen, und alles glitzert in diesem eisigen blauen Licht.

Im Lauf der nächsten Stunde verfliegt alles, was von meiner Wut auf Will noch übrig war. Stattdessen kann ich empfinden, was mir der Zorn verboten hat, und ich möchte vieles sagen. Will mag am Ende nicht für mich dagewesen sein, aber er war da für mich, als es darauf ankam. Ich möchte ihn um Verzeihung bitten. Ich möchte ihm sagen, wie sehr er mir fehlt.

Wenn das ein Film wäre, würde ich Will sofort von unterwegs aus anrufen. Vielleicht würden wir sogar wieder zusammenfinden. Aber das ist kein Film. Als wir zuletzt miteinander gesprochen haben, hatte Will gerade eine neue Stelle als leitender Redakteur einer Sport-Website angefangen. Ich habe gehört, er habe eine neue Freundin, und die beiden seien glücklich. Will zu lieben bedeutet jetzt, Erinnerungen an uns zu schätzen, ohne mir zu erlauben, von ihrem Sirenengesang verführt zu werden. Es bedeutet, lieber nicht zum Telefon zu greifen. Es bedeutet, ihm den Platz zu geben, den er braucht, um sein Leben wieder zurückzugewinnen. Es bedeutet, das zu tun, was am schwersten fällt. Ihn loszulassen.

Als ich mich der Grenze zu Montana nähere, fahre ich durch eine kleine, unscheinbare Ortschaft am Highway. Die Hauptstraße ist leer, bis auf ein einzelnes Auto, das hinter mir herfährt. Über die nächsten Blocks beschleunigt es, bis es unangenehm nah auffährt. Durch den Schnee blinkt ein rotes Licht auf seinem Dach, aber ich bin zu sehr in Gedanken, um es zu bemerken. Erst als ich den Warnton einer Sirene höre, wird mir endlich bewusst, dass mir ein Polizeiauto folgt.

Ich wurde noch nie angehalten, und mein alter Fahrlehrer Brian hat das in den Fahrstunden auch nicht behandelt. Aufgeregt halte ich am Straßenrand an, und in einem zutiefst törichten Versuch, mich gefällig zu zeigen, öffne ich die Tür, um dem Polizisten entgegenzugehen. Doch sobald mein Fuß den eisigen Boden berührt, wird mir klar, dass ich einen schweren Fehler gemacht habe – einen Fehler, der für Menschen, die nicht aussehen wie ich oder dieselben Privilegien haben, eine Frage von Leben oder Tod sein kann.

»Steigen Sie wieder ins Auto«, ruft der Officer. »STEIGEN. SIE. WIEDER. INS. AUTO.«

Erschrocken ducke ich mich wieder ins Auto und schlage die Tür zu. Oscar bellt laut, und ich fauche ihn an, still zu sein, als der Polizist auftaucht und mit seinen behandschuhten Knöcheln an das Fenster klopft.

»Entschuldigung«, sage ich, während sich die Scheibe senkt. »Ich dachte, ich soll aussteigen. Ich dachte, das wäre höflich«, rechtfertige ich mich idiotisch und atme ein bisschen schneller.

Der Officer hat kleine Pickel auf den Wangen und wirkt jungenhaft, aber sein Gesichtsausdruck ist nicht gerade freundlich. »Machen Sie das nie wieder«, sagt er und sieht mich starr an. »Wissen Sie, warum ich Sie angehalten habe?«

»Nein, Sir.«

»Sie sind fünf Meilen schneller gefahren als erlaubt.« Ich öffne den Mund, um mich noch einmal zu entschuldigen, aber der Officer hebt die Hand, um mich zum Schweigen zu bringen. »Führerschein und Zulassung.«

Ich taste im Handschuhfach herum, in dem sich lauter Mist angesammelt hat – Landkarten, alte Zeitungen, ein Lippenpflegestift und unerklärlicherweise ein Slinky.

»Da ist es doch.« Der Polizist zeigt es mir.

Ein paar Minuten später kehrt er mit meinem Führerschein und der Zulassung zurück und blickt durch das geöffnete Fenster auf mich herab. Er hat noch ein paar Fragen und beginnt damit, wie es kommt, dass ich als Führerscheinneuling mit einem Auto, das New Yorker Kennzeichen hat, nach Wyoming gekommen bin, und warum es auf einen anderen Namen zugelassen ist.

»Na ja, das ist eine ziemlich komische Geschichte.« Ich hole aus und erzähle umständlich von Krebs und unterschiedlichen Reichen, von einer Hundert-Tage-Reise und meinem Freund, der mir das Auto geliehen hat. Ich bin überdreht von dem Adrenalinstoß, und es ist schwer zu sagen, ob ich mich verständlich ausdrücke.

»Okay, Miss. Beruhigen Sie sich«, sagt er. Seine Mundwinkel zucken, als er versucht, ein Lächeln zu unterdrücken. »Ich lasse Sie mit einer Warnung davonkommen. Aber noch mal: Sie sind Führerscheinneuling. Sie haben das Auto von einem Freund geliehen. Sie machen eine Autoreise.«

Bei jedem Satz nicke ich.

»Aber warum um alles in der Welt fahren Sie ausgerechnet bei einem Schneesturm?«

32

SALSA UND DIE PREPPER

ICH FAHRE TIEFER in die Wildnis von Montana hinein. Über
Meilen hinweg sehe ich niemanden auf der Straße. Das
Land ist gewaltig und von knietiefem Schnee bedeckt, der
Himmel so unermesslich, dass ich mir vorkomme wie der
einzige Mensch auf der Welt. Ich sitze seit mehreren Stunden schweigend am Steuer, da klingelt mein Telefon. Ich
zucke zusammen, ein wenig erstaunt. Jons Name wird an-
gezeigt; ich nehme den Anruf nicht an und warte, bis sich
die Mailbox einschaltet. Mir ist in letzter Zeit so viel durch
den Kopf gegangen, dass ich gar nicht weiß, wie ich ihm
das alles erzählen soll. Wenn wir telefonieren, sind unsere
Gespräche im Moment wenig mehr als angestrengtes Ge-
plauder. Haben wir uns nichts mehr zu sagen? Zwischen
uns liegt ein halber Kontinent, und es fällt schwer, sich zu
erinnern, was uns ausmacht. Die Zukunft unserer Beziehung war schon die ganze Zeit irgendwie unsicher, und es
scheint immer unwahrscheinlicher, dass das, was zwischen
uns ist, diese Reise überlebt.

Verluste haben mich vorsichtig gemacht, erschöpft.
Nicht nur der Verlust von Leben, den ich in den letzten Jahren miterleben musste, sondern die Verluste, die die Krankheit begleiten: Will, Fruchtbarkeit und Mutterschaft, wie ich

es mir vorgestellt hatte, meine Identität und mein Halt in dieser Welt. Manchmal setzt mir das alles derart zu, dass es keinen Platz mehr für die Lebenden gibt – für die Möglichkeit neuer Liebe, neuer Verluste.

Erst gestern Abend bekam ich eine Nachricht von jemandem, der mir wichtig ist. Ich zog mich ganz tief an einen geschützten Zufluchtsort zurück. Nachdem ich den ganzen Tag durch den Schneesturm gefahren war, nahm ich ein Zimmer in einem Bed & Breakfast in Gardiner, Montana, und beschloss, in der Wanne mit Löwenfüßen ein Bad zu nehmen, um aufzutauen und zu entspannen. Ich ließ sie volllaufen bis zum Rand, zog die Stiefel und die Wollsocken aus und schlüpfte aus meinen restlichen Anziehsachen. Ich seufzte, als mein Körper in das heiße Wasser tauchte und sich jeder Muskel lockerte. Nachdem ich eine Weile im Wasser gelegen hatte, langte ich über den Rand der Wanne und griff mit nassen Fingern nach meinem Telefon. Seit ich unterwegs war, hatte sich eine Menge E-Mails in meinem Posteingang angesammelt, und ich wollte mich auf den neuesten Stand bringen.

Als ich die zig ungelesenen Nachrichten überflog, entdeckte ich eine von Max; er hatte sie vor anderthalb Wochen geschickt. Ich verkrampfte mich unwillkürlich, als ich die Betreffzeile las – *Gesundheitsupdate*. Viele Patienten schicken Massenmails, um Freunde und Verwandte auf dem Laufenden zu halten – solche Nachrichten enthalten nicht unbedingt immer schlechte Neuigkeiten. Aber in den vier Jahren, seit ich Max kenne, hatte er noch nie so ein Sammelupdate geschickt. Mir war klar, was auch immer diese E-Mail enthielt, es war nichts Gutes.

Ich starrte das Handy eine Weile an, dann legte ich es auf

den Fliesenboden. Ich wollte diese Nachricht nicht lesen, nicht durch diese Tür gehen. Ich tauchte mit dem Kopf unter, öffnete die Augen und sah zu, wie kleine Luftbläschen aus meinem Mund an die Oberfläche stiegen. Beim Auftauchen schwappte das Wasser beinahe über. Als es wieder ruhig war, nahm ich das Telefon noch einmal zur Hand und las.

Liebe alle,

mein Krebs ist wieder zurück, in der Lunge und im Hals, und ich werde morgen im Cedars Sinai in Los Angeles operiert. Man weiß nicht, wie lange die Erholungsphase nach diesem Eingriff dauert – wir wissen nicht, wie gut die Tumore zugänglich sind. Wir wissen derzeit auch nicht, in welchem Maß die Immuntherapie, der ich mich unterzogen habe, wirksam war oder ob sie gar nicht gewirkt hat. Die Operation wird das alles entscheiden und uns helfen, die nächsten Schritte zu planen.

Wenn ihr mich erreichen oder mir irgendwas schicken wollt: Ich habe hoffentlich Zugang zu E-Mails, aber wer weiß, wie wach ich sein werde… Bitte stellt mir nicht zu viele Fragen über die Logistik oder wann und wo ich wann und wo sein werde – wir wissen das im Moment noch nicht, und das wird auch noch eine Zeitlang so sein. ALSO ZUM BEISPIEL:

Gute Nachricht: »Wünscht Max alles Gute! Keine Antwort notwendig!«

Schlechte Nachricht: »Wann geht Max zum nächsten Mal auf die Toilette und in welcher Stadt – ich würde gerne meinen Schnauzer mitnehmen, wenn ich ihn besuche, er ist ein Heilmassagenglücksschnauzer aus Irland. Wird Max sterben? Wie oft wird Max sterben? Kann er in vier Monaten an meiner Veranstaltung teilnehmen?«

Ich liebe euch alle sehr und bin unglaublich dankbar für eure Unterstützung.

Bei der Stelle mit dem »Heilmassagenglücksschnauzer«
musste ich lächeln. Max gefiel sich in der Rolle eines Comedian und versuchte immer, alle zum Lachen zu bringen,
selbst jetzt. Aber sobald ich fertig gelesen hatte, dachte ich
darüber nach, was das alles bedeutete – dass er seit seiner
ersten Diagnose mit sechzehn mehrfach Rezidive erlitten
hatte und sich der Krebs trotz aller Therapien weiterhin ausbreitete. Der verdammte Krebs. Das Wasser in der Wanne
schien schwer auf meinen Gliedern zu lasten. Ich tauchte
wieder unter; diesmal schloss ich die Augen und schrie.

Die größte Prüfung für die Liebe ist es, wie wir uns in
der Not verhalten. Es ist der Moment der Verantwortlichkeit, auf den alle Beziehungen zuzulaufen scheinen. Ich war
immer stolz darauf, in schweren Zeiten eine gute Freundin gewesen zu sein – fähig zu sein, mich mit schwierigen
Dingen auseinanderzusetzen und über das, was erforderlich ist, hinauszugehen, um für jemanden da zu sein, dessen
Leben auf Messers Schneide steht. Im Lauf der letzten Jahre
habe ich Päckchen, Blumensträuße und Musiktelegramme
geschickt. Ich habe dabei geholfen, To-do-Listen abzuarbeiten, war das fünfte Rad am Wagen bei einem Make-A-Wish-Abenteuer, habe Essenslieferungen bestellt, Spendenaktionen organisiert und in Hospizen gewacht.

Aber als ich an Max dachte, hatte ich das Gefühl, mein
Quell für solche Gesten wäre ausgetrocknet. Ich schaffte es
nicht einmal zu antworten. Als ich aus der Wanne stieg und
ins Bett ging, sagte ich mir: *Morgen.*

Jetzt ist *Morgen* da, und ich habe mich immer noch nicht
gemeldet.

Ich gebe Gas, das Pedal bebt unter meinem Fuß. Nein,
nein, nein, denke ich, als ich über eine gefrorene High-

waystrecke fahre. *Ich kann das nicht noch einmal durchmachen.* Es gibt nichts Grausameres, als wenn man von einer Freundin nur Schweigen erntet, von der man dachte, sie würde sich als Erstes melden und sagen: *Ich bin da, ich hab dich lieb, was kann ich tun?* Ich weiß das aus eigener Erfahrung. Aber gerade jetzt im Moment bin ich auf Selbsterhaltung fixiert. Es geht auch darum, mich zurückzuziehen, mich vor dem Schmerz zu schützen, auch ihn zu verlieren. Ich möchte mich komplett von der Welt abschotten, wenn ich nur daran denke, noch mehr Kummer zu erfahren. Ich möchte nie mehr wieder einem anderen Menschen nahekommen.

Ich fahre auf dem Highway 141 Richtung Avon, Montana. Es ist eine ländliche Kommune, in der Viehwirtschaft betrieben wird, und es gibt weitaus mehr Vieh als menschliche Bewohner. Ich bin unterwegs zu Salsa, der Köchin auf der Ranch. Als ich im Krankenhaus lag, hatte sie mir ein Päckchen geschickt und mir versprochen, mich zu mästen, sollte ich jemals in der Gegend sein. Sie gab mir eine detaillierte, wenn auch kryptische Wegbeschreibung zur Ranch ihrer Familie. Als ich sie nach einer Adresse oder Koordinaten fragte und andeutete, dass es vielleicht einfacher wäre, damit das GPS zu füttern, hatte Salsa geantwortet: *Verlass dich auf Gott.*

Ich fahre drei Meilen über eine unbefestigte Straße. Als ich die kleine Scheune entdecke, die Salsa beschrieben hat – auf die seitliche Holzwand ist ein blau-goldener Quilt gemalt –, biege ich scharf rechts ab, und meine Reifen geraten auf dem Eis ins Rutschen. Ich rumple über ein Viehgitter und auf eine weitere unbefestigte Straße, die sich über den Hügel zu der grünen Ranch hinaufwindet. Als ich mich nähere, kommt Salsa nach draußen gelaufen. Mit ihren runden, rosigen Wangen und den blonden Haaren, die unter ihrer Wintermütze hervorspitzen, sieht sie aus, als könne sie im örtlichen Weihnachtsspiel als Mrs Nikolaus auftreten. Ihr Lächeln verwandelt sich in ein Strahlen, als ich aus dem Auto aussteige, und sie hüpft in ihren Stiefeln und dem Anorak auf und ab und jubelt mit ansteckender Begeisterung. »Willkommen in unserem riesengroßen, schönen Staat! Wir sind alle schon ein bisschen aufgeregt, weil du kommst«, sagt sie und drückt mich an ihre Brust.

Salsa erzählt, dass sie sich seit Tagen auf meinen Besuch vorbereitet und so viel gekocht hat, dass sie einen ganzen Trupp Cowboys versorgen könnte – mehrere Auflaufformen Lasagne, Bleche mit ihren berühmten Chocolate-Chip-Cookies mit der perfekten zähen Klebrigkeit, und haufenweise karamellisiertes Popcorn als spätabendlichen Snack. Sie hat die kleine Schlafbaracke, in der ich übernachten soll, ausgefegt, das Bett mit einem selbst genähten Quilt zurechtgemacht und ein Feuer im Holzofen angezündet, damit es warm ist, wenn ich komme. Als wäre das nicht schon genug, hat sie mir auch noch eine »echte Montana-Mütze« gekauft – eine Waschbärmütze im Stil von Davy Crockett mit einem langen schwarz-braun geringelten Schwanz, der hinten herunterhängt.

So ist Salsa: Sie liebt bedingungslos und hält nichts zurück. Ich habe ihre Großzügigkeit vor zwei Jahren kennengelernt, als wir uns kurz auf dem sogenannten »Krebs-Camp« kennengelernt hatten – ein kostenloses einwöchiges Abenteuerprogramm im Freien, das eine Non-Profit-Organisation namens First Descents anbot, die sich für junge Krebskranke engagiert.

Salsa war dort in der Eigenschaft als »Camp-Mom«, wie sie jeder dort nennen durfte. Ehrenamtlich kochte sie drei Mahlzeiten täglich und sorgte dafür, dass wir in dieser Woche alle gut versorgt waren. Sie hatte ein fürsorgliches Wesen und einen frechen Humor, der mich gleich für sie einnahm. Immer wenn ich zu müde war, um an den angebotenen Aktivitäten teilzunehmen, suchte ich Zuflucht in der Küche, wo sie mich mit Brownies fütterte, die noch warm vom Ofen waren. Ich prustete vor Lachen, als sie die Betreuer – allesamt stramme junge Naturburschen – in der Reihenfolge ihrer Attraktivität ordnete. Sie trank auch immer wieder einmal einen Schluck aus einer verbotenen Whiskeyflasche, die sie vor der »Campleitung« in einer Reißverschlusstasche mit aufgedruckten Bibelversen versteckte, was sie mir noch sympathischer machte.

Ich liebte jede Minute, die ich in dem Krebs-Camp verbrachte. Die Betreuer brachten uns das Kajakfahren bei, und wir verbrachten jeden Tag viele Stunden damit, über den Fluss zu treiben. Mit jedem Paddelschlag traten die Gedanken an Arzttermine und Chemos mehr in den Hintergrund. Ich war nicht mehr darauf fixiert, wie mein Körper mich im Stich gelassen hatte oder wie er sich jetzt abmühte, Schritt zu halten, sondern konzentrierte mich stattdessen auf kleinere Siege – den Mut aufzubringen, von einem Felsen in den Fluss zu springen, zu lernen, mit dem Kajak eine Eskimorolle zu machen, und durch Stromschnellen zu kommen, ohne zu kentern. Am Ende der Woche war ich grün und blau, aber ich war seit meiner Diagnose zum ersten Mal stolz auf meinen Körper.

Als ich nach Hause kam, war ich wild entschlossen, regelmäßig an die Luft zu gehen. »Leb dich draußen aus«, hatte auch das Motto des Camps gelautet. An den Wochenenden wollte ich raus aus der Stadt, um wandern zu gehen, und schlug Will vor, einen Campingausflug in die Adirondacks zu machen. Aber bald nach meiner Rückkehr musste ich wegen einer Bronchitis ins Krankenhaus und hing tagelang an einem Sauerstoffgerät. Irgendwie erfuhr Salsa davon, dass ich im Krankenhaus war, und schickte mir sofort per Express ein Päckchen mit einem wunderschönen Glasvogel, den ich in meinem Zimmer ans Fenster hängen konnte, und eine Karte mit einer Einladung, sie in Montana zu besuchen, sobald es mir gut genug ging. *Du könntest dir die Ranch meiner Tochter ansehen, ein paar echte Cowboys kennenlernen und auf einem Pferd reiten,* schrieb sie. Damals versuchte ich, mir vom Krankenbett aus die Ranch vorzustellen. Ich sah Berge, weiße Gebirgsmassive, die mächtig aufragten. Ich stellte mir vor, wie ich auf einem Pferd durch den Wald galoppierte. Das Piepsen meines Monitors riss mich zurück in die Realität. Das Sauerstoffgerät, das mir über einen Schlauch Luft in die Nase führte, hatte sich gelöst. Montana war damals Tausende Meilen entfernt.

Innerhalb von Minuten nach der Ankunft jagt Oscar den Hühnern nach. Immer wieder geht es rund um die Scheune. Oscar rennt, so schnell er kann, seine Ohren flattern im Wind, aber er hat Schwierigkeiten, mit seinen Stummelbeinen das Tempo zu halten. Hinter einem Huhn ist er ganz besonders her, einer stattlichen rostbraunen Henne, die von ihrem Verfolger eher genervt zu sein scheint, als dass sie Angst vor ihm hätte.

»Tut mir leid«, sage ich zu Salsa. »Ich glaube, er hat noch nie ein Huhn gesehen.«

»Da mache ich mir keine Sorgen, mein Liebes«, sagt Salsa. »Nichts für ungut, aber so wie dein kleiner Hund aussieht, glaube ich nicht, dass er überhaupt irgendetwas fangen kann.« Oscars Image ist es nicht gerade zuträglich, dass er ein schwarz-rot kariertes Wintermäntelchen trägt.

Salsas Tochter Erin gesellt sich draußen zu uns, und wir drei betrachten lachend das Schauspiel. Sogar die Hunde der Ranch – zähe Hirtenhunde, denen einzelne Vorderzähne fehlen, weil sie einen Tritt von den Rindern abbekommen haben – scheinen zu lächeln. Doch nach und nach wird Oscar schneller, seine kleinen Pfoten schwirren durch die Luft, seine braunen Augen glänzen entschlossen, als er der Henne immer näher kommt. Und dann passiert es: Oscar macht einen fantastischen Satz nach vorne und erwischt die Henne an den Schwanzfedern.

»O Shit, neiiiin«, rufe ich und renne los. Ich packe Oscar am Kragen und klipse die Leine wieder an, währenddessen begutachtet Erin die Henne, die zum Glück unversehrt ist. »Gut, dass mein Mann nicht da ist«, meint sie. »Ein Rancher erschießt jeden Hund, der einem Huhn nachjagt.«

Während Salsa mollig und hell ist, hat Erin dunkle, leuchtende Augen, lange kastanienbraune Haare und den drahtigen, muskulösen Körperbau einer Frau, die ständig in Bewegung ist. Wenn Erin nicht Hausarbeit macht, sich um die Kinder kümmert, bei ihr in Auftrag gegebene Quilts näht oder Bibelkurse leitet, hilft sie ihrem Mann mit dem Vieh. Sie erzählt, dass die Ranch seit fünf Generationen im Besitz der Familie ihres Mannes ist.

Trotz des Zwischenfalls mit der Henne sind Erin und ich uns sofort sympathisch. Wir machen uns auf den Weg zu der grünen Ranch oben auf den Hügel. Innen ziehen wir alle die Stiefel aus und lehnen sie neben einem Holzofen an die Wand. »Ich führe dich herum«, bietet sie an und hängt sich bei mir ein. Ich folge ihr durch das Haus, und sie zeigt mir die Zimmer und den Bergblick, dann führt sie mich in den Keller, wo die Regale mit einem eindrucksvollen Vorrat von Dosen, Nahrungsmitteln und Whiskey – oder »Hooch«, wie sie ihn nennen – gefüllt ist. »Wir jagen, pflücken und pflanzen so gut wie alles, was wir hier brauchen, hier auf unserem Land«, erklärt Erin stolz.

Wir gehen wieder nach oben in die Küche, und ich versuche, mich nützlich zu machen, während Erin und Salsa ein Omelette soufflée und dicke Scheiben Speck zubereiten. Von den warmen Düften angezogen, tauchen Erins vier Kinder in der Küchentür auf und gucken mich neugierig an. Sie gehen in eine Schule mit nur drei Räumen, die ein Stück weiter an der Straße liegt. Die anderen Schüler sind ebenfalls Söhne und Töchter von Viehzüchtern. Sie gehen mit Arbeitsstiefeln in den Unterricht, nehmen außerhalb des Stundenplans Angebote der Jugendorganisation 4-H wahr und machen Witze über Kuhfürze, sagt Salsa und fährt Finn, dem jüngsten Sohn, durch die Haare.

Als die Kinder außer Hörweite sind, erzählt mir Erin, dass auch sie krank war. »Gebärmutterhalskrebs«, flüstert sie. Es überrascht mich immer wieder, wie viele Menschen, denen ich begegne, ihren eigenen Kampf austragen müssen. Je größer die Entfernung, die ich zurücklege, und je mehr Menschen ich begegne, desto überzeugter bin ich mittlerweile, dass diese menschlichen Erfahrungen Differenzen überbrücken, die ansonsten kaum zu überwinden wären.

Als ich beim Tischdecken helfe, kommt William, Erins

Mann. Er trägt seine Rancherkleidung – eine Wollmütze, ein seidenes Halstuch, eine enganliegende Carhartt-Jacke, Bluejeans und Lederstiefel. Sein Bart ist eindrucksvoll, so lang und fluffig, dass Vögel darin nisten könnten. Er tippt sich freundlich an die Mütze, um mich zu begrüßen, und setzt sich an den Kopf des großen Holztisches.

»Sprechen wir das Tischgebet«, hebt William an. Ich versteife mich, als alle die Arme ausstrecken, um sich an den Händen zu halten. Ich habe in meinem ganzen Leben noch nie vor dem Essen gebetet, aber es wäre unhöflich, nicht mitzumachen, und so senke ich den Kopf und schließe die Augen. Dann spricht er das Gebet vor, das kurz und schön ist: »Wir danken dir, Herr, für diesen Tag und diese Speisen, mögen sie uns nähren und uns Kraft schenken. Amen.«

Die Frauen der Rancher treffen sich jede Woche zu einer Aerobicstunde im Ort, der aus dem Drei-Zimmer-Schulhaus, einem Postamt und einer kleinen Turnhalle besteht. Erin lädt mich ein mitzukommen, auch Salsa begleitet uns. Die Turnhalle mit dem glänzenden Holzboden, auf dem unsere Turnschuhe quietschen, ist hell erleuchtet. Etwa ein Dutzend Frauen mit einem Altersunterschied von teilweise mehreren Jahrzehnten, stretchen sich in Windbreakern und Jogginganzügen. Sie starren mich an, als ich vorgestellt werde; sie haben hier wohl nicht oft Besuch. Mein ausländischer Nachname hilft da wahrscheinlich auch nicht groß weiter. Aber als Erin den Frauen von meinem Roadtrip erzählt, hören sie neugierig zu, und als das Wort »Leukämie« fällt, werden ihre Mienen sichtlich weicher.

»Willkommen«, sagt eine Frau. »Ich gehöre auch zu den Überlebenden.«

»Schön, dass du bei uns mitmachst«, sagt eine andere zu mir.

»Hast du Williams Bruder schon kennengelernt?«, fragt eine dritte. »Er ist Single. Und er sieht verdammt gut aus.«

»Moment! Wenn du Williams Bruder heiraten würdest, wären wir Schwägerinnen!«, ruft Erin.

»Es wird Zeit, dass wir dir einen richtigen Cowboy suchen, nicht so einen Yankee aus der Großstadt«, fügt Salsa im Scherz hinzu.

Was das Training betrifft, so verstehen die Frauen der Rancher keinen Spaß. In der nächsten Stunde bewegen wir uns um die gesamte Turnhalle herum, wo wir unseren Körper an jeder Station eines Zirkeltrainings auf andere Weise traktieren müssen. Wir machen Jumping Jacks, bis uns die Beine zittern, Squats, bis die Pobacken brennen, und Burpees, bis wir fast zusammenbrechen. Aber zu meiner großen Überraschung und Zufriedenheit kann ich mithalten.

Danach gehe ich mich waschen, und im Badezimmerspiegel blickt mir ein Gesicht entgegen, an das ich mich vage erinnere. Mein Teint hatte die Blässe einer Weißbirke im Mondlicht, aber jetzt sind meine Wangen gerötet, und meine Augen glänzen. Endorphine jagen durch meinen Körper wie Strom, und ich fühle mich stark, voller Energie. Ich streiche die fransigen Spitzen meiner Haare glatt, die jetzt so lang sind, dass ich sie gerade eben hinter die Ohren stecken kann – *sehr Leonardo di Caprio in den Neunzigern*, denke ich bei mir. Ich sehe ganz anders aus als das Mädchen, das vor fast fünfzig Tagen zu Hause aufgebrochen ist. Ich bin ein Gast, eine Abenteurerin, eine Straßenkämpferin, ich fresse Meilen, auch wenn ich am Ende jedes Tages völlig erschöpft einschlafe.

Später an diesem Abend versammeln wir uns alle in der Schlafbaracke zum Essen. Williams Bruder kommt dazu, und er sieht wirklich so verdammt gut aus, wie alle sagen. Immer wieder wirft er mir von der anderen Seite des Raums schüchtern kurze Blicke zu. Draußen ist die Temperatur weit unter den Gefrierpunkt gesunken, und Salsa sagt, es sei nicht ungewöhnlich, dass es nachts bis zu minus dreißig Grad kalt wird. Sie heizen mit einem Holzofen, das Holz hackt William selbst. Trotz des knisternden Feuers und der langen Unterhose unter meinen Jeans herrscht eine Kälte, bei der ich mich frage, ob mir wohl jemals wieder warm werden wird. Es werden Becher mit Hooch ausgeteilt, und der Whiskey wärmt uns mit jedem Schluck innerlich ein bisschen mehr. Sobald die Brüder etwas angetrunken sind, schwindet ihre Befangenheit, und sie klinken sich ins Gespräch ein.

»Und, womit schützt du dich?«, fragt William an mich gewandt.

»Wie meinst du? Zur Empfängnisverhütung?«, frage ich zurück.

Salsa prustet vor Lachen und verschluckt sich beinahe an ihrem Bier.

»Nein«, stellt William klar und zieht die Augenbrauen ein wenig zusammen. »Mit welcher Waffe. Zur Sicherheit.«

»Ach, nein, so was habe ich nicht. Ich habe in meinem ganzen Leben noch nie eine Waffe in der Hand gehabt. Ich würde mir eher selbst in den Fuß schießen als zur Selbstverteidigung damit herumfuchteln. Nein, ich bin nur mit dem kleinen Mann hier unterwegs«, sage ich und streichle Oscar.

»Hast du denn keine Angst?«, fragt Williams Bruder. Die Vorstellung scheint sie zu verstören, dass ich diese vielen

Meilen zurückgelegt habe, ohne auch nur ein Taschenmesser dabeizuhaben. Eine Frau mit einem kleinen kastrierten Hund zum Schutz sollte nicht unbewaffnet reisen, darauf bestehen sie. William bietet mir an, ich könne eine seiner Waffen mit auf die Reise zu nehmen. Ich lehne ab, aber erst nachdem wir einen Kompromiss ausgehandelt haben: Ich fahre erst von der Ranch ab, wenn ich gelernt habe, eine Blechdose aus mindestens sechs Metern Entfernung zu treffen – eine Herausforderung, die den größten Teil des nächsten Nachmittags einnehmen wird.

Zum Abendessen gibt es köstliche Hirschwurst, dann Erins Rindereintopf. Sie erzählen mir, dass William den Hirsch erlegt hat und sie die Kuh selbst aufgezogen haben. »Ich mag es nicht, von irgendjemandem oder von etwas abhängig zu sein«, sagt William. Ein paar Minuten lang legt er sein Misstrauen gegenüber der Regierung, staatlichen Schulen, sogar Ärzten dar. »Wir haben alles da, was wir brauchen, um zu überleben und um uns selbst zu schützen.«

Im Lauf des Abends kommt Williams Bruder auch auf das Sofa und setzt sich neben mich. Er hat einen rötlichen Bart, blaue Augen und trägt ein Flanellhemd. Er sagt selten etwas, aber trotzdem habe ich das Gefühl, ich könnte ihm sympathisch sein. Ich spüre seinen Blick auf mir ruhen, wenn ich rede, und wenn sich unsere Blicke treffen, erröten wir beide. Derzeit überrascht es mich immer, wenn Männer mir eine gewisse Art von Aufmerksamkeit entgegenbringen. Als ich noch in Behandlung war, hatte ich das Gefühl, meine Sexualität wäre komplett ausgelöscht worden. Niemand pfiff mir nach, wenn meine Mutter mich im Rollstuhl die Straße entlangschob. Niemand beäugte meine hagere Gestalt, außer um die Katheterschläuche genauer anzusehen, die über dem Kragen herausragten. Wenn überhaupt, dann wandten die Leute den Blick ab. Wenn jetzt Männer mit mir flirten, fühle ich mich nicht bemüßigt, eine Grenze zu setzen oder zu erwähnen, dass ich in einer Beziehung bin. Ich genieße die Aufmerksamkeit, sehne mich sogar danach.

Unsere Knie berühren sich zufällig, und ich gestatte mir ganz kurz die absurde Fantasievorstellung, mit Williams Bruder auf der Ranch zu leben. Stabilität hat für mich immer bedeutet, einen Partner zu haben, ganz egal, wie kurz. Immer wenn ich mich verloren fühlte oder glaubte festzustecken, folgte ich dem Muster, die Beziehung, in der ich mich gerade befand, zu beenden und mich sofort an einem neuen Mann zu orientieren. Das war immer eine bequeme Methode, nicht herausfinden zu müssen, was ich für mich will, oder an den jeweiligen Problemen zu arbeiten. Es ist einfacher, sich auf eine neue mögliche Liebesgeschichte zu konzentrieren, als sich dem zu stellen, was wirklich auf dem Spiel steht. Aber ich weiß, dass dieser Trick reine Selbsttäuschung ist, und so stehe ich auf, sage meinem Cowboyverehrer gute Nacht und gehe ins Bett.

Am nächsten Nachmittag versammeln wir uns alle auf einer Lichtung am Waldrand. William stellt sechs Dosen auf einem umgestürzten Baumstamm auf. Ich trage meine neue Waschbärmütze und komme mir unwillkürlich ein bisschen lächerlich vor, als William mir beibringt, wie man eine Waffe lädt und abfeuert. Ich fange übungshalber mit einer Pistole an – auch »Damenwaffe« genannt, wie sie mir sagen. Nach ein paar Schüssen erklärt er mich für bereit, zum Gewehr aufzurücken. »Der Rückstoß schlägt dir die

Zähne aus, wenn du nicht aufpasst«, sagt William. »Drück es dir an die Schulter.« Er korrigiert meine Haltung.

Es ist eine alte .22er. Mit diesem Gewehr hat William seinen Kindern beigebracht, Erdhörnchen zu schießen, bevor sie dann später Hirsche jagten, die es hier in den Wäldern gibt. Als ich abdrücke, wird meine Schulter zurückgerissen, und meine Nase füllt sich mit dem ätzenden Geruch von Schießpulver. Nach mehr als einem Dutzend Versuchen treffe ich schließlich eine der Blechdosen, und Erin und Salsa jubeln laut, ihr Freudengeschrei hallt durch den Wald.

Wir kehren wieder zum Haus zurück, wo ich meine Sachen packe und ins Auto lade. Salsa und ihre Familie versammeln sich, um sich zu verabschieden und mir mehr selbst gebackene Cookies mitzugeben, als ich jemals essen kann. »Also, wir haben geredet«, verkündet William mir. »Wir haben geredet und beschlossen, dass du auf unsere Liste darfst.«

»Ach ja?«, antwortete ich. »Was denn für eine Liste?«

»Unsere Liste von Nicht-Familienmitgliedern, die in Krisenzeiten zu uns auf die Ranch dürfen.« William scheint das ernst zu meinen.

»Wow, danke«, sage ich. Ich denke zurück an ihren Keller, der mit genügend Konservendosen, Notvorräten, Wasserkanistern und Hooch für ein ganzes Leben gefüllt ist. Ihr Misstrauen gegenüber einem normalen Leben, ihr Waffenarsenal und wie sie immer wieder betonen, dass sie alles, was sie brauchen, auf ihrem eigenen Land jagen, pflücken und anbauen können, ergibt jetzt einen Sinn. Salsa und ihre Familie sind sogenannte Prepper. Als ich sie danach frage, erklären sie, dass es für sie weniger einen individuellen Lebensstil darstelle als die simple Tatsache, dass das Leben in diesem Teil von Montana nun einmal einfach so aussehe. Aber wenn die Welt, wie wir sie kennen, implodiert, dann seien sie gewappnet.

»Jeder auf unserer Liste muss irgendetwas beitragen«, wirft Salsa ein. »Du hast so gut wie keine praktischen Fähigkeiten – du kennst dich nicht mit Vieh oder Landwirtschaft aus, und schießen kannst du verdammt noch mal auch nicht.« Sie lacht und stupst mich mit dem Ellbogen. »Aber du könntest vielleicht unsere Schreiberin sein.«

In dieser Geste, der Vorstellung, dass ich trotz unserer Unterschiede hier willkommen bin, liegt etwas, das mich rührt. Der Wunsch, sich selbst zu versorgen, sich von der Welt abzuschotten, sich auf das Schlimmste vorzubereiten – damit kann ich mich in gewissem Maß identifizieren. So habe ich es mit Jon gemacht, und so mache ich es jetzt mit Max. Ich bewahre mein Herz vor noch mehr Kummer. Aber für diese Familie erzeugt die Vorstellung einer Katastrophe Nähe und Großzügigkeit. Die Angst vor dem Tod mündet für sie nicht in Entfremdung, sondern in Nähe.

Als ich von der Ranch wegfahre, pingt mein Handy. Es ist eine Nachricht von einer mir unbekannten Nummer. Der Text lautet: *Komm irgendwann mal wieder vorbei – dein Ehemann aus Montana (Williams Bruder).* Ich hatte erwartet, völlig ausgebrannt zu sein, vielleicht sogar Heimweh zu haben, wenn ich den letzten Abschnitt meiner Reise in den Westen zurückgelegt hätte. Aber auf dem Weg nach Seattle spüre ich nichts davon, ich bin nur verzaubert von den wilden Landschaften dieses Landes und den starken Persönlichkeiten, die mich so großzügig in ihrem Leben willkommen hießen. Ich frage mich, ob es vielleicht dieses ehrfürchtige Staunen ist, was es auslöst, sich wieder lebendig zu fühlen.

33

»EINEN BROOKE HINLEGEN«

ALS ALLEINREISENDE JUNGE Frau bekomme ich eine Menge unerbetene Ratschläge von Fremden. Wo ich auch hingehe – ob ich in einem Diner am Straßenrand esse, beim Waschraum auf einem Campingplatz anstehe, an einem Truckstop tanke –, ich treffe auf Menschen, die ihre Weisheiten gerne weitergeben.

Manche dieser Ratschläge sind nicht gerade hilfreich. Vor meiner Abfahrt meinte eine wohlhabende Bekannte, es wäre vielleicht sicherer, wenn ich für meinen Roadtrip »einen Chauffeur« engagierte. (»Ja! Ein toller Vorschlag!«, antwortete ich höflich.) Andere Ratschläge sind praktischer. Ich übernachtete einmal an der Küste von Oregon bei einem Fischer namens Brent, der mir verlässliche Fahrtipps gab. »Wenn deine Windschutzscheibe beschlägt, drück auf dieses Luftentfeuchterdingens«, sagte er. »Sonst siehst du nichts und bist echt am Arsch.« Wendy, eine weitere meiner Gastgeberinnen – eine legendäre Schauspielerin, Comedian und ihren eigenen Worten nach »Seniorin im Kampf gegen Esssucht und ›CJPS: chronische jüdische Persönlichkeitsstörung‹« –, gab mir handfeste Anweisungen, wie man aus einer depressiven Stimmung herausfindet: »1) Mach eine Liste mit Dingen, für die du dankbar bist, 2) Krieg deinen Arsch hoch und mach einen Spaziergang, 3) Wenn du keine Essstörung hast, hol dir eine gute Schokolade und einen starken Kaffee.«

Dann gibt es noch Ratschläge, die so vorausschauend sind, dass es schon unheimlich ist, Ratschläge, die mein inneres Kaleidoskop durcheinanderschütteln, sodass sich alles in einem neuen Licht darstellt. Zum Beispiel Isaac, ein junger Mann, den ich in Seattle kennenlernte; er war gerade aus Alaska hergefahren, mit seinen gesamten Habseligkeiten im Kofferraum. Wir übernachteten im selben Gästehaus, und er war den Großteil des Wochenendes den Tränen nahe. Er erzählte mir, seine Frau hätte ihn gerade verlassen. Er war traurig, hatte aber einen klaren Kopf. »Vergebung ist die Weigerung, eine Rüstung zu tragen – die Weigerung, in einem eingeschnürten Herz zu leben.« Er schien das genauso zu sich selbst wie zu mir zu sagen. »Mit dieser Offenheit zu leben bedeutet, Schmerz zu empfinden. Das ist nicht schön, aber die Alternative ist, gar nichts zu empfinden.«

Die Nacht bricht schnell herein, und ein bleicher Mondstrahl scheint auf die unbefestigte Auffahrt, als ich vor dem Holztor eines Hauses im Humboldt County halte. Diesen Besuch hatte ich nicht im Voraus geplant. Als ich Brent, dem Fischer, gegenüber erwähnte, dass ich noch eine Übernachtungsmöglichkeit in Nordkalifornien suchte, gab er seinem Schwiegersohn meine Nummer, der sie wiederum einem Freund namens Rich gab, der mich heute Morgen anrief und mir anbot, eine Nacht in der Hütte auf seinem Anwesen verbringen zu können.

Rich empfängt mich mit einem breiten, warmen Lächeln,

und um seine grauen Augen zeigen sich Krähenfüße. Seine Frau Joey ist noch bei der Chorprobe, sodass wir nur zu zweit zu Abend essen. »Ich hoffe, Sie haben nichts gegen veganes Essen«, sagt er, als ich ihm nach drinnen folge.

Während er sich in der Küche zu schaffen macht, erzählt mir Rich, dass er Psychologe im Ruhestand ist und jetzt in seiner Freizeit Skulpturen macht. Im Haus stehen mehrere seiner Werke, verdrehte, geschnitzte Holzstatuetten. Eine fasziniert mich besonders. Sie ist von einer bizarren Schönheit, sinnlich und ätherisch – eine Figur, die sich windet, entfaltet, sich inmitten einer Metamorphose befindet. Rich sagt, er habe sie aus dem Stumpf eines riesigen Ahorns gemacht. Die Statue heißt *Koschtscheis Ei*. In der slawischen Mythologie war Koschtschei ein Hexer, der sich im Inneren von ineinandergeschachtelten Gegenständen verbirgt, zum Beispiel in einem Entenei, das unter den Wurzeln eines großen Baums vergraben ist, damit er unsterblich bleibt. Rich sagt, er schöpfe sehr aus seinen Erfahrungen als Psychologe: »Menschen, die durch bestimmte Ereignisse in ihrem Leben zerbrochen sind, werden an einen Ort gedrängt, wo die Antworten jenseits unserer rationalen und emotionalen Kapazitäten liegen. Das interessiert mich.«

Ich nicke, als er das sagt. Seine Worte hallen nach.

Wir setzen uns ins Wohnzimmer neben einen großen Lehmofen. Während wir gerösteten Kürbis, Grünkohlsalat und Kalamata-Oliven essen, unterhält mich Rich mit Geschichten von seinen Reisen durch Europa mit einem Bus Mitte der Achtzigerjahre, begleitet von seiner Frau und seinen Söhnen. Er hat eine Theorie: Wenn wir wegfahren, unternehmen wir eigentlich drei Reisen. Die erste Reise besteht aus Vorbereitungen und Vorfreude, Packen und

Träumen. Dann ist da die Reise, die man wirklich unternimmt. Und schließlich die Reise, an die man sich erinnert. »Entscheidend ist, dass man alle drei so weit wie möglich voneinander getrennt hält«, sagt er. »Entscheidend ist, dort zu sein, wo man sich gerade befindet.« Dieser Ratschlag bleibt mir im Gedächtnis haften, mehr als alle anderen.

Am nächsten Morgen stehe ich früh auf und fahre die kalifornische Küste entlang. Richs Theorie klingt mir noch in den Ohren – zu versuchen, in *diesem Roadtrip* verankert zu bleiben, ohne meine Gedanken auf eine Zeitreise zu schicken. Die Westküste stellt einen Wendepunkt dar. Ich bin gekommen, so weit es ging, dahinter liegt nur noch das Meer. Es fällt mir schwer, mir keine Sorgen zu machen, wie es weitergeht. Es fällt mir schwer, nicht an die Rückkehr nach New York zu denken und was dort passieren wird. Ich dachte, ich würde jetzt mehr Antworten haben. Stattdessen habe ich mehr Fragen.

Als ich ein Hinweisschild zu einem Wanderweg im Redwood-Nationalpark sehe, halte ich an, um Oscar hinauszulassen. *Was ist denn überhaupt das Besondere an diesen Mammutbäumen?*, frage ich mich und werfe einen Blick auf die Informationstafel am Ausgangspunkt des Weges, während ich darauf warte, dass Oscar pinkelt. Ich bin neugierig geworden und beschließe, eine kleine Wanderung zu machen.

Der tiefliegende Nebel, der vom Pazifik herüberrollt, zieht in Schwaden durch den Wald. Oscar und ich trotten einen drei Meilen langen Pfad entlang, der Klang unserer Schritte wird vom Moos geschluckt. Als der Weg sich tiefer in den Wald hineinschlängelt, werden die Bäume um uns herum höher, ihre Zweige verbinden sich über uns zu einem dichten Dach. Vor einem ganz besonders großen Redwood, der schwarze Brandmale an der Rinde aufweist, bleibe ich stehen und berühre den Stamm mit den Fingerspitzen. Die Küstenmammutbäume sind die letzte noch existierende Art einer Gattung, die bis ins Jura zurückreicht. Sie haben es nicht nur geschafft, zu überleben und sich immer wieder anzupassen, sondern sie bieten auch Raum für andere, lassen neues Leben, neues Wachstum sprießen und nähren es – die hängenden Farngärten an ihren Ästen, die strähnigen hellgrünen Flechten, die ihre Rinde wie Pelz überziehen, die Heidelbeersträucher, die Kraft aus dem sie umgebenden Erdreich ziehen.

Als wir am Ende des Weges angelangt sind, macht Oscar halt, um aus einer Pfütze zu trinken, und ich setze mich auf einen Felsen, um Atem zu schöpfen. Ich lehne den Kopf zurück und blicke zum Himmel hinauf. Mit bis zu hundert Metern Höhe wirken die Redwoods wie allwissende, hellseherische Riesen, die zum Himmel hochschießen und das Land überblicken. *Was siehst du, das ich nicht sehe? Wo gehe ich von hier aus hin?*, möchte ich sie fragen. Als ich den Ästen ganz oben lausche, die im Wind ächzen, werden meine Atemzüge langsamer und tiefer. Mir fällt auf, dass die Redwoods ohne Anstrengung oder Ego geleistet haben, worum ich mich so sehr bemühe. Sie lassen das Dasein, wie ich es mir denke – die Zeit gemessen in Hundert-Tage-Einheiten –, lächerlich naiv und kurzsichtig erscheinen. In ihrer Mitte komme ich mir winzig und wurzellos vor. Jetzt gerade bin ich kein Redwood. Ich bin ein Fleck, eine Spore, die im Wind treibt, richtungslos und anfällig, irgendwohin, ohne die geringste Ahnung zu haben, wo ich landen werde.

Ich ziehe den Reißverschluss meines Rucksacks auf und nehme mein Notizbuch heraus. *In letzter Zeit überprüfe ich an jedem neuen Ort, den ich besuche, ob ich dort hinpasse, schreibe ich. Könnte ich in diesen Ort, in diese Stadt, in diese Region, in diesen Staat ziehen? Könnte ich mich hier vielleicht endgültig niederlassen? Erst gestern Nacht habe ich vor dem Einschlafen eine Stunde damit verbracht, mir Immobilienanzeigen im Humboldt County anzusehen und davon zu träumen, ein Stück Land zu kaufen, an einem entlegenen Ort, wo es ruhig ist, ein Stück Land, das ich mein Eigen nennen kann. In dieser Fantasie lebe ich allein, und nur meine Bücher und ein paar Hunde leisten mir Gesellschaft.*

Später an diesem Nachmittag stelle ich mein Zelt an den Rand einer Wiese im Pfeiffer Big Sur State Park. Die Sonne geht unter, ihr Licht breitet sich über dem Meer aus wie ein zerlaufendes Eigelb. Die Luft ist so warm, dass ich die Klappe meines Zelts nicht zuziehen muss. Ich liege mit gespreizten Armen und Beinen auf meinem Schlafsack, und meine schlammigen Stiefel ragen aus dem Zelt. Oscar macht es mir nach und legt sich auf den Rücken, alle vier Pfoten in die Luft gestreckt. Ich lange hinüber, kraule ihm den Bauch, und er sieht mich mit hilfloser Liebe an. Rund um die Uhr zusammen auf der Straße zu leben, hat uns zu einem alten Pärchen gemacht, das unbewusst die Gesten des anderen nachmacht und genau weiß, was der andere braucht, ohne erst fragen zu müssen. Es ist kaum zu glauben, dass es schon mehr als drei Jahre her ist, dass ich ihn zu mir geholt habe. »Ich gratuliere, du bist offiziell meine längste und erfolgreichste Beziehung als Erwachsene«, sage ich und drehe mich zu Oscar hin, der mir antwortet, indem er mir die Nase ableckt.

Wären doch nur alle Beziehungen so unkompliziert, wünsche ich mir. Ich seufze, als ich wieder an Jon denken muss. Ich war so neben der Spur, dass ich nicht wusste, was ich zu ihm sagen sollte. Bis auf die Textnachrichten, die wir uns schicken – in denen er fragt, ob bei mir alles in Ordnung ist, und ich bejahe, und in denen ich frage, ob es ihm gut geht, was er bejaht –, haben wir fast gar nicht miteinander gesprochen. Die Stimmung zwischen uns ist angespannt, und es scheint, als könnten wir uns jeden Tag trennen.

Wenn ich dazu in der Lage wäre, würde ich unsere Zeitschiene ändern. Ich würde erst ein Paar werden wollen, wenn ich unter den Lebenden wieder Fuß gefasst hätte – oder zumindest, wenn ich nicht mehr regelmäßig um meinen Ex weinen würde. Vielleicht wäre dann alles anders gelaufen. Aber natürlich ist das genau die Art von Zeitreisedenken, vor dem mich Rich gerade gewarnt hat. Ich kann nicht ändern, was schon passiert ist; ich muss mich entscheiden, was ich jetzt mache. Die Wahrheit ist, ich fühle mich nicht fähig, Jon so zu lieben, wie er es verdient, und noch weniger verdiene ich die Liebe, die er mir entgegengebracht hat. Es ist nicht richtig von mir, dass ich seine Anrufe nicht annehme – die Anrufe eines guten Mannes, eines zutiefst liebenswerten und geduldigen Mannes, der mir den Raum gibt, den ich brauche, um mit meinem Mist zurechtzukommen, und der darauf vertraut, dass ich zu ihm zurückkehre, sobald die Reise beendet ist. Ich befand mich während eines Großteils unserer Beziehung im Übergang, und langsam halte ich es ihm gegenüber für fairer, wenn wir das endgültig beenden.

Bevor ich kneifen kann, nehme ich das Telefon und schicke Jon eine Nachricht, in der ich ihn frage, ob wir miteinander sprechen können. Ich starre auf den Bildschirm, sehe drei Pünktchen, die auftauchen und wieder verschwinden, während er etwas eintippt und dann wieder löscht. Ich spüre seine Beunruhigung durch den Bildschirm hindurch, während er eine Antwort formuliert. Schließlich entscheidet er sich dafür zu schreiben, dass er zu tun hat, und fragt, ob wir am Wochenende reden können. Ich bin erleichtert. Ich glaube, wir wissen beide, was bei diesem Gespräch herauskommen wird, und wir sind alle beide noch nicht bereit, dass es schon heute Abend passiert.

Am nächsten Morgen fahre ich auf den Highway 1, eine 656 Meilen lange Strecke, die vom Norden von San Francisco an der Pazifikküste entlang bis in den Süden von Los Angeles führt. Die Straße ist schmal, eine schweißtreibende Kurve nach der anderen führt immer weiter nach oben, und nur eine erbärmliche Leitplanke soll die Autos daran hindern, über den Rand von schartigen Felsen zu schlingern und zig Meter hinunter ins Meer zu fallen. Ich fluche in einer Tour, umklammere das Lenkrad mit beiden Händen und blicke immer wieder in den Rückspiegel, als sich protzige Sportwagen und Oldtimercabrios hinter mir stauen. Ich fahre an Erdbeerfeldern und goldenen Stränden vorbei, auf denen sich Seehunde sonnen, und war noch nie so von Ehrfurcht und Angst ergriffen – und auch noch nie so reisekrank.

Nach vier schlimmen Stunden biege ich vom Highway 1 ab und fahre Richtung Ojai, einer Stadt in den Bergen, etwa achtzig Meilen nordwestlich von Los Angeles. In der Dämmerung wirkt das Land psychedelisch: eine hügelige Mondlandschaft, die unheimlich rosa glüht. Ich bin unterwegs zu Katherine, die mir nach dem Selbstmord ihres

Sohnes Brooke geschrieben hatte. Sie erklärte, dass er sie darauf gebracht hatte, Briefe zu schreiben. Er hatte einmal einem Wissenschaftler geschrieben, wie sehr er seine Forschung wertschätzte und bewunderte; der Empfänger des Briefs war so beeindruckt, dass er den jungen Mann in sein Büro einlud und ihm dann letztlich eine Stelle anbot. Wenn man in einem Brief Fremde lobte, wurde das in der Familie später als »einen Brooke hinlegen« bezeichnet. Die Idee bestand darin, sich nicht von Entfernung daran hindern zu lassen, mit jemandem draußen in der Welt eine Verbindung aufzunehmen, mit jemandem, der weit weg von seinem eigenen Leben war, jemandem, der vielleicht sogar unerreichbar schien – man sagte einfach: »Was soll's?«, und schrieb einen Brief. Katherine hatte sich in diesem Geiste an mich gewandt und mir für meine Kolumne gedankt: *Eine Geschichte hat die Macht, zu heilen und Kraft zu spenden,* schrieb sie. *Und wenn wir mutig genug sind, unsere eigene Geschichte zu erzählen, dann wird uns immer wieder bewusst, dass wir nicht allein sind.*

Inmitten einer roten Staubwolke halte ich vor einem kleinen weißen Haus, das am Fuß eines Bergs liegt. Katherine, die an einer Highschool Englisch und Französisch unterrichtet, öffnet die Fliegengittertür, heißt mich ganz und gar *bienvenue.* Ihr Bordercollie Atticus schlurft zum Auto und klopft als Willkommensgruß mit dem Schwanz dagegen. Katherine sieht gediegen aus in ihrer frischen weißen Bluse, die sie in die Jeans gesteckt hat. Dazu trägt sie einen schwarzen Cowboyhut mit flacher Krempe und passende schwarze Cowboystiefel mit Sporen. Ihre dicken dunklen, mit grauen Strähnen durchsetzten Haare sind so lang, dass sie ihr bis zur Taille reichen.

Als sie vorschlägt, einen ruhigen Abend bei ihr zu Hause zu verbringen, nur wir zwei und unsere Hunde und zum Essen scharf angebratene Thunfischsteaks, nicke ich dankbar. Wir nehmen unsere Teller und Weingläser hinaus auf die Veranda hinter dem Haus. Mit Blick auf das dunkel werdende Tal unterhalten wir uns gleich über das Wesentliche, ohne das übliche Geplapper zum Aufwärmen, und wir reden, als würden wir uns schon ein ganzes Leben lang kennen. Ich erkenne mich in ihrem Verhalten wieder, in der Trauer, die sich manchmal kurz in ihren Augen zeigt. Mir fällt auf, welche Wörter sie wählt und welche sie weglässt. Die Verbindung zwischen uns ist sofort da, und wir vertrauen uns stillschweigend.

Als Katherine fragt, wie es mir jetzt geht, erzähle ich ihr die unverstellte Wahrheit: Der Geist meines Exfreunds war mein Beifahrer, und trotz meiner Bemühungen, im Jetzt zu sein, fühle ich mich von meiner Vergangenheit gejagt. Ich erzähle ihr von Melissa und den anderen, die ich verloren habe, von Max, der sich im Haus seiner Familie in Los Angeles von seiner Operation erholt, und dass ich zu feige war, ihn anzurufen. Ich erzähle ihr von meiner Beziehung zu Jon und dass ich mich entschlossen habe, Schluss zu machen, wenn wir das nächste Mal miteinander sprechen.

Katherine verzieht keine Miene. Sie wendet den Blick nicht ab. Sie versucht nicht, mich mit Plattitüden zu beruhigen oder mir Ratschläge zu geben. Sie hört mit ihrem ganzen Körper zu, beugt sich ein wenig vor und nickt leicht, wenn ich spreche. Als ich fertig bin, sagt sie, sie könne das alles nachempfinden und sei sehr froh, dass das Universum dafür gesorgt habe, dass sich unsere Wege kreuzten. »Trauer soll nicht zum Schweigen gebracht werden«, sagt sie, »Trauer soll nicht den Körper bewohnen und von einem Menschen allein getragen werden.«

Wir stehen auf und tragen unsere leeren Teller und Gläser hinein in die Küche, dann ziehen wir ins Wohnzimmer um, mit den raumhohen Regalen, die vor Büchern überquellen. Auf dem Sofatisch liegt eine Mandoline, Katherine nimmt Unterricht. Ich bleibe vor dem Kaminsims stehen, auf dem viele gerahmte Fotos von ihren Kindern stehen – drei Mädchen und ein Junge. Das muss Brooke sein, sein hübsches, intelligentes Gesicht wird von Votivkerzen beleuchtet.

Am nächsten Nachmittag stehe ich mit Katherine im Stall in der Nähe ihres Hauses, wo sie mir gerade einen Auffrischungskurs im Reiten gegeben hat. Sie ist eine erfahrene Reiterin, die mit ihren Schülern und ihrem geliebten Wallach Blue wochenlang durch die Sierra Nevada reitet. Es sieht sehr einfach aus, als sie aufsteigt. Ich saß nicht mehr auf einem Pferd, seit ich ein Teenager war, und die alten Cowboystiefel, die ich mir von ihr ausgeliehen habe, sind mir eine Nummer zu groß. Ich rutsche ein bisschen weg, als ich den Fuß in den Steigbügel setze und versuche aufzusteigen, sodass ich mich beinahe über das Pferd katapultiere. Aber sobald ich im Sattel sitze, übernimmt das muskuläre Gedächtnis, und ich bewege mich bald wieder im Rhythmus, als wir durch einen Orangenhain, an ihrem Haus vorbei und auf einen langen, kurvigen Pfad traben, der uns hinauf in die Berge führt.

Katherine erzählt mir, dass Brooke gerne hier draußen war, um nachzudenken. Wir nähern uns einem gewaltigen Sandsteinbrocken – »sein Lieblingsplatz«, sagt sie. Sie steigt ab, geht zum Fels hinüber und legte die Hand auf eine Plakette mit Brookes Namen.

»Wie war er denn?«, frage ich.

»Ihr beide hättet euch sicher gut verstanden«, meint sie. »Er war außergewöhnlich – Linguist, der Wissenschaft zugetan, Naturbursche, Kletterer, und dazu voller Freude und unglaublich klug.« Sie erzählt, dass er fließend Chinesisch sprach und sich für alles Mögliche interessierte, vom Brotbacken bis zu organischer Chemie. Nach seinem Abschluss am College zog Brooke nach Vermont, wo er als Baumpfleger arbeitete und sich bei der Freiwilligen Feuerwehr engagierte. Aber seit seinem ersten Jahr am College hatte Brooke insgeheim mit einer Depression zu kämpfen, und in Vermont machte er eine schwere Episode durch, gefolgt von seiner ersten manischen Phase. Dieser entsetzliche Sinkflug in den Wahn führte dazu, dass er wochenlang in einem psychiatrischen Krankenhaus untergebracht war. Brooke versuchte zwar, seine »teuflische Krankheit«, wie er sie bezeichnete, in den Griff zu bekommen, aber er verlor die Hoffnung, dass er sie jemals beherrschen würde – zumindest nicht so weit, dass er darauf vertrauen und sich darauf verlassen konnte, nicht so weit, dass die Menschen, die ihn liebten, darauf vertrauen und sich darauf verlassen konnten. Eine bipolare Störung tritt in jedem Organismus, den sie befällt, anders zutage, erklärt mir Katherine. Wie bei jeder Krankheit gibt es schwerere und leichtere Fälle, und manche Menschen sind gefährdeter. An einem kalten Novembermorgen im Jahr 2009 nahm Brooke sich das Leben. Er war sechsundzwanzig Jahre alt.

Katherine starrt den Felsbrocken an. Ihr Gesicht ist traurig. »Sein Geist war außergewöhnlich stark, auch in der Krankheit.« Tränen laufen ihr über die Wangen.

»Wir müssen nicht darüber reden«, sage ich.

»Es tut mir sogar gut, über Brooke zu reden, und ich freue mich, dass du nach ihm fragst. Oft wird Selbstmord wie ein beschämendes Geheimnis behandelt – man lässt die wahre Todesursache in der Todesanzeige unerwähnt, löscht es einfach aus der Familiengeschichte. Aber wenn wir über diejenigen sprechen, die wir verloren haben, erhält sie das am Leben.«

Katherine erzählt, dass Brooke vor seinem Tod einen Brief geschrieben hat. Als sie ihn mir später vorliest, bin ich erschüttert: Es ist ein Rettungsring aus Mitgefühl und Liebe. Er versucht darin, die unausweichliche Frage nach dem Warum zu beantworten. Sein Brief, der sich fast wie ein dynamisches Dokument liest, das seine Angehörigen in unterschiedlichen Phasen ihrer Trauer begleitet, ist klarsichtig und umfassend. Brooke schreibt, sie würden sich bestimmt fragen, ob sie nicht mehr hätten tun können, aber er versichert ihnen, sie hätten alles getan, was sie konnten. Er wisse, dass sie leiden werden, aber er hoffe, ihr Leid werde nicht größer sein als das, was er hätte durchmachen müssen, wenn er geblieben wäre. Was immer auch passiere, er vertraue fest darauf, dass sie weitermachen könnten. Er schreibt, es tue ihm leid und er liebe sie grenzenlos. Es ist ein großherziger und liebevoller Brief – obwohl Brooke so sehr in seinem eigenen Schmerz versunken war –, und man spürt, dass er seine Familie über eine große Kluft hinweg zu erreichen versucht. Damit legte er ein allerletztes Mal »einen Brooke hin«.

Ein Kind durch einen Selbstmord zu verlieren, ist eine vernichtende, unvorstellbare, unerträgliche Tragödie, die ich mir nicht einmal im Ansatz vorstellen kann – aber Katherines Geschichte endet nicht hier. Als wir den Reitpfad weiter hinauftraben, erzählt sie, wie ihr Pferd nur vier Monate nach Brookes Tod beim Ausritt stürzte und sie sich ein Bein brach. Bald darauf hatte sie routinemäßig ihre erste Darmspiegelung und erfuhr, dass sie Darmkrebs hatte. Sie sagt, sie habe sich gefühlt, als habe sie ihren Körper verlassen – es sei einer der Augenblicke gewesen, in denen man denkt, das kann doch unmöglich mein Leben sein –, aber irgendwie war alles auf rätselhafte Weise auch schlüssig. »Das Trauern ist genauso eine emotionale wie eine körperliche Erfahrung«, sagt sie. »Dass ich mir die Knochen gebrochen habe und der Krebs sich in mir ausbreitete, passte im übertragenen Sinn.«

Als ich Katherine frage, wie sie damit fertigwurde – wie sie eine Hiobsbotschaft nach der anderen ertrug –, reitet sie langsamer. »Die Bettruhe war eine Einladung, sich dem täglichen Rhythmus von Unterricht und Pflicht zu entziehen und meine Trauer wirklich zu *spüren*«, sagt Katherine. Sie dreht sich um und zeigt auf einen weißen Pick-up in der Ferne, der neben dem Haus steht. Nach der Trauerfeier ohne Brooke nach Hause zurückzukehren, sei schwer gewesen, erzählt sie. Als sie nach Vermont fuhr, um seine Sachen abzuholen, beschloss sie, seinen Wagen zu nehmen und damit quer durch das Land zurückzufahren. Auf diese Weise konnte sie ihn heimholen. Brookes Pick-up hatte vorne eine Plakette von seiner Freiwilligen Feuerwehr, und wenn sie unterwegs tankte oder in einem Diner aß, kam es öfter vor, dass die Leute das bemerkten und dankbare Kommentare machten. Ihr stiegen dann immer Tränen in die Augen – nicht Tränen der Trauer, sondern des Stolzes. Die Fahrt hatte auch etwas Rituelles – durch die große Entfernung und das langsame Tempo. Sie bekam dadurch wichtige Zeit, um zu begreifen, dass das Unvorstellbare passiert war und sie es als ihre neue Realität akzeptieren musste.

Katherine erzählt, Brookes Tod habe das Verhältnis zu ihrem eigenen Tod verändert. Seit ihrer ursprünglichen Diagnose ist ihr Krebs zweimal zurückgekehrt, und sie hat sich vor Kurzem noch einmal einer Operation unterzogen, diesmal einer Thorakotomie, um einen Knoten aus der Lunge zu entfernen. Ihr fällt es jetzt leichter, sich damit auseinanderzusetzen, dass der Krebs für sie womöglich das Ende bedeutet. »Wenn mein Kind diese physische Ebene verlassen kann, dann schaffe ich das auch.« Sie neigt den Kopf, bevor sie weiterspricht. »Vor dem Tod habe ich keine Angst. Aber das Leiden, das macht es mir schwer.«

Um nicht aufzugeben, ruft sich Katherine jeden Tag ins Bewusstsein, wodurch ihr Leben bereichert wurde – durch Brooke und sein Leben, durch ihre Töchter und ihre Enkelkinder, durch Atticus und Blue und schließlich auch durch die Trauer. »Letztlich waren die Ereignisse der letzten Jahre eine schreckliche Lektion darin, da zu sein – und nicht nur in meinem eigenen Leben da zu sein, sondern auch in dem Leben der Menschen, die ich liebe«, sagt sie. »Vielleicht gibt es ein Morgen, vielleicht auch nicht.«

Als später am Abend die Pferde wieder im Stall stehen, die Hunde ausgeführt wurden, das Abendessen verzehrt und das Geschirr abgewaschen ist, ziehe ich mich in das Gästezimmer zurück. Ich lege mich aufs Bett, schlage mein Notizbuch auf und lese nach, auf wie viele Weisen ich versucht habe, das Gegenteil von Katherine zu machen – um zu vermeiden, Schmerz zu empfinden. Ich habe mich mit allem Möglichen betäubt, von Morphium bis zu endlosen

Folgen von *Grey's Anatomy*. Ich habe geleugnet, dass der Schmerz überhaupt da ist. Ich habe mich geweigert, andere einzulassen. Jetzt begreife ich, dass diese Taktik mich nicht vom Leid befreit, sondern es nur umgewandelt, verzögert hat. *Wie wäre es, wenn ich den Schmerz nicht als etwas auffasse, das betäubt, behoben werden, dem ich ausweichen und vor dem ich mich schützen muss? Wie wäre es, wenn ich versuchte, seine Anwesenheit in meinem Körper zu würdigen, ihn in der Gegenwart aufzunehmen?*

Früher dachte ich, Gesundwerden bedeute, alles, was wehtut, aus dem Körper und dem Herzen zu entfernen. Es bedeute, mit dem Schmerz abzuschließen, ihn in der Vergangenheit zu lassen. Aber jetzt begreife ich, dass es so nicht funktioniert. Gesundwerden bedeutet herauszufinden, wie man mit dem Schmerz, der immer in einem leben wird, koexistiert, ohne so zu tun, als wäre er nicht da, oder zuzulassen, dass er einem den Tag raubt. Es bedeutet, Geistern ins Auge zu sehen und mit sich zu tragen, was bleibt. Es bedeutet, die Menschen, die ich jetzt liebe, anzunehmen, statt mich vor einer Zukunft zu schützen, in der ich verletzt werden könnte, weil ich sie verloren habe. Katherines Erfahrung und ihre Erkenntnis beschäftigen mich. Sie hat etwas durchgemacht, von dem sie glaubte, sie könnte es niemals überleben, und dennoch ist sie hier und hat es überlebt. »Man muss von der ganzen Trostlosigkeit wegkommen und sich stattdessen darauf konzentrieren, was man liebt«, sagte sie mir vor dem Zubettgehen. »Mehr kannst du angesichts all dessen nicht tun. Liebe die Menschen um dich herum. Liebe das Leben, das du hast. Ich kann mir keine stärkere Antwort auf die Prüfungen des Lebens vorstellen als die Liebe.«

Ich klappe das Heft zu und erledige die zwei Dinge, die ich zu lange vor mir hergeschoben habe. Zuerst schreibe ich eine E-Mail an Max. Dann rufe ich Jon an. Er meldet sich nach dem ersten Klingeln.

»Wie weit bist du von Los Angeles weg?«, fragt er.

»Ungefähr eine Stunde. Vielleicht zwei. Was ist los?«

»Ich buche mir einen Flug und bin morgen da. Wir sollten dieses Gespräch von Angesicht zu Angesicht führen.«

Am nächsten Morgen ziehe ich meine Autouniform an – abgenutzte Stiefel, eine schwarze Levi's, ein weißes T-Shirt und meine Lieblingslederjacke, die ich seit dem College habe. Ich trinke noch eine letzte Tasse Kaffee mit Katherine, die mir zum Abschied ihre alte Straßenkarte schenkt, und bücke mich, um Atticus hinter den Ohren zu kraulen. »Vielen Dank für alles«, sage ich, als ich ins Auto steige. »Du hast mir mehr geholfen, als du dir vorstellen kannst.«

Ich fahre nach Los Angeles, und als ich am Flughafen ankomme, wartet Jon vor dem Abholbereich schon auf mich. Er trägt einen Baumwollschal, den ich ihm aus Indien mitgebracht habe, und sieht so schick aus wie immer. Er entdeckt mich in der Autoschlange, und auch wenn wir uns bemühen, dem Anlass entsprechend eine möglichst finstere Miene zu machen, müssen wir beide dämlich grinsen. Als er einsteigt, umarmen wir uns fest und vergessen einen Augenblick, warum er diesen Last-Minute-Flug überhaupt gebucht hat.

»Ich bin so froh, dass du da bist«, sage ich.

»Wirklich?« Jon weicht zurück.

An der Zurückhaltung in seiner Stimme merke ich, dass er leidet, und mich überkommt eine plötzliche Zärtlichkeit für ihn. Ich kann mir nicht vorstellen, dass ihm diese Reise leichtgefallen ist, bei seinem hektischen Terminplan im Moment. Aber es überrascht mich auch nicht, dass er das ganze Land durchquert hat, um dieses Gespräch persönlich zu führen. Jon war in schwierigen Momenten immer für mich da, schon lange, bevor wir ein Paar wurden. Wir haben uns so viel zu erzählen, dass wir am Anfang nur schweigen können. Beim Fahren denke ich daran, wie Jon, nachdem er von meiner Diagnose erfahren hatte, sofort ins Krankenhaus kam, um mich zu besuchen. Er hatte seine ganze Band im Schlepptau. Jon hatte eine Mundharmonika mitgebracht. Ibanda hatte seine Tuba dabei, Eddie sein Saxofon, und Schlagzeuger Joe kam mit einem Tambourin. Mitten auf der Krebsstation spielten sie für mich. Als »When the Saints Go Marching In« durch die Korridore hallte, kamen die Schwestern und Patienten nach und nach aus ihren Zimmern. Die Patienten, die laufen konnten, liefen, wer es nicht konnte, wurde von einer Schwester oder einem Familienmitglied im Rollstuhl zur Tür geschoben. Andere hörten vom Bett aus zu. Jeder Winkel der Station war von Musik erfüllt. Zunächst zögerlich, aber dann mit großer Begeisterung, fingen Patienten, Schwestern, Pfleger und das Krankenhauspersonal an, zu tanzen und mitzuklatschen. Die Station atmete erleichtert auf, ihre Bewohner freuten sich über eine kurze Auszeit und gaben sich ganz der Musik hin. Unter meiner Maske strahlte ich über das ganze Gesicht.

Als ich an all das denke, bin ich mir nicht mehr sicher, was ich tun soll. Immer wenn ich in den letzten Wochen überlegte, wirklich Schluss zu machen, hatte sich etwas in mir dagegen gewehrt, nach dem Telefon zu greifen. Jetzt, wo wir zusammen sind, bin ich noch weniger überzeugt, aber so, wie ich es an den letzten Abenden mit Katherine gemacht habe, will ich auch jetzt die unverblümte Wahrheit sagen. »Ich weiß, dass ich ziemlich distanziert war«, sage ich, während wir in dem Verkehr dahinkriechen. »Es war schwierig herauszufinden, wie ich in dieser Beziehung sein soll, wenn ich noch so vieles allein einordnen muss. Irgendwie geht das nicht so recht zusammen. Um ehrlich zu sein, habe ich viel Zeit auf meiner Reise damit verbracht zu überlegen, ob es nicht besser wäre, wenn wir uns trennen.«

»Ich möchte dich etwas fragen«, sagt Jon.

»Was?«

»Magst du mich?«

»Ja, natürlich«, sage ich.

»Sag die Wahrheit. Bist du gerne mit mir zusammen?«

»Ja. Ich liebe dich«, gebe ich zu.

»Warum muss dann alles so verdammt kompliziert sein?«

Wir schweigen beide eine Weile. »Hör zu«, sagt Jon etwas sanfter, »vielleicht ist es ja okay, jetzt im Moment noch keine Antworten zu haben. Ich will mit dir zusammen sein. Auch wenn das bedeutet, dir weiterhin Raum zu geben. Damit kann ich umgehen. Aber du musst dann auch offen und ehrlich sein, wenn wir daran arbeiten. Du musst aufhören, mich auszuschließen.«

In den letzten Wochen habe ich mich sehr unter Druck gesetzt, ganz dabei oder ganz raus zu sein. Ich war so darin gefangen, die Risiken abzuwägen und mich gegen sie zu panzern, dass mir gar nicht eingefallen ist, dass es einen dritten Weg gibt: zuzulassen, dass die Dinge wachsen, sich verändern und sich entwickeln, um dabei zu entdecken, wer wir sind und was wir wollen – in diesem Zwischenbereich zu leben. Als ich vor einer Ampel abbremse, greife ich nach seiner Hand.

»Alles cool mit uns?«, fragt Jon.

»Alles cool mit uns«, antworte ich.

»Nicht so schnell«, sagt er. »Komm her.«

Ich tue es.

Wir küssen uns, bis die Ampel auf Grün schaltet und die Fahrer hinter uns hupen. Ich weiß nicht, was das alles bedeutet. Ich kann keine Klarheit erzwingen, wenn es noch keine gibt. Aber seit ich ihn kenne, hat Jon mich gelehrt, dass man manchmal nichts anderes tun kann, als aufzukreuzen. Und wenn es gerade schwierig ist, einfach immer weiter aufzukreuzen.

Bevor ich aus Los Angeles aufbreche, mache ich noch einmal Halt. Durch Smog und Berufsverkehr fahre ich nach Brentwood, ein wohlhabendes Viertel mit bewachten Villen und tadellos gepflegten Rasenflächen, um die sich Gärtner kümmern. Ich besuche Max zum ersten Mal im Haus seiner Eltern, und als ich klingle, kommt seine Mutter Ari mit ihrem Königspudel zur Tür. Während wir in einem pompösen Eingangsbereich plaudern, kommt ein sehr bleicher Max die Treppe herunter. Er ist furchtbar mager, seine Wangen sind ausgehöhlt, seine blauen Augen, die durch die Brille schon vergrößert werden, wirken noch größer. Mit einem heiseren Bariton begrüßt er mich und erklärt, seine Stimme sei so rau wegen der Tumore in seiner Brust. Er führt mich in sein Zimmer, wo wir uns unter vier Augen unterhalten können. Er setzt sich auf die Bettkante, und ich nehme den Schreibtischstuhl gegenüber, auf dem ich mich nervös hin- und herdrehe, bis er den Arm ausstreckt, um mich zu stoppen.

Ich starre den Teppich an und kaue auf der Unterlippe, denn ich fürchte, wenn ich ihm in die Augen sehe, löse ich mich sofort in Tränen auf. »Ich weiß, dass ich nicht für dich da war«, sage ich mit zitternder Stimme. Ich erzähle ihm, wie oft ich in den letzten Wochen das Telefon in die Hand nehmen und ihn anrufen wollte, es aber wider besseres Wissen nicht getan hatte – ich kenne das Gefühl, auf Schweigen zu stoßen –, und dass ich es verstünde, wenn er mir nicht vergeben könne. »Es gibt keine Entschuldigung dafür, dass ich so feige war. Es tut mir sehr leid.«

Max lässt mich nicht ungeschoren davonkommen. Das ist nicht sein Stil. »Mir ist aufgefallen, dass du dich ferngehalten hast«, sagt er ruhig. »Ich bin nicht böse. Ich will es nur verstehen. Ist es dir unangenehm zu wissen, dass ich sterbe?«

»Unangenehm? Nein«, antworte ich. »Ich habe eine Riesenangst davor.« Ich erkläre Max, dass ich eine so tiefe und verständnisvolle Freundschaft nicht für möglich gehalten hätte und so wie es aussehe, auch nie mehr haben werde. Er ist der einzige Mensch, den ich mitten in der Nacht anrufen kann, wenn ich Angst vor einer anstehenden Biopsie habe – oder dem gegenüber ich die Vorteile der Mundspülung Magic Mouthwash preisen kann, ohne es erklären zu müssen. Er war bei Melissas Gedenkfeier da, er hat mich während meines letzten Krankenhausaufenthalts jeden Tag besucht, und er kam jeden Abend in der ersten Woche, nachdem Will ausgezogen war. »Du kennst mich so gut, dass du sogar bei mir vor der Tür stehst, wenn ich sage, ich will keinen Besuch – *besonders* wenn ich sage, ich will keinen Besuch. Du ziehst mich zur Verantwortung, sogar jetzt. Du bist der lustigste, klügste, verrückteste Mensch, den ich kenne, und ich kann die Vorstellung nicht ertragen, dich zu verlieren.«

»Ich verstehe.« Max streckt den Arm uns und zieht mich hoch. »Das habe ich mir gedacht. Ich verzeihe dir. Aber jetzt brauche ich dich.« Er umarmt mich fest, mit jeder Sehne und jedem Muskel in seinem Körper, eine Umarmung, die einem auf gute Art die Lunge abdrückt. Die Umarmungen von Max sind immer die besten.

Als wir uns wieder hinsetzen, frage ich Max nach seinem Gesundheitszustand. Er sagt, er nehme seit Kurzem ein neues Medikament, das nur geringe Nebenwirkungen haben soll. »Aber wir wissen ja alle, wie das ist«, meint er. »So schlimme Schmerzen habe ich mein ganzes Leben noch nicht gehabt, und es gibt jeden Tag nur zwei, drei Stunden, in denen ich funktionieren kann. Aber in diesen zwei, drei Stunden bin ich Max, und es ist gut, Max zu sein.«

In den nächsten Stunden unterhalten wir uns ohne Pause. Er fragt mich nach den Leuten, die ich getroffen, und nach den Orten, die ich gesehen habe. Ich frage ihn, wie es ihm in der Ehe gehe, und wir erinnern uns an seine Hochzeit vor einigen Monaten. Wie Jon und ich haben sich Max und seine Frau Victoria schon als Teenager kennengelernt, bei einem Sommerferienprogramm. Sie waren fast ein Jahrzehnt eng befreundet, bevor sie ein Paar wurden. Obwohl er mitten in der Chemo war, wusste Max schon in den ersten Wochen ihrer Beziehung, dass er Victoria am Jahrestag ihres ersten Rendezvous einen Heiratsantrag machen würde. Max stellt sich der Vergänglichkeit entgegen, und ich weiß noch, wie beeindruckt ich von seiner radikalen Hoffnung und seinem Optimismus war, die seine Entscheidung beinhaltete, ihr trotz seiner Prognose den Antrag zu machen. Als er mich fragte, ob ich zu seinen Trauzeugen gehören wollte, fühlte ich mich geehrt. Die Hochzeit fand im Topanga Canyon statt, in einem Lokal, das umgeben von alten Ahornbäumen, Wasserfällen und Wildblumen war. Seine Mentorin, die Lyrikerin Louise Glück, hielt die Zeremonie ab.

Max erzählt mir, er lese gerade Louises Buch *Averno* und es sei ein Meisterwerk – ein Buch, für das man die gesammelte Weisheit von Jahrzehnten brauche, und dass man oft gestorben sein müsse, um es zu erschaffen. »Nach jedem schweren Trauma sind meine Texte gewachsen, bin ich gewachsen«, sagt er. »Ich glaube, wenn ich fünfzig Jahre alt werden könnte, würde ich ein Meisterwerk schreiben können. Wenn ich mehr Zeit hätte.« In seiner Stimme liegt eine gewisse Schärfe, eine Härte, die ich von ihm nicht kenne. »Ich bin verbittert«, gibt er zu. »Mir ist neulich aufgefallen, wie seltsam das ist, so jung zu sein und zu wissen, dass ich sterbe. Es ist sehr, sehr einsam.«

Er hält inne und sieht trauriger aus, als ich ihn je gesehen habe. Er sagt, sein Leben wäre reichhaltig und schnell gewesen – die beste Familie, die besten Freunde, die beste Ehefrau, und außerdem solle in wenigen Monaten sein erster Gedichtband erscheinen. »Es ist schön, wie schnell das alles aufgeblüht ist«, sagt er. »Es fehlt nichts. Aber mir wäre es viel lieber gewesen, wenn es langsamer gegangen wäre.«

Max' Stimme ist noch rauer geworden, und er sieht müde aus. »Jetzt möchte ich mir am liebsten einen Joint drehen, eine Folge von *Die Bachelorette* sehen und mit dir darüber lästern, wie miserabel sie ist, aber ich sollte mich wohl besser hinlegen.«

Als ich aufstehe, um zu gehen, sage ich Max, dass ich ihn liebe, und ich verspreche, ihn alle paar Tage von unterwegs anzurufen. »Ich finde es unvorstellbar, dass du so lange allein mit deinen Gedanken in einem Auto sitzen kannst, nach allem, was du durchgemacht hast«, sagt er. »Die Leute haben jahrelang Experimente mit dir gemacht, und du hast den Mut, selbst ein Experiment mit dir anzustellen – dich anzutreiben. *Das* nenne ich Stärke.«

»Ach, Max.« Ich fasse mir theatralisch ans Herz. »Ich weiß nicht, was ich ohne deine Unterstützung tun würde.«

Er: »Du bist eine große Inspiration.«

Ich: »Gott lässt euch nicht versuchen über eure Kraft.«

Er: »Jeder Tag ist ein Geschenk.«

Damit umarmt er mich noch ein letztes Mal fest und lange, sodass es mir fast die Lunge zerdrückt, bevor ich hinausgehe.

Als ich Kalifornien verlasse, fahre ich durch die Mojave-Wüste, vorbei an blühenden Kakteen und Yuccapalmen unter einem weiten schwarzen Himmel, der mit Sternen übersät ist. Ich weiß nicht, was aus meiner Beziehung mit Jon wird oder ob ich Max jemals wiedersehe, aber ich will mein Herz nicht mehr schützen. Man kann nicht garantieren, dass andere Menschen einen nicht verletzen oder im Stich lassen – das wird passieren, sei es durch eine Trennung oder etwas so Großes und Unverständliches wie den Tod. Aber indem wir dem Kummer ausweichen, übersehen wir die Unsrigen, unsere Bestimmung. Ich schließe einen Pakt mit mir ab und schicke ihn durch die Wüste: *Möge ich wach genug sein, um es zu merken, wenn die Liebe des Weges kommt, und mutig genug, ihr zu folgen, ohne zu wissen, wo das hinführt.*

34

NACH HAUSE

BEI DICHTEM SCHNEEFALL kuscheln Oscar und ich uns im Zelt zusammen. Wir schlafen Brust an Brust wie siamesische Zwillinge. Am Morgen von Tag 66 wache ich auf einem Zeltplatz vor dem Grand Canyon auf. Sehnsucht erfüllt meinen ganzen Körper, als ich aufstehe, mit tauben Fingern meinen Kocher anzünde und zitternd Kaffee zubereite. Sie begleitet mich, als ich zum x-ten Mal mein Zelt abbaue und meine Sachen wieder im Auto verstaue. Die Sehnsucht wird im Lauf der nächsten Tage stärker, als ich durch die Marslandschaft des Südwestens fahre und mein erstes Chanukka bei einer Twitter-Bekanntschaft in Tijeras, New Mexico, feiere. Als ich allein durch die verschneiten Straßen von Santa Fe gehe – die Schaufenster sind mit Tannenzweigen geschmückt, auf den Gehwegen tummeln sich Familien, die ihre Weihnachtseinkäufe machen –, werde ich ein bisschen melancholisch.

Schließlich wird mir bewusst, dass ich zum ersten Mal, seit ich losgefahren bin, nach Hause will. Ich will nach Hause. *Ich will nach Hause* – ein Sehnen, das beim Fahren zu einer Art Gesang wird. Aber nach Hause wohin? Ohne Arbeit, ohne eine eigene Familie oder eine Hypothek, die auf mich wartet, fühlt sich diese Vorstellung in meinem

Kopf blechern und gewichtslos an. Ich muss um Tag 100 herum in New York City sein, um meinem Freund das Auto zurückzugeben und einen Termin bei meinem Ärzteteam zu vereinbaren – aber darüber hinaus steht nichts fest. Ich habe das Gefühl, ich muss diese letzten Meilen klug einsetzen und Antworten bei den Menschen suchen, die ich treffe, und an den Orten, an die ich fahre.

Ich fahre nach Texas hinein, über verlassene Grenzübergänge und an Büscheln von Wüsten-Beifuß vorbei, bis ich Marfa erreiche, ein staubiges Nest mitten in der Chihuahua-Wüste, das in den letzten Jahrzehnten als Künstlerstadt und in jüngerer Zeit auch auf Instagram bekannt wurde. In Marfa will ich eigentlich nur einen Zwischenstopp einlegen, aber der skurrile Ort und seine Bewohner, eine Mischung aus Ranchern, Schriftstellern und Künstlern, faszinieren mich, und so bleibe ich ein bisschen. In den nächsten drei Tagen freunde ich mich mit den unterschiedlichsten Leuten an: mit einer texanischen Erbin, die mir anbietet, im Gästezimmer ihres Bungalows zu übernachten, einer Schülertheatergruppe aus einer Highschool, deren Aufführung ich mir an einem Abend ansehe, und zwei Antiquitätenhändlern in Springerstiefeln, die ich bei einer Museumsführung kennenlerne und die mich in ihren Wohnwagen zu einem hochprozentigen Mezcalcocktail einladen. Als alleinreisende Frau komme ich mir vor wie Gloria Steinems »himmlische Barkeeperin«: Fremde lassen mich in ihr Haus ein, verraten mir Geheimnisse, die sie keinem Therapeuten erzählen würden, laden mich zu ihren traditionellen Familienfeiern ein und geben mir selbst gebackene Kuchen mit.

An meinem letzten Vormittag in Marfa treffe ich vor der

Stadtbücherei ein Paar etwa in meinem Alter, das meine Neugier erregt. »Wir nennen ihn Sunshine«, erklären sie mir und stellen mir ihren VW-Bus aus dem Baujahr 1976 vor, bevor sie sich selbst vorstellen. Obwohl er fast ein halbes Jahrhundert alt ist, sieht Sunshine so jugendlich und freigeistig aus wie seine Beisitzer. Er ist mandarinengelb, an den Fenstern hängen Vorhänge mit einem coolen Blumenmuster, und das Armaturenbrett ist mit Federn dekoriert. Es gibt zwei Betten, verborgene Fächer als Stauraum und eine improvisierte Küche.

»Braut ihr da Kombucha?« Ich zeige auf ein enormes Glas mit einer perlenden bernsteinfarbenen Flüssigkeit, das zwischen den Vordersitzen steckt.

»Ich kann es dir beibringen. Es ist ganz einfach und total gesund«, sagt die junge Frau, die sich Kit nennt. Mit ihren leuchtenden blauen Augen und den Wildblumen, die sie in ihre blonden Locken geflochten hat, versprüht sie einen elfenhaften Charme. Ihr Freund JR, der sich an Sunshines Motor zu schaffen macht, hat einen Pferdeschwanz und die breiten Schultern eines Footballspielers. Die beiden sind braungebrannt und sehen so gut aus, dass sie die Blicke auf sich ziehen. Sie erzählen, dass sie seit drei Jahren im Bus wohnen.

Sunshine und seine Bewohner bezaubern mich auf der Stelle. Ich will alles über ihr Leben wissen. Wohin sie gefahren sind. Was sie gesehen und wen sie getroffen haben. Womit sie ihren Unterhalt verdienen. Wie sie um alles in der Welt dazu kamen, diesen sattgelben Bus zu ihrem Zuhause zu machen.

»Es war Liebe auf den ersten Gang«, erzählen Kit und JR. Der Bus hatte mehrere Monate auf einem Parkplatz gegenüber der Appalachian State University in den Bergen von North Carolina gestanden, wo Kit studierte. Nach dem Examen kauften die beiden, die seit der Highschool ein Paar sind, den Bus für fünftausend Dollar, zogen in eine beengte Einzimmerwohnung in Venice Beach und suchten sich Jobs – sie arbeitete als Kellnerin in einer Weinbar und er als Videofilmer für eine Surfer-Website. Aber das Leben in der Großstadt fanden sie erstickend, und die vielen Stunden in der Arbeit erfüllten sie nicht, und so trafen sie eine spontane Entscheidung: Sie kündigten ihre Jobs, gaben ihre Wohnung auf und wollten versuchen, auf der Straße zu leben. Sunshine wurde nicht nur zu einem Wohnsitz auf der Reise, sondern zu einem Lebensstil, einer Ideologie. Befreit von der Tyrannei geregelter Arbeitszeiten machten sie sich auf, die entlegensten Winkel des Landes zu erkunden.

»Wir reisen mit der Erntesaison«, erzählt JR auf meine Frage, wie sie sich das Benzin leisten können. »Wir leben von sehr wenig, und immer wenn wir Geld brauchen, arbeiten wir ein, zwei Monate als Erntehelfer oder Wanderarbeiter. Obsternte, Milchwirtschaft, Pferde mit Heu füttern, Gräben ausheben – wir machen alles.«

Statt Miete zu zahlen, kampieren Kit und JR in Nationalparks und Wäldern, in Redwoodhainen und Wüsten. Sie baden in Flüssen und heißen Quellen, kochen jede Mahlzeit selbst und ernähren sich von dem, was sie unterwegs sammeln. Wenn sie nicht Ziegen melken, Pfirsiche ernten oder Berge erklimmen, arbeiten sie an kreativen Projekten. JR fotografiert und beschäftigt sich mit Holzarbeiten. Bedingt durch Sunshines Alter wurde er quasi zu einem Amateurmechaniker. Kit verbringt ihre Zeit mit Kochen, Vögelbeobachtung und beschäftigt sich mit Metaphysik. Sie schreibt gerne und zeichnet Comics, und die beiden arbeiten zusammen an kleinen Heftchen über ihre Abenteuer.

Ich bin begeistert, dass JR und Kit es geschafft haben, diesen Übergangszustand zu einer dauerhaften Lebensweise zu machen. Entgegen konventionellen Erfolgsmaßstäben und gesellschaftlichen Erwartungen scheinen sie ihre Bestimmung in der endlosen Verheißung der Straße gefunden zu haben. Für mich sind sie der Beweis, dass ein Zuhause kein Ort oder Beruf sein muss, sondern dass ich es überall finden kann.

JR schneidet einen Laib Bauernbrot, ein Stück Cheddar und ein paar Äpfel auf einem Holzbrett auf, während Kit uns Kombucha nachschenkt. Wir schmausen hinten im Bus, als ein lächelnder Surfer mit strohgelben Haaren zu uns stößt. Er heißt Mikey und begleitet die beiden eine Woche. »Wir wollen in den Big-Bend-Nationalpark«, erzählt er beim Essen. »Komm doch mit für eine Nacht!«

Ich rechne schnell nach. Ich bin schon länger in Marfa als geplant. Ich sollte heute eigentlich nach Austin fahren. Big Bend liegt nicht auf meiner Strecke, sondern hundert Meilen südlich, und es bedeutet, dass ich in den nächsten Tagen beängstigend viele Stunden am Steuer verbringen muss.

»Warum nicht«, sage ich.

Wir tuckern den ganzen Tag als Zweierkarawane dahin, Sunshine voraus und mein mit Schlamm bespritzter Subaru dicht dahinter. Meine neuen Freunde nutzen kein GPS, und weil Sunshine nicht mehr als fünfundfünfzig Meilen pro Stunde schafft, meiden wir den Highway. Stattdessen halten wir uns an die schmalen Landstraßen, die sich ins Nichts winden und in Gegenden führen, die von der Zivilisation unberührt zu sein scheinen. Als Reisende sind sie bemerkenswert ineffizient, immer wenn etwas ihre Neugier erregt, halten sie an, um es sich genauer anzusehen. Wenn ihnen ihre Umgebung gefällt, bleiben sie eine Weile, ganze Tage und manchmal auch Wochen lang.

Nach ein paar Stunden kommt der Rio Grande in Sicht, das gewundene smaragdgrüne Band, das Texas von Mexiko trennt. Wir fahren von der Hauptstraße ab und rumpeln über eine unbefestigte Straße, bis wir einen Felsvorsprung mit Blick über das Flusstal erreichen und es nicht mehr weitergeht. Aufgesprungene kupferfarbene Erde, ein endloser blauer Himmel, eine zerfurchte Schlucht, die in ein Meer wogenden goldenen Grases abfällt – das alles scheint an diesem Nachmittag uns zu gehören, als wir über die Felsbrocken hinunterklettern und durch die Hitze wandern, bis wir am Wasser sind. Außer ein paar Roadrunnern, auch Wegekuckuck genannt, und einer kleinen Familie von Nabelschweinen, die im Gebüsch herumschnüffeln, haben wir seit Stunden keine Seele mehr gesehen. Meine neuen Freunde ziehen sich aus und springen ins Wasser. Ich zögere einen Moment, dann folge ich ihrem Beispiel; es ist zu heiß hier draußen, um wegen unansehnlicher Narben oder unschöner Rundungen verlegen sein zu können. Das Wasser ist kühl und dickflüssig, seine Farbe und Konsistenz verwandeln sich in die von Schokomilch, als wir vier kreischen und herumplantschen und den Schlamm aufwirbeln. Selbst Oscar, der bis jetzt kein großer Schwimmer war, stürzt sich mit der Schnauze voran ins Wasser.

Als die Sonne untergeht, fahren wir noch ein Stück weiter durch das Gelände, bis wir eine abgeschiedene Lichtung am Fuß eines Bergs mit gestreiften roten Felswänden erreichen.

JR und Mikey gehen Feuerholz sammeln, und ich helfe Kit, auf ihrem zweiflammigen Gaskocher das Abendessen zuzubereiten. In den Vorratsfächern findet sie eine verstaubte Weinflasche, die die beiden für eine besondere Gelegenheit aufbewahrt haben. Die Dämmerung legt sich wie Ruß über unser kleines Camp. Wir essen eng beieinander auf den Rücksitzen, mit Oscar zu unseren Füßen. Vor der Seitentür des Busses knistert ein Feuer. Wir balancieren Schalen auf den Knien, tunken Brotstücke in einen herzhaften Eintopf und diskutieren über alles Mögliche, darüber, wie oft man sich am besten die Haare wäscht, bis zur Theorie des Müßiggangs – ihrer Philosophie, dass unser Leben weniger hektisch sein und es mehr Muße darin geben sollte, mit Tagen wie diesem.

Gegen Mitternacht sage ich meinen neuen Freunden gute Nacht. Matt und erschöpft von der Sonne gehe ich in der Dunkelheit zu meinem Auto. Ich bin zu müde, um mein Zelt aufzubauen, und so verfrachte ich meine Sachen auf die Vordersitze und klappe die hinteren ganz zurück. Auf der leeren Ladefläche breite ich Decken und einen Schlafsack über eine Isomatte. Ich stelle erfreut fest, dass mein improvisiertes Bett sogar ganz bequem ist und gerade genug Platz bietet, um meine Beine auszustrecken. Alle Fenster und die Heckklappe sind offen, und eine warme Brise weht über mich hinweg. Alles ist still, bis auf das Rascheln der Wacholdersträucher und das gelegentliche Jaulen von Kojoten in der Ferne. Am Nachthimmel stehen mehr Sterne, als ich je in meinem ganzen Leben gesehen habe.

Als ich zur Milchstraße aufblicke, denke ich daran, wie ich mir nur das wünsche, was ich in diesem Moment habe.

Auf dem Boden der Küche meiner alten Wohnung, kränker denn je, mein Herz in tausend Teile zersplittert, hatte ich am Glauben festhalten müssen, dass es dort draußen eine wahrere, umfassendere und erfüllendere Version meines Lebens gibt. Ich hatte keine Lust, mein Dasein als Märtyrerin zu fristen, allein durch das Schlimmste definiert, was mir zugestoßen war. Wenn das eigene Leben zu einem Käfig geworden ist, kann man die Gitterstäbe lösen und seine Freiheit zurückfordern. Daran musste ich glauben, und ich sagte es mir immer wieder, bis ich meine eigenen Worte glaubte: *Ich werde meine Entwicklung beeinflussen.*

Ich rutsche in meinem Schlafsack herum, bis die Zehen zum Lenkrad zeigen und ich mit dem Kopf auf der hinteren Stoßstange liege. So habe ich einen freien Blick auf den Großen Wagen, der über mir leuchtet. Innerhalb von Sekunden sehe ich eine Sternschnuppe. Dann noch eine. Bald sind es so viele, dass ich gar nicht mehr mitzählen kann. Während ich zusehe, wie der Himmel knistert und Funken schlägt, überkommt mich eine warme Euphorie, die man nur als Freude bezeichnen kann. Ich lebe, und mir geht es so gut, wie ich es mir nur wünschen konnte. Mir wurde ein Leben anvertraut, das ich zu meinem mache. So nahe war ich noch nie dem Gefühl, mit mir selbst im Einklang zu sein.

Aber sobald ich die Augen schließe, verschwinden die Sternschnuppen, und ich richte den Blick nach innen. Ich lasse mir wieder dieselben alten Szenen durch den Kopf gehen. Das letzte Treffen zwischen Will und mir. Ein drückend heißer Sommerabend, ein paar Wochen, bevor ich meinen Roadtrip begann. Ich weiß noch, dass ich hoffte, es wäre genügend Zeit vergangen, um zu einer Friedensvereinbarung zu kommen. Das Gespräch hatte ganz freundlich angefangen, aber wenige Stunden später standen wir auf dem Gehsteig vor einer Bar im East Village und warfen uns gegenseitig Beschuldigungen an den Kopf. Bevor wir uns trennten, trafen wir eine Abmachung, und zwar nur eine einzige: Es wäre am besten, wenn wir uns nicht mehr sprachen oder sahen.

Meine Brust zieht sich immer enger zusammen. Ich möchte frei sein von dem, was mich nicht loslassen will. Ich will unkomplizierte Freude. Aber ich begreife jetzt, dass ich, ohne es zu merken, auf die Erlaubnis dazu gewartet habe – von Melissa, von Will, von allen Menschen, die aus meinem Leben verschwunden sind, bevor ein Abschluss erreicht werden konnte. Ich möchte ihren Segen, mich wieder zu verlieben, von einer neuen Zukunft zu träumen, mich weiterzubewegen. Ich warte die ganze Zeit auf ein Zeichen, auf die Versicherung, dass es in Ordnung ist, wenn ich ganze Tage lang nicht an sie denke – dass es nötig ist, ein bisschen zu vergessen, wenn ich leben will. Ganz egal, wie viele Entschuldigungen ich vorbringe, wie viel Buße ich tue, wie viele Opfer ich darbringe, mir wird klar, dass ich akzeptieren muss, dass manches vielleicht nie ganz gelöst wird – weder mit den Lebenden noch mit den Toten.

Am nächsten Morgen frühstücke ich noch mit den Busbewohnern, dann trennen sich unsere Wege. Wir versprechen uns, in Verbindung zu bleiben. In den folgenden Tagen fahre ich an Geisterstädten, an Wäldern blühender Feigenkakteen und gigantischen Reklametafeln am Straßenrand vorbei, mit Aufschriften wie: WHERE BBQ LOVERS MEAT UP. Ich fahre durch Austin hindurch, dann laufe ich um einen Badeteich, dessen Wasser dermaßen aquamarinblau ist, dass es aussieht, als wäre es gechlort. Weiter geht es, Richtung Osten durch Texas, über endlose Highways, die irgendwann alle miteinander verschmelzen. Am frühen Abend fahre ich auf den Parkplatz des Best Western am Highway 59 in Livingston, einer deprimierenden Aneinanderreihung von Fast-Food-Restaurants und Filialen von Handelsketten in der Nähe der Grenze zu Louisiana. Die Rezeptionistin, eine Frau in einem gestreiften Pullover in Bonbonfarben und mit Acrynägeln, gibt mir einen Zimmerschlüssel. »Genießen Sie Ihren Aufenthalt«, sagt sie.

Ich habe mich für das Best Western entschieden, weil es das billigste Hotel ist und nur zehn Autominuten vom Gefängnis entfernt liegt. Morgen früh habe ich einen Besuchstermin bei Lil' GQ, dem Gefängnisinsassen, der zu den ersten Fremden gehörte, die mir schrieben. Normalerweise dürfen die Gefangenen nur einen zweistündigen Besuch pro Woche bekommen, aber mir wurde »Sonderbesuch« gewährt, der aus zwei vierstündigen Besuchen innerhalb von zwei Tagen besteht und normalerweise für enge Freunde und Angehörige reserviert ist. Jetzt, als ich da bin, macht mich die Aussicht darauf, acht Stunden mit Lil' GQ zu verbringen, doch nervös. Acht Stunden sind ohnehin eine lange Zeit für ein Gespräch, umso mehr mit einem Fremden, und dann noch mit einem Fremden, der die letzten vierzehn Jahre im Todestrakt verbracht hat.

In meinem Zimmer im ersten Stock des Best Western lese ich den allerersten Brief, den Lil' GQ mir geschickt hat, und erlebe im Geiste noch einmal meine Verwunderung im Krankenbett, als ich versuchte, ihn mir in einer Gefängniszelle das halbe Land entfernt vorzustellen. Während der langen, unerträglichen Aufenthalte in der Bubble dachte ich oft an ihn. Ich wollte wissen, womit er sich in der Einzelhaft die Zeit vertrieb. Ich wollte ihn fragen: Wie machst du weiter, wenn du weißt, dass dein Leben vorbei ist? Wie stellst du dich den Geistern deiner Vergangenheit? Wie lebst du in der Gegenwart, wenn alles, was vor dir liegt, erschreckend ungewiss ist?

Von meinem Zimmer aus blickt man auf den Parkplatz. Ich sehe mein Auto vom Fenster aus; es ist von einer dicken Staubschicht überzogen und so schlammverkrustet, dass es aussieht, als hätte es an einer Wüstenrallye teilgenommen. Es wird spät, und ich brauche noch ein paar Sachen aus dem Kofferraum, bevor ich ins Bett gehe. Ich ziehe die Stiefel an und gehe nach draußen. Als ich über den Parkplatz gehe, bemerke ich eine Gruppe Männer, die neben mehreren Pick-ups stehen. Etwas an den Männern gibt mir zu denken, ein Bauchgefühl sagt mir, ich solle umdrehen und wieder nach drinnen gehen. Es ist dasselbe instinktive Unbehagen, das ich in meiner ersten Woche unterwegs spürte, auf dem Campingplatz in Massachusetts, als ich sah, wie mein Nachbar Jeff eine Plane hinter sich herziehend mit seinem Hund aus dem Wald kam – allerdings hatte sich Jeff nicht nur als harmlos entpuppt, sondern sogar als ziemlich netter Kerl. In Anbetracht dieser Begegnung und anderer Gelegenheiten, bei denen ich mich umsonst beunruhigt hatte und mir dann dumm vorkam, ignoriere ich die Alarmglocken in meinem Kopf.

Ich suche im Heck nach einer Tube Zahnpasta und Trockenfutter für Oscar, als ich einen bewundernden Pfiff höre, der tief und rau die Dunkelheit durchschneidet. »Komm doch mal rüber und unterhalte dich ein bisschen mit uns«, ruft einer der Männer. Ich ignoriere ihn und seine Freunde.

Ich sage mir, dass sie nur herumalbern. »Bist du allein?«, fährt er fort, und die anderen lachen, zu laut. Mir geht auf, dass sie getrunken haben. Ich halte den Kopf gesenkt, nehme meine restlichen Sachen und schließe den Kofferraum ab. Als ich zum Seiteneingang des Hotels gehe, der meinem Auto am nächsten liegt, löst sich der Mann von der Gruppe und kommt auf mich zugeschwankt. Ich gehe schneller, die Alarmglocken in meinem Kopf klingeln lauter. *Fast da*, sage ich mir, aber als ich vor der Tür stehe, geht sie nicht auf. Als ich am Griff rüttle, merke ich, dass es eine Tür mit Magnetschloss ist, die man öffnet, indem man die Zimmerkarte davorhält. Ich höre, wie die Schritte des Mannes näher kommen, und als ich aufblicke, verzieht er sein aufgedunsenes, bierseliges Gesicht zu einem höhnischen Grinsen.

»Hey, Baby«, kräht er und mustert ungeniert meinen Körper. »Hab keine Angst.« Ich gerate in Panik, hantiere ungeschickt herum, und als ich meine Tasche durchwühle, fallen mir versehentlich ein paar Sachen auf den Boden. Ich gehe in die Hocke und suche verzweifelt nach dem Schlüssel, da erscheint ein älteres Paar auf der anderen Seite der Tür. Als sie sie aufschieben, weicht der Mann auf den unbeleuchteten Teil des Parkplatzes zurück. Ich schnappe mir meine Tasche und verschwinde im Korridor. Ich habe Gänsehaut an den Armen.

Als ich wieder sicher in meinem Zimmer bin und die Tür abgeschlossen und verriegelt habe, hämmert mir das Herz in der Brust. Ich rufe mir in Erinnerung, warum ich an diesen gottverlassenen Ort gekommen bin und dass Lil' GQ ganz oben auf der Liste der Leute stand, die ich besuchen wollte. Um ihn zu kontaktieren, musste ich bei einem Unternehmen einen Online-Account anlegen, über den man digitale Briefmarken kaufen und Briefe an Gefängnisinsassen im ganzen Land schicken kann. Damals wusste ich nicht, ob Lil' GQ sich überhaupt an mich erinnerte und ob er noch in der Todeszelle saß. In den Wochen vor meiner Abreise rief ich in der Hoffnung auf eine Antwort jeden Tag neugierig meine E-Mails ab. Nach zwei Wochen Funkstille schickte ich noch einmal eine Nachricht über die Website der Firma, aber ich bekam wieder keine Antwort. Ich hatte es schon so gut wie abgeschrieben, von ihm zu hören, als mir dämmerte: Ich hatte keine Absenderadresse angegeben. Weil ich elektronische Nachrichten schicken konnte, war ich automatisch davon ausgegangen, dass Lil' GQ in der Lage wäre, mir zu antworten, was natürlich nicht ging, weil er keinen Zugang zu einem Computer hatte.

Als ich ein drittes Mal schrieb und Lil' GQ erklärte, wie er mich erreichen könne, schickte er mir sofort einen Brief. Er freue sich wahnsinnig, dass ich überlebt hätte, und er freue sich außerdem wahnsinnig darauf, mich persönlich kennenzulernen. *Es ist echtes Understatement, wenn ich sage, es hat mich überrascht, von dir zu hören. Um ehrlich zu sein, ich hatte den Brief, den ich an dich geschrieben hatte, völlig vergessen, denn ich dachte, du wirfst ihn weg, wenn du ihn gelesen hast.* Lil' GQ fragte, ob wir uns vor unserem Treffen noch schreiben könnten, um uns besser kennenzulernen. Da ich einen Großteil meiner Route spontan plante, mussten wir kreativ sein, um in Verbindung zu bleiben. Ich bat ihn, alle Briefe an die Adresse meiner Eltern in Saratoga zu schicken. Meine Eltern scannten seine Briefe ein und schickten sie mir per E-Mail. Es war nicht das effizienteste System, aber es funktionierte.

Als ich in Livingston ankam, hatten wir es geschafft, mehr als ein Dutzend Briefe auszutauschen.

Ich streckte mich auf dem Bett aus und sah vor dem Besuch, der nur noch einen Sonnenaufgang entfernt war, noch einmal den Stapel Briefe durch. Lil' GQ war ein hervorragender Brieffreund: ernsthaft, humorvoll, und seine Antworten ließen nie lange auf sich warten. Er hatte eine Menge Übung, denn über die Jahre hatte er Korrespondenzen mit Dutzenden Menschen gepflegt. Er meinte, so hätte er etwas zu tun, und er könne sich jeden Abend auf etwas freuen, wenn die Gefängniswärter zur »Postausgabe« die Runde machten. *Ich schreibe gerne Briefe und lerne Neues von anderen Leuten, die schon viel mehr gemacht haben als ich. Ich bin ja eingesperrt, seit ich zwanzig Jahre alt bin, und die Highschool habe ich abgebrochen.* Er gab zu, dass die Briefform auch einem ganz praktischen Zweck diente: *Ich stottere, deshalb kann ich mich in Briefen besser ausdrücken, ohne mich unsicher zu fühlen oder sauer zu werden, wenn ich nicht sagen kann, was ich sagen will.*

Lil' GQ schrieb mir über alle möglichen Themen. Er schrieb über seine Hobbys: *Bücher sind der beste Freund von jemandem, der in Einzelhaft sitzt.* Er erzählte von seinem ersten Auto, einem gestohlenen braunen Cadillac: *Ich bin morgens früh aufgestanden und habe mich auf die Motorhaube meines Autos gesetzt und zugesehen, wie die Sozialbausiedlungen zum Leben erwacht sind.* Zum Brustkrebstag schickte er mir eine selbst gemachte Karte, auf die eine rosa Schleife gemalt war, mit der Aufschrift: *Mut! Überleben! Freundschaft! Kämpfen! Stärke!* Lil' GQ klang meistens fröhlich, aber manchmal hörte ich ihm an, dass er gebrochen war: *Für einen Brotha wie mich läuft das Leben hier jeden Tag gleich ab.* Er gab zu, dass es ihm an manchen Tagen schwerfiel, sich weiter zu motivieren, aber er bemühte sich immer, kein Selbstmitleid zuzulassen: *Mir ist schon klar, dass es eine Menge Leute gibt, die gerne so viel Freizeit hätten wie ich, nur unter anderen Umständen.*

Lil' GQ war jetzt sechsunddreißig und hatte fast die Hälfte seines Lebens im Todestrakt verbracht. »Dort draußen« hatte sich viel verändert, das wusste er, und er wollte unbedingt, dass ich ihm alles von der Welt erzählte. Ich bemühte mich, ihm von unterwegs immer wieder zu schreiben. Ich schrieb ihm von einem Motel 6 in einer ländlichen Gegend in Iowa. Ich schrieb ihm vom Kamin eines Hauses im Mid-Century-Stil in Jackson, Wyoming. Ich schrieb ihm, nachdem ich vor einer achten Klasse in einer staatlichen Schule in Chicago eine Rede gehalten hatte. Die Schüler und Schülerinnen hatten Gedichte zum Stichwort »Wo ich herkomme« geschrieben, und als ich Lil' GQ davon schrieb, versuchte er sich selbst an einem Gedicht: *Ich komme daher, wo es nicht viel Liebe zu Hause gibt. Ich komme daher, wo es überall nur Gangmitglieder, Drogendealer und Süchtige gibt. Ich komme daher, wo einem immer gesagt wird, wer nicht hören will, muss fühlen.*

Als ich mich Texas näherte, setzte Lil'GQ mich auf seine Besucherliste und erklärte mir die Regeln. Die Besuchszeit ging von 8:00 Uhr morgens bis 3:00 Uhr nachmittags. Es würde ein kontaktloser Besuch sein, das bedeutete, wir würden eine Plexiglasscheibe zwischen uns haben und über Telefonhörer miteinander sprechen. Als ich fragte, ob ich Lil' GQ Bücher mitbringen könne oder ob er etwas anderes brauche, antwortete er: *Deine Zeit und dass du da bist, ist mir genug. Für mich ist das ein frühes Weihnachtsgeschenk.*

Gejohle vor dem Fenster reißt mich aus der Lektüre. Ich lege den Stapel Briefe auf das Bett und stehe auf. Dann ziehe ich den Vorhang vorsichtig zur Seite und entdecke die Gruppe Männer von vorhin. Sie sind vom Rand des Parkplatzes zu meinem Auto weitergezogen. Zwei von ihnen sitzen auf der hinteren Stoßstange, die anderen stehen im Halbkreis herum. Der Anführer der Gruppe, es ist derjenige, der mir nachgegangen ist, grölt betrunken, als er sich den Rest einer großen Bierflasche über den Kopf kippt und dann die Flasche auf dem Boden zerschlägt. Beunruhigt wähle ich die Nummer der Rezeption und erkläre die Situation. Ein paar Minuten später kommt ein Wachmann vorbei. Ich höre nicht, was er sagt, aber innerhalb von wenigen Minuten haben sich alle zerstreut.

Ich ziehe die Vorhänge ganz zu, schalte das Licht aus und krieche unter die Decke. Ich bekomme gerade wieder eine Erkältung, und es fällt mir schwer einzuschlafen, weil ich schlecht Luft bekomme, und so suche ich in meinem Seesack nach der angebrochenen Flasche NyQuil. Ich trinke ein paar Schlucke von dem Erkältungssaft und ziehe mir die Decke über den Kopf. Bald werden meine Gedanken träge. Ich weiß nicht, wie lange ich geschlafen habe, aber mitten in der Nacht weckt mich ein sich wiederholendes dumpfes Geräusch, das sich durch meine Träume knüppelt. Stöhnend rolle ich mich auf den Bauch und ziehe mir das Kissen über den Kopf. Das Geräusch setzt einen Moment lang aus. Dann geht es weiter – *Bum. Bum. Bum.* – wie eine Salve. Ich fahre hoch, und Oscar springt knurrend vom Bett und bellt. Ohne meine Kontaktlinsen sehe ich nichts und taste im Dunkeln blind hinter ihm her. Das Geräusch scheint von meiner Zimmertür zu kommen.

»Mach auf«, sagt ein Mann auf der anderen Seite. »Mach – die – scheißverdammte – Tür – auf.« Ich kenne die Stimme von irgendwoher, die undeutliche Sprechweise, und plötzlich durchfährt mich ein Schauder, als ich begreife, dass es der Mann vom Parkplatz ist. Ich nehme Oscar hoch, kraule ihm die Schnauze, damit er nicht mehr knurrt.

»MACH DIE TÜR AUF. WENN DU JETZT NICHT DIESE BESCHISSENE TÜR AUFMACHST …« Zum ersten Mal, seit ich unterwegs bin, habe ich das Gefühl, dass mir akut Gefahr droht. Ich weiß nur zu gut, dass es nur eine schlechte Nacht oder den Überbringer einer schlechten Nachricht braucht, um zu verändern, wie wir uns an alles, was vorher und nachher passiert, erinnern. Der Mann schlägt so fest mit der Faust gegen die Tür, dass sie scheppert, und seine Stimme wird immer lauter, wütender. Ich kauere mich hinter die Tür, zittere am ganzen Körper, und ich versuche verzweifelt zu begreifen, was da gerade vor sich geht. Der Mann muss wissen, dass ich ihm und seinen Freunden die Hotelsecurity auf den Hals gehetzt habe. Vielleicht haben sie meinetwegen Schwierigkeiten bekommen. Deshalb ist er so wütend. Ich denke an die kleine rote Dose Pfefferspray, die ich irgendwo im Gepäck habe, aber ich weiß nicht, ob ich sie aus dem Auto mitgenommen habe. Ich würde ja gerne glauben, dass ich mich gegen den Mann wehren könnte, wenn ich muss, für den Fall, dass es ihm gelingt, sich irgendwie Einlass zu verschaffen, aber ich kann mich nicht vom Fleck rühren und noch viel weniger klar denken.

»PABLO! MACH DIE TÜR AUF. MACH DIE SCHEISSVERDAMMTE BESCHISSENE TÜR AUF, PABLO!«, brüllt der Mann, und erst jetzt verstehe ich. Der Mann will gar nicht zu mir, er sucht einen seiner Freunde – er sucht einen Mann namens Pablo, und in seinem Rausch hat er die Türen verwechselt. Ein letztes Mal haut er wütend mit der Faust gegen die Tür, dann gibt er auf. Durch den Gucker sehe ich, wie er durch den Korridor schwankt. Ich bleibe noch länger dort stehen. *Alles ist gut*, rede ich mir ein und drücke mir Oscar fest an die Brust. *Alles ist gut, ich bin in Sicherheit. Er ist jetzt weg.* Aber so viele beruhigende Worte ich mir auch einflüsterte, ich kann nicht aufhören zu zittern.

Ich bin seit fast drei Monaten allein unterwegs, schlafe auf Campingplätzen und Lastwagenparkplätzen, übernachte bei Internetbekanntschaften und bei Fremden, die ich auf der Reise kennengelernt habe. Jedes Mal hat die Welt mich mit offenen Armen empfangen und mich nur freundlich behandelt. Der Roadtrip hat ein neues Gefühl der Stärke und Unabhängigkeit in mir entfacht, von dem ich glaubte, dass ich es nie wiederherstellen könnte, und es wäre keine Übertreibung zu sagen, dass er mein Vertrauen in die Menschheit wieder bestätigt hat. In den letzten Wochen fühlte ich mich klarer, mutiger, offener gegenüber dem Unbekannten als je zuvor in meinem Leben. Aber mir wird bewusst, dass ich heute Nacht auch Glück hatte. Der Gedanke geht mir nicht aus dem Sinn, als ich wieder ins Bett gehe.

Die Allan B. Polunsky Unit ist das berüchtigte texanische Männergefängnis, in dem zum Tode verurteilte Häftlinge untergebracht sind. Es liegt fünf Meilen außerhalb von Livingston, in einem dicht bewaldeten Gebiet namens Piney Woods. Dort kommt man nicht einfach zufällig vorbei. Ich biege vom Highway links ab und folge meinem GPS durch Ackerland, vorbei an einem Trailerpark, ein paar Kirchen und Feldern mit Pferden und verkommenen Autos unter einem flachen grauen Himmel.

Als ich mich dem Eingang zum Gefängnis nähere, sehe ich einen Maschendrahtzaun, oben mit Stacheldraht verstärkt, und dahinter eine Reihe gedrungener Betongebäude mit Hunderten kleiner Fensterschlitze. Irgendwo hinter einem dieser Fenster ist Lil' GQ in seiner Zelle und bereitet sich auf unser Treffen vor. Ich fahre langsam auf eine Wachhütte zu, wo ein uniformierter Mann mein Auto umrundet und dann an das Fenster klopft und mir bedeutet, es herunterzulassen. »Insassennummer?«, fragt er.

Ich habe mir Lil' GQs Insassennummer nicht gemerkt und sie mir auch nicht aufgeschrieben, einer der vielen Fehltritte an diesem Tag. Der Wachmann sagt, ich solle mir keine Sorgen machen, und bietet mir an, selbst nachzusehen. »Sie sind die ganze Strecke aus New York hergefahren?«, fragt er, als er mein Nummernschild sieht.

Ich nicke.

»Das nenne ich Einsatz!«, sagt er und pfeift. »Sie müssen einen ganz besonderen Menschen besuchen.«

»Das könnte man so sagen.«

»Ich war einmal in New York. Ich habe in den Siebzigerjahren meinen Militärdienst in Deutschland abgeleistet und musste dort am Flughafen umsteigen. Ich mochte es nicht so. Auf dem Land gefällt es mir besser. Kommen Sie ursprünglich aus dem Big Apple?«

»O ja«, nicke ich.

»Sie sind aber eigentlich eine viel zu nette junge Dame, man kann sich gar nicht vorstellen, dass Sie aus New York kommen. Eine nette New Yorkerin und ein netter Texaner. Wer hätte das gedacht?«

Der Wachmann weist mir eine Stelle auf dem nahegelegenen Parkplatz zu und wünscht mir Frohe Weihnachten.

Unsere Unterhaltung hat mir Mut gemacht, aber sobald ich im Inneren des Gefängnisses bin, mache ich anscheinend nichts richtig. Als ich das Hauptgebäude betrete, hält mich eine uniformierte Frau mit leuchtend roten Haaren, die sie zu einem Dutt gebunden hat, auf. »Diese ganzen Sachen dürfen Sie nicht mit reinnehmen.« Sie zeigt auf den Stift, das Notizbuch, den Führerschein und die Autoschlüssel, die ich bei mir trage. »Das muss alles in einen durchsichtigen Plastikbeutel. Haben Sie einen dabei?« Ich schüttle den Kopf. Sie bedeutet mir, ihr zu folgen, und wir marschieren wieder zurück zu dem Parkplatz, wo sie eine Großpackung duchsichtiger Plastiktüten aus dem Kofferraum ihres Autos holt. »Das Texas Department of Criminal Justice sichert den Fortbestand von Ziploc.«

Nachdem wir wieder hineingegangen sind, fülle ich mehrere Formulare aus und werde per Knopfdruck durch ein Labyrinth verriegelter Türen geschleust, die zum Besucherbereich führen. Beim Eintreten nimmt mir eine dritte Wärterin den Besucherausweis ab und mustert mich von oben bis unten. Sie runzelt die Stirn, als sie meinen Ziploc-Beutel sieht. »Was haben Sie denn da?«, fragt sie leicht vorwurfsvoll. »Sie dürfen hier weder Stift noch Papier reinbringen.«

»Das hat mir niemand gesagt«, stammle ich.

»Wenn das noch einmal vorkommt, bekommen Sie Besuchsverbot«, sagt sie streng und konfisziert die Sachen. »Setzen Sie sich in R28. Der Insasse wird bald gebracht.«

Der Wortwechsel hat mich etwas verunsichert. Ich betrete einen Raum mit Dutzenden weißer Kabinen, die Telefonzellen ähneln. Neben der Tür gibt es einen geschmückten Plastikweihnachtsbaum sowie einen kleinen Spielbereich mit einem Schaukelpferd und ein paar Spielsachen, die hier irgendwie deplatziert aussehen und alles noch trostloser wirken lassen. Ich gehe zu R28 und setze mich. Links von mir ist ein Telefonhörer und vor mir eine Plexiglasscheibe, genau wie es Lil' GQ in seinem Brief beschrieben hat. Auf der anderen Seite der Plexiglasscheibe ist eine Art Käfig mit einem Hocker, wo er wahrscheinlich sitzen wird. Die Kabinen bieten wenig Privatsphäre, und während ich warte, bekomme ich geflüsterte Unterhaltungen mit. Links von mir sitzen drei kleine Kinder, die schüchtern mit ihrem Vater reden. Rechts ist ein ergrauendes Paar, das sich offenbar mit seinem Sohn an alte Lieblingsweihnachtslieder erinnert. *»Feliz Navidad, prospero año y felicidad«*, singen sie ihm leise durch den Telefonhörer vor.

Ich warte fast eine Dreiviertelstunde, bis auf der anderen Seite der Plexiglaswand eine Tür aufgeht. Lil' GQ kommt herein. Er lächelte mich nervös an, als ein Wärter seine Handschellen und Fußfesseln löst. Er ist kleiner, als ich dachte, etwa so groß wie ich, ungefähr eins siebzig – und sieht gut aus mit seinem frisch rasierten Zwei-Millimeter-Fade-Cut. Er trägt einen weißen, kurzärmligen Gefängnisoverall, der muskulöse, mit Tattoos überzogene Arme zeigt. Als ein Wärter die Tür hinter ihm abschließt, setzt sich Lil' GQ und nimmt den Hörer zur Hand. »Ich stott-tt-ere, wenn ich auf-f-f-geregt bin, deshalb entschuldige ich mich schon im Voraus, wenn das st-st-ständig passiert«, sagt er.

»Ich bin auch ziemlich aufgeregt«, gebe ich zu, was ihn zu beruhigen scheint. »Ich wollte schon längst mal fragen, wofür Lil' GQ eigentlich steht.«

»Schwarze haben alle Spitznamen, und meiner ist die Abkürzung für Gangsta Quin. Hast du auch einen?«

»Susu. So haben mich als Kind alle genannt, weil niemand wusste, wie man meinen Namen richtig ausspricht.« »Susu«, sagt er und sieht mir zum ersten Mal in die Augen. »Das gefällt mir. Okay, Susu, bevor wir jetzt so richtig mit dem Gespräch anfangen, wollte ich mich bei dir bedanken, dass du dir die Zeit genommen hast herzukommen. Es ist ungefähr zehn Jahre her, seit mich zuletzt jemand besucht hat, und ich habe die Tage gezählt. Echt.«

Während der nächsten Stunden erzählt mir Lil' GQ alles über sein Leben, Anekdoten und Erinnerungen sprudeln aus ihm heraus, als würde ich ihm die Beichte abnehmen und er zum allerletzten Mal seine Geschichte erzählen. Er erzählt von seinen Geschwistern: Vier der fünf saßen auch schon einmal im Gefängnis. Er erzählt von seiner Mutter, die der erste Mensch war, der eine Waffe auf ihn gerichtet hat: »Da war nicht viel Liebe zwischen uns.« Er erzählt von dem Sozialwohnungsbau, in dem er wohnte, und vom »Agg Land«, einem Viertel auf der Southside von Fort Worth, in das er gehörte. Mit gesenktem Blick erzählt er von dem Verwandten, der ihn von der Grundschule an belästigte, und wie ihm niemand glaubte, als er darüber sprach. »Damals wusste ich, wenn ich in dieser Welt überleben will, muss ich lernen, für mich zu kämpfen«, sagt er.

Lil' GQ drückt den Unterarm an das Plexiglas und zeigt mir eine scheußliche Narbe, eine Wulst aus runzeliger Haut in Form eines C – C wie Crip, der berüchtigten Straßengang, erklärt er. Er sagt, schon vom Kindergarten an wusste er, was er später einmal werden wollte: »Gangmitglieder werden in der Hood am meisten respektiert.« Er berichtet, wie er mit zwölf Jahren den Haken eines Drahtkleiderbügels über einer Herdflamme erhitzt hatte, um sich zum Zeichen der Treue das C einzubrennen. Er zeigt mir noch eine weitere Narbe, an der Hand, weil er sich einmal bei einer Mutprobe eine Kugel mitten durch die Handfläche geschossen hatte, angefeuert von anderen Gangmitgliedern. Er sagt, er wollte beweisen, dass er trotz seines Alters und seiner mageren Gestalt ein Badass war, ein harter Hund.

»Was macht einen Badass denn zu einem Badass?«, frage ich.

Seine Antwort besteht aus einem einzigen Wort: »Gewalt.«

Als die Wärter nicht hinsehen, knöpft Lil' GQ seinen Overall vorne auf und zeigt mir eine ganze Geschichte von Narben, Tattoos und Brandmalen auf seiner Brust. Er erzählt von einer weiteren Schusswunde, die er sich selbst beigebracht hat, diesmal am Brustkorb. Aber diesmal fehlten die johlenden Zuschauer. Statt der bewunderte Gangster zu werden, wie er sich das vorgestellt hatte, hatte er sich mit fünfzehn in die in seinen Worten »niedrigste Lebensform, die die Hood bewohnte«, verwandelt – einen Drogendealer, der süchtig geworden war und den Stoff, den er eigentlich verkaufen wollte, selbst anzapfte. Als er eines Tages allein unterwegs war, zog er seine Waffe heraus, zielte auf die eigene Brust und drückte ab. Er wachte in der Notaufnahme auf, wo seine Wunde genäht wurde.

»Warum hast du das gemacht?«, frage ich.

»Wenn du von jemandem missbraucht wirst, dem du vertraust, dann verunsichert dich das. Wenn du verunsichert bleibst, fängst du an, dich selbst zu hassen.« Er schweigt kurz, und eine Wolke überzieht sein Gesicht.

Das scheint mir ein guter Zeitpunkt zu sein, um ihn zu fragen, weshalb er hier gelandet ist. Lil' GQ erzählt mir unverblümt, dass der Mord, für den er zum Tod verurteilt wurde, nicht der einzige ist, den er begangen hat. »Wegen der anderen Morde habe ich kein schlechtes Gewissen, die hatten mit der Gang zu tun«, sagt er. »Wenn du daher kommst, wo ich herkomme, gilt das Gesetz des Dschungels: Wenn du nicht schießt, schießen die anderen. So ist es nun mal. Aber der letzte Mord, für den sie mich verurteilt haben, das habe ich verbockt, denn es war jemand, den ich liebte. Ich war auf Drogen und brauchte mehr. Aber ich schiebe das, was ich getan habe, nicht auf die Drogen. Es war meine Schuld, und ich habe lange geglaubt, dass ich die Todesstrafe verdient habe.«

Ich weiß nicht, wie viel von dem, was Lil' GQ mir erzählt, wahr ist. Ich suche nicht nach Löchern und Unstimmigkeiten, nach Widersprüchen und Wiederholungen; ich höre einfach nur zu. Dieser Mann wurde bereits verurteilt für das, was er getan hat, und das ist sowieso nicht der Grund, weshalb ich gekommen bin. Daher nicke ich einfach, stelle gelegentlich eine Zwischenfrage oder streue ein »Verstehe« ein, aber hauptsächlich höre ich zu. Ich kann nicht so tun, als würde ich sonderlich viel von seiner Wirklichkeit verstehen. Aber dass Lil' GQ das Bedürfnis verspürt, diese Geschichten zu erzählen, und dass er versucht, all das zu verstehen, was ihm widerfahren ist, selbst jetzt noch, im Todestrakt, damit kann ich etwas anfangen. Wenn man mit dem eigenen Tod konfrontiert ist, sei es wegen einer Krankheit oder eines staatlich verordneten Todesurteils, verspürt man den Drang, sein Leben zu definieren, sein Vermächtnis nach eigenen Vorstellungen zu gestalten, mit eigenen Worten. Geschichten über sein Leben zu erzählen, bedeutet, sich zu weigern, auf platte Zwangsläufigkeit reduziert zu werden. Als ich dort sitze und Lil' GQ beim Reden zuhöre, muss ich an Joan Didions Satz und Titel ihres Buches denken: *Wir erzählen uns Geschichten, um zu leben.* Nur ist es im Fall von Lil' GQ so, dass er sich Geschichten erzählt, um sich den Weg in den Tod zu erleichtern.

»Wie oft kannst du noch Berufung einlegen?«, frage ich ihn.

»Ein Mal«, antwortet er. Auf seiner Stirn tritt eine pochende Ader hervor, als er das Verfahren vor der Hinrichtung erläutert. Der Gerichtsbescheid, der in die Zelle zugestellt wird, in dem steht, dass ein Datum festgelegt wurde. Die Strafanstalt, in die die Häftlinge sechzig Tage vor der Hinrichtung überstellt werden und wo sie rund um die Uhr überwacht werden, weil es so viele Selbstmordversuche gibt. »Manche bitten ihre Familie, dabei zu sein, wenn sie hingerichtet werden, aber ich nicht. Ich will, dass man mich *so* in Erinnerung behält, nicht an eine Liege gefesselt und eingeschläfert wie ein Hund. So ein Bild braucht kein Mensch in seinem Kopf. Ich bin allein auf diese Welt gekommen, und ich gehe allein.«

Als ich am nächsten Morgen zurückkehre, bin ich vorbereitet. Ich habe Lil' GQs Gefangenennummer auf einen Post-it-Zettel geschrieben, habe einen durchsichtigen Plastikbeutel für meine Geldbörse dabei und zwanzig Dollar in Münzen für die Automaten, falls ich einen Snack brauche. Ich bewege mich durch das Labyrinth von Gängen und Kontrollen, und zu meiner Erleichterung gelingt es mir, von keinem der Wachleute angebrüllt zu werden. Alles scheint glattzulaufen, bis Lil' GQ auf der anderen Seite der Plexiglasscheibe erscheint. Er wirkt verzweifelt, und mir fallen geschwollene

Tränensäcke unter seinen Augen auf, die gestern noch nicht da waren.

»Wie geht es dir?«, frage ich ihn.

»Ganz ehrlich? Ich habe nicht geschlafen.« Er spielt mit der Schnur des Hörers herum. »Ich war gestern so nervös, dass ich losgebrabbelt habe wie ein Idiot, weil ich bei dir Eindruck schinden wollte und so weiter. Als du gegangen bist, war ich mir sicher, dass ich dich vergrault habe oder du mich für einen irren, abartigen Killer hältst«, sagt er. »Ich habe meinem Kumpel in der Zelle nebenan gesagt, dass ich mir sicher bin, du kommst nicht noch mal. Ich war die ganze Nacht wach und habe meine Gedanken aufgeschrieben und geordnet, damit ich mich besser ausdrücken kann, falls du doch kommst.«

Lil' GQ beugt sich vor und greift in seinen Schuh. Er zieht ein Stück Papier heraus, das zu einem kleinen Viereck gefaltet ist. Als er es auseinanderklappt, sehe ich, dass es ganz vollgeschrieben ist. Er liest eine ganze Liste von Fragen vor. Er erkundigt sich nach meiner Gesundheit und meiner Familie. Er fragt nach meinem Lieblingsbuch, damit er es auch lesen kann. Er fragt, was Oscar für eine Hunderasse ist und welche Musik mir gefällt. Er fragt, was ich die ganze Zeit im Krankenhaus gemacht habe.

»Ich bin richtig gut im Scrabble geworden«, erzähle ich ihm.

»Was, echt? Ich auch! Also, ich meine, ich bin nicht so gut im Scrabble, aber ich versuche es.« Er strahlt übers ganze Gesicht, als er erklärt, wie er und seine Zellennachbarn sich aus Papier eigene Brettspiele basteln und sich ihre Züge durch die Schlitze zurufen, durch die sie ihre Essenstabletts gereicht bekommen. Er erzählt, dass sie alles Mögliche auf diese Art spielen, zum Beispiel Backgammon oder Karten.

Lil' GQ sagt, er war sein ganzes Leben noch nicht krank – er macht jeden Tag tausend Liegestütze –, aber er kann viele Erfahrungen nachempfinden, die ich mit dem Krebs gemacht habe. Er versteht, wie es ist, im Fegefeuer festzustecken und auf Nachricht über sein Schicksal zu warten, die Einsamkeit und die Klaustrophobie, wenn man über unendlich lange Zeit in ein kleines Zimmer gesperrt ist, und dass es notwendig ist, kreativ zu werden, um bei Verstand zu bleiben. Diese unerwarteten Parallelen veranlassten ihn ursprünglich dazu, mir zu schreiben. »Du hast dem Tod in deinem persönlichen Gefängnis ins Auge geblickt, so wie ich ihm in meinem ins Auge blicke«, sagt Lil' GQ. »Schlussendlich ist der Tod der Tod, ganz egal, welche Form er annimmt.«

Wir bemühen uns sehr, einander durch das Plexiglas zu erreichen, uns in einem gemeinsamen Bereich zu treffen, den wir beide verstehen, aber welche Parallelen auch zwischen unseren Erfahrungen existieren, sie haben Grenzen. Es ist eine herausfordernde Gratwanderung, zu versuchen, die Geschichte eines anderen Menschen nachzuvollziehen, ohne das eigene Leiden auf Gleichartigkeit zu reduzieren. Abgesehen von den offensichtlichen Unterschieden wie Hautfarbe und Privilegien, Geschlecht und Bildung, hebt allein die Tatsache, dass ich Lil' GQ besuche, während ich auf einem Roadtrip bin, einen gewaltigen Unterschied hervor: Mein Körper ist in Bewegung, seiner ist hinter Gittern. Aber für die Dauer unseres Treffens tun wir so, als wäre es anders, wir beide benehmen uns, als würden wir irgendwo in einem Café sitzen und uns unterhalten und dabei versuchen, die Geschichte des anderen nachzuvollziehen – auch wenn das nur bedingt möglich ist.

Ich erschrecke, als mir jemand auf die Schulter tippt. Es ist ein Wachmann, der uns mitteilt, dass es drei Uhr ist.

»Meine Zeit ist vorbei«, sagt Lil' GQ. Bevor ich gehe, stellt er mir noch eine letzte Frage: »Wenn du alles ungeschehen machen könntest, würdest du es tun?«

Wenn ich alles ungeschehen machen könnte? Ich bin verblüfft. »Ich weiß es nicht«, sage ich leise.

Das sind meine letzten Meilen. Ich fahre durch die Bayous von Louisiana, und Insekten fliegen gegen die Windschutzscheibe. An der Küste von Alabama gerate ich in ein Unwetter, der Motor bekommt Probleme, weil ich vergessen habe, das Öl zu wechseln, und als ich in einem Hotel mit dem unpassenden Namen Comfort Inn in der Nähe von Daytona aufwache, stelle ich fest, dass ich am ganzen Körper übersät von Flohbissen bin. Ich läute das neue Jahr mit einer herrlichen Nacht im Zelt auf Jekyll Island in Georgia ein, wo mich das Rauschen der Wellen in den Schlaf wiegt. Ich übernachte bei einem ehemaligen Schwarm in Charleston und kassiere meinen ersten Strafzettel, weil ich zu schnell gefahren bin. Meine Mutter meint, das sollte auch mein letzter sein. Bevor ich mich wieder die Ostküste hinaufschlängle, lege ich noch rasch einen Stopp ein, um den letzten Namen auf meiner Liste durchzustreichen: ein zierliches Teenager-Mädchen namens Unique. Sie hat den größten Teil ihrer Jugend im Krankenhaus verbracht, aber jetzt bereitet sie sich wieder auf die große Welt vor. Beim Mittagessen frage ich sie, was sie als Nächstes vorhabe. Sie sitzt mir gegenüber und strahlt mich so freudig an, dass es sich anfühlt wie ein Sonnenbad: »Ich will aufs College! Und reisen! Und komische Sachen essen, die ich noch nie gegessen habe, wie Oktopus! Und ich will dich in New York besuchen! Und zelten, aber ich habe Angst vor Insekten, aber ich will trotzdem zelten!« Vielleicht ist es ihr Optimismus, vielleicht ist es die lange Fahrt hierher, vielleicht ist es das Wissen, dass meine Reise fast vorbei ist – aber als ich mir eine salzige Pommes frites in den Mund stecke, denke ich, dass es die köstlichsten Pommes frites sind, die ich je gegessen habe.

Als ich weiterfahre, grüble ich noch einmal über Lil' GQs Frage. Ich denke an Will, wie er vor meiner Tür in Paris stand, und wie unschuldig und hoffnungsvoll wir beide waren. Ich erinnere mich an das verzweifelte Gesicht meiner Mutter, als der Arzt meine Diagnose verkündete, und an die blutunterlaufenen Augen meines Vaters, wenn er von seinen Waldspaziergängen zurückkehrte. Ich denke an die schlechten Noten meines Bruders, die er in seinem letzten Studienjahr bekam, an den Druck, dem er als mein Knochenmarkspender ausgesetzt war, und dass seine Bedürfnisse immer von meinen überschattet wurden. In der Stille vor dem Schlaf höre ich Echos: das leise Stöhnen des Leidens, das animalische Brüllen der Trauer. Natürlich würde ich alles in meiner Macht Stehende tun, um meinen Angehörigen und Freunden den Schmerz, die Angst und den Kummer zu ersparen. Natürlich wäre es leichter gewesen, wenn ich nie krank geworden wäre.

Dann kehren meine Gedanken zu all den im Bett entstandenen Texten zurück, zu den Briefen, die ich bekommen, die unerwarteten Freundschaften, die ich geschlossen habe. An einer Ampel strecke ich die Hand nach hinten aus, um

Oscar zu streicheln, der auf dem Rücksitz schläft. Ich denke an Max, an Melissa – an alle, die ich niemals kennengelernt hätte, wenn es die Einsamkeit der Krankenhauszimmer und die bösartigen Zellen, die uns zusammengebracht haben, nicht gegeben hätte. Ich verfolge die Strecke, die ich in den letzten drei Monaten zurückgelegt habe – die Berechnungen, die Highways, die Zeltplätze. Ich sehe Ned, Cecelia, Howard, Nitasha, Bret, Salsa, Katherine und all die anderen, die mich dazu brachten, neue Tiefen auszuloten. Ich höre die Äste der Redwoods, die weit oben in der kühlen Luft vom Meer her knarren, das Gegacker einer dicken Henne, die immer wieder um eine Scheune gejagt wird, das Heulen des Windes auf dem flachen Land von Pine Ridge, und das befriedigende Knirschen von Tannenzapfen unter meinen Stiefeln, als ich zum ersten Mal mein Zelt aufschlage.

Auch wenn meine Zwanziger qualvoll, verworren, schwierig waren – bis zu dem Punkt, dass ich manchmal das Gefühl hatte, die Schmerzen nicht mehr ertragen zu können –, so waren sie gleichzeitig die Jahre meines Lebens, die mich am meisten geprägt haben. Es war eine Zeit, die von der Gnade einer zweiten Chance und einer Flut von Glück erfüllt war, falls man überhaupt behaupten kann, dass es so etwas wirklich gibt. Die wilde Mischung von so viel Grausamkeit und so viel Schönheit hat aus meinem Leben eine merkwürdig uneinheitliche Landschaft gemacht. Es hat dafür gesorgt, dass stets eine Wachsamkeit am Rand meiner Wahrnehmung lauert – *innerhalb eines einzigen Augenblicks kann alles wieder verloren sein* –, aber es hat mir auch den präzisen Blick des Juweliers geschenkt.

Wenn ich über meine Krankheit nachdenke – jenseits dessen, wie sie sich auf die Menschen um mich herum ausgewirkt hat –, dann lautet die Antwort: Nein, ich würde meine Diagnose nicht ungeschehen machen, wenn ich es könnte. Ich würde nicht ungeschehen machen, was ich durchlitten habe, um das hier zu erlangen.

EPILOG

DAS LEBEN IST kein kontrolliertes Experiment. Man kann den Moment nicht mit einem Zeitstempel versehen, in dem sich etwas in etwas anderes verwandelt, man kann nicht beziffern, wer einen wie beeinflusst, kann nicht eingrenzen, welche Kombination von Faktoren sich wie durch ein Wunder zu einer Heilung fügt. Es gibt keinen Atlas, in dem dieses einsame, mondlose Stück Highway zwischen dem Ausgangspunkt und dem Menschen, zu dem man wird, verzeichnet ist. Aber als New York in Sichtweite kommt und die irre, funkelnde Skyline der Stadt die Sterne auslöscht, hat sich etwas in mir verschoben, vielleicht sogar auf molekularer Ebene.

Mein Kopf ist voller Träume, als ich die George Washington Bridge überquere. Ich kann ihre genaue Gestalt zwar noch nicht erkennen, sie auch nicht in Worte fassen, aber es liegen ein paar Dinge vor mir, die ich deutlich sehe. Ich gebe das Auto zurück, gehe zu meinem Arzt und ziehe für mehrere Monate in die kleine Blockhütte in Vermont, wo ich anfange, diesen Text zu schreiben. Ich lese am Kamin, wandere durch den Wald und sitze auf der Veranda. Hier, auf dieser Veranda bekomme ich an einem Nachmittag später in diesem Sommer die Nachricht, dass Max gestorben ist.

Der Himmel, schrieb er in einem seiner letzten Gedichte,
ist eigentlich nur ein Krankenhaus für Seelen.
Wenn ich irgendwann dort ankomme, dann
wird es nicht kompliziert.

Im Himmel bin ich nicht so krank.

Immer wenn ich aufwache und meine Freunde vermisse,
besuche ich sie über ihre Worte und ihre Aquarelle.

Mein Immunsystem hat weiterhin Fehlzündungen. Ich
verlange immer noch zu viel von meinem Körper. Ich muss
ins Krankenhaus, weil ein grippaler Infekt zu Komplikationen führt, aus denen eine Sepsis wird. Ich bin gezwungen,
meine Grenzen und die Langsamkeit zu akzeptieren – eine
Lektion, die ich immer wieder lernen muss. Ich verliere den
Mut. Ich höre auf, an diesem Buch zu schreiben. Ich ruhe
mich aus, erhole mich, fange von Neuem an.

Es dauert noch eine ganze Weile und ein paar Umleitun-
gen, aber Jon und ich schaffen es schließlich. Wir ziehen in
einen ruhigen, von Bäumen gesäumten Block in Brooklyn.
An unserem ersten Abend dort holen wir uns etwas zu
essen und feiern bei Kerzenlicht inmitten von Umzugskis-
ten. Ich packe meinen Kontrabass aus, staube ihn zum ersten Mal seit Jahren ab, und Jon setzt sich ans Klavier. Wir
spielen zusammen.

Mein Bruder unterrichtet jetzt eine vierte Klasse und lebt
in meiner alten Wohnung im East Village. Die Wände hat
er mit seinen eigenen Geschichten, Erinnerungen und Enttäuschungen dekoriert. Meine Eltern ziehen vorübergehend
nach Tunesien, und ich besuche das Land zum ersten Mal
seit dem College. Ich esse den berühmten Couscous mei-

ner Tante Fatima, treffe mich mit meinen Cousins und Cousinen und feiere in der Sahara Silvester. Mein Vater bereitet sich auf den Ruhestand vor. Er hat vor, dann selbst eine Reise quer durch das Land zu machen, entlang meiner Route. Meine Mutter, die sich nicht mehr Vollzeit um ihre Kinder kümmern oder mich pflegen muss, wendet sich wieder dem Malen zu und nimmt ihre Karriere als Künstlerin wieder auf. Sie feiert Erfolge und spürt eine Agilität, von der sie annahm, sie sei dazu schon lange nicht mehr fähig.

Bestimmte Träume konnte ich gar nicht träumen, denn ich hätte sie nie für möglich gehalten. In der Woche nach meinem dreißigsten Geburtstag laufe ich einen Halbmarathon. Ich kehre nach Ojay zurück, wo ich drei Monate als Gastlehrerin in Katherines Schule arbeite. Inspiriert von meinem Treffen mit Lil' GQ schreibe ich meine erste Reportage, nicht vom Bett aus, sondern vor Ort, über ein Gefängnishospiz in Nordkalifornien. Eines Nachmittags trödle ich herum, statt zu schreiben, und stoße auf eine Verkaufsanzeige für einen VW-Bus aus dem Jahr 1972, der genau dieselbe Farbe hat wie Sunshine. Ich schreibe dem Besitzer, einem U.S.-Air-Force-Offizier im Ruhestand. Es stellt sich heraus, dass er gerade im Sloan Kettering behandelt wird und meinen Namen von der Kolumne in der *New York Times* her kennt, die ich vor vielen Jahren geschrieben habe. »Nennen Sie mir einen Preis, und er gehört Ihnen«, sagt er. »So einen alten Burschen kauft niemand aus Gründen der Zweckmäßigkeit.«

Der Bus steht immer bei der Hütte in Vermont, und ich versuche zu lernen, mit Schaltgetriebe zu fahren. Mühsam lege ich die Gänge ein und hämmere frustriert auf das Lenkrad, wenn ich den Motor wieder einmal abgewürgt habe.

Ich ruckle durch die Nebenstraßen, schalte vom ersten in den zweiten Gang und lasse den Motor aufheulen, als ich stotternd einen nahegelegenen Berg hinauffahre, der immer noch von Schnee überzuckert ist. Oben am Gipfel wird die Straße eben. Auf einem unbefestigten Weg beschleunige ich, vorbei an Nadelbäumen mit Zähnen aus Eis. Oscar hockt auf dem Beifahrersitz und sieht zu, wie die Bäume vorbeiziehen. In der Kühltasche habe ich ein geräuchertes Hühnchen, eine Flasche Wein und ein Buch. Es ist schon eine Weile her, seit wir zuletzt wegfahren konnten, und die nächsten paar Tage gehören nur uns beiden. Wo immer ich bin, wo immer wir hinfahren, mein Zuhause wird immer die Welt dazwischen sein, eine Wildnis, die ich lieb gewonnen habe.

DANKSAGUNG

RICHARD PINE, DEM König unter den Agenten, und Carrie Cook, die mir geholfen hat, aus einer Cocktailserviette ein Buch zu machen, bin ich unendlich dankbar. Ich danke meinem Lektor Andy Ward für seine große Sorgfalt, seine Liebenswürdigkeit und seine Beratung und der legendären verstorbenen Susan Kamil, weil sie von Beginn an an das Buch geglaubt hat. Ich danke meinem alten Freund und Lektoratsassistenten Sam Nicholson und den vielen anderen wunderbaren Menschen von Penguin Random House, insbesondere Susan Mercandetti, Carrie Neill und Paolo Pepe sowie meinen Auslandslektoren, allen voran Andrea Henry. Großer Dank geht an Bob Phelan, der die Herausforderung der Faktenprüfung auf sich genommen hat, und zwar mit beispiellosem Feingefühl, Anteilnahme und Humor.

Meiner lieben Freundin Lizzie Presser verdanke ich viel. Sie liest immer alles zuerst und setzte sich für das Buch ein, lange bevor ich überhaupt das Selbstvertrauen hatte, es zu schreiben. Ich danke Carmen Radley, eine hervorragende Quarantänekameradin, Schriftstellerin und Leserin, die mich bis zum Ende geführt hat. Mein Dank geht auch an die beispiellose Lindsay Ryan, die diesen Text enorm besser gemacht hat, und an Vrinda Condillac, die sah, was fehlte, und die mir half, die Fäden zu entwirren. Ich danke frühen Lesern und meinen Mentoren: Glenn Brown, Lisa Ann Cockrel, Chris McCormick, Jenny Boully, Peter Trachtenberg, Esmé Weijun Wang, Lily Brooks-Dalton, Katherine Halsey und Bonnie Davidson. Und meiner Schreibgruppe, dafür, dass sie eine herausragende Gesellschaft während dieses manchmal einsamen und immer mühevollen Unternehmens waren: Jordan Kisner, Hayson Greene, Frank Scott und besonders Melissa Febos und Tara Westover, die mir wertvolle Ratschläge gegeben haben.

Für die Zeit und die Ruhe, die sie mir schenkten, als ich es am dringendsten brauchte, danke ich der Ucross Foundation, dem Kerouac Project, der New York Public Library, dem Anacapa Fellowship und der Stone Acres Farm, nicht zu vergessen der Hütte in Vermont, in der viele dieser Zeilen geschrieben wurden. Ich danke den Bennington Writing Seminars für die lieb gewordene Gemeinschaft. Mein tiefempfundener Dank geht an Christina Merrill für ihre außerordentliche Großzügigkeit, an Gideon Irving, weil er mir sein Auto anvertraut hat, und an die Familien Presser, Nelson Greenberg und Ross, weil sie mir Unterstützung und Zuflucht gewährt haben, als ich es am meisten brauchte. Ich danke auch Erin Allweiss, Marissa Mullen, Lindsay Ratowsky und Maya Land für ihren unermüdlichen Einsatz hinter den Kulissen.

Zuletzt verneige ich mich tief vor jenen, die meine Welt möglich machen: vor meinen Eltern – mit tiefer Liebe und innigstem Dank – und meinem Bruder Adam, der mir quasi im wörtlichen Sinne das Leben gerettet hat. Vor Dr. Holland, Dr. Navada, Dr. Silverman, Dr. Castro und Dr. Liebers, vor den Krankenschwestern Alli Tucker, Abbie Cohen, Sunny und Younique sowie vor den zahllosen anderen medizinischen Fachkräften, denn ohne sie wäre ich nicht hier. Vor Jon Batiste, der mir beigebracht hat, wieder zu glauben, und der gütig und geduldig die langen Phasen, in denen ich fort sein musste, durchgestanden hat. Vor Tara Parker-Pope, die mir meine erste Chance gegeben hat, und meinem Professor Marty Gottlieb dafür, dass er uns einander vorgestellt hat. Vor Mara, Natalie, Kristen, Erika, Michelle, Lilli, Behida, Ruthie, Azita, Kate, Sylvie und den vielen anderen Frauen, es sind zu viele, um sie hier alle namentlich zu nennen, die mich mit ihrer Freundschaft aufbauen. Und schlussendlich danke ich allen meinen Gastgebern auf meiner Reise dafür, dass sie mich in ihr Haus einließen und mir ihre Geschichten erzählten. Danke, dass ihr mich durch die schwerste Phase geleitet habt.

Um die ganze Welt des
GOLDMANN-*Sachbuch*-Programms
kennenzulernen, besuchen Sie uns doch
im Internet unter:

www.goldmann-verlag.de

Dort können Sie
nach weiteren interessanten Büchern *stöbern*,
Näheres über unsere *Autoren* erfahren,
in *Leseproben* blättern, alle *Termine* zu Lesungen und
Events finden und den *Newsletter* mit interessanten
Neuigkeiten, Gewinnspielen etc. abonnieren.

Ein *Gesamtverzeichnis* aller Goldmann Bücher finden
Sie dort ebenfalls.

Sehen Sie sich auch unsere *Videos* auf YouTube an und
werden Sie ein *Facebook*-Fan des Goldmann Verlags!

www.goldmann-verlag.de
www.facebook.com/goldmannverlag

 GOLDMANN
Lesen erleben